# 독자의 1초를 아껴주는 정성!

책까지 아무렇게나 펼쳐 만들 수는 없습니다.

인스턴트 식품 같은 책보다는

오래 익힌 술이나 장맛이 밴 책을 만들고 싶습니다.

길벗이지톡은 독자여러분이 우리를 믿는다고 할 때 가장 행복합니다.

나를 아껴주는 어학도서, 길벗이지톡의 책을 만나보십시오.


독자의 1초를 아껴주는 정성을 만나보십시오.

―――――

미리 책을 읽고 따라해본 2만 베타테스터 여러분과
무따기 체험단, 길벗스쿨 엄마 2% 기획단,
시나공 평가단, 토익 배틀, 대학생 기자단까지!
믿을 수 있는 책을 함께 만들어주신 독자 여러분께 감사드립니다.


홈페이지의 '독자광장'에 오시면 책을 함께 만들 수 있습니다.

(주)도서출판길벗 www.gilbut.co.kr
길벗이지톡 www.eztok.co.kr
길벗스쿨 www.gilbutschool.co.kr


## mp3 파일 다운로드 안내

길벗이지톡(www.gilbut.co.kr) 회원(무료 가입)이 되시면 오디오 파일을 비롯하여 다양한 자료를 이용할 수 있습니다.

| 1단계 | 로그인 후 홈페이지 가운데 화면에 있는 SEARCH 　　　　　　　　　　 검색 에서 찾고자 하는 책이름을 입력하세요. |
|---|---|
| 2단계 | 검색한 도서에 대한 자료를 다운로드 받으세요. |

# YBM 전국 수강생 수 1위 초초강추 쌤의
# 카카오톡 실시간 답변 서비스!

모르는 내용이 있을 때 혼자 끙끙대지 마세요!
이 책의 저자가 카톡으로 친절하고 신속하게 답변해드립니다!

## 실시간 답변 예시 화면

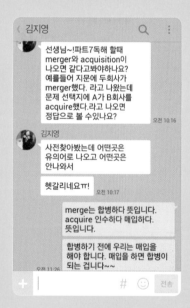

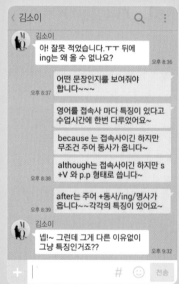

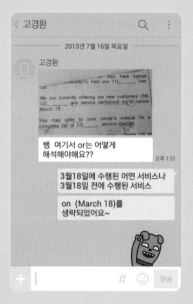

★ 어떤 선생님께 물어봐도 친절하게 답변해드립니다.  ★ 책의 내용과 관련있는 질문만 해주세요.

# 독자의 1초를 아껴주는 정성!

세상이 아무리 바쁘게 돌아가더라도

책까지 아무렇게나 빨리 만들 수는 없습니다.

인스턴트 식품 같은 책보다는

오래 익힌 술이나 장맛이 밴 책을 만들고 싶습니다.

길벗이지톡은 독자여러분이 우리를 믿는다고 할 때 가장 행복합니다.

나를 아껴주는 어학도서, 길벗이지톡의 책을 만나보십시오.


독자의 1초를 아껴주는 정성을 만나보십시오.

————

미리 책을 읽고 따라해본 2만 베타테스터 여러분과
무따기 체험단, 길벗스쿨 엄마 2% 기획단,
시나공 평가단, 토익 배틀, 대학생 기자단까지!
믿을 수 있는 책을 함께 만들어주신 독자 여러분께 감사드립니다.


홈페이지의 '독자광장'에 오시면 책을 함께 만들 수 있습니다.
(주)도서출판길벗 www.gilbut.co.kr
길벗이지톡 www.eztok.co.kr
길벗스쿨 www.gilbutschool.co.kr

---

## mp3 파일 다운로드 안내

길벗이지톡(www.gilbut.co.kr) 회원(무료 가입)이 되시면 오디오 파일을 비롯하여 다양한 자료를 이용할 수 있습니다.

| 1단계 | 로그인 후 홈페이지 가운데 화면에 있는 SEARCH [　　　　] 검색 에서 찾고자 하는 책이름을 입력하세요. |
| --- | --- |
| 2단계 | 검색한 도서에 대한 자료를 다운로드 받으세요. |

# 토막강의 &
# MP3 이용 방법

## 스마트 폰에서 토막강의나 MP3를 바로 실행하는 방법

**1** 《시나공 토익 BASIC》 모바일 페이지에 접속합니다.

모바일 웹브라우저 (chrome, safari) 주소 입력 창에 www.toeicbasic.co.kr을
입력해 접속하거나, 다음 QR 코드를 스캔해 바로 접속합니다.

**2** 책에 표시된 MP3나 토막강의의 파일번호를 확인합니다.

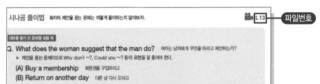

**3** 사이트 검색 창에 파일번호를 입력합니다.

**4** 강의를 선택해 실시간으로 토막강의를 보거나 MP3를 들을 수 있습니다.

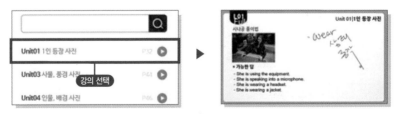

## 데스크탑(PC)를 이용해 토막강의를 보는 방법

**1** http://www.gilbut.co.kr(길벗 출판사 홈페이지)에 접속해 로그인합니다.
(비회원은 회원가입 권장)

**2** 상단 메뉴의 검색 창에서 도서를 검색한 후 이동합니다.

**3** 《시나공 토익 BASIC》 동영상 강좌의 수강 신청을 클릭하면 바로 볼 수 있습니다. (무료 제공)

## MP3 & 실전 모의고사 1세트 다운로드 방법

**1** http://www.gilbut.co.kr(길벗 출판사 홈페이지)에 접속해 로그인합니다.
(비회원은 회원가입 권장)

**2** 상단 메뉴의 검색 창에 《시나공 토익 basic》을 입력합니다.

**3** 도서를 선택한 후 '부록, 학습자료'를 클릭하고 원하는 자료를 다운로드 받습니다.

부록, 학습자료 종류

《시나공 토익 BASIC LISTENING》: LC 실전 모의고사 1세트, 책 전체 MP3 파일
《시나공 토익 BASIC READING》: RC 실전 모의고사 1세트, 〈파트 5, 6 vocabulary〉의 단어 MP3

열정적인 토이커들을 위한 특별한 지원!

# "시나공 토익 카페"에서 확인하세요

시나공 토익 카페에 무료로 회원 가입하고, 구매한 시나공 토익책을 등록하세요.
다양한 무료 콘텐츠 제공은 물론, 모르는 문제에 친절히 답해 드립니다.

## 시나공 도서관

시나공 토익책과 관련된 MP3 및 학습자료를
무료로 다운받을 수 있습니다.

## 묻고 답하기

모르는 부분이 있으면 자유롭게 질문해 주세요.
저자가 직접 친절하게 답해 드립니다.

## 토익 만점 공부방

토익 모의 실전 문제와 필수 단어, 시험장 정보,
학습법 등 시험에 필요한 유익한 자료가 가득합니다.

## 커뮤니티

시나공 토이커들의 자유로운 대화 공간입니다.
재미있는 설문조사, 푸짐한 이벤트에도 참여해보세요.

# 시나공 토익 BASIC

## LC

시나공 토익연구소,
조강수, 김정은(Julia Kim), 엄대섭 지음

길벗
이지:톡

# 시나공 토익 BASIC LISTENING

**초판 발행** · 2018년 6월 12일
**초판 2쇄 발행** · 2018년 7월 23일

**지은이** · 시나공 토익연구소, 조강수, 김정은(Julia Kim), 엄대섭
**발행인** · 김경숙
**발행처** · 길벗이지톡
**출판사 등록일** · 2000년 4월 14일
**주소** · 서울시 마포구 월드컵로 10길 56 (서교동)
**대표전화** · 02) 332-0931 | **팩스** · 02) 322-6766
**홈페이지** · www.gilbut.co.kr | **이메일** · eztok@gilbut.co.kr

**기획 및 책임편집** · 김지영(jiy7409@gilbut.co.kr) | **디자인** · 황애라 | **제작** · 이준호, 손일순, 이진혁
**영업마케팅** · 박성용, 김학홍 | **웹마케팅** · 이승현, 차명환 | **영업관리** · 심선숙 | **독자지원** · 송혜란, 정은주
**전산편집** · 도설아 | **CTP 출력 및 인쇄** · 예림인쇄 | **제본** · 신정문화사

**ISBN** 979-11-5924-183-3 03740
(이지톡도서번호 000986)

가격 14,000원

**독자의 1초를 아껴주는 정성 길벗출판사**

**(주)도서출판 길벗** | IT실용, IT/일반 수험서, 경제경영, 취미실용, 인문교양(더퀘스트) www.gilbut.co.kr
**길벗이지톡** | 어학단행본, 어학수험서 www.eztok.co.kr
**길벗스쿨** | 국어학습, 수학학습, 어린이교양, 주니어 어학학습, 교과서 www.gilbutschool.co.kr
**독자 서비스 이메일** · service@gilbut.co.kr | **페이스북** · www.facebook.com/hontoeic

# 700점을 보장하는 '실전형' 이론서!

## '실전'에 바로 적용되는 이론을 배웁니다.

토익은 본인의 수준을 파악하고 원하는 점수를 확실히 정하여 단기간에 집중 공략해야 합니다. 실력이 부족한 초보 수험생들은 무엇부터 시작할지 몰라 이론부터 차근차근 공부하는 경향이 있는데, 이는 시간 낭비일수 있습니다. 토익은 시험이고 시험은 이론이 아니라 '실전'이기 때문입니다. 문제 풀이에 어떻게 적용되는지 보여주지 않고 무작정 외우는 이론은 실전 감각을 키워주지 못합니다. 그런 점을 보완하기 위해 이 책은문제 풀이를 통해 이론을 배우도록 했으며, 이론과 실전을 이어주는데 초점을 맞췄습니다. 그리고 어떤 초급이론서보다 풍부한 실전 문제를 제공합니다.

## '혼자' 학습하는 수험생들을 위한 책입니다.

이 책은 학원이나 동영상 강의 수강의 도움 없이 혼자 공부하려는 수험생들을 완벽하게 배려했습니다. 독학에 최적화된 학습 절차와 이해가 잘되는 명쾌한 설명을 담았습니다. 모바일에서 바로 볼 수 있는 토막 강의를 무료로 제공하며, 모르는 것을 물어보면 홈페이지에서 자세하게 답변해 줍니다.

## 단기간에 400점대에서 '700점대'로 급상승합니다.

토익 문제가 풀리지 않는 것은 이론이 부족해서 그런 것도 있지만, 토익이 요구하는 기출 패턴을 간파하지못했기 때문입니다. 토익은 항상 나오는 패턴이 있고, 이것만 숙지하면 700점은 거뜬히 받을 수 있습니다.이 책은 초보 토이커들이 기본 실력을 기르면서 기출 패턴 및 경향을 익힐 수 있도록 했습니다. 10년간의 정기 토익 출제 경향을 완벽히 분석해 700점을 받을 수 있는 '이론 + 실전'의 엑기스만 뽑아 담았습니다.

## 기본 실력을 향상시키는 '받아쓰기 훈련'을 활용하세요.

이 책은 실전 감각을 키우는데 초점을 맞춤과 동시에 리스닝의 기본기 또한 기를 수 있도록 전체 실전 문제에 대한 '받아쓰기 훈련'을 제공합니다. 받아쓰기는 기초 듣기 실력을 키워주는 가장 좋은 훈련법으로문제 풀이와 받아쓰기 훈련을 병행하면 더 빠른 점수 향상은 물론, 토익 외의 영어 실력에도 큰 도움이될 것입니다.

시나공 토익 연구소

## 문제 푸는 자신감이 생겼어요!

모든 내용을 유형별로 분류한 후 완벽히 분석한 구조가 좋았습니다. 기본기에 충실하고 내용도 알차네요. 책에서 이론과 함께 문제에 적용하는 법을 알려주기 때문에 저 같은 초보 수험생도 문제가 풀리면서 자신감이 생겼어요. 토익 입문자나 400~500점대 수험생들에게 강추합니다!

**김무원** (회사원)

## 실전에 쉽게 적응할 수 있었어요!

'시나공 풀이법'에서 문제의 단서를 얻을 수 있는 방법을 쉽게 풀이해 주어 실전에 적응할 수 있게 해주네요. 저처럼 토익 점수가 급하게 필요한 입문자도 문제가 풀리는 요령을 알 수 있어서 좋습니다. 또한 단어 정리 코너는 따로 단어를 정리하지 않아도 예문을 풀며 단어를 학습할 수 있도록 해 줘서 큰 도움이 됐습니다.

**배혜연** (대학생)

## '토익의 정석'이라고 불릴 만한 책!

수학의 '정석'이 있다면, 토익은 이 책이라고 생각해요. 그만큼 토익 최신 경향을 잘 반영했고, 유형을 세분화해 필요한 내용만 수록했습니다. 토익과 관련이 없는 자질구레한 내용은 조금도 찾아볼 수 없네요. 빠른 기간 안에 700점을 획득하는데 적합한 책인 것 같습니다.

**황인덕** (대학생)

## 독학하기에 좋은 책입니다!

처음 토익을 시작하는 사람이나 토익 기본기가 조금 부족하거나 독학으로 가볍게 토익을 시작하고 싶은 분들에게 적합한 책입니다. 유형별로 세부적으로 분류해 놓았고, 시험에 필요한 중요 풀이 포인트와 기출 단어, 핵심 이론, 기출 패턴들이 체계적으로 잘 정리되어 있습니다.

**이석호** (대학생)

## 실전 감각이 없는 사람들에게 적합한 책!

학원에 갈 시간적 여유가 없어 독학으로 공부하고 있는데, 학습했던 이론이 문제 풀이에 적용되지 않아 성적이 쉽게 오르지 않았습니다. 이 책은 저와 같이 실전 감각이 없는 사람들에게 적합한 책인 것 같습니다. 기존에 봤던 책과는 다르게 문제 풀이 위주로 설명되어 있어서 토익에 바로 적용할 수 있다는 점이 가장 큰 장점입니다. 또한 군더더기 없는 핵심 설명과 딱딱하지 않은 디자인이 학습을 지루하지 않게 해주네요. 이 책을 가지고 공부하면 점수가 어디까지 상승할지 무척 기대됩니다.

**조아람** (대학생)

### '기본 개념 + 실전 요령'을 동시에!

《시나공 토익 베이직》은 '기본 개념 + 실전 요령'으로 토익에 대한 개념을 확실히 심어주는 책입니다. 한 파트가 끝나면 실전 문제를 풀면서 공부한 내용을 정리해 볼 수 있어서 더욱 좋았습니다. 몇 장을 풀다 보면 개념이 잘 정리된 노트를 보는 것 같은 기분이 듭니다. 핵심이 한눈에 쏙쏙 들어오네요. 이론만 강조한 시중의 기본서가 싫증 난다면 이 책을 보세요.

이소정 (직장인)

### '토막 강의'로 혼자서도 쉽게 이해했어요!

대표 문제를 통해 문제 풀이 포인트를 먼저 보고 이론을 학습하는 흐름이 좋았습니다. 이해가 가지 않거나 더 공부하고 싶은 내용은 무료로 제공되는 '토막 강의'를 참고하면 되니 혼자서도 어렵지 않게 토익 공부를 할 수 있었습니다. 독학하는 학습자를 배려한 흔적이 곳곳에 보이는 책입니다. 시중에 토익 초보자들을 위한 많은 책들이 있지만, 그중에서도 이렇게 쉽고 친절하게 쓰인 책은 없을 거예요.

조아라 (대학생)

### 혼자 공부하는데도 족집게 선생님한테 배우는 것 같네요!

처음 학습하는 분들이 어느 곳에서 주의해야 하는지 잘 풀이되어 있어요. 또한 문제를 푸는 단계가 체계적으로 설명되어 저같이 토익을 처음 공부하는 사람도 문제 푸는 법을 쉽게 알 수 있네요. 같은 문제를 계속 틀리는 분들도 이 책으로 공부하시면 좋을 듯합니다. 혼자 공부하는데도 족집게 선생님한테 배우는 것 같이 문제 유형마다 주의할 점과 문제를 접근하는 방법을 자세히 알려주어 실전 감각을 키우는데 도움이 되었습니다. 어휘, 기본기, 실전 문제까지 한 번에 해결할 수 있으니 앞으로 토익 시험 걱정 없을 것 같아요.

김윤희 (직장인)

### 이론과 함께 문제를 푸는 스킬을 배울 수 있어서 좋았어요!

베이직이라는 책 제목처럼 입문자에게 초점이 맞춰져 있어 문제에 대한 해설이 매우 상세합니다. 같은 패턴이 반복되어 독학을 해도 무리 없이 따라갈 수 있었습니다. 시중에 있는 다른 토익 책보다 예제 문제도 많이 수록되어 있고, 무엇보다도 문법 외에도 문제를 푸는 스킬을 배울 수 있어서 좋았습니다.

김하련 (대학원생)

### 토익뿐만 아니라 제 영어 실력도 올라간 것 같네요!

시간이 촉박해서 책을 읽기만 했는데도 실전에 큰 도움이 됐습니다. 이 책을 끝내고 보니 토익 문제 풀이 실력뿐만 아니라 제 영어 실력도 올라간 것 같네요. 초보 수험생도 쉽게 따라올 수 있게 필요한 부분만 뽑아서 잘 정리한 책입니다. 이 책으로 여러분도 영어에 자신감이 생기기를 바랍니다.

박남주 (공무원)

---

**그리고 함께 만들어 주신 분들** 임병석, 강성모, 채수연, 이찬우, 서우진, 배지현, 정수진, 강민, 서유라, 김소이, 임은희, 정은주, 김성록, 이인선, 김수정, 이슬기, 박지현, 최현호, 연정모

# 이론 쌓기가 아닌
# 문제 푸는 능력을 길러주는 기본서!

《시나공 토익 BASIC》을 개정하면서 100명이 넘는 초급 토이커들과 인터뷰를 진행했습니다. 대부분의 토이커들이 남들이 좋다는 이론서를 종일 보고 외워도 정작 문제가 풀리지 않는다는 고민을 호소했습니다. 문제에 적용되지 않는 이론만 달달 외우는게 무슨 의미가 있을까요? 이론을 배우는 것도 중요하지만 '문제가 술술 풀리게 하는 것'이 학습하는 이유겠죠.

그래서 《시나공 토익 BASIC》에서는 실전에 적용되는 이론을 공부하도록 초점을 맞췄습니다. 문제를 풀면서 이론이 문제에 적용되는 프로세스를 살펴본 후, 필요한 이론만 공부하도록 구성했죠. 잘 안 나오는 이론은 솎아내고 시험에 나오는 핵심적인 이론만 담았습니다. 이 과정을 따라가면 초급 토이커도 문제가 풀리는 재미를 느끼면서 단기간에 큰 점수 향상을 기대할 수 있을 겁니다.

## 1. 문제부터 풀고 이론을 배우는 구성!

이 책은 초급 수험생들이 이론만 학습하기 보다는 문제 푸는 능력을 키우는데 초점을 맞춘 책입니다. 그래서 문제를 먼저 풀고, 시나공이 제안하는 풀이법을 통해 문제를 푸는 감을 잡고, 그 문제에서 필요한 이론이 무엇인지를 알아가는 순서로 구성했습니다. 거기에 실전 문제를 추가적으로 풀면서 배운 이론과 풀이법 적용해 보도록 했습니다.

Step 1 ▶ Step 2 ▶ Step 3

실전 문제 풀이법 살펴보기     핵심 이론 학습     이론을 적용해 실전 문제 풀어보기

## 2. 장황한 이론 설명은 NO! 문제 풀이로 직결되는 핵심 이론만 간략히 학습한다!

이 책은 기초를 쌓는다 치고 엄청난 양의 이론을 외우게 하지 않았습니다. 초급자에게 그렇게 많은 이론이 필요하지도 않을뿐더러 외운다고 해도 문제에 적용되지 않으면 아무 소용이 없기 때문이죠. 이 책은 초급 토이커가 700점을 넘기기 위해 꼭 필요한 알짜배기 이론만 한 페이지 내외로 간략하게 담았습니다. 이론을 짧게 담은 대신 초급자가 충분히 이해할 수 있도록 토막 동영상 강의를 제공합니다. 동영상 전용 모바일 페이지에서 필요할 때마다 동영상을 보면서 공부하세요.

## 3. 풍부하고 적중률 높은 실전 문제 + 오답까지 파헤치는 친절한 해설
##    + 실전모의고사 1세트 무료 다운로드

이 책은 초급 토이커도 '문제를 푸는 재미를 느껴야 한다'라는 의도로 기획되었습니다. 그래서 다른 토익 초급서보다 풍부한 문제를 담았습니다. 물론 모든 문제는 최신 출제 경향이 그대로 담긴 문제들이죠. 책으로 제공하는 문제 외에도 실전 모의고사 1회분을 무료로 다운받을 수 있습니다. www.gilbut.co.kr 방문하여 다운로드 받으세요.

모든 문제는 혼자 풀어도 완벽하게 이해할 수 있도록 정답과 오답까지 분석해 자세하게 설명했습니다.

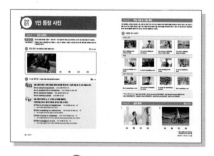 +

📖 본책 1 : 이론서            📖 본책 2 : 정답 및 해설

## 4. 근본적인 리스닝 실력을 키워주는 받아쓰기 노트

이 책의 실전 문제를 모아 받아쓰기 코너를 따로 구성했습니다. 받아쓰기 훈련은 기본 듣기 실력을 키우는 가장 좋은 학습법으로 문제를 푸는 과정에서 병행하면 훨씬 빠른 점수 향상을 기대할 수 있습니다.

나아가 이 책의 실전 문제는 모두 기출 변형 문제로, 받아쓰기 훈련으로 문제의 패턴을 익히면 토익 시험에서 문제를 예측하며 들을 수도 있습니다. 받아쓰기 훈련을 적극적으로 활용하길 추천합니다.

## 토익이란?

TOEIC은 Test Of English for International Communication의 약자로 영어가 모국어가 아닌 사람들을 대상으로 언어의 주기능인 '커뮤니케이션' 능력을 중심으로 업무나 일상 생활에 필요한 실용 영어 능력을 평가하는 시험입니다. 비즈니스와 일상 생활에서 쓰이는 실용적인 주제들을 주로 다루고 있습니다.

## 시험의 출제 분야 및 특징

| | |
|---|---|
| 전문적인 비즈니스 | 연구, 제품 개발 |
| 제조 | 투자, 세금, 회계, 청구 |
| 금융과 예산 | 업무상 모임, 회식, 만찬, 예약 |
| 개발 | 영화, 음악, 예술, 박물관, 대중 매체 |
| 사무실 | 임원회의, 위원회의, 편지, 메모, 전화, 팩스, E-mail, 사무 장비와 가구 |
| 인사 | 구인, 채용, 퇴직, 급여, 승진, 취업 지원과 자기소개 |
| 주택 /기업 부동산 | 건축, 설계서, 구입과 임대, 전기와 가스 서비스 |
| 여행 | 기차, 비행기, 택시, 버스, 배, 유람선, 티켓, 일정, 역과 공항 안내, 자동차, 렌트, 호텔, 예약, 연기와 취소 |

토익에서는 특정 문화에만 해당되는 내용은 출제를 피하고 있으며 여러 나라 인명, 지명 등이 골고루 등장합니다. 그리고 미국, 영국, 캐나다, 호주, 뉴질랜드 발음과 악센트를 골고루 출제하고 있습니다.

## 시험의 구성

| 구성 | Part | 내용 | | 문항 수 | 시간 | 배점 |
|---|---|---|---|---|---|---|
| Listening Comprehension | 1 | 사진 묘사 | | 6 | 45분 | 495점 |
| | 2 | 질의 응답 | | 25 | | |
| | 3 | 짧은 대화 | | 39 | 100개 | |
| | 4 | 설명문 | | 30 | | |
| Reading Comprehension | 5 | 단문 공란 채우기 (문법/어휘) | | 30 | 75분 | 495점 |
| | 6 | 장문 공란 채우기 | | 16 | | |
| | 7 | 독해 | 단일 지문 | 29 | 100개 | |
| | | | 복수 지문 | 25 | | |
| Total | 7 Parts | | | 200 | 120분 | 990점 |

## 시험 시간 안내

| 시간 | 내용 |
|---|---|
| 9:30 ~ 9:45 | 답안지 배부 및 작성 Orientation |
| 9:45 ~ 9:50 | 휴식 시간 |
| 9:50 ~ 10:05 | 1차 신분증 검사 |
| 10:05 ~ 10:10 | 문제지 배부 및 파본 확인 |
| 10:10 ~ 10:55 | LC 시험 진행 |
| 10:55 ~ 12:10 | RC 시험 진행(2차 신분 확인) |

## 토익 접수 방법

**접수 기간 및 접수처 확인** : TOEIC 위원회 홈페이지(www.toeic.co.kr) / **응시료** : 44,500원
방문 접수 가능 / 사진 필수

\* **특별 추가 접수**  특별 접수 기간 내에 인터넷 접수로만 가능하며 응시료는 48,900원입니다.

## 시험 준비 사항

- **규정 신분증**  주민등록증, 운전면허증, 공무원증, 여권, 초 · 중 · 고생의 경우는 TOEIC 정기시험 신분 확인 증명서, 학생증, 청소년증을 인정합니다. 신분증이 없으면 절대 시험을 볼 수 없습니다. 꼭 챙 기세요! (대학생 학생증은 인정되지 않습니다.)
- **필기 도구**  컴퓨터용 연필(굵게 만들어 놓으면 편합니다. 일반 연필이나 샤프도 가능하지만 사인펜은 사 용 불가능합니다), 지우개 필수적으로 가져가세요.

## 성적 확인 및 성적표 수령

성적은 정해진 성적 발표일 오전 6시부터 토익위원회 홈페이지와 ARS 060–800–0515를 통해 조회할 수 있 습니다. 성적표는 선택한 방법으로 수령이 가능하며 최초 발급만 무료입니다.

## Part 1 : 사진 묘사(6문제)

사진을 가장 잘 묘사한 문장을 4개의 선택지 중에 고릅니다.

출제 샘플

| 문제지 | 음성 |
|---|---|
| **1.**  | **NO 1.** Look at the picture marked number 1 in your test book.<br><br>(A) A man is putting on glasses.<br>(B) A man is working at a computer.<br>(C) A man is listening to music.<br>(D) A man is using his cellphone. |

## Part 2 : 질의 응답(25문제)

질문을 듣고 가장 적절한 응답을 3개의 선택지 중에서 고릅니다.

출제 샘플

| 문제지 | 음성 |
|---|---|
| **7.** Mark your answer on your answer sheet. | **NO 7.** How long did your job interview take?<br><br>(A) An open position.<br>(B) A new employee<br>(C) Only half an hour. |

## Part 3 : 짧은 남녀 대화(39문제)

두명이나 세명의 남녀가 주고 받는 대화를 듣고 질문에 대한 정답을 4개의 선택지 중에 고르는 유형으로 3문제씩 13세트(39문제)가 출제됩니다. 마지막 2~3개의 세트에서 시각 자료가 같이 나오는 문제가 출제됩니다.

**문제지**

**32.** Why was the woman late for the meeting?

(A) She was using public transportation.
(B) She just came back from his vacation.
(C) She was stuck in traffic.
(D) She lives far from the company.

**33.** When will the speakers install the new program?

(A) On Monday
(B) On Tuesday
(C) On Wednesday
(D) On Thursday

**34.** According to the conversation, what does the man suggest?

(A) To come early on Thursday
(B) To visit the Sales Department
(C) To buy an airplane ticket
(D) To leave for a business trip

**음성**

**Questions 32-34 refer to the following conversation.**

W : Hi, Mr. Anderson. I'm sorry. I was late for the meeting this morning because of the traffic jam. What did I miss?
M : Oh, on Thursday, we are going to install a new program for all of the computers in the Sales Department.
W : So is there anything we have to do to prepare for it?
M : No, but I suggest that you come early on that day. We will have a lot of work to do.

## Part 4 : 짧은 담화(30문제)

남자나 여자가 혼자 얘기하는 담화를 듣고 질문에 대한 정답을 4개의 선택지 중에 고르는 유형으로 3문제씩 10세트(30문제)가 출제됩니다. 마지막 2~3개의 세트에서 시각 자료가 같이 나오는 문제가 출제됩니다.

출제 샘플

**문제지**

**71.** Where most likely are the listeners?

(A) At an airport
(B) At a train station
(C) At a bus stop
(D) At a port

**72.** What has caused the delay?

(A) Aircraft maintenance
(B) Repair work on the runway
(C) An accident
(D) Bad weather

**73.** What will the listeners do next?

(A) Present their boarding passes
(B) Board the plane
(C) Go to Gate 13
(D) Fasten their seatbelts

**음성**

**Questions 71-73 refer to the following instruction.**

Good morning, everyone. Welcome to our seminar on the international fashion industry. I'm very pleased to introduce our guest speaker today. I'm sure all of you know 72 that Ms. Melissa Rin is one of the most famous fashion designers in the global fashion industry. She has worked in the fashion industry for 30 years ever since she became a fashion designer. Ms. Rin's speech today is entitled "International Fashion Design." She will be sharing some of her experiences with us. Everyone, let's give a big hand for Ms. Melissa Rin.

# PART 3 짧은 대화 듣고 문제 맞히기

# PART 4 1인 설명 듣고 문제 맞히기

# 8주 코스(일주일 5일, 40일 기준)

토익을 처음 시작하는 분, 300~400점대 수험생 중 꼼꼼히 공부하고 싶은 수험생에게 권장합니다. 토익에 나오는 표현들이 생소하고 의미도 거의 파악되지 않는 수험생에게 추천합니다. 또한 이 책의 난이도가 조금 어렵다고 느껴진다면 아래의 계획표대로 따라주세요. 2달에 이 책을 끝내고 토익의 기초를 쌓을 수 있습니다.

| | Day 1 | Day 2 | Day 3 | Day 4 | Day 5 |
|---|---|---|---|---|---|
| 1주차 | Unit 01<br>1인 등장 사진 | Unit 02<br>2인 이상 등장 사진 | Unit 03<br>사물, 풍경 사진 | Unit 04<br>인물, 배경 사진 | Unit 05<br>Who 의문문 |
| | **Day 6** | **Day 7** | **Day 8** | **Day 9** | **Day 10** |
| 2주차 | Unit 06<br>When, Where 의문문 | Unit 07<br>What, Which 의문문 | Unit 08<br>How, Why 의문문 | Unit 09<br>일반의문문 | Unit 10<br>선택의문문 |
| | **Day 11** | **Day 12** | **Day 13** | **Day 14** | **Day 15** |
| 3주차 | Unit 11<br>제안(요청)문 | Unit 12<br>평서문 | Unit 13<br>주제, 목적을 묻는 문제 | Unit 14<br>직업/대화 장소를<br>묻는 문제 | Unit 15<br>화자의 제안을<br>묻는 문제 |
| | **Day 16** | **Day 17** | **Day 18** | **Day 19** | **Day 20** |
| 4주차 | Unit 16<br>다음에 할 일을<br>묻는 문제 | Unit 17<br>세부사항을<br>묻는 문제 | Unit 18<br>문장의 의도를<br>파악하는 문제 | Unit 19<br>시각자료와<br>연계된 문제 | Unit 20<br>식당 |
| | **Day 21** | **Day 22** | **Day 23** | **Day 24** | **Day 25** |
| 5주차 | Unit 21<br>호텔 | Unit 22<br>상품 구매 | Unit 23<br>티켓 구매 | Unit 24<br>채용, 퇴직 | Unit 25<br>교육, 홍보 |
| | **Day 26** | **Day 27** | **Day 28** | **Day 29** | **Day 30** |
| 6주차 | Unit 26<br>시설, 네트워크 관리 | Unit 27<br>회계, 예산 | Unit 28<br>사업 계획 | Unit 29<br>사내 공지 | Unit 30<br>공공장소 공지 |
| | **Day 31** | **Day 32** | **Day 33** | **Day 34** | **Day 35** |
| 7주차 | Unit 31<br>음성 메시지 | Unit 32<br>ARS | Unit 33<br>일기예보 | Unit 34<br>교통 방송 | Unit 35<br>뉴스 |
| | **Day 36** | **Day 37** | **Day 38** | **Day 39** | **Day 40** |
| 8주차 | Unit 36<br>사람 소개 | Unit 37<br>가이드 | Unit 38<br>제품 광고 | Unit 39<br>할인 광고 | Actual Test |

# 4주 코스(일주일 5일, 20일 기준)

토익을 공부한 적이 있으나 중도에 포기했던 분, 400~500점대 수험생에게 권장합니다. 토익에 나오는 표현을 조금은 아는 수험생에게 추천합니다. 또한 이 책의 난이도가 본인에게 적당하다고 느껴지면 아래의 계획표대로 따라주세요. 4주면 이 책을 끝내고 실전 감각을 키울 수 있습니다.

| | Day 1 | Day 2 | Day 3 | Day 4 | Day 5 |
|---|---|---|---|---|---|
| 1주차 | Unit 01<br>1인 등장 사진<br><br>Unit 02<br>2인 이상 등장 사진 | Unit 03<br>사물, 풍경 사진<br><br>Unit 04<br>인물, 배경 사진 | Unit 05<br>Who 의문문<br><br>Unit 06<br>When, Where 의문문 | Unit 07<br>What, Which 의문문<br><br>Unit 08<br>How, Why 의문문 | Unit 09<br>일반의문문<br><br>Unit 10<br>선택의문문 |
| | **Day 6** | **Day 7** | **Day 8** | **Day 9** | **Day 10** |
| 2주차 | Unit 11<br>제안(요청)문<br><br>Unit 12<br>평서문 | Unit 13<br>주제, 목적을 묻는 문제<br><br>Unit 14<br>직업/대화 장소를<br>묻는 문제 | Unit 15<br>화자의 제안을<br>묻는 문제<br><br>Unit 16<br>다음에 할 일을<br>묻는 문제 | Unit 17<br>세부사항을<br>묻는 문제<br><br>Unit 18<br>문장의 의도를<br>파악하는 문제 | Unit 19<br>시각자료와<br>연계된 문제<br><br>Unit 20<br>식당 |
| | **Day 11** | **Day 12** | **Day 13** | **Day 14** | **Day 15** |
| 3주차 | Unit 21<br>호텔<br><br>Unit 22<br>상품 구매 | Unit 23<br>티켓 구매<br><br>Unit 24<br>채용, 퇴직 | Unit 25<br>교육, 홍보<br><br>Unit 26<br>시설, 네트워크 관리 | Unit 27<br>회계, 예산<br><br>Unit 28<br>사업 계획 | Unit 29<br>사내 공지<br><br>Unit 30<br>공공장소 공지 |
| | **Day 16** | **Day 17** | **Day 18** | **Day 19** | **Day 20** |
| 4주차 | Unit 31<br>음성 메시지<br><br>Unit 32<br>ARS | Unit 33<br>일기예보<br><br>Unit 34<br>교통 방송 | Unit 35<br>뉴스<br><br>Unit 36<br>사람 소개 | Unit 37<br>가이드<br><br>Unit 38<br>제품 광고 | Unit 39<br>할인 광고<br><br>**Actual Test** |

# Listening Preparation

- 토익 발음 이 정도만 알자!
- 미국식 vs. 영국식 발음
- Check up Quiz

## 1) 비슷하게 들리는 발음 구분

## [p] vs [f] 발음

[p] 발음은 입을 붙여 공기를 모았다가 파열하듯이 내보내는 소리이며, [f]는 아랫입술을 윗니에 가볍게 대고 그 사이로 숨을 내보내는 소리이다.

| | | | |
|---|---|---|---|
| fill [fil] 채우다 | pill [pil] 알약 | full [ful] 가득 찬 | pool [puːl] 웅덩이 |
| file [fail] 파일 | pile [pail] 쌓다 | fair [fɛər] 정당한 | pair [pɛər] 쌍 |
| face [feis] 얼굴 | pace [peis] 속도 | suffer [sʌ́fər] 겪다 | supper [sʌ́pər] 저녁식사 |
| staff [stæf] 직원 | step [step] 걸음, 계단 | often [ɔ́(ː)fən] 종종 | open [óupən] 열다 |

**Check up 01** 음성을 듣고, 들은 순서대로 배열해 보자.

1. (1) cheap
   (2) chief

2. (1) cuff
   (2) cup

3. (1) coffee
   (2) copy

## [l] vs [r] 발음

[l]은 혀끝이 윗니에 닿으면서 나오는 소리이며, [r]은 혀를 뒤로 말아 모으며 내는 소리이다.

| | | | |
|---|---|---|---|
| light [lait] 빛 | right [rait] 옳은, 오른쪽의 | load [loud] 짐, 양 | road [roud] 길 |
| low [lou] 낮은 | row [rou] 열 | glass [glæs] 유리 | grass [græs] 풀밭 |
| flame [fleim] 불꽃 | frame [freim] 형태, 외형 | fly [flai] 날다 | fry [frai] 튀기다 |
| law [lɔː] 법 | raw [rɔː] 날것의 | lead [liːd] 이끌다 | read [riːd] 읽다 |
| late [leit] 늦은 | rate [reit] 비율 | loyal [lɔ́iəl] 의리 있는 | royal [rɔ́iəl] 왕족의 |

**Check up 02** 음성을 듣고, 들은 순서대로 배열해 보자.

1. (1) lane
   (2) rain

2. (1) free
   (2) flea

3. (1) file
   (2) fire

---

| 정답 | **Check up 01** 1. (2) chief (1) cheap  2. (1) cuff (2) cup  3. (2) copy (1) coffee
       **Check up 02** 1. (1) lane (2) rain  2. (2) flea (1) free  3. (1) file (2) fire

## [b] vs [v] 발음

[b] 발음은 [p]처럼 입 안에 공기를 모았다가 성대를 울리면서 내는 소리이며, [v] 발음은 [f]와 마찬가지로 아랫입술을 윗니에 대며 내는 소리다. 우리말의 [ㅂ]과 유사하다.

boys [bɔiz] 소년들    voice [vɔic] 목소리    berry [béri] 산딸기류 열매    very [véri] 매우, 아주
vase [veis] 꽃병    base [beis] 기초    vote [vout] 투표하다    boat [bout] 배
van [væn] 소형 운반차    ban [bɑːn] 금지하다    vend [vend] 행상하다    bend [bend] 구부리다
best [best] 최고의    vest [vest] 조끼    curve [kəːrv] 곡선    curb [kəːrb] 연석

**Check up 03**  음성을 듣고, 들은 순서대로 배열해 보자.

**1.** (1) bind       **2.** (1) bow       **3.** (1) bet
    (2) vine            (2) vow            (2) vet

## [d] vs [t] 발음

[d]와 [t] 발음 모두 입천장 앞부분에 혀를 대어 내는 소리지만, [t] 발음은 혀끝을 털어서 낸다는 차이점이 있다.

do [duː] 하다    to [tuː] ~에게    sad [sæd] 슬픈    sat [sæt] '앉다'의 과거형
bid [bid] 입찰    bit [bit] 약간    dance [dæns] 춤추다    tense [tens] 긴장감
desk [desk] 책상    task [tæsk] 임무    bud [bʌd] 꽃봉오리    but [bət] 그러나

**Check up 04**  음성을 듣고, 들은 순서대로 배열해 보자.

**1.** (1) feet       **2.** (1) try       **3.** (1) letter
    (2) feed           (2) dry            (2) ladder

| 정답 | Check up 03  **1.** (2) vine (1) bind  **2.** (1) bow (2) vow  **3.** (2) vet (1) bet
Check up 04  **1.** (2) feed (1) feet  **2.** (2) dry (1) try  **3.** (1) letter (2) ladder

## [ð] vs [θ] 발음

두 발음 모두 윗니와 아랫니 사이에 혀를 살짝 물고 혀와 이 사이로 발음을 세게 내뿜으며 나는 소리다. 다만 [ð]는 성대를 울리는 유성음이고, [θ]는 성대를 울리지 않는 무성음이다.

| | |
|---|---|
| **bath** [bæθ] 목욕 | **bathe** [beið] 목욕하다 |
| **worthy** [wə́ːrði] ~받을 만한 | **worth** [wəːrθ] ~할 가치가 있는 |

**Check up 05**   음성을 듣고 다음 빈칸을 채우자.

**1.** world population ........................

**2.** winning a ........................ competition


## [ɔ] vs [ou]

세심히 듣지 않으면 비슷하게 들리는 발음이다. 특이 [u] 발음을 주의해야 한다.

| | |
|---|---|
| **want** [wɔːnt] 원하다 | **won't** [wount] will not의 축약형 |
| **saw** [sɔː] see의 과거형 | **sew** [sou] 바느질하다 |
| **caught** [kɔːt] catch의 과거형 | **coat** [kout] 코트 |
| **law** [lɔː] 법 | **low** [lou] 낮은 |
| **cost** [kɔ(ː)st] 비용 | **coast** [koust] 해안 |
| **flaw** [flɔː] 단점, 약점 | **flow** [flou] 흐름 |
| **bought** [bɔːt] buy의 과거형 | **boat** [bout] 배 |

**Check up 06**   음성을 듣고, 들은 순서대로 배열해 보자.

**1.** (1) hole      **2.** (1) cold      **3.** (1) raw
   (2) hall         (2) called         (2) row

---

## [e] vs [æ] 발음

[e] 발음은 우리말의 [에] 발음과 유사하지만 [æ]발음은 입의 양쪽 끝에 더 힘을 주고 발음한다.

| | |
|---|---|
| mess [mes] 엉망 | mass [mæs] 다량, 다수의 |
| bet [bet] 내기하다 | bat [bæt] 박쥐, 방망이 |
| bed [bed] 침대 | bad [bæd] 나쁜, 좋지 않은 |
| letter [létər] 편지 | ladder [lǽdər] 사다리 |

**Check up 07**  음성을 듣고, 들은 순서대로 배열해 보자.

1. (1) set          2. (1) band          3. (1) men
   (2) sat             (2) bend             (2) man

## [i] vs [i:] 발음

발음의 차이는 없지만 짧게 발음 하느냐 길게 발음하느냐의 차이다.

| | | | |
|---|---|---|---|
| leave [li:v] 떠나다 | live [liv] 살다 | reach [ri:tʃ] 닿다 | rich [ritʃ] 부유한 |
| heat [hi:t] 열기 | hit [hit] 치다 | beat [bi:t] 때리다 | bit [bit] 약간의 |
| seat [si:t] 좌석 | sit [sit] 앉다 | feel [fi:l] 느끼다 | fill [fil] 채우다 |
| list [list] 목록 | least [li:st] 최소의 | beach [bi:tʃ] 해변 | bitch [bitʃ] 암캐 |

**Check up 08**  음성을 듣고, 들은 순서대로 배열해 보자.

1. (1) pill          2. (1) knit          3. (1) meat
   (2) peel            (2) neat            (2) meet

---

| 정답 |  **Check up 07**  1. (1) set (2) sat  2. (2) bend (1) band  3. (1) men (2) man
  **Check up 08**  1. (1) pill (2) peel  2. (1) knit (2) neat  3. (2) meet (1) meat

21

## 발음이 같거나 유사한데 철자가 다른 단어

break [breik] 깨뜨리다

fare [fɛər] 요금, 승객

ate eat의 과거형

our [auər] 우리의

right [rait] 오른쪽

sale [seil] 판매

flu [flu:] 독감

steak [steik] 스테이크

working [wə́:rkiŋ] 일하고 있는

weak [wi:k] 약한

contact [kɑ́ntækt] 연락하다

wait [weit] 기다리다

department [dipɑ́:rtmənt] 부서

whether [hwéðər] ~인지 아닌지

new [nju:] 새로운

attend [əténd] 참석하다

address [ədrés] 연설하다; 주소

brake [breik] 브레이크

fair [fɛər] 공정한, 박람회

eight [eit] 여덟

hour [áuər] 시간

write [rait] 쓰다

sail [seil] 돛

flew [flu:] fly의 과거형

stake [steik] 내기, 말뚝

walking [wɔ́:kiŋ] 걷고 있는

week [wi:k] 주, 1주

contract [kɑ́ntrækt] 계약서

weigh [wei] 무게를 재다

apartment [əpɑ́:rtmənt] 아파트

weather [wéðər] 날씨

knew [nju:] know의 과거형

tend [tend] 경향이 있다

dress [dres] 옷; 옷입다

시험에 등장하는 발음은 주로 미국, 캐나다, 영국, 호주로 나눌 수 있다. 이를 크게 미국 발음과 영국 발음으로 나눌 수 있다. 우리나라는 미국식 발음에 매우 익숙해져 있지만 전 세계적으로 영국 발음을 쓰는 국가들이 더 많다. 이 두 발음의 차이점과 발음법 등을 자세히 알아보자.

### 1) 자음 [t] 발음

아래 단어에 공통적으로 나타나는 미국식과 영국식의 발음 차이는 바로 마지막 [t]의 발음이다. 미국에서는 모음 사이에 [t]가 [d]가 오면 우리말의 [ㄷ]나 [ㄹ] 발음으로 굴리는 경향이 있다. 하지만, 영국에서는 [t]를 강하게 [ㅌ] 그대로 발음한다.

| | | |
|---|---|---|
| sitting 미[sítiŋ] 영[sítiŋ] 앉아 있다 | later 미[léitər] 영[léitər] 후에 |
| better 미[bétər] 영[bétər] ~보다 좋은 | bottom 미[bátəm] 영[bátəm] 바닥의 |
| matter 미[mǽtər] 영[mǽtər] 일 | waiter 미[wéitər] 영[wéitər] 웨이터 |
| meeting 미[míːtiŋ] 영[míːtiŋ] 회의 | setting 미[sétiŋ] 영[sétiŋ] 환경, 배경 |
| total 미[tóutl] 영[tóutl] 전체의 | letter 미[létər] 영[létər] 편지 |

### 2) 자음 [r] 발음

미국식과 영국식 발음에서 수험생들이 가장 크게 차이를 느끼는 부분이 바로 [r] 발음이다. 미국은 [r] 발음이 나오는 대로 모두 발음해 주지만, 영국에서는 모음 뒤에 [r]이 나오면 이 발음을 하지 않고 그 앞의 모음을 길게 늘여 발음한다. 즉, [r] 발음이 생략되는 것이다. 미국식 영어임을 확연하게 보여주는 것이 바로 이 [r] 발음이다.

| | | |
|---|---|---|
| car 미[kɑːr] 영[kɑː] 자동차 | carpet 미[káːrpit] 영[káːpit] 카페트 |
| dark 미[dɑːrk] 영[dɑːk] 어두운 | parking 미[páːrkiŋ] 영[páːkiŋ] 주차하기 |
| part 미[pɑːrt] 영[pɑːt] 부분 | cart 미[kɑːrt] 영[kɑːt] 카트 |
| store 미[stɔːr] 영[stɔː] 상점 | stair 미[stɛər] 영[stɛː] 계단 |
| repair 미[ripɛ́ər] 영[ripɛ́ː] 수리 | turn 미[təːrn] 영[təːn] 돌다, 돌리다 |

### 3) 자음 [tn]의 발음

[tn] 발음은 미국식 발음에서 콧소리 비슷하게 '삼킨' 소리지만, 영국식 발음에서는 그대로 발음한다.

mountain 미[máuntən] 영[máuntən] 산

curtain 미[kə́ːrtən] 영[kə́ːrtən] 커튼

certainly 미[sə́ːrtənli] 영[sə́ːrtənli] 확실히

important 미[impɔ́ːrtənt] 영[impɔ́ːrtənt] 중요한

button 미[bʌ́tən] 영[bʌ́tən] 단추

carton 미[káːrtən] 영[káːrtən] 큰 상자

shorten 미[ʃɔ́ːrtən] 영[ʃɔ́ːrtən] 짧게 만들다

fountain 미[fáuntən] 영[fáuntən] 분수

### 4) 모음 [a] 발음

미국식 발음에서는 우리말 [애]와 비슷하게 발음되지만 영국식 발음에서는 [아] 발음이 되는 경우가 있다. 예를 들어 영국에서는 answer를 [앤서]가 아닌 [아-ㄴ서]로 발음을 한다.

ask 미[æsk] 영[aːsk] 물어보다

bath 미[bæθ] 영[baːθ] 목욕

half 미[hæf] 영[haf] 절반의

manager 미[mǽnidʒər] 영[mǽnidʒə] 매니저

pass 미[pæs] 영[paːs] 통과하다

after 미[ǽftər] 영[áːftə] ~후에

chance 미[tʃæns] 영[tʃaːns] 기회

fast 미[fæst] 영[faːst] 빠른

answer 미[ǽnsər] 영[áːnsəː] 응답

can't 미[kænt] 영[kaːnt] ~할 수 없다

## 5) 모음 [o] 발음

모음 [o]는 미국에서 주로 [아]로 발음되지만 영국에서는 [오]로 발음된다. 예를 들면 box는 미국식으로 [박스]로 발음되지만 영국식으로는 [복스]로 발음된다.

stop 미[stɑp] 영[stɔp] 멈추다
doctor 미[dɑ́ktər]영[dɔ́ktər] 의사
got 미[gɑt] 영[gɔt] 받았다
job 미[dʒɑb] 영[dʒɔb] 직업
body 미[bɑ́di] 영[bɔ́di] 몸, 몸체

copy 미[kɑ́pi] 영[kɔ́pi] 복사하다
not 미[nɑt] 영[nɔt] 아니다
lot 미[lɑt] 영[lɔt] 공간
rock 미[rɑk] 영[rɔk] 바위; 부수다
contact 미[kɑ́ntækt] 영[kɔ́ntækt] 연락, 접촉

## 6) 기타 주의해야 할 단어들

위에 나열된 자음과 모음의 규칙과는 별개로 미국과 영국식 발음이 완전히 다른 경우가 있다. 대표적인 단어가 schedule이다. 미국식으로는 [스케쥴]로 발음되지만 영국식으로는 [쉐쥴]로 발음된다.

advertisement 미[æ̀dvərtáizmənt] 영[advə́:tizmənt] 광고
data 미[déitə] 영[déitə] 자료, 데이터
often 미[ɔ́(:)fən] 영[ɔ́(:)ftan] 종종, 자주
schedule 미[skédʒuːl] 영[sʃédjuːl] 일정
vase 미[veis] 영[vaːz] 꽃병
laboratory 미[lǽbrətɔ̀:ri] 영[ləbɔ́rətri] 실험실
garage 미[gərɑ́:dʒ] 영[gərɑ́:dʒ] 차고
water 미[wɔ́:tər] 영[wɑ́:tə] 물

**Check up Quiz**  오디오를 듣고 빈칸을 채워보자.

01 I hope you take the _____ to relax.

02 You will need a heavy _____.

03 According to the _____, how can someone purchase the product?

04 The cars are _____ at a traffic light.

05 We _____ exciting tour packages during your stay.

06 Some trees are being _____.

07 Our _____ stop on the city tour is Eco World.

08 Why has the man _____ the woman?

09 The lamp has been _____ on.

10 _____ all our experts have spoken, we will collect the cards.

11 A ship is _____ under the bridge.

12 Have you _____ the manager about it?

13 What kind of shoes did you _____?

14 They are _____ the plants.

15 What is being _____?

16 I'd like to _____ a reservation of the room I booked yesterday.

17 To _____ an appointment, please press '1' now.

18 The _____ staff will participate in the conference.

19 The truck is _____ next to containers.

20 The _____ has been signed.

---

| 정답 | 1. opportunity  2. coat  3. advertisement  4. stopped  5. offer  6. planted  7. last  8. contacted  9. turned  10. After 11. passing  12. asked  13. purchase  14. watering  15. rescheduled  16. confirm  17. schedule  18. entire  19. parked  20. contract

# PART
# 1

# 사진 묘사하기

파트 1에서는 사진을 묘사하는 4개의 선택지를 듣고, 사진을 가장 잘 묘사한 것을 고른다.
{ 6문제 출제 }

## Voca Preview

모르는 단어에 체크한 후 유형 분석 학습이 끝나면 체크된 것들을 다시 한 번 확인해 보자.

- [ ] **carry** 나르다, 옮기다
- [ ] **remove** 없애다
- [ ] **plug in** ~을 꽂다
- [ ] **take a note** 노트를 하다
- [ ] **water bottle** 물병
- [ ] **prepare a meal** 식사를 준비하다
- [ ] **examine** 살피다
- [ ] **apply A to B** A를 B에 붙이다
- [ ] **shop at** ~에서 쇼핑하다
- [ ] **have a meeting** 회의를 갖다
- [ ] **sewing project** 재봉일
- [ ] **work on** ~을 작업하다
- [ ] **clear a street** 거리를 청소하다
- [ ] **install** 설치하다
- [ ] **cross the street** 거리를 건너다
- [ ] **order** 주문하다
- [ ] **choose merchandise** 상품을 고르다
- [ ] **outdoor market** 야외 상점
- [ ] **reach for** ~에 손을 뻗다
- [ ] **seal envelope** 봉투를 봉하다

- [ ] **draw a picture** 그림을 그리다
- [ ] **lean against** ~에 기대다
- [ ] **railing** 난간
- [ ] **pull** 끌다, 당기다
- [ ] **rest on a beach** 해변에서 쉬다
- [ ] **chain** 체인으로 묶다
- [ ] **next to** ~옆에
- [ ] **brick wall** 벽돌 벽
- [ ] **enter** 들어가다, 입력하다
- [ ] **construction project** 건설 프로젝트
- [ ] **lift a ladder** 사다리를 들다
- [ ] **assist** 돕다
- [ ] **hand** 건네다
- [ ] **turn off** ~을 끄다
- [ ] **type on** ~에 치다
- [ ] **serve a meal** 음식을 대접하다
- [ ] **sweep the floor** 바닥을 쓸다
- [ ] **point at** ~을 가리키다
- [ ] **laboratory** 실험실
- [ ] **unload** 내리다

유형 분석 **1**

---------

# 사람 중심 사진

## WARMING UP
### Unit 1  1인 등장 사진
### Unit 2  2인 이상 등장 사진
## REVIEW TEST
### 받아쓰기 훈련

# WARMING UP

진단 평가 mp3를 듣고 사진을 맞게 설명하면 O, 틀리면 X로 표시하자. 🎧 01.mp3

**1.**

Ⓐ (　　) 　　　Ⓑ (　　)

**2.**

Ⓐ (　　) 　　Ⓑ (　　)

**빈 칸 채우기**   다시 한 번 mp3를 듣고 빈 칸을 채우자.   🎧 01.mp3

**1.** Ⓐ   A man ＿＿＿＿＿＿＿＿ some vegetables.

Ⓑ   A man ＿＿＿＿＿＿＿＿ a mirror.

**2.** Ⓐ   A man ＿＿＿＿＿＿＿＿ a car's tire.

Ⓑ   A man ＿＿＿＿＿＿＿＿ in a car.

> 빈칸을 채우면서 사람을 묘사할 때 쓰는 표현의 공통점을 찾아보자.

**정답 & 요점 확인**   정답을 확인하고, 사람 중심 사진의 특징을 알아보자.

**1.** Ⓐ   A man is carrying some vegetables.   남자가 야채들을 옮기고 있다.   ⭕

Ⓑ   A man is holding a mirror.   남자가 거울을 들고 있다.   ✖

**2.** Ⓐ   A man is washing a car's tire.   남자가 자동차 타이어를 닦고 있다.   ⭕

Ⓑ   A man is sitting in a car.   남자가 자동차 안에 앉아 있다.   ✖

> 사람 중심의 사진에서 정답의 80%는 동사와 명사에서 결정되는데 동사는 주로 현재 진행형이다. 주어에 신경 쓰기보다는 사진 속 인물의 동작에 해당하는 동사와 명사에 집중하자.

# Unit 01 1인 등장 사진

Step 1 실전 포인트

 **녹음 내용 듣기 전** 사진 속 인물의 동작을 '손동작 → 외모 파악 → 주변 상황 파악' 등의 순으로 확인하고 보기에 나올 만한 동사를 미리 예상한다.

**녹음 내용 들을 때** 잘 들리지 않거나 애매모호한 보기 옆에는 △, 오답 보기 옆에는 X, 정답인 것 같으면 O를 표시해 최종 답을 선택하되 동사와 명사 중심으로 듣는다.

**대표 문제** 녹음 내용을 듣고 알맞은 정답을 고르자.  **02.mp3**

 (A)　　　(B)　　　(C)　　　(D)

**시나공 풀이법** 1인 등장 사진은 어떻게 풀이하는지 알아보자. **L01**

 **녹음 내용 듣기 전** 녹음 내용이 들리기 전에 인물의 동작과 옷차림을 확인한 후, 가능한 답을 몇 개 미리 떠올려 본다.

She is using the equipment.　　그녀는 장비를 이용하고 있다.

She is speaking into a microphone.　　그녀가 마이크에 대고 말하고 있다.

She is wearing a headset.　　그녀는 헤드폰을 착용하고 있다.

She is wearing a jacket.　　그녀는 재킷을 입고 있다.

 **녹음 내용 들을 때** 녹음 내용이 들리면 △, X, O 등의 소거법을 활용한다.

사진에 없는 동사나 명사가 들리는 보기는 바로 소거한다.

(A) She is removing her headphones.　　그녀가 헤드폰을 벗고 있다. ✗

▶ 사진 속 인물의 손동작이 보기와 다르다.

(B) She is speaking into a microphone.　　그녀가 마이크에 대고 말하고 있다. ○

▶ 사진 속 인물이 마이크에 대고 말을 하고 있으므로 정답이다.

(C) She is typing on a keyboard.　　그녀가 키보드로 타이핑하고 있다. ✗

▶ 사진 속 인물의 손동작과 보기가 다르다. 사진에 없는 명사(keyboard)가 들리는 보기는 오답이다.

(D) She is plugging in a cord.　　그녀가 코드를 꽂고 있다. ✗

▶ 사진 속 인물의 손동작과 보기가 다르다. 사진에 없는 명사(cord)가 들리는 보기는 오답이다.

1인이 등장하는 사진에서 상반신만 나온 사진은 네 보기의 주어가 모두 같기 때문에 주어의 동작에 초점을 맞춰 들어가야 한다. 하지만, 전신이 나온 사진은 사람뿐 아니라 주변 사물에 대해서도 나올 수 있기 때문에 주어의 행위와 사물 모두에 초점을 맞춰 들어야 한다. 두 경우 모두 동사와 명사가 핵심이므로 동사와 명사를 집중해서 들어야 한다. 동사는 주로 현재 진행형으로 묘사된다.

 상황별 묘사

### 사무실 & 야외

She is taking some notes by hand.

The man is talking on the phone.

The woman is drinking from a water bottle.

The man is walking along the beach.

### 작업장

A man is working on a ladder.

A man is checking a tire.

He is carrying some boxes.

A man is repairing a door.

### 주방 & 식당 & 상점

She is preparing a meal.

The woman is studying the menu.

A woman is examining a product.

She is pushing a cart.

**Voca Check-up!** take notes 필기하다 talk on the phone 전화로 통화하다 walk along the beach 해변을 따라 걷다
carry+물건 물건을 옮기다 repair 수리하다 prepare a meal 식사를 준비하다 study the menu 메뉴를 보다 push a cart 카트를 밀다

🎧 03.mp3

**1.**

(A)    (B)    (C)    (D)

**2.**

(A)    (B)    (C)    (D)

▶ 정답 및 해설은 해설집 4쪽 참고

# Unit 02 2인 이상 등장 사진

 2인 이상이 등장하는 사진에서는 사진 속 인물들의 '공통된 동작 → 각자 행동 → 주변 상황이나 사물 묘사' 등의 순으로 확인한다.

 잘 들리지 않거나 애매모호한 보기 옆에는 △, 오답 보기 옆에는 X, 정답인 것 같으면 O를 표시해 최종 답을 선택하되 동사와 명사 중심으로 듣는다.

🎓 **대표 문제** 녹음 내용을 듣고 알맞은 정답을 고르자.

 04.mp3

(A)　　　　　(B)　　　　　(C)　　　　　(D)

✏️ **시나공 풀이법** 2인 이상 등장 사진은 어떻게 풀이하는지 알아보자.

 사진 속 인물들의 공통된 동작 → 각자 행동 → 주변 상황이나 사물 묘사 등을 확인한다. 사진 속 인물을 보고 가능한 답을 미리 떠올려 본다.

They are reading the same book.　그들은 같은 책을 읽고 있다.

They are sitting on a sofa.　그들은 소파에 앉아 있다.

The man is holding a book.　남자가 책을 잡고 있다.

The man is sitting on the chair with one leg crossed.　남자가 다리를 꼰 채로 앉아 있다.

 주어가 복수(They, The women, The men)로 시작하면 공통된 동작에 초점을 맞춰야 하고, 주어가 단수(He, She, A man, A woman)로 시작하면 해당 인물의 동작에 초점을 맞춰야 한다.

사진에 없는 동사나 명사가 들리는 보기는 바로 소거한다.

(A) They are applying labels to some books.　그들은 책에 라벨을 붙이고 있다. ✗

▶ 주어가 복수(They)이므로 인물의 공통된 동작에 집중한다. 명사(labels)가 사진에 없고 두 사람이 공통된 동작을 하고 있지 않으므로 오답이다.

(B) The woman is making photocopies of some pages.　그녀는 책의 일부를 복사하고 있다. ✗

▶ 주어가 단수(The woman)이므로 여자의 동작에 집중한다. 여자가 복사하고 있는 동작을 하고 있지 않으므로 오답이다.

(C) They are reading the same book.　그들은 같은 책을 읽고 있다. O

▶ 사진 속 인물 둘 다 같은 책을 읽고 있으므로 정답이다.

(D) The man is listening to music on his headphones. ✗

▶ 주어가 단수(The man)이므로 남자의 동작에 집중한다. 동사(listen)와 명사(headphones)가 사진에 없고 남자가 음악을 듣고 있지 않으므로 오답이다.

2인 이상이 등장하는 사진에서는 사진 속 인물들이 현재 하고 있는 공통적인 동작과 각자의 동작에 초점을 맞춰 출제되기 때문에 주어가 복수(They, The women, The men)로 시작되면 공통된 동작에, 주어가 단수(He, She, A man, A woman)로 시작되면 각자의 동작에 초점을 맞춰 듣는다.

 상황별 묘사

### 내부 작업

They are looking at some papers.

They are having a meeting at the table.

They are working on sewing projects.

They are sitting at the table.

### 야외 작업

The men are repairing the roof.

They are cleaning a street.

Workers are installing equipment.

They are crossing the street.

### 식당 & 상점

Customers are ordering some food from a menu.

People are eating in a dining area.

She is shopping at an outdoor market.

She is choosing some merchandise.

**Voca Check-up!** look at ~을 보다  have a meeting 회의하다  sewing project 재봉일  repair the roof 지붕을 고치다  install equipment 장비를 설치하다  dining area 식당  outdoor market 야외시장  shop at ~에서 쇼핑하다  choose merchandise 상품을 고르다

Step 3 | 실전 문제   05.mp3

**1.**

(A)    (B)    (C)    (D)

**2.**

(A)    (B)    (C)    (D)

▶ 정답 및 해설은 해설집 4쪽 참고

**1.**

(A)    (B)    (C)    (D)

**2.**

(A)   (B)   (C)   (D)

**3.**

(A)      (B)      (C)      (D)

**4.**

(A)      (B)      (C)      (D)

▶ 정답 및 해설은 실전서 5쪽 참고

# 받아쓰기 훈련

Unit 01  **1인 등장 사진**  Step 3 실전 문제  🎧 dictation-01.mp3

**1.** (A) He is _____ for a _____.

   (B) He is _____ a _____.

   (C) He is _____ an _____.

   (D) He is _____ a picture.

**2.** (A) The bicycle is _____ _____ the _____.

   (B) The bicycle is _____ _____ by the woman.

   (C) A woman is _____ _____ a beach.

   (D) A woman is _____ a bicycle to _____ _____.

Unit 02  **2인 이상 등장 사진**  Step 3 실전 문제  🎧 dictation-02.mp3

**1.** (A) They are _____ _____ a _____ wall.

   (B) They are _____ a _____.

   (C) They are _____ _____ a _____ project.

   (D) They are _____ a _____.

**2.** (A) A man is _____ on his _____.

   (B) Customers _____ _____ books.

   (C) A salesperson is _____ a _____.

   (D) A woman is _____ a _____ _____ to the man.

**Review Test**

🎧 dictaion-03.mp3

1. (A) She is ＿＿＿＿＿ ＿＿＿＿＿ a notepad.

   (B) She is ＿＿＿＿＿ a ＿＿＿＿＿ ＿＿＿＿＿.

   (C) She is ＿＿＿＿＿ ＿＿＿＿＿ a light.

   (D) She is ＿＿＿＿＿ ＿＿＿＿＿ a ＿＿＿＿＿.


2. (A) She is ＿＿＿＿＿ her hands.

   (B) She is ＿＿＿＿＿ a ＿＿＿＿＿.

   (C) She is ＿＿＿＿＿ the ＿＿＿＿＿.

   (D) She is ＿＿＿＿＿ the ＿＿＿＿＿.


3. (A) They are ＿＿＿＿＿ a ＿＿＿＿＿.

   (B) They are ＿＿＿＿＿ ＿＿＿＿＿ the board.

   (C) They are ＿＿＿＿＿ ＿＿＿＿＿ a ＿＿＿＿＿ ＿＿＿＿＿.

   (D) They are ＿＿＿＿＿ ＿＿＿＿＿ the table.


4. (A) Some people are ＿＿＿＿＿ a ＿＿＿＿＿.

   (B) Technicians are ＿＿＿＿＿ ＿＿＿＿＿ a ＿＿＿＿＿.

   (C) ＿＿＿＿＿ are ＿＿＿＿＿ ＿＿＿＿＿ from the room.

   (D) Supplies are ＿＿＿＿＿ ＿＿＿＿＿ from a ＿＿＿＿＿.

## Voca Preview

모르는 단어에 체크한 후 유형 분석 학습이 끝나면 체크된 것들을 다시 한 번 확인해 보자.

☐ **lighthouse** 등대

☐ **construct** 건설하다, 짓다

☐ **pile** 쌓다

☐ **gather** 모으다

☐ **floral arrangement** 꽃꽂이

☐ **unoccupied** 비어 있는

☐ **overlook** 내려다보다

☐ **under construction** 건설 중인

☐ **grow** 자라다

☐ **water fountain** 분수

☐ **be in operation** 작동 중이다

☐ **pass** 지나다

☐ **hang** 걸다

☐ **vase** 꽃병

☐ **spray water** 물을 뿌리다

☐ **display** 배치하다, 진열하다

☐ **waterfall** 폭포

☐ **make a bed** 침대를 정리하다

☐ **light bulb** 전구

☐ **sweep the floor** 바닥을 청소하다

☐ **mow the lawn** 잔디를 깎다

☐ **climb the ladder** 사다리를 오르다

☐ **along the shore** 해변을 따라

☐ **spend time** 시간을 보내다

☐ **left open** 열려 있다

☐ **entrance** 입구

☐ **be covered with** ~로 덮여 있다

☐ **extend across** ~까지 연결돼 있다

☐ **height** 높이

☐ **raise** 올리다

☐ **wave a flag** 기를 흔들다

☐ **splash** 들이치다, 뿌리다

☐ **roll up** 걷어 올리다, 말다

☐ **artwork** 작품

☐ **arrange** 정렬하다

☐ **light fixture** 조명 기구

☐ **suspend** 걸다

☐ **ceiling** 천장

☐ **in the middle of** ~의 중간에

☐ **draw** ~을 치다

# WARMING UP

진단 평가 mp3를 듣고 사진을 맞게 설명하면 O, 틀리면 X로 표시하자.

🎧 07.mp3

**1.**

Ⓐ (　　)　　　　Ⓑ (　　)

**2.**

Ⓐ (　　)　　　　Ⓑ (　　)

**빈 칸 채우기**  다시 한 번 mp3를 듣고 빈 칸을 채우자.  🎧 07.mp3

1. Ⓐ  A _____ is situated near a _____.

   Ⓑ  A tower _____ _____ _____ by the shore.

2. Ⓐ  Fish _____ _____ on top of a box.

   Ⓑ  The man _____ _____ fish _____ _____ _____.

> 빈 칸을 채우면서 사물, 풍경, 배경을 묘사할 때 쓰는 표현의 공통점을 찾아보자.

**정답 & 요점 확인**  정답을 확인하고, 사물, 풍경 중심 사진의 특징을 알아보자.

1. Ⓐ  A lighthouse is situated near a shoreline.  등대가 해안가 근처에 있다.  ⭕

   Ⓑ  A tower is being constructed by the shore.  타워가 바닷가에 세워지고 있다.  ✖

> 사물, 풍경 사진은 시설물의 위치나 상태 등으로 나타내며, There 구문이나 수동태 구문이 정답으로 자주 출제된다.

2. Ⓐ  Fish are piled on a top of a box.  생선이 박스 위에 쌓여 있다.  ⭕

   Ⓑ  The man is gathering fish in a net.  남자가 그물에 있는 물고기들을 모으고 있다.  ✖

> 인물과 배경 중심의 사진에서 사람이 한 명만 있으면, 인물의 동작과 인물의 행위에 초점을 맞춰 들어야 한다. 이때도 사물이나 배경은 수동태 구문이 자주 출제된다.

# Unit 03 사물, 풍경 사진

 **녹음 내용 듣기 전**   사진 중앙부터 사물의 위치를 확인한 후, 주변 사물의 위치를 확인한다.

**녹음 내용 들을 때**   장소나 위치 전치사에 주의해서 들어야 한다.

🎓 **대표 문제**   녹음 내용을 듣고 알맞은 정답을 고르자.       08.mp3

      (A)      (B)      (C)      (D)

✏️ **시나공 풀이법**   사물, 풍경 사진은 어떻게 풀이하는지 알아보자.      🎥 L02

 **녹음 내용 듣기 전**   **문제를 듣기 전 예상 가능한 답을 떠올려 본다.**

A floral arrangement decorates each table.    꽃꽂이가 각 테이블에 장식되어 있다.

The tables are unoccupied at the moment.    현재 테이블이 비어 있다.

Glasses have been placed on the table.    유리잔이 식탁 위에 놓여 있다.

The tables have been set.    테이블이 세팅되었다.

 **녹음 내용 들을 때**   **문제를 들을 때**

(A) A floral arrangement decorates each table.    꽃꽂이가 각 테이블에 장식되어 있다. ⭕

▶   사물의 사진 중앙을 확인한 후 주변을 확인한다. 각 식탁이 꽃병으로 장식되어 있으므로 정답이다.

(B) Chairs are full of napkins.    의자들이 냅킨으로 가득 차 있다. ✖

▶   의자에 냅킨이 있는 장면은 없으므로 오답이다.

(C) The tables are being occupied.    테이블이 사람들로 차고 있다. ✖

▶   사람이 없는 사진이고, 모든 테이블이 텅 비어 있으므로 오답이다. occupied는 '좌석이 차있는'의 의미로 자주 나온다.

(D) Menus are being handed out.    메뉴가 제공되고 있다. ✖

▶   사람이 없는 사진이고, 동사의 동작(hand out)이 사진과 관련이 없으므로 오답이다.

사물이나 풍경 사진은 사물의 명칭, 위치, 상태 등을 파악해 두어야 하고, 어떤 시설물이 나오는지 유심히 살핀다.

 상황별 묘사

### 건물

Buildings overlook the water.

The building is under construction.

Each house has its own balcony.

The building has an arched opening.

### 식물 & 공원

Trees are growing on the sides of the road.

There are tree around the pond.

The water fountain is in operation.

The fountain is in a park.

### 호수, 강 & 해변

The ship is passing under the bridge.

The chairs are unoccupied.

There are buildings near the beach.

There is a bridge over the water.

### 실내 공간

There are lamps on the bed tables.

Pictures are hanging on the walls.

Vases are on the table.

The sofa is unoccupied.

**Voca Check-up!**  overlook 내려다보다  under construction 공사 중인  arched opening 입구가 아치 모양인  around the pond 연못 주변에  fountain 분수대  in operation 작동 중인  unoccupied 자리가 빈(↔ occupied 자리가 찬)  hang on 걸다  vase 꽃병

Step 3 | 실전 문제                                   🎧 09.mp3

**1.**

(A)    (B)    (C)    (D)

**2.**

(A)    (B)    (C)    (D)

▶ 정답 및 해설은 해설집 6쪽 참고

# 인물, 배경 사진

Step 1 실전 포인트

녹음 내용 듣기 전    인물, 배경 사진이 등장한 경우 사람의 동작보다는 사물이나 시설을 묘사한 부분이 정답으로 자주 출제된다.

녹음 내용 들을 때    사람과 관련된 동작, 외모와 주변 사물을 확인하면서 들어야 한다.

 **대표 문제** 녹음 내용을 듣고 알맞은 정답을 고르자.  10.mp3

                            (A)        (B)        (C)        (D)

 **시나공 풀이법** 인물, 배경 사진은 어떻게 풀이하는지 알아보자.  L 03

 **녹음 내용 듣기 전**

**문제를 듣기 전 예상 가능한 답을 떠올려 본다.**

A man is spraying water on a field.    남자가 밭에 물을 뿌리고 있다.

Several crops are growing in the field.    농작물들이 밭에서 자라고 있다.

Some pots are displayed on the top of the green house.

화분들이 비닐하우스 상단에 배치되어 있다.

 **녹음 내용 들을 때**

**문제를 들을 때**

(A) A waterfall is next to a park.    폭포가 공원 옆에 있다. ✗

▶ 사진에 있는 단어(water)와 유사한 발음(waterfall)이 들리거나 사진에 없는 명사(park)가 들리는 보기는 오답이다.

(B) Potted plants are being placed on a ledge.    화초가 심어진 화분이 선반에 놓여 있다. ✗

▶ 사진에 없는 명사(ledge)가 들리는 보기는 오답이다.

(C) A man is cutting the grass.    남자가 잔디를 깎고 있다. ✗

▶ 남자의 동작이 틀리게 묘사되었다.

(D) Some plants are being sprayed with water.    식물들에 물이 뿌려지고 있다. ○

▶ 인물, 배경 사진이므로 사람의 동작과 함께 주변 사물과 관련된 표현을 집중해서 듣는다. 남자가 식물에 물을 뿌리고 있으므로 정답이다.

인물, 배경 사진은 사람이 주변 사물을 어떻게 이용하는지를 집중해서 듣는다.

 상황별 묘사

### 집 내부 공간

She is making the bed.

They are moving the furniture.

The man is changing a light bulb.

The woman is sweeping the floor.

### 집 외부 공간

He is mowing the lawn.

He is working in the garden.

He is painting the wall.

The man is climbing the ladder.

### 야외 활동

People are relaxing on the grass.

People are walking along the shore.

People are spending time in the park.

He is fishing in the sea.

**Voca Check-up!**  make a bed 침대를 정리하다  light bulb 전구  sweep the floor 바닥을 청소하다  mow the lawn 잔디를 깎다  climb the ladder 사다리를 오르다  relax on the grass 잔디에서 쉬다  along the shore 해변을 따라  spend time 시간을 보내다  fish 낚시하다

**1.**

(A)  (B)  (C)  (D)

**2.**

(A)      (B)      (C)      (D)

▶ 정답 및 해설은 해설집 6쪽 참고

**1.**

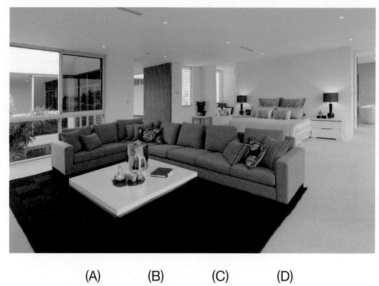

(A)          (B)          (C)          (D)

**2.**

(A)          (B)          (C)          (D)

**3.**

(A)        (B)        (C)        (D)

**4.**

(A)        (B)        (C)        (D)

▶ 정답 및 해설은 해설집 7쪽 참고

# 받아쓰기 훈련

**1.** (A) All of the _____ doors _____ _____ _____ open.

     (B) There are _____ in the building's _____.

     (C) The house is _____ _____ flowers.

     (D) There are _____ styles of _____ on the _____.

**2.** (A) Boats are _____ along the _____.

     (B) Buildings _____ a _____.

     (C) Rocks _____ _____ _____ along the shore.

     (D) A bridge _____ _____ the water.

**1.** (A) They are _____ _____ the windows of _____ _____.

     (B) One of _____ _____ is _____ a balcony.

     (C) Ladders of different _____ are _____ _____ the wall.

     (D) There is a _____ _____ the buildings.

**2.** (A) A sail is _____ _____ _____ _____ boat.

     (B) A passenger is _____ a _____ in the air.

     (C) Some people are _____ _____ _____.

     (D) Water is _____ _____ a boat _____.

**Review Test**　　　　　　　　　　　　　　　⊙ dictation-06.mp3

**1.** (A) Rugs _____ _____ _____ _____ against the _____.

　　 (B) A sofa is _____ _____ _____ _____.

　　 (C) The _____ are _____.

　　 (D) The _____ have been _____ _____.


**2.** (A) A man _____ _____ _____ a piece of _____.

　　 (B) _____ _____ _____ _____ on the shelf.

　　 (C) A man is _____ _____ a workshop.

　　 (D) A _____ has been _____ _____ the wall.


**3.** (A) People _____ _____ for an _____ _____.

　　 (B) Workers are _____ _____ _____.

　　 (C) There are _____ in the _____ _____ _____ _____.

　　 (D) _____ _____ from the floor _____ _____ _____.


**4.** (A) Chairs _____ _____ on _____ _____ of a sofa.

　　 (B) Some cups are _____ _____ from a table.

　　 (C) There are _____ _____ on the table.

　　 (D) _____ _____ _____ _____ above the table.

**PART 1**

Directions: For each question in this part, you will hear four statements about a picture in your test book. When you hear the statements, you must select the one statement that best describes what you see in the picture. Then find the number of the question on your answer sheet and mark your answer. The statements will not be printed in your test book and will be spoken only one time.

**1.**

(A)    (B)    (C)    (D)

**2.**

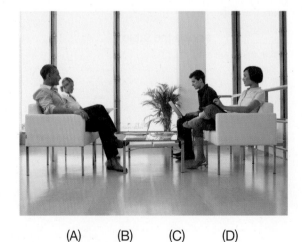

(A)    (B)    (C)    (D)

**3.**

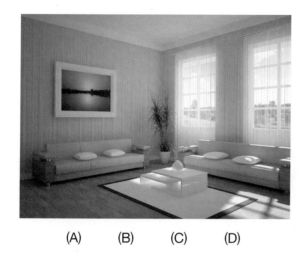

(A)    (B)    (C)    (D)

**4.**

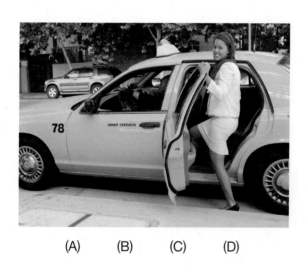

(A)    (B)    (C)    (D)

**5.**

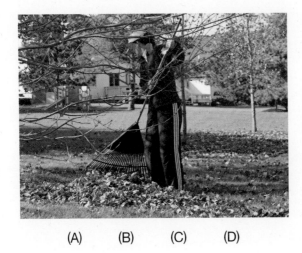

(A)  (B)  (C)  (D)

**6.**

(A)  (B)  (C)  (D)

▶ 정답 및 해설은 해설집 8쪽 참고

## PART 1

Directions: For each question in this part, you will hear four statements about a picture in your test book. When you hear the statements, you must select the one statement that best describes what you see in the picture. Then find the number of the question on your answer sheet and mark your answer. The statements will not be printed in your test book and will be spoken only one time.

1.

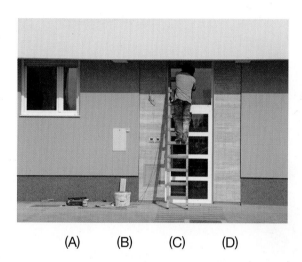

(A)    (B)    (C)    (D)

2.

(A)    (B)    (C)    (D)

**3.**

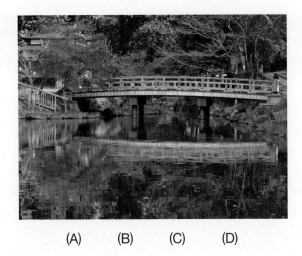

(A)        (B)        (C)        (D)

**4.**

(A)        (B)        (C)        (D)

**5.**

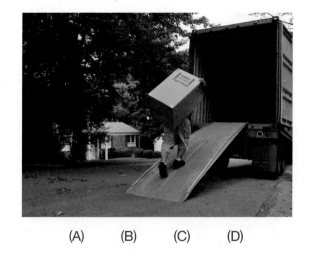

(A)  (B)  (C)  (D)

**6.**

(A)  (B)  (C)  (D)

▶ 정답 및 해설은 해설집 10쪽 참고

# PART
# 2

# 질문에 대답하기

파트 2는 질문을 듣고 3개의 선택지 중에서 가장 적절한 답변을 고르는 유형이다.
{ 25문제 출제 }

# Voca Preview

모르는 단어에 체크한 후 유형 분석 학습이 끝나면 체크된 것들을 다시 한 번 확인해 보자.

- ☐ **employment application** 입사 지원서
- ☐ **hiring committee** 고용위원회
- ☐ **award** 상
- ☐ **candidate** 후보자
- ☐ **sponsor** 후원하다
- ☐ **shame** 망신, 수치
- ☐ **corporation** 기업, 회사
- ☐ **headquarters** 본사
- ☐ **be in charge of** ~을 담당하다
- ☐ **be responsible for** ~을 책임지다
- ☐ **attend the meeting** 회의에 참석하다
- ☐ **inform** 알리다
- ☐ **organize** 준비하다
- ☐ **training session** 교육, 훈련
- ☐ **go to lunch** 점심 먹으러 가다
- ☐ **be held** 열리다
- ☐ **leave the office** 퇴근하다
- ☐ **volunteer activity** 봉사활동
- ☐ **get together** 모이다
- ☐ **submit** 제출하다

- ☐ **reserve** 예약하다
- ☐ **employee** 직원
- ☐ **be supposed to** ~할 예정이다
- ☐ **merger** 합병
- ☐ **take place** 일어나다, 발생하다
- ☐ **architectural firm** 건축회사
- ☐ **get reimbursed** 환급받다, 되돌려 받다
- ☐ **travel expense** 여행비용
- ☐ **approve** 승인하다
- ☐ **accountant** 회계사
- ☐ **respond to** ~에 응답하다
- ☐ **bill** 계산서
- ☐ **invoice** 송장, 계산서
- ☐ **form** 서식, 양식
- ☐ **give the presentation** 발표하다
- ☐ **storage area** 저장소
- ☐ **bookshelf** 책장
- ☐ **usually** 대개, 보통
- ☐ **fix** 고정시키다
- ☐ **supervisor** 상사

유형 분석 3

의문사 의문문 1

# WARMING UP

진단 평가 mp3를 듣고 A, B 중 알맞은 답변을 골라보자. &#127911; 13.mp3

1. Ⓐ ( )       Ⓑ ( )       2. Ⓐ ( )       Ⓑ ( )

3. Ⓐ ( )       Ⓑ ( )       4. Ⓐ ( )       Ⓑ ( )

빈 칸 채우기    다시 한 번 mp3를 듣고 빈 칸을 채우자.

1. _____ _____ _____ _____ your job at the museum?

   Ⓐ _____ _____ _____.          When 의문문의 적절한 답변은?

   Ⓑ In customer service.

2. _____ _____ _____ _____ an employment application?

   Ⓐ Not much longer.

   Ⓑ _____ _____ _____ _____.          Where 의문문의 적절한 답변은?

3. _____ is on the _____ _____ _____.

   Ⓐ _____ _____, for now.

   Ⓑ Tuesday at 9.

                                                   Who 의문문의 적절한 답변은?

4. Who won the president's award?

   Ⓐ Yes, I heard that.

   Ⓑ _____ _____ Marketing.

**정답 & 요점 확인**  정답을 확인하고, 의문사 의문문의 특징을 알아보자.  🔊 13.mp3

**1.** When do you start your job at the museum?
당신은 박물관에서 언제 일을 시작하나요?

Ⓐ On April 11.  4월 11일에요.  ⭕

Ⓑ In customer service.  고객 서비스부에서요.  ✖

> When 의문문에는 구체적인 날짜나 대략적인 시점으로 답한다.
> on+요일/날짜, at+시간, in+기간으로 답할 수 있다.

**2.** Where can I get an employment application?
제가 어디서 입사 지원서를 구할 수 있죠?

Ⓐ Not much longer.  그렇게 오래 걸리지는 않아요.  ✖

Ⓑ On the fourth floor.  4층에요.  ⭕

> Where 의문문에는 at[on, in]+구체적인 장소로 답한다.

**3.** Who is on the new hiring committee?
누가 신규 채용 위원회 소속이죠?

Ⓐ I am, for now.  현재는 저예요.  ⭕

Ⓑ Tuesday at 9.  목요일 9시에요.  ✖

> Who 의문문에는 이름, 직위, 부서, 인칭대명사로 답할 수 있다.

**4.** Who won the president's award?
사장님 상을 수상한 사람이 누구죠?

Ⓐ Yes, I heard that.  예, 저도 들었어요.  ✖

Ⓑ Someone from Marketing.  마케팅 부서의 누군가요.  ⭕

> Who 의문문에서 someone from, someone in이 들리면 불특정인을 나타내는 것으로 항상 정답이다.

Who 의문문은 주로 행위나 주체를 물어보기 때문에 답변에서 주어에 해당되는 부분을 잘 들어야 하며, 사람 이름, 인칭대명사, 직위, 부서, 회사 이름이 들리는 선택지가 주로 정답이다.

 **대표 문제** 녹음 내용을 듣고 알맞은 정답을 고르자.   🎧 14.mp3

---

**1.** (A)        (B)        (C)

**2.** (A)        (B)        (C)

---

✏️ **시나공 풀이법** Who 의문문은 어떻게 풀이하는지 알아보자.    L04

**Q1** **Who's interviewing** the job candidate?   누가 구직자를 면접할 예정인가요?
> 의문사를 중심으로 처음 서너 단어를 꼭 들어야 한다. Who 의문문이므로 답변에서 인칭대명사가 들리면 정답이다.

(A) In my office.   제 사무실예요. ✗
> Where 의문문에 적합한 응답

(B) I am planning to.   제가 할 계획이에요. ○
> I, we, you 등의 인칭대명사를 사용한 정답

(C) She can't do that.   그녀는 그것을 할 수 없어요. ✗
> 그녀가 구체적으로 누군지 알 수 없으므로 오답. Who 의문문에서 3인칭은 무조건 오답

**표현 정리** interview (면접관이) 면접을 보다   job candidate 구직자

**Q2** **Who's sponsoring** this event?   누가 이 행사를 후원하나요?
> 의문사를 중심으로 처음 서너 단어를 꼭 들어야 한다. Who 의문문으로 사람이나 회사 이름이 들려도 정답이 될 수 있다.

(A) Near the restaurant.   레스토랑 근처에서요. ✗
> Where 의문문에 적합한 오답

(B) Yes, it's a shame.   네, 유감이네요. ✗
> 의문사 의문문에 Yes, No 보기는 오답

(C) The Choice Corporation is.   Choice 사요. ○
> 회사 이름을 사용한 정답

**표현 정리** sponsor 후원하다   event 행사   shame 망신, 수치   corporation 기업, 회사

**시나공 +** Who 의문문에 대한 답변으로는 주로 사람 이름, 직책, 부서명, 회사명 등이 등장하지만, '잘 모르겠다, 확인해 보겠다, ~해 봐라'는 식의 답변도 자주 출제된다.

- 질문의 의도는 의문사를 포함해 첫 서너 단어에서 결정되는 경우가 많다. 따라서 처음을 집중해서 듣자. 특히 의문사는 꼭 들어야 한다.
- Who 의문문은 사람 이름이나, 직업, 직책, 부서, 회사가 가장 많은 정답 유형으로 등장한다.
- 모른다거나 반문하는 답변은 99%(거의) 정답이다.

##  Who 의문문의 정답 유형

### 인명, 직책으로 답하는 유형

Who is visiting our headquarters today?
오늘 누가 본사를 방문하나요?

- Mr. Adams.
  애덤스 씨요.

Who is in charge of the promotional campaign?
홍보캠페인은 누가 담당하나요?

- The director of public relations.
  홍보담당 이사님이요.

Who is responsible for his schedule?
그의 일정은 누가 책임지고 있나요?

- The vice president's secretary.
  부사장님의 비서요.

### 인칭대명사로 답하는 유형

Who was the man I saw with Mr. Kim?
김 씨와 함께 있던 그 남자는 누구입니까?

- He is our new supervisor.
  그녀는 우리의 신임 상사입니다.

Who will attend the meeting?
누가 회의에 참석할 예정입니까?

- Everyone except Matilda.
  Matilda를 제외한 모두입니다.

Who will help him to move the desk?
누가 그를 도와 책상을 옮기겠습니까?

- I can help him.
  제가 도울 수 있습니다.

### 부서나 회사, 조직으로 답하는 유형

Who will inform the staff about the new policy?
누가 직원들에게 새로운 정책을 알려줄 건가요?

- The Human Resources Department.
  인사부입니다.

Who is repairing the air conditioner?
누가 에어컨을 수리하나요?

- The Maintenance Department.
  유지보수부입니다.

Who is organizing this promotion?  누가 이 홍보를 준비하나요?

- The BNW Company.  BNW 사입니다.

### 모른다거나 반문으로 답하는 유형

Who is going to a training session?  누가 교육에 가나요?

Who should I talk to about the program?
프로그램에 대해 누구와 이야기해야 하나요?

- I don't know.  모르겠습니다.

- Which program is it?
  어떤 프로그램이죠?

Who is in the conference room now?
지금 누가 회의실에 있나요?

- You'd better ask your manager.
  매니저에게 물어보세요.

15.mp3

1. (A)　　(B)　　(C)　　　　2. (A)　　(B)　　(C)

3. (A)　　(B)　　(C)　　　　4. (A)　　(B)　　(C)

▶ 정답 및 해설은 해설집 11쪽 참고

# When, Where 의문문

When 의문문은 행위가 일어난 시점을 묻는 문제로 시간부사(절) 등의 특정 시간이 나오면 정답이다. Where 의문문은 행위가 일어난 장소를 묻는 문제로 특정 장소가 나오면 정답이다.

 **대표 문제** 녹음 내용을 듣고 알맞은 정답을 고르자.　　　　　　　　　　　　　　　　 16.mp3

**1.** (A)　　　　(B)　　　　(C)

**2.** (A)　　　　(B)　　　　(C)

 **시나공 풀이법**　When, Where 의문문은 어떻게 풀이하는지 알아보자.

**Q1**　**When do employees usually go** to lunch?　직원들은 보통 언제 점심을 먹으러 가나요?
▶　의문사를 중심으로 첫 서너 단어를 집중해서 듣는다. 일반적으로 점심을 먹으러 가는 시점을 묻고 있다.

(A) Yes, I know her.　네, 그녀를 알아요. ✗
▶　의문사 의문문에 Yes, No가 들리면 오답

(B) Around noon.　정오쯤에요. ○
▶　'전치사+특정 시점, 정확한 시간, 날짜, 요일' 등을 언급한 정답

(C) They will leave at 10 o'clock.　그들은 10시에 출발할 거예요. ✗
▶　연상되는 단어(go-leave)로 정답을 유도한 오답

표현 정리 usually 대개, 보통　leave 떠나다, 출발하다

**Q2**　**Where do you keep** the coffee?　당신은 커피를 어디에 보관하나요?
▶　첫 서너 단어를 잘 듣는다. 커피의 보관 장소를 묻고 있다.

(A) In my cabinet.　내 캐비닛에요. ○
▶　'전치사+장소'로 언급한 정답

(B) Every day at 3.　매일 3시에요. ✗
▶　When 의문문에 적합한 오답

(C) Thanks, but I asked him already.　고맙지만, 이미 그에게 물어봤어요. ✗
▶　권유, 제안 의문문에 적합한 오답

표현 정리 keep 유지하다, 보관하다　cabinet 캐비닛, 보관함　already 이미, 벌써

**시나공 +** 반문하거나, '잘 모르겠다.' 등의 답변은 When, Where 의문문을 포함해 어떤 질문에든 정답이 될 확률이 높다. Where 의문문은 최근에 출처나 대상(사람, 부서, 회사, 신문)으로 답하는 경우도 출제되고 있다.

- When 의문문은 '전치사+시간 표현, 시간 명사, 시간 부사' 등이 나오면 정답이다.
- Where 의문문은 장소 부사(구)가 나오면 정답이다.
- 반문하거나 잘 모르겠다는 유형의 답변은 어느 질문이든 정답의 가능성이 매우 높다.

##  When 의문문의 정답 유형

### '전치사+시간 명사'로 답하는 유형

| | |
|---|---|
| **When will the event be held?**<br>행사는 언제 개최되나요? | • On Sunday.<br>일요일요. |
| **When is your vacation?**<br>휴가가 언제예요? | • In October.<br>10월에요. |
| **When do you finish your work?**<br>일은 언제 마치나요? | • Around 2 o'clock.<br>2시쯤요. |

### 시간 명사나 시간 부사로 답하는 유형

| | |
|---|---|
| **When will you leave the office?**<br>언제 퇴근하나요? | • Later.<br>이따요. |
| **When do you do a volunteer activity?**<br>언제 봉사활동을 하시나요? | • Every month.<br>매달요. |
| **When are you planning to visit her?**<br>언제 그녀를 방문할 예정인가요? | • Before dinner.<br>저녁식사 전에요. |

### 모른다거나 반문으로 답하는 유형

| | |
|---|---|
| **When can we get together for a meeting?**<br>언제 회의를 위해 만날 수 있을까요? | • How about on Monday?<br>월요일은 어떠십니까? |
| **When can I submit the report?**<br>언제 보고서를 제출할 수 있나요? | • Can I see now?<br>지금 봐도 되겠습니까? |
| **When are you going to leave for vacation?**<br>언제 휴가를 떠날 예정인가요? | • I don't know yet.<br>아직 모르겠습니다. |

##  Where 의문문의 정답 유형

### '전치사+장소 명사'로 답하는 유형

| | |
|---|---|
| **Where can I find the department store?**<br>백화점을 어디에서 찾을 수 있나요? | • Near the bank.<br>은행 근처에서요. |
| **Where is the bus station?**<br>버스 정류장이 어디에 있나요? | • In front of the park.<br>공원 앞에요. |
| **Where is the museum?**<br>박물관이 어디에 있나요? | • Beside the bookstore.<br>서점 옆에요. |

| | |
|---|---|
| **Where will the meeting be held?**<br>회의는 어디에서 열리나요? | • The register office will help you.<br>등록처에서 도와 드릴 겁니다. |
| **Where is the book?**<br>책이 어디에 있나요? | • Right here.<br>바로 여기에 있어요. |

**출처나 대상(사람, 부서, 회사, 신문)으로 답하는 유형**

| | |
|---|---|
| **Where did you get this coupon?**<br>이 쿠폰을 어디에서 구했나요? | • I got it from a magazine.<br>잡지에 있는 것이었어요. |
| **Where did you learn about it?**<br>그것에 대해 어디에서 알았나요? | • I asked Cindy.<br>Cindy에게 물어봤어요. |
| **Where can I buy it?**<br>어디에서 살 수 있나요? | • I bought it at the department store.<br>백화점에서 구입했어요. |

**모른다거나 반문으로 답하는 유형**

| | |
|---|---|
| **Where is the supermarket?**<br>슈퍼마켓이 어디에 있나요? | • I am a stranger here.<br>저는 이곳이 처음이에요. |
| **Where should I submit this application?**<br>이 지원서를 어디에 제출해야 하나요? | • You should ask the manager.<br>매니저에게 물어보세요. |
| **Where do you plan to go this weekend?**<br>이번 주말에 어디로 갈 계획인가요? | • I have no idea yet.<br>아직 모르겠어요. |

## Step 3 | 실전 문제　　　　　　　　　　🎧 17.mp3

**1.** (A)　　　(B)　　　(C)

**2.** (A)　　　(B)　　　(C)

**3.** (A)　　　(B)　　　(C)

**4.** (A)　　　(B)　　　(C)

▶ 정답 및 해설은 해설집 12쪽 참고

**1.** Mark your answer on your answer sheet.

(A)          (B)          (C)

**2.** Mark your answer on your answer sheet.

(A)          (B)          (C)

**3.** Mark your answer on your answer sheet.

(A)          (B)          (C)

**4.** Mark your answer on your answer sheet.

(A)          (B)          (C)

**5.** Mark your answer on your answer sheet.

(A)          (B)          (C)

**6.** Mark your answer on your answer sheet.

(A)          (B)          (C)

**7.** Mark your answer on your answer sheet.

(A)          (B)          (C)

**8.** Mark your answer on your answer sheet.

(A)          (B)          (C)

**9.** Mark your answer on your answer sheet.

(A)          (B)          (C)

**10.** Mark your answer on your answer sheet.

(A)          (B)          (C)

▶ 정답 및 해설은 해설집 13쪽 참고

# 받아쓰기 훈련

**1.** Who is _____ new secretary?

   (A) Betty Rodman.

   (B) _____ an email.

   (C) _____ table.


**2.** _____ coming to the _____ tomorrow?

   (A) In the _____.

   (B) The _____ team.

   (C) Yes, 2 _____.


**3.** Who _____ the _____?

   (A) The _____.

   (B) No, she _____.

   (C) In _____.


**4.** Who _____ I call to _____ room?

   (A) It's in the _____.

   (B) _____ to do it.

   (C) For _____.

**Unit 06　When, Where 의문문**　｜　Step 3 실전 문제　　　　🎧 **dictation-08.mp3**

**1.** ＿＿＿＿＿＿ the ＿＿＿＿＿＿?

   (A) A ＿＿＿＿＿＿.

   (B) On ＿＿＿＿＿＿.

   (C) Five ＿＿＿＿＿＿.

**2.** Where ＿＿＿＿＿＿ I ＿＿＿＿＿＿ ＿＿＿＿＿＿ package?

   (A) By ＿＿＿＿＿＿ mail.

   (B) After ＿＿＿＿＿＿ P.M.

   (C) To the ＿＿＿＿＿＿ ＿＿＿＿＿＿.

**3.** When ＿＿＿＿＿＿ Mr. Erickson ＿＿＿＿＿＿ ＿＿＿＿＿＿ arrive?

   (A) ＿＿＿＿＿＿ the park.

   (B) Yes, she ＿＿＿＿＿＿.

   (C) At one o'clock.

**4.** Where should I ＿＿＿＿＿＿ ＿＿＿＿＿＿ report?

   (A) ＿＿＿＿＿＿ before you ＿＿＿＿＿＿.

   (B) On the ＿＿＿＿＿＿ ＿＿＿＿＿＿.

   (C) I ＿＿＿＿＿＿ ＿＿＿＿＿＿ him.

# 받아쓰기 훈련

**1.** _____ the merger _____?

   (A) _____.

   (B) _____ in November.

   (C) _____, _____.


**2.** _____ the new office building?

   (A) The Merch _____.

   (B) In the _____.

   (C) _____.


**3.** _____ Nelson _____ the agenda?

   (A) By _____.

   (B) _____.

   (C) From Chicago.


**4.** Who will _____?

   (A) _____.

   (B) Ms. _____ Miranda.

   (C) In December.


**5.** _____ did you _____?

   (A) A bestseller.

   (B) Isn't it on the chair?

   (C) I will leave soon.

**6.** When do we _____ _____ for travel expenses?

   (A) _____ _____ _____.

   (B) _____ _____ are _____.

   (C) After the _____ _____ _____.


**7.** Who's _____ _____ _____ _____ _____?

   (A) We only _____ _____ _____.

   (B) Mr.Park is.

   (C) It's _____ _____.


**8.** _____ should I _____ _____ _____?

   (A) He isn't.

   (B) _____ _____ _____.

   (C) Ask the _____.


**9.** _____ _____ _____ this department?

   (A) Julie is.

   (B) _____ is too _____.

   (C) _____ _____ to it.


**10.** _____ does the _____ _____ _____ the project?

   (A) _____ _____ _____.

   (B) _____ _____ _____ _____.

   (C) On August 30.

## Voca Preview

모르는 단어에 체크한 후 유형 분석 학습이 끝나면 체크된 것들을 다시 한 번 확인해 보자.

- ☐ **edit** 편집하다
- ☐ **medical conference** 의학 회의
- ☐ **delay** 연기되다
- ☐ **chef** 요리사
- ☐ **parking fee** 주차요금
- ☐ **prefer** ~을 선호하다
- ☐ **leave a message** 메시지를 남기다
- ☐ **housewarming** 집들이
- ☐ **happen** 일어나다
- ☐ **lose** 분실하다
- ☐ **in front of** ~앞에
- ☐ **turn left** 왼쪽으로 돌다
- ☐ **go straight** 계속 가다
- ☐ **open position** 공석, 빈자리
- ☐ **work for** ~에 근무하다
- ☐ **one-way ticket** 편도 티켓
- ☐ **hold meeting** 회의를 열다
- ☐ **deliver** 전달하다
- ☐ **reach** 연락하다
- ☐ **exhibition** 전시회

- ☐ **job opening** 일자리
- ☐ **traffic jam** 교통 체증
- ☐ **in order to** ~을 위해
- ☐ **take a break** 휴식을 취하다
- ☐ **registration fee** 등록비
- ☐ **job interview** 취업 면접
- ☐ **half an hour** 30분
- ☐ **mailbox** 우편함
- ☐ **remodel** 리모델링하다
- ☐ **experience** 경험
- ☐ **furniture** 가구
- ☐ **reschedule** 일정을 조정하다
- ☐ **a variety of** 다양한
- ☐ **heater** 히터, 난방기
- ☐ **decisive** 결정적인
- ☐ **advantage** 이점
- ☐ **expire** 만료되다
- ☐ **receive** 받다
- ☐ **on the right** 오른쪽에
- ☐ **leave early** 일찍 출발하다

유형 분석 **4**

# 의문사 의문문 2

**WARMING UP**

Unit 7   What, Which 의문문

Unit 8   How, Why 의문문

**REVIEW TEST**
받아쓰기 훈련

# WARMING UP

**진단 평가**   mp3를 듣고 A, B 중 알맞은 답변을 골라보자.

1. Ⓐ (   )          Ⓑ (   )          2. Ⓐ (   )          Ⓑ (   )

3. Ⓐ (   )          Ⓑ (   )          4. Ⓐ (   )          Ⓑ (   )

**빈 칸 채우기**   다시 한 번 mp3를 듣고 빈 칸을 채우자.

1. Which brochure still has to be edited?

   Ⓐ _____ _____ for the medical conference.

   Ⓑ That would be great.

   > Which 의문문의 적절한 답변은?

2. Why was your flight delayed?

   Ⓐ _____ _____ the weather.

   Ⓑ Ten minutes ago.

   > Why 의문문의 적절한 답변은?

3. What time does the museum open?

   Ⓐ On Elm Avenue.

   Ⓑ Actually, it's _____ _____ _____.

   > What time 의문문의 적절한 답변은?

4. How long have you worked as a chef?

   Ⓐ In the kitchen.

   Ⓑ For _____ _____.

   > How long 의문문의 적절한 답변은?

**정답 & 요점 확인**　정답을 확인하고, 의문사 의문문의 특징을 알아보자.

**1.** Which brochure still has to be edited?
편집이 되어야 할 브로셔가 어떤 것이죠?

(A) The one for the medical conference.
의학 회의에 필요한 것요. ⭕

(B) That would be great.　좋을 것 같네요. ✖

> 'Which+명사' 의문문은 하나를 선택해 명사나 The one으로 답한다.

**2.** Why was your flight delayed?
비행기가 연기된 이유가 뭐죠?

(A) Because of the weather.　날씨 때문이에요. ⭕

(B) Ten minutes ago.　10분 전에요. ✖

> Why 의문문은 이유전치사(Because of), 이유접속사 because, To부정사, In order to부정사로 답한다.

**3.** What time does the museum open?
박물관은 몇 시에 문을 열죠?

(A) On Elm Avenue.　엘름 가에요. ✖

(B) Actually, it's closed on Mondays.
사실 월요일에는 문을 닫습니다. ⭕

> What time 의문문은 When 의문문으로 이해하고 시간이나 시점으로 답한다.

**4.** How long have you worked as a chef?
요리사로 얼마 동안 근무했죠?

(A) In the kitchen.　부엌에요. ✖

(B) For two years.　2년 동안요. ⭕

> How long 의문문은 'for+기간'이나 소요 시간으로 답한다.

## Unit 07 | What, Which 의문문

What 의문문은 What 뒤의 명사나 동사가 답을 결정하므로 명사, 동사를 정확히 듣는 연습을 해 두어야 한다. Which 의문문은 'Which+명사' 형태의 선택의문문이 많이 출제되는데, Which 뒤 해당 명사를 구체적으로 선택한 후 설명하는 선택지가 정답이다. 따라서 Which 뒤 명사를 잘 들어야 한다.

 **대표 문제** 녹음 내용을 듣고 알맞은 정답을 고르자.    🎧 20.mp3

**1.** (A)    (B)    (C)

**2.** (A)    (B)    (C)

 **시나공 풀이법** What, Which 의문문은 어떻게 풀이하는지 알아보자.     L 05

---

**Q1** **What** will the **parking fee be?**    주차 요금은 얼마인가요?

▶ What 의문문으로 What 뒤의 명사와 동사를 정확히 들어야 한다.

**(A)** He is six feet two inches tall.    그는 키가 6피트 2인치입니다 ✗

▶ 유사한 단어(fee – feet)가 들리는 보기는 오답

**(B)** No, she can still drive.    아니오, 그녀는 아직 운전을 할 수 있어요. ✗

▶ 의문사 의문문에 Yes/No 보기는 오답

**(C)** Twenty dollars a day.    하루에 20달러입니다. ○

▶ 주차 요금 질문에 금액으로 답한 정답

표현 정리 parking fee 주차 요금    tall 키가 큰, 높은    still 아직, 아직도

**Q2** **Which color** do you prefer to paint the new house?    새집에 페인트를 칠하기에 어떤 색을 선호하세요?

▶ 'Which+명사' 문제이므로 Which 뒤 명사(color)를 명확히 듣고 그것을 지칭하는 답변을 선택한다.

**(A)** The caller left a message.    전화를 건 사람이 메시지를 남겼어요. ✗

▶ 유사한 단어(color – caller)가 들리는 보기는 오답

**(B)** Yellow looks good.    노란색이 좋아 보이네요. ○

▶ 색깔을 이용한 정답

**(C)** It is not the one that I like.    이건 내가 좋아하는 것이 아니에요. ✗

▶ 연관된(prefer – like) 표현으로 혼동을 준 오답

표현 정리 prefer ~을 좋아하다, 선호하다    paint 페인트를 칠하다    leave a message 메시지를 남기다

---

시나공 + What 의문문에는 'What would you like ~'와 같은 표현도 출제되는데 무엇을 원하는지 묻는 정중한 표현이다. (ex) What would you like for lunch?(점심을 무엇으로 먹을래요?)

- What 의문문은 What 뒤에 나오는 명사나 동사가 결정적인 단서이다.
- 'Which+명사' 덩어리 의문문은 Which 뒤 명사를 잘 듣는다. 답변은 구체적인 명사를 선택한 후 부가설명을 하는 보기가 정답이다.
- 'Which+명사' 의문문에서 The one 보기는 99% 정답이다.

##  What, Which 의문문의 정답 유형

### What 뒤에 명사가 답을 결정하는 유형

**What color** did you paint your restaurant?
무슨 색으로 당신의 식당을 칠했나요?

**What time** does the meeting start?
회의는 몇 시에 시작하나요?

**What type of business** are you in?
무슨 업종에 종사하고 계시나요?

- I chose white.
  하얀색을 골랐어요.
- At 10 o'clock.
  10시 정각이에요.
- I work at a design company.
  저는 디자인 회사에서 일합니다.

### What 뒤의 동사가 답을 결정하는 유형

**What will we bring to** the seminar?
세미나에 우리는 무엇을 가져가야 합니까?

**What did Tommy give** you as a housewarming gift?
Tommy는 당신에게 집들이 선물로 무엇을 주었나요?

**What happened** to you yesterday?
어제 당신에게 무슨 일이 있었나요?

- Some documents.
  몇 가지 서류요.
- He gave me a flowerpot.
  그는 저에게 화분을 주었어요.
- I lost my bag.
  가방을 잃어버렸어요.

### Which 뒤의 명사가 답을 결정하는 유형

**Which car** do you want?
어떤 차를 원하세요?

**Which department** does she work in?
그녀는 어느 부서에서 일합니까?

**Which employee** will be going to the meeting
tomorrow? 어떤 직원이 내일 회의에 갈 건가요?

- I want the compact one.
  소형차를 원해요.
- She works in the Sales Department.
  그녀는 영업부에서 일합니다.
- Sally will go.
  Sally가 갈 예정입니다.

### 'Which+명사' 질문에서 (the) one 선택지는 언제나 정답이다.

**Which hotel** are you staying at?
어느 호텔에서 지낼 건가요?

**Which office** has a problem with its photocopier?
어느 사무실이 복사기에 문제가 있나요?

- **The one** in front of the sea.
  바다 앞에 위치한 호텔요.
- **The one** next to the restroom.
  화장실 옆에 있는 거요.

**1.** (A)　　(B)　　(C)　　　　**2.** (A)　　(B)　　(C)

**3.** (A)　　(B)　　(C)　　　　**4.** (A)　　(B)　　(C)

▶ 정답 및 해설은 해설집 15쪽 참고

# How, Why 의문문

How 의문문은 How 뒤에 나오는 형용사, 부사가 정답을 결정하므로 형용사, 부사를 잘 들어야 한다. Why 의문문에 대한 답변은 이유나 목적을 나타내는 구와 절이 정답이다. 이유접속사(because), 이유전치사(because of, due to, in order to), to부정사 문장이 나오면 정답이다.

 **대표 문제** 녹음 내용을 듣고 알맞은 정답을 고르자. 🎧 22.mp3

1. (A)    (B)    (C)

2. (A)    (B)    (C)

 **시나공 풀이법** How, Why 의문문은 어떻게 풀이하는지 알아보자.  L06

**Q1** **How long** did your job interview take?    당신의 면접이 얼마나 걸렸나요?
> ▶ How 뒤 형용사가 정답을 결정한다. How long 문제는 기간과 소요 시간을 나타내는 보기가 답이다.

(A) An open position.   공석이에요. ✗
> ▶ 연관된 표현 (job – position) 보기는 거의 오답

(B) A new employee   신입사원이에요. ✗
> ▶ 연관된 표현 (job interview – employee) 보기는 거의 오답

(C) Only half an hour.   겨우 30분요. ◯
> ▶ 소요 시간을 사용한 정답

표현 정리 job interview 면접, 입사시험   take ~가 걸리다

**Q2** **Why is the office closed** today?    사무실은 오늘 왜 문을 닫았나요?
> ▶ 이유 문제이므로 이유접속사나 To부정사 문장을 잘 들어야 한다.

(A) It's close to the park.   그곳은 공원과 가까워요. ✗
> ▶ 유사한 단어(closed – close)가 들리는 보기로 오답

(B) Because it's a holiday.   휴일이거든요. ◯
> ▶ because를 사용한 정답

(C) Turn left and then go straight.   왼쪽으로 돌아서 직진하세요. ✗
> ▶ How 의문문에 적합한 오답

표현 정리 turn 돌다, 돌리다   go straight 직진하다

**시나공 +** How 의문문은 'How about ~?'을 이용해 권유나 제안을 물을 때도 사용하는데, 답변은 승낙이나 거절, That's good 등으로 답하면 된다. Why 의문문 외에도 'For what ~?, How come ~?, What's the reason for ~?' 등도 이유를 묻는 문제다.

- How 의문문은 How 뒤에 나오는 형용사, 부사가 정답을 결정한다.
- Why 의문문에는 이유접속사, 이유전치사, to부정사 보기가 정답일 가능성이 높다.

 **How 의문문의 정답 유형**

### How 뒤 형용사나 부사가 답을 결정하는 유형

**How long** have you worked for this company?
이 회사에서 얼마나 오래 일하셨나요?
- About three years.
  3년 정도요.

**How far** is the bus station from here?
버스 정류장이 여기서 얼마나 멀어요?
- Only five minutes away on foot.
  걸어서 5분밖에 안 걸려요.

**How much** furniture do you need to move?
가구를 몇 개나 옮겨야 하죠?
- Everything in the office.
  사무실 안의 모든 가구요.

**How much** is it for a one-way ticket?
편도 티켓은 얼마입니까?
- It's $30.
  30달러입니다.

**How often** does your department hold meetings?
당신 부서는 얼마나 자주 회의를 합니까?
- Once a week.
  일주일에 한 번요.

**How soon** will you be able to deliver it?
언제쯤 배송해 주실 수 있습니까?
- Before next week.
  다음 주 전에 보내드리겠습니다.

### 수단이나 방법으로 답하는 유형(by, through를 이용한 응답)

How can I get to the airport from here?
여기에서 공항까지 어떻게 가면 되나요?
- By taxi.
  택시로요.

How can I reach him? 그에게 어떻게 연락하죠?
- Through email. 이메일을 통해서요.

### 명령문으로 답하는 유형

How do I get the information?
어떻게 정보를 얻나요?
- Just call the information center.
  안내소에 전화하세요.

How can I turn on this computer?
어떻게 이 컴퓨터를 켜나요?
- Press the red button.
  빨간 버튼을 누르세요.

### 권유, 제안으로 답하는 유형

How about this table for my new house?
저의 새 집에 사용할 것으로 이 탁자는 어떤가요?
- Why don't you look at the other design? 다른 디자인을 보는 것은 어때요?

How would you like your steak?
스테이크는 어떻게 드시겠습니까?
- Well-done, please.
  바짝 익혀주세요.

### 출처로 답하는 유형

How did you know about the exhibition?
전시회에 대해 어떻게 아셨나요?
- I saw in an ad for it on TV.
  TV에서 광고를 봤어요.

How did you hear about the job opening?
구인에 대해서는 어떻게 아셨습니까?
- I read about in on a website.
  홈페이지에서 봤습니다.

| | |
|---|---|
| How did your training session go?<br>당신의 교육은 어떻게 되었나요? | • It was as smooth as I had expected. 생각했던 것만큼 순조로웠어요. |
| How did your project go?<br>프로젝트는 어떻게 되어가고 있나요? | • I can finish it next week.<br>다음 주까지 끝낼 수 있어요. |

 ## Why 의문문의 정답 유형

### 이유접속사나 목적으로 답하는 유형

| | |
|---|---|
| Why were you late?<br>왜 늦었습니까? | • Because of a traffic jam.<br>교통 체증 때문에요. |
| Why was Mr. Parker here?<br>왜 Mr. Parker는 여기에 있습니까? | • Due to a special seminar.<br>특별 세미나 때문에요. |
| Why are all of the employees out of the office?<br>왜 모든 직원들은 사무실 밖으로 나와 있나요? | • To remove the old furniture.<br>오래된 가구들을 치우기 위해서요. |
| Why did you leave the office early?<br>왜 일찍 사무실을 나섰나요? | • In order to attend a meeting.<br>미팅에 참석하기 위해서요. |

### 핑계를 대거나 부정적인 표현으로 답하는 유형

| | |
|---|---|
| Why didn't you call me yesterday?<br>왜 어제 나에게 전화하지 않았나요? | • I was too busy with my project.<br>내 프로젝트로 너무 바빴어요. |
| Why isn't he in the office?<br>왜 그는 사무실에 없나요? | • He is taking a short break now.<br>그는 잠시 휴식을 취하는 중이에요. |

### 승낙이나 거절로 답하는 유형

| | |
|---|---|
| Why don't you ask the manager?<br>매니저에게 물어보는 것이 어때요? | • That's a good idea.<br>좋아요. |
| Why don't you take a break?<br>휴식을 취하는 게 어때요? | • I have to finish this work by today.<br>오늘까지 이 일을 끝마쳐야 해요. |

## Step 3 ┊ 실전 문제 🎧 23.mp3

**1.** (A)  (B)  (C)

**2.** (A)  (B)  (C)

**3.** (A)  (B)  (C)

**4.** (A)  (B)  (C)

▶ 정답 및 해설은 해설집 16쪽 참고

1. Mark your answer on your answer sheet.

   (A)          (B)          (C)

2. Mark your answer on your answer sheet.

   (A)          (B)          (C)

3. Mark your answer on your answer sheet.

   (A)          (B)          (C)

4. Mark your answer on your answer sheet.

   (A)          (B)          (C)

5. Mark your answer on your answer sheet.

   (A)          (B)          (C)

6. Mark your answer on your answer sheet.

   (A)          (B)          (C)

7. Mark your answer on your answer sheet.

   (A)          (B)          (C)

8. Mark your answer on your answer sheet.

   (A)          (B)          (C)

9. Mark your answer on your answer sheet.

   (A)          (B)          (C)

10. Mark your answer on your answer sheet.

   (A)          (B)          (C)

▶ 정답 및 해설은 해설집 17쪽 참고

# 받아쓰기 훈련

**1.** What's the _____ _____ ?

(A) It's _____ _____ from today.

(B) One _____ _____ staff members _____ it.

(C) On the _____ _____ Bull Street.


**2.** Which _____ should I _____ ?

(A) Only _____ _____ copies.

(B) The _____ has _____ .

(C) The one _____ _____ the door.


**3.** What's the _____ _____ ?

(A) By _____ Monday.

(B) Cash will _____ _____ .

(C) It's _____ .


**4.** What are the _____ in the _____ _____ ?

(A) In the _____ _____ beside the _____ .

(B) A _____ I'm _____ .

(C) I will _____ _____ later.

**Unit 08  How, Why 의문문**  |  **Step 3 실전 문제**

🎧 **dictation-11.mp3**

**1.** How long _____ _____ _____ us to _____ downtown?

(A) I'm _____ town.

(B) It _____ _____ seven P.M.

(C) About _____ _____.


**2.** Why is there _____ _____ _____?

(A) The computer system _____ _____.

(B) I _____ _____ _____ today.

(C) Yes, I guess so.


**3.** How can I _____ _____ Bruce _____ _____ form?

(A) I will _____ _____ it.

(B) _____ _____ _____ his mailbox.

(C) He _____ _____ New York now.


**4.** Why is the J&J _____ _____?

(A) Because _____ _____.

(B) The restaurant _____ _____.

(C) The new _____.

**1.** _____ _____ _____ _____ do you have _____ _____ ?

   (A) _____ _____ _____ for five years.

   (B) The sale will _____ _____ _____ .

   (C) It will _____ _____ _____ _____ .


**2.** _____ was the _____ _____ ?

   (A) On Tuesday.

   (B) _____ _____ _____ .

   (C) _____ the manager _____ _____ _____ .


**3.** _____ _____ _____ _____ ?

   (A) _____ _____ _____ _____ .

   (B) Yes, it was him.

   (C) It's Monica Ben.


**4.** _____ _____ has the _____ _____ ?

   (A) From _____ _____ _____ _____ .

   (B) French Coffee House.

   (C) _____ _____ _____ _____ .


**5.** _____ _____ _____ _____ the front desk?

   (A) It's _____ _____ _____ .

   (B) _____ _____ _____ .

   (C) Yes, it's _____ _____ _____ _____ .

**6.** _____ _____ _____ _____ Mr. Roy _____ you can _____

_____ tomorrow?

(A) _____ _____ _____.

(B) No, it isn't.

(C) Yes, _____ _____ _____.


**7.** _____ _____ _____ _____ the heater?

(A) I sent him yesterday.

(B) The _____ _____ _____ _____.

(C) No, _____ _____ _____ _____.


**8.** _____ _____ _____ _____ _____ _____ to Moil Village?

(A) Yes, very _____.

(B) _____ _____ to my office.

(C) _____ _____ _____.


**9.** _____ _____ _____ _____ of using a _____ _____?

(A) Yes, _____ _____.

(B) You can _____ _____ _____.

(C) You have to _____ _____.


**10.** _____ _____ _____ _____ the computer screen?

(A) If you want to come.

(B) _____ _____ _____ _____.

(C) _____ _____ _____ _____.

## Voca Preview

모르는 단어에 체크한 후 유형 분석 학습이 끝나면 체크된 것들을 다시 한 번 확인해 보자.

- ☐ **finish** 마치다, 완료하다
- ☐ **online** 온라인으로
- ☐ **put ~ in order** 주문을 넣다
- ☐ **fix** 수리하다
- ☐ **fax machine** 팩스기
- ☐ **table for four** 4인용 테이블
- ☐ **certainly** 물론이죠
- ☐ **attend** 참석하다
- ☐ **annual party** 연례파티
- ☐ **perfect** 완벽한
- ☐ **instead of** ~대신
- ☐ **submit** 제출하다
- ☐ **by today** 오늘까지
- ☐ **quit** 그만 두다
- ☐ **have a chance** 기회를 갖다
- ☐ **check on** ~을 확인하다
- ☐ **actually** 사실
- ☐ **succeed** 성공하다
- ☐ **arrange** 준비하다, 마련하다
- ☐ **promotion** 승진

- ☐ **be free** 한가하다, 시간이 있다
- ☐ **whether ~ or not** ~할 것인지 말 것인지
- ☐ **financial report** 재무 분석
- ☐ **rent** 임대하다
- ☐ **sign the contract** 계약서에 서명하다
- ☐ **article** 기사
- ☐ **weather** 날씨
- ☐ **probably** 아마
- ☐ **hire** 고용하다
- ☐ **book** 예약하다
- ☐ **storage space** 저장 공간
- ☐ **wardrobe** 옷장
- ☐ **full-time** 정규직의
- ☐ **general manager** 총 매니저
- ☐ **have an appointment** 약속이 있다
- ☐ **appoint** 임명하다
- ☐ **in advance** 미리
- ☐ **receipt** 영수증
- ☐ **make an order** 주문하다
- ☐ **directory** 전화번호부

유형 분석 **5**

# 일반의문문 & 선택의문문

**WARMING UP**

**REVIEW TEST**

받아쓰기 훈련

# WARMING UP

1. Ⓐ (   )        Ⓑ (   )          2. Ⓐ (   )        Ⓑ (   )

3. Ⓐ (   )        Ⓑ (   )          4. Ⓐ (   )        Ⓑ (   )

빈 칸 채우기   다시 한 번 mp3를 듣고 빈 칸을 채우자.

1. Have you finished the financial report?

   Ⓐ  He reports to Mr. Jones.

   Ⓑ  ............, not yet.

> 일반의문문의 적절한 답변은?

2. Did you receive the memo?

   Ⓐ  Ms. Henderson.

   Ⓑ  ............, I read it yesterday.

3. Would you like some coffee or tea?

   Ⓐ  Yes, I do.

   Ⓑ  ............ would be great.

> 제안 또는 선택 의문문의 적절한 답변은?

4. Should I buy tickets at the theater or order them online?

   Ⓐ  Yes, please put them in order.

   Ⓑ  ............ are okay.

**정답 & 요점 확인**   정답을 확인하고, 일반의문문과 선택의문문의 특징을 알아보자.   🎧 **25.mp3**

**1.** Have you finished the financial report?
재무 보고서를 완료했나요?

Ⓐ   He reports to Mr. Jones.   그는 존스 씨에게 보고합니다. ✗

Ⓑ   No, not yet.   아뇨, 아직 마치지 못했습니다. ◯

> 일반의문문에는 Yes나 No로 답한다.

**2.** Did you receive the memo?
회람을 받았나요?

Ⓐ   Ms. Henderson.   헨더슨 씨요. ✗

Ⓑ   Yes, I read it yesterday.   예, 어제 그것을 읽었어요. ◯

> 일반의문문에는 Yes나 No로 답한 후 부가설명을 한다.

**3.** Would you like some coffee or tea?
커피나 차를 드실래요?

Ⓐ   Yes, I do.   예, 그럴게요. ✗

Ⓑ   Coffee would be great.   커피 마실게요. ◯

> 제안 또는 선택의문문에는 둘 중 하나를 선택한다.

**4.** Should I buy tickets at the theater or order them online?
극장에서 티켓을 구입해야 하나요, 아니면 온라인으로 주문해야 하나요?

Ⓐ   Yes, please put them in order.   예, 주문을 넣으세요. ✗

Ⓑ   Both are okay.   둘 다 괜찮아요. ◯

> 제안 또는 선택의문문에는 either, neither, both로 답할 수 있다.

# Unit 09 일반의문문

**Step 1 | 실전 포인트**

일반의문문은 질문자와 답변자의 주어가 일치되었는지, 질문자의 동사와 답변자의 동사의 시제가 일치되었는지를 확인해야 한다. Yes나 No 응답이 가능하고, 질문에서 들렸던 유사한 발음이 들리는 보기는 대부분 오답이다.

🎓 **대표 문제**  녹음 내용을 듣고 알맞은 정답을 고르자.　🎧 26.mp3

1. (A)　　　(B)　　　(C)

2. (A)　　　(B)　　　(C)

✏️ **시나공 풀이법**  일반의문문은 어떻게 풀이하는지 알아보자.　📹 L 07

**Q1**  **Has the air conditioner been fixed** yet?　아직 에어컨이 수리되지 않았나요?
　▶ 일반 의문문은 주어와 동사의 시제를 잘 듣는다. 에어컨이 수리되었는지 과거 완료 시제로 묻고 있다.

(A) No, but someone's coming tomorrow.　아니오, 하지만 누군가가 내일 올 거예요. ⭕
　▶ No로 답한 후 앞으로 할 것이라고 부가설명을 한 정답

(B) They already fixed the computer.　그들이 이미 컴퓨터를 수리했어요. ✖
　▶ 같은 단어(fixed)가 들리는 보기는 거의 오답

(C) The fax machine is on the desk.　팩스는 책상 위에 있습니다. ✖
　▶ 유사한 단어(fixed – fax)가 들리는 보기는 거의 오답

표현 정리 fix 고치다, 수리하다　yet 아직　already 이미

**Q2**  **Do you have a table** for four?　4명이 앉을 자리가 있습니까?
　▶ 일반 의문문은 주어와 동사의 시제를 잘 듣는다. 현재 자리가 있는지 묻고 있다.

(A) Yes, certainly.　네, 물론이죠. ⭕
　▶ 긍정으로 답한 정답

(B) On a label.　상표로요. ✖
　▶ 유사한 단어(table – label)가 들리는 보기는 거의 오답

(C) So do I.　나도 그래요. ✖
　▶ 의견에 동의하는 표현으로 오답

표현 정리 certainly 그럼요, 물론이죠　label 상표

**시나공 +** 일반의문문은 Yes, No를 생략해서 답하는 경우도 있다. 내가 알기로는(I think ~, I believe ~, I suppose ~, I hope ~) 표현과 Actually(사실), Certainly(확실히) 등의 보기는 거의 정답이다.

- 질문자와 답변자의 주어가 일치되어야 한다.
- 질문의 동사와 보기의 동사의 시제가 일치되었는지를 확인해야 한다.
- 질문에서 들렸던 유사한 발음이 들리는 보기는 대부분 함정을 유도한 오답이다.

###  일반의문문의 정답 유형

#### Yes나 No로 답한 후 부가설명을 하는 유형

| | |
|---|---|
| **Did you attend the meeting?**<br>회의에 참석했나요? | • Yes, I did.<br>네, 참석했었어요. |
| **Have you seen Nancy today?**<br>오늘 Nancy를 만났습니까? | • Yes, she just left the office.<br>방금 막 사무실을 나갔어요. |
| **Should I open the door?**<br>문을 열어도 될까요? | • No, it's raining outside.<br>아니오, 밖에 비가 오고 있어요. |
| **Are you planning to go to the annual party?**<br>연례 파티에 갈 계획인가요? | • No, I haven't finish my project yet.<br>아니오, 아직 프로젝트를 끝내지 못했어요. |

#### Yes나 No를 생략하고 부가설명만으로 답하는 유형

| | |
|---|---|
| **Didn't you work at another company before?**<br>전에 다른 회사에서 일한 적이 있나요? | • This is my first job.<br>여기가 저의 첫 직장입니다. |
| **Have you heard about the new office?**<br>새로운 사무실에 대해 들은 것이 있나요? | • It must be perfect.<br>틀림없이 완벽할 거예요. |
| **Don't you have the program on your computer?**<br>당신 컴퓨터에 프로그램이 있지 않나요? | • I don't have it.<br>없습니다. |
| **Didn't she ask you about the meeting?**<br>그녀가 미팅에 대해 당신에게 물어보지 않았나요? | • I haven't even met her.<br>나는 그녀를 만나지도 않았어요. |

#### 권유, 제안, 부탁 의문문에 답하는 유형

| | |
|---|---|
| **Would you please call the manager?**<br>매니저에게 전화해 주시겠어요? | • Of course.<br>당연히 해 드리죠. |
| **Can you attend the meeting instead of me?**<br>저를 대신해서 회의에 참석해 주시겠어요 | • Sure, I would be happy to help you.<br>물론입니다. 기꺼이 도와드리죠. |

#### '그렇다, 그렇지 않다'로 답하는 유형

| | |
|---|---|
| **Do we have to submit this report by today?**<br>우리 오늘까지 이 보고서를 제출해야 하나요? | • I think so.<br>저도 그렇게 생각해요. |
| **She is the new manager of our department, right?**<br>그녀가 우리 부서의 새로운 매니저인가요? | • That's what I believe.<br>제가 알기로는 그래요. |
| **Will Ms. Park quit her job?**<br>Ms. Park이 일을 그만 두나요? | • Not that I know of.<br>제가 알기로는 아닙니다. |

Have you ever visited our headquarters?
우리 본사를 방문해 본 적이 있나요?

- I haven't had a chance to yet.
  아직 그럴 기회가 없었어요.

Is Mr. Rey still in the meeting now?
Mr. Rey는 아직도 미팅 중인가요?

- Let me check on that for you.
  제가 확인해 드리겠습니다.

Is he the best employee at our company?
그는 우리 회사에서 가장 훌륭한 직원이죠?

- Actually, he will leave the
  company soon.
  사실, 그는 곧 우리 회사를 떠날 거예요.

Do you think our project will succeed?
우리 프로젝트가 성공할거라고 생각하나요?

- Certainly.
  물론이에요.

## Step 3 | 실전 문제  🔊 27.mp3

**1.** (A)　　　(B)　　　(C)

**2.** (A)　　　(B)　　　(C)

**3.** (A)　　　(B)　　　(C)

**4.** (A)　　　(B)　　　(C)

▶ 정답 및 해설은 해설집 20쪽 참고

# 선택의문문

Step 1 | 실전 포인트

선택의문문은 하나를 선택하라는 질문이므로 Yes나 No로 답한 보기는 오답이다. 둘 중 하나를 선택해서 답하거나 둘 다 좋거나 싫다고 답하거나 둘 중 어느 쪽이든 상관없다고 답한 보기가 정답이다.

**대표 문제** 녹음 내용을 듣고 알맞은 정답을 고르자. 🎧 28.mp3

1. (A)    (B)    (C)

2. (A)    (B)    (C)

**시나공 풀이법** 선택의문문은 어떻게 풀이하는지 알아보자. 🎥 L 08

**Q1** Is it faster to go to the airport **by bus or by train**?

공항까지 버스로 가는 게 더 빠를까요, 아니면 기차로 가는 것이 더 빠를까요?

▶ 선택의문문이므로 or 앞뒤에 집중해서 듣는다.

(A) Probably by train. 아마 기차일 거예요. ○

▶ 둘 중 하나를 선택한 정답

(B) No, I have no idea. 아니오, 전혀 모르겠어요. ✗

▶ 선택의문문에 No 보기는 오답

(C) Yes, I think so. 맞아요, 저도 그렇게 생각해요. ✗

▶ 선택의문문에 Yes 보기는 오답

표현 정리 probably 아마 fast 빠른 airport 공항

**Q2** Should we arrange **a lunch or a dinner** for our annual party?

우리 연례 파티를 위해 점심을 준비해야 할까요, 아니면 저녁을 준비해야 할까요?

▶ 선택의문문이므로 or 앞뒤에 집중해서 듣는다.

(A) Dinner would be better. 저녁이 좋겠네요. ○

▶ 둘 중 하나를 선택한 정답

(B) All the employees will come. 모든 직원들이 올 거예요. ✗

▶ 질문의 선택과 연관이 없는 오답. All이 들어간 보기는 오답일 확률이 높다.

(C) Yes, I will be there. 네, 제가 거기에 갈 거예요. ✗

▶ 선택의문문에 Yes 보기는 오답

표현 정리 arrange 마련하다, 주선하다 annual party 연례파티

**시나공 +** 최근에는 선택의문문에 The one으로 답변하는 경우가 상당히 늘었다. 따라서 선택의문문에 The one이 들리는 보기는 우선 정답으로 체크한다. 선택의문문은 원칙적으로 Yes, No로 답할 수 없지만 권유를 하는 문장은 Yes, No로 답할 수 있다. ex) Would you care for some coffee or tea?(차나 커피 좀 드실래요?) → Yes, please(네, 그렇게 해주세요.)

- 선택의문문에 Yes나 No로 답하는 보기는 오답이다.(권유하는 문장 제외)
- A, B 둘 다 좋다 또는 싫다고 하는 보기는 정답이다.
- A or B 둘 중 하나를 선택하는 보기는 정답이다.
- A, B 어느 쪽이든 상관없다고 하는 보기는 정답이다.

 **선택의문문의 정답 유형**

### 둘 중 하나를 선택해서 답하는 유형

| | |
|---|---|
| Which do you prefer, black or white?<br>검정색과 흰색 중 어느 것이 더 좋습니까? | • Black will be good.<br>검정색이 좋습니다. |
| Did you meet the president or his secretary?<br>사장님을 만났나요, 아니면 그의 비서를 만났나요? | • I met his secretary.<br>그의 비서를 만났어요. |
| Should we meet or talk on the phone?<br>만날까요, 아니면 전화로 이야기할까요? | • Let's meet up tomorrow.<br>내일 만나시죠. |

### 둘 다 좋다 또는 둘 다 싫다로 답하는 유형

| | |
|---|---|
| Do you prefer the bigger or smaller furniture?<br>큰 가구와 작은 가구 중 어떤 것이 좋으세요? | • Either one will be fine.<br>어떤 것이라도 좋습니다. |
| Which would you prefer, coffee or tea?<br>커피와 차 중 어떤 것을 좋아하세요? | • Neither, thanks.<br>둘 다 좋아하지 않습니다. 고마워요. |
| Where would be better to have the promotion, at the restaurant or at the department store?<br>식당 혹은 백화점 중 어디에서 홍보하는 것이 나을까요? | • It doesn't matter.<br>어떤 곳이든 상관없습니다. |

### 제3의 제안으로 답하는 유형

| | |
|---|---|
| Do you want me to send you an email today or tomorrow?<br>오늘 이메일을 보내드릴까요, 아니면 내일 보내드릴까요? | • I want you to send it now.<br>지금 보내주셨으면 합니다. |
| Can I see Dr. Kim tomorrow or later this week?<br>김 씨를 오늘 볼 수 있을까요, 아니면 이번 주 중에 만날 수 있을까요? | • He is free on Friday.<br>그는 금요일에 한가합니다. |

### 모른다거나 반문으로 답하는 유형

| | |
|---|---|
| Is Angela going to the training session today or tomorrow?<br>Angela는 오늘 교육에 가나요, 아니면 내일 가나요? | • She hasn't told me.<br>그녀는 내게 말해 주지 않았어요. |
| Do you know whether our company will move to the new building or not?<br>우리 회사가 새로운 건물로 이전할 것인지, 아닌지 알고 있나요? | • I'm not sure.<br>잘 모르겠습니다. |
| Which do you prefer, the traveling or hiking club?<br>여행 동호회와 등산 동호회 둘 중 어느 것이 좋으십니까? | • Which one is better?<br>어떤 것이 더 나은가요? |

**1.** (A)　　(B)　　(C)   　　**2.** (A)　　(B)　　(C)

**3.** (A)　　(B)　　(C)   　　**4.** (A)　　(B)　　(C)

▶ 정답 및 해설은 해설집 21쪽 참고

# REVIEW TEST

문제를 풀면서 배운 내용을 적용해 보자.  30.mp3

1. Mark your answer on your answer sheet.

   (A)          (B)          (C)

2. Mark your answer on your answer sheet.

   (A)          (B)          (C)

3. Mark your answer on your answer sheet.

   (A)          (B)          (C)

4. Mark your answer on your answer sheet.

   (A)          (B)          (C)

5. Mark your answer on your answer sheet.

   (A)          (B)          (C)

6. Mark your answer on your answer sheet.

   (A)          (B)          (C)

7. Mark your answer on your answer sheet.

   (A)          (B)          (C)

8. Mark your answer on your answer sheet.

   (A)          (B)          (C)

9. Mark your answer on your answer sheet.

   (A)          (B)          (C)

10. Mark your answer on your answer sheet.

   (A)          (B)          (C)

▶ 정답 및 해설은 해설집 21쪽 참고

# 받아쓰기 훈련

**1.** Have _____ _____ _____ apartment to rent?

   (A) Yes, I _____ have to _____ the _____.

   (B) It's in the _____ _____.

   (C) He _____ _____ yesterday.


**2.** _____ Paul _____ _____ the train station?

   (A) No, _____ _____ raining.

   (B) _____ the _____ _____.

   (C) He was _____ to go.


**3.** _____ Mr. Smith _____ the papers _____ _____ yesterday?

   (A) Anywhere _____ here.

   (B) From a _____ _____.

   (C) Yes, they're _____ _____.


**4.** Will _____ _____ _____ nice today?

   (A) I _____ _____.

   (B) _____ you can.

   (C) I'm sorry.

| Unit 10 선택의문문 | Step 3 실전 문제 | ⏺ dictation-14.mp3 |
| --- | --- | --- |

**1.** Do you _____ home _____ address?

(A) Yes, I will _____.

(B) He _____ office soon.

(C) Could I _____?

**2.** Are you _____ or renting?

(A) 110 _____.

(B) We're _____ two years.

(C) No, it is.

**3.** Would _____ or coffee?

(A) He _____ yesterday.

(B) She will _____.

(C) _____.

**4.** Are the _____ or in the balcony?

(A) At the _____.

(B) I'll _____ later.

(C) You can _____ the balcony.

# 받아쓰기 훈련

**1.** Have you _____ _____ _____ _____?

    (A) Yes. He'll _____ _____ _____.

    (B) I will _____ _____ _____.

    (C) It is the _____ _____.


**2.** Does this building _____ _____ _____ _____?

    (A) Yes, there's more _____ _____ _____ _____.

    (B) I bought _____ _____ _____.

    (C) He will _____ _____ _____.


**3.** Is this a _____ _____ _____?

    (A) About _____ _____ _____.

    (B) We're hoping to _____ _____ _____ _____.

    (C) James is the _____ _____.


**4.** _____ we have _____ _____ _____?

    (A) _____ _____ _____.

    (B) Sorry, _____ _____ _____ _____.

    (C) Mary was _____ _____.


**5.** Did you pay for _____ _____ _____ _____?

    (A) Yes, _____ _____ _____.

    (B) No, there is _____ _____.

    (C) She didn't _____ _____ _____.

**6.** _____ would you prefer, _____ _____ _____?

    (A) _____ _____ _____.

    (B) In the office.

    (C) _____, thank you.

**7.** Do you have the _____ _____ _____?

    (A) _____ _____ of a document.

    (B) _____ _____ _____.

    (C) _____ is here.

**8.** Did you know that _____ _____ _____ _____ _____?

    (A) I hope _____ _____ _____.

    (B) No, I have _____ _____ _____ _____.

    (C) I will _____ _____ _____ _____ _____.

**9.** Have you already _____ _____ _____?

    (A) Yes, there is.

    (B) _____, _____ _____.

    (C) I'll read it.

**10.** Is the _____ _____ _____ _____ _____?

    (A) Oh, the _____ _____ _____.

    (B) He'll be _____ _____ _____ _____.

    (C) Yes, all of _____ _____.

# Voca Preview

모르는 단어에 체크한 후 유형 분석 학습이 끝나면 체크된 것들을 다시 한 번 확인해 보자.

- [ ] **drop off** (서류 등을) 전하다
- [ ] **run out of** ~이 떨어지다
- [ ] **office supplies** 사무용품
- [ ] **at the same time** 동시에
- [ ] **tax** 세금
- [ ] **for a while** 잠시
- [ ] **mobile phone** 휴대전화
- [ ] **previous engagement** 선약
- [ ] **business trip** 출장
- [ ] **proposal** 제안, 제안서
- [ ] **review** 검토
- [ ] **disconnect** 끊어지게 하다
- [ ] **document** 서류
- [ ] **curious** 궁금한
- [ ] **announce** 발표하다
- [ ] **at least** 적어도
- [ ] **suggest** 제안하다
- [ ] **product** 제품
- [ ] **have an idea** 생각이 있다
- [ ] **consider** 고려하다

- [ ] **hand** 전달하다
- [ ] **loud noisy** 소음
- [ ] **extend** 연장하다
- [ ] **window latch** 창문 걸쇠
- [ ] **attachment** 첨부
- [ ] **take a look** 살펴 보다
- [ ] **missing** 분실
- [ ] **director** 감독
- [ ] **put together** 취합하다
- [ ] **inventory** 재고, 물품
- [ ] **fax** 팩스로 보내다
- [ ] **application** 신청(서)
- [ ] **cashier** 계산원
- [ ] **with cash** 현금으로
- [ ] **blueprint** 청사진, 설계도
- [ ] **profit** 이익
- [ ] **withdraw** 취소하다, 물러나다
- [ ] **job offer** 취업 제안
- [ ] **sales figures** 매출액, 판매 수치
- [ ] **expensive** 비싼

유형 분석

# 제안(요청)문 & 평서문

**진단 평가**   mp3를 듣고 A, B 중 알맞은 답변을 골라보자.   🎧 31.mp3

**1.** Ⓐ (   )   Ⓑ (   )       **2.** Ⓐ (   )   Ⓑ (   )

**3.** Ⓐ (   )   Ⓑ (   )       **4.** Ⓐ (   )   Ⓑ (   )

**빈 칸 채우기**   다시 한 번 mp3를 듣고 빈 칸을 채우자.

**1.** Would you like me to drop those files off for you?

   Ⓐ   No, none of them broke.

   Ⓑ   ............. . I'd appreciate it.

   > 제안, 요청문의 적절한 답변은?

**2.** Could I please speak with a mechanic?

   Ⓐ   I ............. ............. ............. .

   Ⓑ   Actually, a group of salespeople.

**3.** We're running out of pens and pencils.

   Ⓐ   ............. order supplies tomorrow.

   Ⓑ   She runs every day.

   > 평서문의 적절한 답변은?

**4.** I am going to the staff meeting.

   Ⓐ   So ............. ............. .

   Ⓑ   At the same time as yesterday.

**정답 & 요점 확인**  정답을 확인하고, 제안(요청)문과 평서문 질문의 특징을 알아보자.  🎧 31.mp3

**1.** Would you like me to drop those files off for you?
내가 당신을 위해 이 파일들을 전달해 줄까요?

Ⓐ No, none of them broke.  아뇨, 부러진 것들이 하나도 없어요. ✗

Ⓑ Thanks. I'd appreciate it.  고마워요. ⭕

> 제안, 요청문은 동의나 수락은 Yes, Okay, Sure, Thanks 등으로 답하고, 거절은 No thanks, I don't think so 등으로 답한다.

**2.** Could I please speak with a mechanic?
기술자와 얘기 좀 할 수 있을까요?

Ⓐ I don't think so.  그럴 수 없을 것 같은데요. ⭕

Ⓑ Actually, a group of salespeople.  사실, 한 그룹의 판매원들요. ✗

**3.** We're running out of pens and pencils.
펜과 연필이 떨어져가고 있어요.

Ⓐ I'll order supplies tomorrow.
내가 내일 사무용품들을 주문할게요. ⭕

Ⓑ She runs every day.  그녀는 매일 달려요. ✗

> 평서문의 답변으로는 I will ~ (I am going to) 표현이 가장 많이 출제되며, 맞장구치는 표현 so, too, either, neither로 답해도 좋다.

**4.** I am going to the staff meeting.
저는 직원회의에 참석하러 가요.

Ⓐ So am I.  저도요. ⭕

Ⓑ At the same time as yesterday.  어제와 같은 시간에요. ✗

# 제안(요청)문

제안(요청)문은 승낙할 경우에는 Sure ~, Okay ~, Let's ~, That's good, That sounds great 등으로 답하고, 거절할 경우 I'm sorry ~, No thanks ~, I'm afraid ~, Thanks but ~ 등으로 답할 수도 있다.

🎓 **대표 문제** 녹음 내용을 듣고 알맞은 정답을 고르자.

🎧 32.mp3

---

**1.** (A)　　　　(B)　　　　(C)

**2.** (A)　　　　(B)　　　　(C)

---

✏️ **시나공 풀이법** 제안(요청)문은 어떻게 풀이하는지 알아보자.

 L 09

> **Q1** **Would you like to** join our club?　　우리 동호회에 가입하겠어요?
>
> ▶ 첫 서너 단어를 듣고 제안문인지 파악한다.
>
> (A) Thanks. I'd like that.　　고마워요, 재미있을 것 같네요. 〇
>
> ▶ Thanks라고 말한 후 긍정을 표현한 정답
>
> (B) No, he's not a member.　　아니오, 그는 회원이 아니에요. ✕
>
> ▶ 연상된(club – member) 단어는 오답
>
> (C) I need her.　　그녀가 필요해요. ✕
>
> ▶ 질문과는 동떨어진 오답
>
> 표현 정리 join 가입하다, 입회하다　member 회원
>
> **Q2** **Can you** call a taxi for me?　　택시를 불러주시겠어요?
>
> ▶ 첫 서너 단어를 잘 듣고 제안문인지 파악한다.
>
> (A) The tax will be paid.　　세금은 납부될 거예요. ✕
>
> ▶ 유사단어(taxi – tax)가 들리는 보기는 거의 오답
>
> (B) I'd be glad to.　　기꺼이 그러죠. 〇
>
> ▶ 동의하는 표현이 들리면 정답
>
> (C) She called me last night.　　그녀가 어젯밤 나에게 전화했어요. ✕
>
> ▶ 유사단어(call – called)가 들리는 보기는 거의 오답
>
> 표현 정리 tax 세금

**시나공 +** 제안(요청)문의 정답으로 최근에는 반문하거나 기다리라는 답변이 자주 출제되고 있으며, 모른다는 답변 역시 지속적으로 출제되고 있다.

- 동의/수락의 표현인 Yes, Okay, Sure, Thanks, Certainly, Absolutely 등의 보기는 정답이다.
- 거절의 표현인 Thanks, But no thanks, Unfortunately, I don't think so. 등의 보기는 정답이다.
- 기꺼이 하겠다는 I'd be happy[glad, love, like] to ~ 등의 보기는 정답이다.
- 반문하거나 기다리라는 등의 보기는 정답이다.

##  제안(요청)문의 정답 유형

### 승낙으로 답하는 유형

**Could I read your magazine?**
당신의 잡지를 볼 수 있을까요?

**Would you like to join us for dinner?**
저희와 함께 저녁식사 하러 가시겠어요?

**Can I borrow your mobile phone for a while?**
휴대전화를 잠시 빌릴 수 있을까요?

**Do you need any help?**
도와드릴까요?

**Can you tell our manager that I will be late?**
저희 매니저에게 제가 늦을 것이라고 말해 주시겠어요?

**Could you attend the meeting instead of me?**
저를 대신해서 미팅에 참석해 주시겠습니까?

**Can you help me to send this email?**
이메일 보내는 것을 도와주시겠어요?

**How about finishing this project?**
이 프로젝트를 끝내는 것이 어떻겠습니까?

**Why don't you go to the bank after lunch?**
점심식사 후에 은행에 가는 건 어때요?

**Why don't we have dinner later?**
이따 저녁을 먹는 게 어때요?

- Yes, it's on the table.
  네, 탁자 위에 있어요.
- Okay, please wait for a while.
  좋아요, 잠시만 기다려 주세요.
- Sure.
  물론이죠.
- Thanks. I appreciate it.
  정말 고마워요.
- I'd be glad to tell him.
  기꺼이 말해 드리겠습니다.
- I'd be happy to do it.
  기꺼이 그렇게 해 드리겠습니다.
- I'd love/like to help you.
  기꺼이 도와드리겠습니다.
- That's a good idea.
  좋은 생각인 것 같아요.
- That would be nice.
  괜찮겠네요.
- That sounds great.
  괜찮을 것 같네요.

### 거절로 답하는 유형

**Would you like some coffee?**
커피 드릴까요?

**Could you tell me about the meeting?**
미팅에 대해 저에게 말해 주시겠어요?

**Would you like to go to the concert tomorrow?**
내일 연주회에 가실래요?

**Can I see Susan?**
Susan을 만날 수 있을까요?

**Are you going to attend the speech today?**
오늘 연설에 참석하실 건가요?

- No, thanks.
  괜찮습니다.
- Sorry, but I have to meet my client now.  죄송하지만, 지금 고객을 만나야 해서요.
- I would, but I have a previous engagement.
  그러고 싶지만, 선약이 있습니다.
- Unfortunately, she just left.
  안타깝게도, 방금 나갔습니다.
- I don't think so.
  안될 것 같네요.

When does the new staff member start working?
신입사원은 언제부터 업무를 시작합니까?

- I'm not sure.
  확실하지 않네요.

Where did Mr. Roy go on his business trip?
Mr. Roy는 출장을 어디로 갔습니까?

- Let me check.
  확인해 보겠습니다.

Can we start our new project now?
지금 새로운 프로젝트를 시작해도 될까요?

- Let's finish this first.
  이것 먼저 끝내죠.

---

| Step 3 | 실전 문제 | 🔊 33.mp3 |

1. (A)    (B)    (C)

2. (A)    (B)    (C)

3. (A)    (B)    (C)

4. (A)    (B)    (C)

▶ 정답 및 해설은 해설집 24쪽 참고

## Step 1 | 실전 포인트

평서문은 동의나 맞장구 칠 때, 그리고 다음에 할 일을 제시할 때 사용되는 표현들을 필히 암기해 두어야 하고 특히 I will ~ 답변이 가장 많이 출제된다.

🎓 **대표 문제** 녹음 내용을 듣고 알맞은 정답을 고르자. 🎧 34.mp3

1. (A)        (B)        (C)

2. (A)        (B)        (C)

✏️ **시나공 풀이법** 평서문은 어떻게 풀이하는지 알아보자. 🎥 L 10

---

**Q1** **I sent you** the **latest sales proposal.**  최신 판매 제안서를 보내드렸습니다.

▶ 평서문은 전체 문장을 듣고 키워드를 잘 기억해야 한다.

(A) Sorry, but we will leave soon.  죄송합니다만, 우리는 곧 떠날 예정이에요. ✗

▶ 질문의 의미와 맞지 않는 오답

(B) I'll mail a letter to you.  당신에게 편지를 보낼 예정이에요. ✗

▶ Who 의문문에 적합한 오답

(C) All right. I'll review it this afternoon.  알겠습니다. 오늘 오후에 검토해 보겠습니다. ○

▶ I'll~ 표현은 평서문의 최다 빈출 정답

표현 정리 latest 최신의  proposal 제의, 제안서  review 검토

**Q2** **Our call** must have been **disconnected.**  아무래도 전화 연결이 끊어진 것 같습니다.

▶ 평서문은 전체 문장을 듣고 키워드를 잘 기억해야 한다.

(A) I think you're right.  당신 말이 맞는 것 같아요. ○

▶ yes를 대신하는 긍정 표현을 사용한 정답

(B) I'll have dinner with him.  그와 저녁식사를 할 예정이에요. ✗

▶ Who 의문문에 적합한 오답

(C) Nobody received a call.  아무도 전화를 받지 않아요. ✗

▶ 같은 단어(call)로 혼동을 유도한 오답

표현 정리 disconnect 연결을 끊다, 끊어지게 하다  receive a call 전화를 받다

---

**시나공 +** 평서문은 'I will ~ ' 표현이 답으로 가장 많이 출제되고 있다. 평서문에 대해 제안이나 요청을 하는 대답도 가능하다.

- 동의하거나 맞장구치는 보기는 정답이다.
- I will(I'm going to) 표현이 들리는 보기는 정답이다.
- 모르겠다, 반문하는 보기는 정답이다.
- 제안(요청)으로 답하면 정답이다.

##  평서문의 정답 유형

### 반문 표현으로 답하는 유형

I lost my file this morning. 오늘 아침 제 서류철을 잃어버렸어요.

I want you to send the documents to Vera.
당신이 Vera에게 서류들을 보내줬으면 합니다.

- Is that yours? 이것이 당신 건가요?
- Where can I find it?
  어디에 있습니까?

### 제안, 요청으로 답하는 유형

We should finish this project by this week.
이번 주 안으로 이 프로젝트를 끝내야 합니다.

Please tell Gloria about the meeting.
Gloria에게 미팅에 대해서 말해 주세요.

- Okay, let's start tomorrow.
  좋습니다, 내일 시작하죠.
- Okay, I'll talk to her.
  알겠습니다, 그녀에게 말하겠습니다.

### 모르겠다로 답하는 유형

I'm curious why the meeting has been delayed.
회의가 왜 지연됐는지 궁금합니다.

I think the seminar will be held next week.
제 생각으로는 세미나가 다음 주에 열릴 것 같아요.

I wonder why Ms. George will change departments.
Ms. George가 왜 부서를 옮기는지 궁금합니다.

The president will announce the new policy.
사장님이 새로운 정책을 발표할 거예요.

- I don't know either.
  저도 모르겠습니다.
- Let me check for you.
  제가 확인해 드리겠습니다.
- She didn't tell me anything.
  그녀가 저에게 알려주지 않았습니다.
- Actually, that hasn't been
  decided yet. 사실, 아직 결정되지 않았습니다.

### 사실이나 의견으로 답하는 유형

The meeting today was very boring.
오늘 회의는 매우 따분했어요.

Cathy will leave the company soon. Cathy는 곧 회사를 떠날 거예요.

- Yes, but at least it finished early.
  네, 하지만 어쨌든 일찍 끝났잖아요.
- I'll miss her. 그녀가 그리울 거예요.

1. (A)    (B)    (C)      2. (A)    (B)    (C)

3. (A)    (B)    (C)      4. (A)    (B)    (C)

▶ 정답 및 해설은 해설집 25쪽 참고

1. Mark your answer on your answer sheet.

   (A)              (B)              (C)

2. Mark your answer on your answer sheet.

   (A)              (B)              (C)

3. Mark your answer on your answer sheet.

   (A)              (B)              (C)

4. Mark your answer on your answer sheet.

   (A)              (B)              (C)

5. Mark your answer on your answer sheet.

   (A)              (B)              (C)

6. Mark your answer on your answer sheet.

   (A)              (B)              (C)

7. Mark your answer on your answer sheet.

   (A)              (B)              (C)

8. Mark your answer on your answer sheet.

   (A)              (B)              (C)

9. Mark your answer on your answer sheet.

   (A)              (B)              (C)

10. Mark your answer on your answer sheet.

   (A)              (B)              (C)

▶ 정답 및 해설은 해설집 26쪽 참고

# 받아쓰기 훈련

1. Would you _____ _____ see our _____ _____?

   (A) I'll _____ _____.

   (B) In five _____.

   (C) Do you _____ _____ _____?


2. May I _____ _____ _____ for a new _____?

   (A) _____ for you.

   (B) I _____ _____ _____ for you.

   (C) _____ _____ _____ to _____ your ideas.


3. Why _____ _____ travel together?

   (A) At the _____ _____.

   (B) When _____ _____?

   (C) I _____ _____ _____ call him.


4. Can you _____ _____ _____ _____ _____ this project?

   (A) Sure, _____ _____ _____ there.

   (B) We _____ _____ _____ document.

   (C) I _____ _____.

**Unit 12 평서문** ┊ **Step 3** 실전 문제 받아쓰기 🎧 **dictation-17.mp3**

**1.** Today's meeting _____ _____ _____ long.

    (A) I _____ _____.

    (B) What _____ _____ _____ talking about?

    (C) This is _____ _____ _____.


**2.** The copy machine is _____ _____ _____.

    (A) I _____ _____ you.

    (B) You _____ _____ come.

    (C) I think _____ _____.


**3.** Maybe we _____ _____ _____ deadline.

    (A) _____ _____ the office.

    (B) Okay, _____ _____ that.

    (C) No, I don't want _____ _____.


**4.** I _____ _____ this window _____.

    (A) They _____ _____ 7 P.M.

    (B) I _____ _____ _____ an attachment.

    (C) Let me _____ _____ _____.

# 받아쓰기 훈련

**1.** The directory is _____ _____ _____ _____.

    (A) _____ _____ _____ ?

    (B) _____ _____ are _____.

    (C) No, _____ _____ _____ the office.


**2.** _____ _____ _____ _____ an inventory of our merchandise?

    (A) _____ _____ _____.

    (B) Sure, I have some time.

    (C) _____ _____ _____ _____ _____.


**3.** I need _____ _____ _____ _____ _____ by this afternoon.

    (A) _____ _____ _____ _____ for you?

    (B) He is _____ _____ _____ _____ _____.

    (C) No, I have it already.


**4.** _____ _____ _____ _____ _____ to you?

    (A) No, _____ _____ _____ _____ on education.

    (B) Yes, that _____ _____ _____.

    (C) The interview _____ _____ _____.


**5.** _____ _____ you to the _____ _____.

    (A) No, _____ _____ _____ _____.

    (B) It's the old one I have.

    (C) Thanks, but _____ _____ _____.

**6.** _____ _____ _____ _____ of our newsletter?

    (A) I'm _____ _____.

    (B) _____ _____ _____ _____.

    (C) In the newspaper.

**7.** _____ _____ _____ _____ _____ _____ for the Liael Project?

    (A) It is _____ _____ _____ _____.

    (B) Those _____ _____ _____.

    (C) I think Bob has them.

**8.** I think _____ _____ _____ Mr. Davidson.

    (A) _____ _____ _____ _____.

    (B) Our _____ _____ to be _____.

    (C) Unfortunately, he _____ _____ _____.

**9.** Could you _____ _____ _____ _____ _____ _____ _____?

    (A) Yes, _____ _____ _____ _____ _____ _____.

    (B) I have to take the bus.

    (C) I'm afraid the _____ _____ _____ _____.

**10.** I'd like to _____ _____ _____ _____.

    (A) I have to _____ _____ _____ _____.

    (B) Would you like me _____ _____ _____ _____ _____?

    (C) _____ _____ _____.

# PART 2 FINAL TEST - 1

**PART 2**

Directions: You will hear a question or statement and three responses spoken in English. They will not be printed in your test book and will be spoken only one time. Select the best response to the question or statement and mark the letter (A), (B), or (C) on your answer sheet. Now let us begin with question number 7.

| | | | |
|---|---|---|---|
| 7. Mark your answer on your answer sheet. | (A) | (B) | (C) |
| 8. Mark your answer on your answer sheet. | (A) | (B) | (C) |
| 9. Mark your answer on your answer sheet. | (A) | (B) | (C) |
| 10. Mark your answer on your answer sheet. | (A) | (B) | (C) |
| 11. Mark your answer on your answer sheet. | (A) | (B) | (C) |
| 12. Mark your answer on your answer sheet. | (A) | (B) | (C) |
| 13. Mark your answer on your answer sheet. | (A) | (B) | (C) |
| 14. Mark your answer on your answer sheet. | (A) | (B) | (C) |
| 15. Mark your answer on your answer sheet. | (A) | (B) | (C) |
| 16. Mark your answer on your answer sheet. | (A) | (B) | (C) |
| 17. Mark your answer on your answer sheet. | (A) | (B) | (C) |
| 18. Mark your answer on your answer sheet. | (A) | (B) | (C) |
| 19. Mark your answer on your answer sheet. | (A) | (B) | (C) |
| 20. Mark your answer on your answer sheet. | (A) | (B) | (C) |
| 21. Mark your answer on your answer sheet. | (A) | (B) | (C) |
| 22. Mark your answer on your answer sheet. | (A) | (B) | (C) |
| 23. Mark your answer on your answer sheet. | (A) | (B) | (C) |
| 24. Mark your answer on your answer sheet. | (A) | (B) | (C) |
| 25. Mark your answer on your answer sheet. | (A) | (B) | (C) |
| 26. Mark your answer on your answer sheet. | (A) | (B) | (C) |
| 27. Mark your answer on your answer sheet. | (A) | (B) | (C) |
| 28. Mark your answer on your answer sheet. | (A) | (B) | (C) |
| 29. Mark your answer on your answer sheet. | (A) | (B) | (C) |
| 30. Mark your answer on your answer sheet. | (A) | (B) | (C) |
| 31. Mark your answer on your answer sheet. | (A) | (B) | (C) |

▶ 정답 및 해설은 해설집 29쪽 참고

**PART 2**

Directions: You will hear a question or statement and three responses spoken in English. They will not be printed in your test book and will be spoken only one time. Select the best response to the question or statement and mark the letter (A), (B), or (C) on your answer sheet. Now let us begin with question number 7.

7. Mark your answer on your answer sheet.    (A)   (B)   (C)

8. Mark your answer on your answer sheet.    (A)   (B)   (C)

9. Mark your answer on your answer sheet.    (A)   (B)   (C)

10. Mark your answer on your answer sheet.    (A)   (B)   (C)

11. Mark your answer on your answer sheet.    (A)   (B)   (C)

12. Mark your answer on your answer sheet.    (A)   (B)   (C)

13. Mark your answer on your answer sheet.    (A)   (B)   (C)

14. Mark your answer on your answer sheet.    (A)   (B)   (C)

15. Mark your answer on your answer sheet.    (A)   (B)   (C)

16. Mark your answer on your answer sheet.    (A)   (B)   (C)

17. Mark your answer on your answer sheet.    (A)   (B)   (C)

18. Mark your answer on your answer sheet.    (A)   (B)   (C)

19. Mark your answer on your answer sheet.    (A)   (B)   (C)

20. Mark your answer on your answer sheet.    (A)   (B)   (C)

21. Mark your answer on your answer sheet.    (A)   (B)   (C)

22. Mark your answer on your answer sheet.    (A)   (B)   (C)

23. Mark your answer on your answer sheet.    (A)   (B)   (C)

24. Mark your answer on your answer sheet.    (A)   (B)   (C)

25. Mark your answer on your answer sheet.    (A)   (B)   (C)

26. Mark your answer on your answer sheet.    (A)   (B)   (C)

27. Mark your answer on your answer sheet.    (A)   (B)   (C)

28. Mark your answer on your answer sheet.    (A)   (B)   (C)

29. Mark your answer on your answer sheet.    (A)   (B)   (C)

30. Mark your answer on your answer sheet.    (A)   (B)   (C)

31. Mark your answer on your answer sheet.    (A)   (B)   (C)

▶ 정답 및 해설은 해설집 33쪽 참고

# PART
# 3

# 짧은 대화 듣고 문제 맞히기

파트 3는 두명 또는 세명의 대화를 듣고 세 개의 문제를 푸는 유형으로
총 13세트(39문제)가 출제된다.

## Voca Preview

모르는 단어에 체크한 후 유형 분석 학습이 끝나면 체크된 것들을 다시 한 번 확인해 보자.

- ☐ **officially** 공식적으로
- ☐ **launch** 출시하다
- ☐ **supplier** 공급자
- ☐ **be familiar with** ~에 익숙하다
- ☐ **data entry** 데이터 입력
- ☐ **take away** 가져가다, 치우다
- ☐ **additional** 추가적인
- ☐ **renovate** 개조하다, 보수하다
- ☐ **totally** 완전히
- ☐ **plumbing** 배관, 수도시설
- ☐ **toilet** 변기
- ☐ **quickly** 신속히
- ☐ **restroom** 화장실
- ☐ **notice** ~을 알다
- ☐ **overflow** 넘쳐흐르다
- ☐ **get stuck** 갇히다, 막히다
- ☐ **traffic jam** 교통체증
- ☐ **quite** 꽤, 상당히
- ☐ **colleague** 동료
- ☐ **carpool** 승용차 함께 타기, 합승

- ☐ **rough map** 대략적인 지도, 약도
- ☐ **office furniture** 사무용 가구
- ☐ **painting work** 도색작업
- ☐ **make sure** 확실하게 하다
- ☐ **printing plant** 인쇄공장
- ☐ **appointment** 약속
- ☐ **leave a message** 메시지를 남기다
- ☐ **business card** 명함
- ☐ **purchase** 구입하다
- ☐ **place an order** 주문하다
- ☐ **confirm** 확인하다
- ☐ **real estate** 부동산
- ☐ **inspector** 검열관
- ☐ **electrical wiring** 전기배선
- ☐ **pedestrian** 보행자
- ☐ **exhibit** 전시품; 전시하다
- ☐ **art class** 미술 수업
- ☐ **commute** 출퇴근하다
- ☐ **drop in** 잠깐 들르다
- ☐ **leak** (액체, 기체가) 새다

유형 분석 **7**

# 문제 유형별 공략

## WARMING UP

## REVIEW TEST
### 받아쓰기 훈련

# WARMING UP

1. Where does this conversation most likely take place? ----------------------------------
2. When will the event begin? ----------------------------------
3. What is the woman looking for? ----------------------------------

단서 찾기   대화를 읽고, 위의 질문에 대한 단서를 찾아 밑줄 쳐보자.

W : Excuse me. I'm looking for the International Business Association Center.

M : It is right over there. The seminar will begin at 10 o'clock, and it's now 9 o'clock.

W : Oh, thanks. Is there any place I can get a cup of coffee while I'm waiting?

M : You can go downstairs and find the Coffee and Bread Cafe.

**정답 & 요점 확인**  정답을 확인하고, 파트3 문제 유형에 대해 알아보자.

### 진단 평가 : 질문의 핵심 파악

**1.** Where does this conversation most likely take place?  대화는 어디에서 이루어지고 있는가?

▶ 대화가 이루어진 장소

**2.** When will the event begin?  행사는 언제 시작할 것인가?  ▶ 행사 시작 시간

**3.** What is the woman looking for?  여자는 무엇을 찾고 있는가?  ▶ 여자가 찾고 있는 것

### 단서 찾기 : 스크립트 분석

**W** : Excuse me. I'm looking for the International Business Association Center.

▶ 1. 대화 장소에 대한 첫 번째 근거 / 3. 여자가 찾고 있는 것에 대한 근거

여: 실례합니다. 국제 비즈니스 협회 센터를 찾고 있는데요.

> 대화 장소를 묻는 질문은 주로 대화 초반에서 특정 장소에 해당되는 단어가 언급된다.
> 여자는 길이나 건물 안에서 국제협회 센터를 찾고 있다.

**M** : It is right over there. The seminar will begin at 10 o'clock, and now it's
9 o'clock.   ▶ 2. 행사 시작 시간에 대한 근거

남: 바로 저쪽에 있어요. 세미나는 10시에 시작 할 예정인데 이제 9시예요.

> 특정 시간이나 구체적인 정보는 중반부에 힌트가 나온다.

**W** : Oh, thanks. Is there any place I can get a cup of coffee while I'm waiting?

**M** : You can go downstairs and find the Coffee and Bread Cafe.

▶ 1. 대화 장소에 대한 두 번째 근거

여: 오, 감사합니다. 혹시 기다리는 동안, 커피 마실 곳이 있나요?
남: 아래층으로 내려가서 커피와 빵 카페를 찾아보세요.

> 대화의 장소나 목적은 주로 초반부에 나오지만 첫 문장을 놓치더라도 대화 전체를 듣고 파악할 수도 있으므로
> 세 문제 중 마지막에 풀어도 된다. 건물 안에서 이루어지고 있는 대화임을 알 수 있다.

표현 정리 look for ~을 찾다  international 국제  association 협회, 연합  right over there 바로 저쪽에  downstairs 아래층,
아래층으로

# Unit 13 주제, 목적을 묻는 문제

주제나 목적을 찾는 문제는 90% 이상 대화의 첫 부분에 단서가 언급된다. 첫 부분을 절대 놓치지 말자.

 **대표 문제** 문제를 먼저 읽은 후 녹음 내용을 듣고 알맞은 정답을 고르자. 🎧 37.mp3

---

**Q. What are the speakers discussing?**

(A) A new store opening

(B) The price of a new product

(C) Packaging some samples

(D) Changing suppliers

---

 **시나공 풀이법** 주제, 목적을 묻는 문제는 어떻게 풀이하는지 알아보자.  L 11

---

**대화를 듣기 전 문제를 읽을 때**

**Q. What are the speakers discussing?** 화자들은 무엇을 논의하고 있는가?

▶ 대화 시작 전에 문제를 빨리 파악하고 대화를 들어야 한다. 주제를 묻는 문제이므로 대화의 첫 부분을 잘 듣는다.

(A) A new store opening 새로운 점포 개업

(B) The price of a new product 새로운 제품의 가격

(C) Packaging some samples 샘플 포장

(D) Changing suppliers 업체 교체

**대화를 들을 때**

Refer to the following conversation. 다음 대화를 참고하시오.

W: Have you heard that Mr. Park wanted to change the packaging materials for our new laptop samples? ▶ 첫 번째 대화에서 현재 논의 중인 것은 '포장'에 관한 것임을 알 수 있다. 따라서 (C)가 정답이다.
여: 박 씨가 우리의 새로운 노트북 샘플의 포장재질을 바꾸고 싶어 한다는 것을 들었나요?

M: No, I haven't heard about it yet. When do we need to finish the work?
남: 아니오, 아직 못 들었어요. 그 작업을 언제까지 끝내야 하나요?

W: Well, the laptop will be officially launched on July 1, so all of them will have to be ready by then. 여: 글쎄요, 노트북은 공식적으로 7월 1일에 출시될 예정이라 그때까지 준비되어야 해요.

M: Okay, I'll contact our supplier. 남: 알겠어요, 제가 공급처에 연락해 볼게요.

시나공 + ① 주제, 목적을 묻는 문제는 대화의 첫 부분에 언급된다.
② 대화의 첫 문장만 듣고 주제가 불확실하면 대화 전반적인 내용을 다 듣고 적절한 정답을 선택해도 된다.

## Step 2 | 핵심 이론 & 기출 패턴

 주제나 목적을 묻는 질문 유형

- What are the speakers talking about? 화자들은 무엇에 대해 이야기하고 있는가?
- What is the topic / subject of the report? 보고서의 주제는 무엇인가?
- What is the main topic of the conversation? 대화의 주제는 무엇인가?
- What are the speakers discussing? 화자들은 무엇에 대해 논의하고 있는가?
- What is the conversation about? 대화는 무엇에 대한 것인가?
- Why is the woman calling? 여자는 왜 전화를 하고 있는가?
- What is being advertised? 무엇이 광고되고 있는가?
- What is the purpose of the woman's call? 여자가 전화를 건 목적은 무엇인가?

## Step 3 | 실전 문제                    🎧 38.mp3

**1.** What is the conversation about?

(A) Using a computer program
(B) Purchasing a new computer
(C) Inviting customers
(D) Hiring requirements

-----

**2.** What is the purpose of the woman's call?

(A) To place an order
(B) To ask for repairs
(C) To buy a new refrigerator
(D) To confirm a delivery

▶ 정답 및 해설은 해설집 39쪽 참고

# Unit 14 · 직업/대화 장소를 묻는 문제

---

**Step 1 | 실전 포인트**

화자의 직업은 대부분 대화의 처음 한두 문장에서 직접적인 힌트가 등장하지만 그렇지 않을 경우 끝까지 듣고 풀어야 한다. 이런 점을 고려해 직업 문제는 마지막에 푸는 것이 좋다. 대화 장소를 묻는 문제 또한 대화의 처음 한두 문장에서 답이 등장하는 경우도 있지만 대화 전체를 모두 듣고 나오는 힌트들을 종합하여 답을 유추해야 하는 경우도 있으므로 마지막에 푸는 것이 전략이다.

 **대표 문제** 문제를 먼저 읽은 후 녹음 내용을 듣고 알맞은 정답을 고르자.  **39.mp3**

> Q. What is the woman's job?
>
> (A) Real estate agent
> (B) Building inspector
> (C) Lawyer
> (D) Interior designer

 **시나공 풀이법** 직업/대화 장소를 묻는 문제는 어떻게 풀이하는지 알아보자.  **L 12**

### ▶ 대화를 듣기 전 문제를 읽을 때

Q. What is the woman's job?    여자의 직업은 무엇인가?

▶ 대화 시작 전에 문제를 빨리 파악하고 대화를 들어야 한다. 여자의 직업을 묻는 문제이므로 대화의 처음 한두 문장을 듣고 파악하고, 그러지 못했다면 대화를 다 듣고 풀도록 한다.

(A) Real estate agent   부동산 중개인
(B) Building inspector   건축 감리사
(C) Lawyer   변호사
(D) Interior designer   실내 장식가

### ▶ 대화를 들을 때

Refer to the following conversation.   다음 대화를 참고하시오.

W: Mr. Bryan, I just contacted the owner of the apartment. I'm pleased to tell you that the owner wants to sign a contract with you.

▶ 첫 번째 대화에서 '아파트 주인과 통화한 후 집주인이 계약을 하겠다.'는 대화를 통해 여자의 직업에 대한 힌트가 나왔으므로 여자는 '부동산 중개인'이라는 것을 알 수 있다. 따라서 (A)가 정답이다. 만약 이 부분을 못 들었다면 대화를 다 듣고 풀어도 좋다.

여: 브라이언 씨. 방금 막 아파트 주인과 통화했어요. 집주인이 계약을 하겠다는 사실을 전하게 되어 너무 기쁘네요.

M: That's great news. Actually, we are concerned about the electrical wiring in the living room.   남: 정말 좋은 소식이군요. 사실, 저희는 거실의 전기 배선이 걱정입니다.

W: You don't have to worry about it. The owner will renovate every single part of the apartment.   여: 그건 걱정 안하셔도 됩니다. 집주인이 아파트의 모든 부분을 보수해 줄 거예요.

시나공 + ❶ 직업 및 대화 장소를 묻는 문제는 대화의 처음 한두 문장에서 직접적인 힌트가 등장한다.
　　　　❷ 전반부에서 단서를 놓쳤다면 대화 전체에서 들리는 직업 및 장소 관련 어휘를 통해 답을 추론한다.
　　　　❸ 특정 직업 및 장소와 관련된 어휘를 알아두어야 한다.

## Step 2 ｜ 핵심 이론 & 기출 패턴

### 직업이나 대화 장소를 묻는 질문 유형

- Who most likely is the man? 남자는 누구일 것 같은가?
- Who most likely are the speakers? 화자들은 누구일 것 같은가?
- Who is the man speaking / talking to? 남자는 누구에게 얘기하고 있는가?
- What do the speakers probably do? 화자들은 무엇을 하겠는가?
- Where does the man probably work? 남자는 어디서 일하겠는가?
- What is the woman's job / occupation? 여자의 직업은 무엇인가?
- Where does the conversation take place? 대화는 어디서 이루어지고 있는가?

---

**Voca Check - up!** 장소, 직업 관련 어휘

• **museum 박물관 :** exhibit 전시물　painting 그림　pottery 도자기　curator 관장　• **공항 airport :** departure 출발　landing 착륙　boarding 탑승　gate 탑승 게이트　check-in counter 짐 부치는 곳　customs 세관　cabin 기내　cart 카트　boarding pass 탑승권　carry-on baggage 기내용 짐　• **우체국 post office :** mail 우편물　package 소포　parcel 소포　express mail 속달　courier 배달원　courier service 택배서비스　fragile 깨지기 쉬운　• **식당 restaurant :** special 특선요리　menu 메뉴　dish 접시　chef 요리사　cafeteria 구내식당　plate 접시　• **호텔 hotel :** room 방　single 1인실　double 2인실　suite 특실　check in 체크인하다　check out 체크아웃하다　• **도서관 library :** librarian 사서　check out 대출하다　overdue 마감이 지난　late fee 연체료　• **서점 bookstore :** aisle 통로, 복도　section 구간　writer/author 작가　• **병원/약국 hospital / pharmacy :** physician 의사　examine 진찰하다　prescribe 처방하다　dentist 치과의사　fill 조제하다　pick up 약을 찾다　take pills 약을 먹다　• **부동산 real estate agency :** apartment 아파트　property 부동산　real estate 부동산　landlord 집주인　tenant 세입자　deposit 보증금　• **은행 bank :** account 계좌　balance 잔고　teller 창구직원　loan 대출　deposit 입금하다　transfer money 송금하다　ATM 현금인출기　• **배관공/전기공 plumber / electrician :** toilet 변기　faucet 수도꼭지　sink 세면대　leak 새다　install 설치하다　electricity 전기　light 전구　wire 전선　power 전기　• **여행사 travel agency :** itinerary 일정　accommodation 숙박　book 예약하다　cancel 취소하다　reserve 예약하다

기타 직업 관련 어휘

caterer 출장요리사　landscaper 조경업자　representative 직원, 대표　staff 직원　boss 상사　president 사장　CEO 최고경영자　head (부서)장　chief (부서)장　director 이사　executive officer 중역　supervisor 관리자　manager 부장, 과장　agent 직원

---

## Step 3 ｜ 실전 문제　　　　　 40.mp3

**1.** Who most likely is the man?

(A) A pedestrian

(B) A bus driver

(C) A salesperson

(D) A tour guide

**2.** Where does the conversation most likely take place?

(A) At a plumbing office

(B) At a computer store

(C) At a restaurant

(D) At a hotel

▶ 정답 및 해설은 해설집 39쪽 참고

# Unit 15 화자의 제안을 묻는 문제

화자가 청자에게 '~하라'고 요청, 제안, 부탁한 것이 무엇인지를 묻는 문제다. 대화 내용을 들을 때 Why don't ~?, Could you ~? 등의 표현을 잘 들어야 한다. 이 표현의 뒤에 이어지는 문장이 제안 문제 정답의 단서이기 때문이다.

 **대표 문제** 문제를 먼저 읽은 후 녹음 내용을 듣고 알맞은 정답을 고르자. 🎧 41.mp3

---

**Q. What does the woman suggest that the man do?**

(A) Buy a membership

(B) Return on another day

(C) Take a tour

(D) Join an art class

---

 **시나공 풀이법** 화자의 제안을 묻는 문제는 어떻게 풀이하는지 알아보자.  🎥 L 13

> 🔖 **대화를 듣기 전 문제를 읽을 때**

**Q. What does the woman suggest that the man do?** 여자는 남자에게 무엇을 하라고 제안하는가?

▶ 대화 시작 전에 문제를 빨리 파악하고 대화를 들어야 한다. 제안을 묻는 문제이므로 Why don't ~?, Could you ~? 뒤의 표현을 잘 들어야 한다.

(A) Buy a membership 회원권을 구입하라고

(B) Return on another day 다른 날 다시 오라고

(C) Take a tour 미술 투어에 합류하라고

(D) Join an art class 미술 수업에 등록하라고

> 🎧 **대화를 들을 때**

Refer to the following conversation. 다음 대화를 참고하시오.

M: Hi. This is the first time for me to visit the gallery, so could I learn more about the paintings on this floor?
남: 안녕하세요. 미술관을 방문하는 것은 처음인데, 여기에 있는 그림들에 대해 조금 더 알아 볼 수 있을까요?

W: Well, why don't you take a tour? It goes to all of our exhibits. The next one begins in 20 minutes. ▶ 제안 문제에 why don't 다음의 문장은 정답의 단서가 되는 문장이다. '미술 투어'를 제안하고 있으므로 (C)가 정답이다.
여: 그러시면, 미술 투어를 하시는 건 어떠세요? 모든 전시품을 살펴보실 수 있어요. 다음 투어가 20분 후에 시작해요.

M: Unfortunately, I don't have enough time today. 남: 안타깝지만, 오늘은 시간이 없네요.

표현 정리 gallery 미술관, 화랑  painting 그림  floor 층  exhibit 전시하다

시나공 + ❶ Why don't ~?, Would you ~?, Could you ~?, Would you like me to ~?, I suggest ~, I can ~ 뒤에 이어지는 문장에
　　　　정답의 단서가 나온다.
　　　　❷ 문제와 선택지를 무조건 미리 읽고 대화를 들으면서 단서가 나오면 답을 바로 고를 수 있도록 한다.

---

**Step 2 ｜ 핵심 이론 & 기출 패턴**

 **제안을 묻는 질문 유형**

- What does the man / woman suggest / recommend?　　남자/여자는 무엇을 제안하는가?
- What does the man offer / want / say to do?　　남자는 무엇을 하겠다고 제안하는가?
- What does the man ask / encourage the woman to do?　　남자는 여자에게 무엇을 하라고 요청하는가?
- What does the man ask for?　　남자는 무엇을 요청하는가?

 **답이 되는 족보**
이 표현 뒤에 나오는 내용이 '무엇을 제안하는지' 묻는 문제에 대한 단서다.

- Why don't you ~?　　～하는 게 어때요?
- What about / How about~?　　～하는 게 어때요?
- Would / Could / Should you ~?　　～하는 게 어때요?
- Shall / Can / May I ~?　　제가(우리가) ～해도 될까요?
- You would / should / could / must / have to ~.　　당신은 ～해야 합니다.
- You want / need / hope to ~.　　당신은 ～을 원할(필요할) 겁니다.
- I (We) can ~.　　제가(우리가) ～할 수 있어요.
- I suggest / recommend ~.　　저는 ～하기를 요청합니다.
- Please 동사원형~.　　～하세요.

---

**Step 3 ｜ 실전 문제**　　🎧 42.mp3

**1.** What problem are the speakers discussing?

　(A) Traffic congestion
　(B) A new employee
　(C) A training session
　(D) A new system

**2.** What does the man suggest that the woman do?

　(A) Buy a car
　(B) Take the subway
　(C) Speak with her colleagues
　(D) Commute to work by walking

▶ 정답 및 해설은 해설집 40쪽 참고

# Unit 16 다음에 할 일을 묻는 문제

next 문제(다음에 할 일을 묻는 문제)는 일종의 추론 문제로서 대화가 끝난 후 화자가 무엇을 할 것인가를 묻는 문제이다. 따라서 마지막 대화에 집중해서 들어야 한다.

 **대표 문제** 문제를 먼저 읽은 후 녹음 내용을 듣고 알맞은 정답을 고르자.    43.mp3

> **Q. What will the man probably do next?**
>
> (A) Go to another shop
> (B) Pay for a gift
> (C) Fill out a form
> (D) Call his wife

 **시나공 풀이법** 다음에 할 일을 묻는 문제는 어떻게 풀이하는지 알아보자.   🎥 L14

### 대화를 듣기 전 문제를 읽을 때

Q. What will the man probably do next?   남자는 다음에 무엇을 하겠는가?
> ▶ next 문제이므로 마지막 대화에 집중한다.

(A) Go to another shop   다른 가게에 간다.
(B) Pay for a gift   선물 값을 지불한다.
(C) Fill out a form   신청서를 작성한다.
(D) Call his wife   아내에게 전화한다.

### 대화를 들을 때

Refer to the following conversation.   다음 대화를 참고하시오.

W: Welcome to Mandi Gift Shop! May I help you, sir?
여: 맨디 선물 가게에 오신 것을 환영합니다. 무엇을 도와드릴까요?

M: Yes, please. I just dropped by here to look for a birthday gift for my wife. Oh, this should be nice.   남: 네. 제 아내 생일 선물을 사러 들렀습니다. 아, 이게 좋겠네요.

W: Good choice! If you just fill out this application form, you'll receive 15% off on any purchase.  ▶ 여자가 '이 신청서만 작성하시면, 어떤 구매에도 15퍼센트 할인을 받으실 수 있습니다.'라고 말한 뒤, 남자가 Okay로 응대하고 있으므로 남자가 다음에 할 일은 신청서를 작성할 것이라는 것을 추론해 볼 수 있다. 따라서 (C)가 정답이다.
여: 제대로 고르셨네요! 이 신청서만 작성하시면, 어떤 구매에도 15퍼센트 할인받으실 수 있습니다.

M: Okay. That sounds like a great deal.   남: 좋아요. 정말 좋은데요.

표현 정리 drop in 잠깐 들르다   look for 찾다, 구하다   fill out 기입하다, 작성하다   application form 신청서

시나공 + ❶ 다음에 할 일을 묻는 문제는 마지막 대화에 정답의 단서가 나오므로 그 부분을 집중해서 들어야 한다.
         ❷ 요청하거나 제안하는 대화 내용에서 단서가 나올 가능성이 많다.

## Step 2 ┊ 핵심 이론 & 기출 패턴

 다음에 할 일을 묻는 질문 유형

- What will the man do next?   남자는 다음에 무엇을 할 것인가?
- What will the woman probably do next?   여자는 다음에 무엇을 하겠는가?
- What will the speakers probably do next?   화자들은 다음에 무엇을 하겠는가?
- Where will the speakers go next?   화자들은 다음에 어디로 갈 것인가?

## Step 3 ┊ 실전 문제                                     44.mp3

1. What are the speakers mainly discussing?

   (A) The restaurant on Main Street
   (B) The guide map of the city
   (C) The new office building
   (D) The location of the post office

2. What will the woman probably do next?

   (A) Give the man an address
   (B) Show a city map
   (C) Take the man to the post office
   (D) Draw a rough map

▶ 정답 및 해설은 해설집 40쪽 참고

# Unit 17  세부사항을 묻는 문제

주제, 목적 문제처럼 전반적인 것을 묻는 문제 유형이 있는 반면, 행위, 장소, 인물, 장소 등을 세부적으로 묻는 유형이 있다. 세부사항 문제는 순서가 중요한데, 한 세트 세 문제 중 첫번째 문제로 나오면 정답의 단서가 대화의 초반부에, 두번째 문제로 나오면 중반부에, 세번째 문제로 나오면 후반부에 단서가 나오는 것이 일반적이다.

 **대표 문제**  문제를 먼저 읽은 후 녹음 내용을 듣고 알맞은 정답을 고르자.   🎧 45.mp3

---

Q2. What does the man say about the building?

    (A) He likes how it was renovated.

    (B) He likes how it was designed.

    (C) He likes the size of the office.

    (D) He likes the conference room.

---

 **시나공 풀이법**  세부사항 문제는 어떻게 풀이하는지 알아보자.   📹 L 15

> 🗣 **대화를 듣기 전 문제를 읽을 때**

Q1. 주제 찾는 문제

Q2. What does the man say about the building?

▶ 두번째 순서로 세부사항 문제가 나왔다. 정답의 단서가 대화의 중반부에 나올 것을 예상할 수 있다. 질문의 키워드인 man say about the building을 잘 기억한다. 정답의 단서는 남자의 중반부 대화에서 나올 것을 예상할 수 있다.

(A) He likes how it was renovated.  ▶ 보기가 모두 he likes로 시작한다. 남자가 건물에 대한 장점에 대해 말하는 부분을 잘 듣는다.

(B) He likes how it was designed.

(C) He likes the size of the office.

(D) He likes the conference room.

Q3. 다음에 할 일을 묻는 문제

▶ 만약 세번째 문제로 세부사항 문제가 나왔다면, 정답의 단서는 후반부에 나올 것이다.

> 🎧 **대화를 들을 때**

Refer to the following conversation.  다음 대화를 참고하시오.

W: Hi, James. I found a really nice office space for our new start up. It's in the old First National Bank. They have turned it into an office building.  ▶ 여자가 빌딩에 대한 내용을 말하고 있다. 이어지는 남자의 대화에서 빌딩에 대한 남자의 생각을 나올 것이다.

여: 안녕하세요, James. 시내에서 우리 새로운 회사를 위한 정말 멋진 사무 공간을 찾았어요. 그것은 First National Bank 안에 있어요. 그곳을 사무 빌딩으로 바꾸었네요.

M: I've always admired the architecture of that bank, but the building is almost a hundred years old. ▶ 남자가 빌딩에 대해 언급하며, 그 구조물이 감탄스럽지만 너무 오래되었다고 말하고 있다. 즉 장점은 건물의 구조가 잘 지어졌다는 것이다. 정답은 (B)

남: 전 항상 그 은행의 건축 양식에 대해 감탄했어요. 하지만 그 건물은 거의 100년이 됐어요.

W: Don't worry. The building has been completely renovated. Do you want to look at it with me this afternoon? 여: 걱정 마세요. 그 건물은 완전히 보수가 되었어요. 오늘 오후에 저와 같이 가서 보실래요?

M: I'd like to, but I have to meet the investors this afternoon. Could we go tomorrow morning? 남: 그러고 싶지만, 오늘 오후에 투자자들을 만나야 해요. 내일 아침에 가도 될까요?

**표현 정리** downtown 시내(에)  dotcom start up 신규 회사, 착수의, 시작의  turn A into B A를 B로 바꾸다(탈바꿈 시키다)  admire 감탄하다, 존경하다, 감상하다  architecture 건축(술), 건축 양식  completely 완전히  renovate 개조(보수)하다

**시나공 +** ❶ 세부사항 문제는 대화의 순서가 중요하다. 첫번째 문제로 나오면 대화의 초반부, 두번째 문제로 나오면 중반부, 세번째 문제로 나오면 후반부에 단서가 나올 가능성이 크다.

❷ 질문의 키워드에 표시해 놓고 대화에서 키워드에 대한 언급이 나올 때 집중한다. 정답의 단서는 패러프레이징(다른 단어로 바꿔 표현)되어 나오는 경우가 많다. 단, 숫자, 요일, 지명 등은 그대로 나온다.

---

## Step 2 | 핵심 이론 & 기출 패턴

 **세부사항 문제 유형**

### 1. 시간, 장소 관련 문제

질문의 키워드에 표시하고 대화를 들을 때 시간, 장소의 표현(5 P.M., Tuesday, in front of the center, Richmond Street 등)을 집중해서 듣는다. 단, 시간 장소가 여러 번 언급될 수 있는데, 그 중 질문과 맞는 내용의 것을 고르는 게 중요하다.

- When is the woman's appointment? 그녀의 약속은 언제인가?
- What will begin at 5p.m? 5시에 무슨 일이 일어날 것인가?
- Where can the woman catch the bus? 어디서 여자는 버스를 탈 수 있는가?
- Where does the man anticipate traffic jam? 그 남자는 어디의 교통체증을 예상하는가?

### 2. 특정 인물 관련 문제

질문의 키워드에 표시하고 대화를 들을 때 사람 이름이 언급되는 곳에 집중한다.

- Who are the workers waiting for? 작업자들이 기다리는 사람은 누구인가?
- Who is the man going to meet? 그 남자는 누구를 만날 것인가?
- What does the man mentioned about Michael? 그 남자는 마이클에 대해 뭐라고 언급했는가?
- How does Frank feel about the new rule? 프랭크는 새로운 규칙을 어떻게 느끼나?

### 3. 방법, 이유, 문제점을 묻는 문제

키워드를 잘 기억하고 듣는다. 대화의 내용이 보기에 패러프레이징 되어 나오는 경우가 많으므로 자주 나오는 패러프레이징 표현을 숙지한다.

- How can a visitor get discount?   방문자들은 어떻게 할인을 받을 수 있나?
- What problem do the man have?   남자가 갖고있는 문제점은 무엇인가?
- What is the woman concerned about?   그 여자가 걱정하는 것은 무엇인가?
- Why is the man unable to find Amanda?   왜 남자는 아만다를 찾을 수 없나?
- What solution does the woman offer?   여자가 제안하는 해결책은 무엇인가?

### 4. 행위, 언급, 진술을 묻는 문제

키워드를 잘 기억하고 듣는다. 마찬가지로 패러프레이징에 유의해 보기에서 정답을 고른다.

- What does the woman mention about the agency?   여자는 그 대리점에 대해 뭐라고 언급했는가?
- What does the man tell the women?   그 남자는 여자에 대해 뭐라고 말했는가?
- What does the man say about the computer?   그 남자는 컴퓨터에 대해 뭐라고 말했는가?

 **세부내용 패러프레이징 예시**

| 대화 속 내용 | 정답 보기 내용 |
|---|---|
| web site is going to be redesigned.<br>웹사이트가 새로 디자인 된다. | • updating website   웹사이트 업데이트 |
| recruited several new people<br>새로운 사람을 채용했다. | • hired some new staff members<br>몇 명의 새로운 사람을 고용했다. |
| airport limousine bus   공항버스 | • transportation   이동수단 |
| get in touch with courier company.<br>택배 회사에 연락해라. | • call a delivery company.<br>배달 업체에 전화해라. |
| personal fitness equipment in my house<br>집에 있는 개인적인 운동 장비 | • a home exercise machine<br>가정용 운동기기 |
| the founder of the company   회사의 설립자 | • a company's owner   회사 소유자 |
| the style seems to be over now.<br>그 스타일은 이제는 끝났다. | • the style is no longer popular.<br>그 스타일은 더 이상 유명하지 않다. |
| corporate meeting   회사 미팅 | • company gathering   회사 모임 |
| go to see the head of the project<br>프로젝트의 책임자를 만나러 가다. | • visit an organizer<br>주최자를 방문하다. |

| | |
|---|---|
| a large screen  큰 화면 | • a big monitor  큰 모니터 |
| the machine is not working properly.<br>그 기계는 제대로 작동하지 않는다. | • a product is faulty.<br>그 제품은 결함이 있다. |
| use the back door.  뒷문을 사용해라. | • exit through the rear door.  뒷문을 통해 나가라. |
| plane tickets and passport  비행기표와 여권 | • travel document  여행 서류 |
| attracting new people  새로운 사람들을 끌어들이는 것 | • finding new customer  새로운 고객을 찾는 것 |
| handout flyers  전단지 | • a publicity campaign  홍보물 |

---

**Step 3** ⋮ **실전 문제**  🔊 **46.mp3**

**1.** What does the man want to do?

   (A) Sign a lease

   (B) Find an apartment

   (C) Join a gym

   (D) Make some copies

**2.** What does the woman require?

   (A) Proof of residence

   (B) A security deposit

   (C) A late registration fee

   (D) Some exercise equipment

**3.** What does the man receive from the woman?

   (A) A signed lease

   (B) A registration form

   (C) Schedule information

   (D) A utility bill

▶ 정답 및 해설은 해설집 41쪽 참고

# 문장의 의도를 파악하는 문제

Step 1 | 실전 포인트

문장의 의도를 파악하는 문제는 대화의 흐름 속에서 그 문장의 숨은 뜻을 파악해야 하는 유형이다. '밥 먹었어?'라는 물음에 '배 안고파'라고 대답했을 때 배가 고프지 않다는 의미와 함께 밥을 먹고 싶지 않다는 뜻을 포함하고 있다. 이처럼 대화에서 특정 문장의 속 뜻을 정확히 알려면 대화의 전후 상황을 파악하고 있어야 하고, 해당 문장이 언제 나올지 모르기 때문에 매우 집중해서 들어야 한다.

 **대표 문제** 문제를 먼저 읽은 후 녹음 내용을 듣고 알맞은 정답을 고르자. 🎧 47.mp3

> Q. Why does the man say, "I'm really busy with the presentation slides for tomorrow"?
>
> (A) To ask for assistance
>
> (B) To postpone a presentation
>
> (C) To make an excuse
>
> (D) To make some changes

 **시나공 풀이법** 문장의 의도를 파악하는 문제는 어떻게 풀이하는지 알아보자.  L 16

🗨 대화를 듣기 전 문제를 읽을 때

Q. Why does the man say, "I'm really busy with the presentation for tomorrow"?

남자가 "I'm really busy with the presentation for tomorrow"라고 말한 이유는 무엇인가?

▶ 대화를 듣기 전 해당 문장을 한번 읽어본다. "I'm really busy with the presentation for tomorrow"는 문장 그대로 해석하면 "나는 내일 있을 발표 때문에 바쁘다"는 의미인데, 이 문장의 숨은 의미는 문장의 흐름을 파악하고 판단해야 정확히 알 수 있다.

(A) To ask for assistance  도움을 요청하기 위해

(B) To postpone a presentation  발표를 미루기 위해

(C) To make an excuse  핑계를 대기 위해

(D) To make some changes  변화를 주기 위해

🎧 대화를 들을 때

Refer to the following conversation.  다음 대화를 참고하시오.

W: Hi, Thomas. I have to enter some sales figures in our network database, but I'm having trouble signing in. My password keeps being rejected. Can you come over here and help me?

여: 안녕하세요, 토마스. 네트워크 데이터베이스에 판매 수치를 입력해야 하는데, 로그인 하는데 문제가 있어요. 비밀번호가 자꾸만 틀렸다고 나오네요. 와서 좀 도와주실 수 있나요?

M: I'm really busy with the presentation for tomorrow. If you can't sign in, it's probably a problem with the server. Why don't you ask one of the IT technicians to take a look at it? ▶ 여자의 부탁에 남자가 내일 발표로 정말 바쁘다고 말한 것으로 보아, 여자의 부탁을 거절하는 핑계의 의미가 포함되어 있다고 볼 수 있다. 따라서 정답은 (C)다.

남: 내일 발표 때문에 지금 정말 바빠요. 로그인이 안 되면 아마 서버 문제일 거예요. IT 기술자 중 한 명한테 봐달라고 하는 게 어때요?

W: Oh, yes, I should do that. Do you know who our contact in the IT Department is?

여: 아, 네. 그래야겠어요. IT 부서에서 우리랑 연락하는 직원이 누군지 아시나요?

M: Umm... I don't know. You should just call and ask for someone who's available right now.

남: 음.. 모르겠어요. 그냥 전화해서 지금 시간 되는 사람을 요청하세요.

표현 정리  sales figure 판매합계  reject 거부하다  take a look at ~을 보다  contact 연락  excuse 변명  write down 쓰다

시나공 + ❶ 문장의 의도를 파악하는 문제는 세 문제의 순서에서 첫번째, 두번째, 세번째 모두 나올 수 있다. 문제의 순서는 해당 문장이 언제 나올지 알려주는 힌트이다. 세 문제 중 첫번째로 나왔다면 대화의 초반부, 두번째 문제로 나왔다면 대화의 중반부, 마지막 문제로 나왔다면 대화의 후반부에 그 문장이 나올 가능성이 높다.
　　　　 ❷ 연결어로 앞사람이 말한 의견에 긍정하는지 부정하는지를 판단할 수 있다. 부정의 연결어 But, I'm sorry, Actually, I'm afraid, Unfortunately, however가 나오면 상대방의 의견에 반박하는 내용이고, 긍정의 연결어 Okay, therefore, so, sure, right, certainly 등이 나오면 상대방의 의견에 동조하는 내용이 나온다.

## Step 2 | 핵심 이론 & 기출 패턴

 의도를 파악하는 문제로 나올 수 있는 구어체 표현

### 1. 상대방 의견에 긍정/동의 vs 반대할 때

- I think so.  나도 그렇게 생각합니다.
- You're right.  맞습니다.
- It sounds proper.  타당한 것 같습니다.
- I agree with you on that point.
  그 점에 대해 동의합니다.
- It's quite a good idea.  그것은 좋은 생각입니다.
- I'm of the same opinion.
  전적으로 같은 생각입니다.
- That's exactly what I'm saying.
  그것이 바로 내가 말하는 겁니다.
- You're talking sense.  당신 말에 일리가 있군요.
- Just as you say.  당신이 말한 대로예요.

- I can't agree with you.  당신에게 동의할 수 없습니다.
- I'm sorry, but I have a different opinion.
  죄송합니다만, 이견이 있습니다.
- That's not my idea of...  …에 대한 내 생각과는 다릅니다.
- I don't think so.  저는 그렇게 생각하지 않습니다
- Certainly not. [Absolutely not. Surely not.]
  확실히 아닙니다.
- Nothing at all.  결코 그렇지 않습니다.
- I'm against... / I object to.... /
  I am opposed to...  … 에 대해 반대합니다.
- I have a different opinion about it.
  제 생각은 다릅니다.

## 2. 상대의 의견을 공감/이해 할 때 vs 공감/이해하지 못할 때

- I see. 이해합니다.
- I see what you mean. 당신이 하는 말을 이해합니다.
- I see your point. 이해합니다.
- I understand what you mean.
  당신이 말하는 바를 이해합니다.
- I can catch the point of what you're
  saying. 당신이 말하는 요지를 이해합니다.

- I don't know what you mean.
  무슨 말인지 모르겠어요.
- What do you mean? 무슨 말씀이죠?
- Would you come again, please?
  좀 더 자세히 말씀해주시겠습니까?
- I have no idea of what he says.
  그의 말이 무슨 뜻인지 모르겠어요.

## 3. 알고 있는 사실을 상기시킬 때

- Please think ... over again.
  다시 한 번 …을 생각해 보시기 바랍니다.
- As you see[know], ... 알다시피…
- I think you are well aware of…
  …을 잘 알고 있으리라고 생각합니다.

## 4. 다시 말해달라고 부탁할 때

- Excuse me? 다시 말씀해 주시겠습니까?
- Pardon (me)? 뭐라고 하셨죠?
- Would you say that again?
  다시 한번 말씀해 주시겠습니까?
- I didn't catch what you said.
  뭐라고 하는지 못 들었어요.

## 5. 잘못된 점을 사과할 때

- I'm not sure, but I think…is a ridiculous
  mistake.
  잘은 모르겠지만, …은 터무니없는 실수였다고 생각해요.
- I apologize for my mistake. 제 잘못에 사과합니다.
- It's my fault/mistake. 제 잘못입니다.

## 6. 무관함을 표현할 때

- I have nothing to do with… 전 관계가 없어요.
- I have no connection with… 전 관계가 없어요.
- …is irrelevant to… …와 관련되지 않았어요.
- It's none of your business.
  당신 상관할 바가 아닙니다.

## 7. 요구나 제안을 정중하게 거절할 때

- I'm afraid I can't accept… 받아들이기 힘든데요.
- That's absolutely unacceptable.
  그건 정말 받아 들일 수 없네요.
- It would be difficult. 어렵겠네요..

## 8. 책임을 물을 때

- You have to be responsible for…
  넌 …에 대해 책임 져야 해.
- You are to blame. 니 책임이야.
- That's your fault. 니 책임이야.

## 9. 뜻밖의 상황에 놀랄 때

- You surprise me. 와 놀래라.
- I hardly expected to… 정말 기대 안 했는데..
- I'm really surprised to hear…
  …듣고 정말 놀랐어.

## 10. 요점에서 벗어났음을 지적할 때

- I think your statement is out of the point.
  당신 말은 요지에서 벗어났습니다.
- Would you give me a straight?
  요점을 말씀해 주실래요?
- So, what's your point? 그래서 요점이 뭔가요?

1. What is the conversation mainly about?

    (A) A recent performance
    (B) An upcoming show
    (C) A sold-out concert
    (D) The breakup of a band

2. Why does the woman say, "How shocking"?

    (A) She thinks the quality of a performance was poor.
    (B) She heard that a show was overbooked.
    (C) She found out about a low turnout.
    (D) She found out a concert was canceled.

3. Why does the woman say, "I can't believe it"?

    (A) She is surprised that an employee left the company.
    (B) She does not trust the man.
    (C) She has received some false information.
    (D) She is happy to hear some news.

4. What does the man suggest the woman do?

    (A) Have an account number ready
    (B) Speak with Ms. Lemoute's replacement
    (C) Mail an application form
    (D) Visit the bank in person

▶ 정답 및 해설은 해설집 41쪽 참고

# 시각자료와 연계된 문제

시각자료 문제는 질문과 시각자료를 연계해서 풀어야 하는 유형으로 Part 3의 마지막 부분에 2~3문제 정도 출제된다. 시각자료로는 표, 그래프, 일정 표, 지도 등이 다양하게 나온다. 시각자료 문제를 풀 때 중요한 점은 시각자료 유형에 따라 대화의 내용을 미리 예상해 보아야 한다는 것이다. 또한 시 각자료에서 중요한 내용을 미리 파악하여 밑줄을 그어놓고 대화를 들으며 매칭시켜서 풀어야 한다.

 **대표 문제** 문제를 먼저 읽은 후 녹음 내용을 듣고 알맞은 정답을 고르자.  🎧 49.mp3

> **Q.** Look at the graphic. When will Ron make his presentation?
>
> (A) At 9:00
> (B) At 10:00
> (C) At 11:00
> (D) At 12:00

| Presenter | Time |
|---|---|
| Susan | 9:00 |
| Jack | 10:00 |
| Jackie | 11:00 |
| Ron | 12:00 |

 **시나공 풀이법** 시각 자료와 연계된 문제는 어떻게 풀이하는지 알아보자.  L 17

🗨 대화를 듣기 전 문제를 읽을 때

> **Q.** Look at the graphic. When will Ron make his presentation? 표를 보시오. 론은 언제 발표를 할 것인가?

▶ 대화를 듣기 전 반드시 표의 내용을 파악해 중요 부분에 밑줄을 긋고 대화의 내용을 예상해야한다. 문제에서 Ron의 발표시간에 대해 묻고 있으므로 Ron의 시간에 밑줄을 긋는다. 누군가의 갑작스러운 일로 Ron이 12시가 아니라 다른 시간에 발표를 할 것이라고 예측할 수 있다. 따라서 발표 시간 변경 내용을 집중해서 듣는다.

(A) At 9:00  9시
(B) At 10:00  10시
(C) At 11:00  11시
(D) At 12:00  12시

| 발표 시간 | |
|---|---|
| Susan | 9시 |
| Jack | 10시 |
| Jackie | 11시 |
| Ron | 12시 |

🎧 대화를 들을 때

Refer to the following conversation and schedule. 다음 대화와 일정을 참고하시오.

**M:** Hello, Jackie. I'm just calling to remind you about the presentation schedule for this morning's meeting. You know you're scheduled for 11:00, right?

남: 안녕하세요, Jackie? 오늘 아침 회의 발표 일정에 대해 상기시키려고 모두에게 전화를 하고 있어요. 당신은 11시에 예정된 것 알고 있죠?

**W:** About that... I need to change my presentation time because a client is coming to see me for an urgent meeting at 10:30, and I think it will take a little longer than 30 minutes to deal with her.

여: 그거에 대해서요... 10시 30분에 급한 고객이 저를 만나러 오기로 했는데, 그녀와 상담하는 데 30분이 조금 넘게 걸릴 것 같아서, 제 발표 시간을 바꿔야 할 것 같아요.

M: Okay... Well, Jack is scheduled for right before you while Ron is speaking as soon as you're done. Do you want to change sessions with one of them?

남: 알겠어요. 음, 잭이랑 론이 각각 당신 전후로 잡혀 있으니까, 그들 중 한 명과 바꾸시겠어요?

W: Yes. I think I'll take the later time since I'll need some time to get prepared.

▶ 대화의 흐름을 모두 이해해야만 문제를 풀 수 있다. 원래 11시에 프레젠테이션 하기로 예정되어있던 Jackie(여자)가 10시 30분에 손님이 오는데 30분 이상 걸릴 것 같아 시간을 바꾸고 싶다고 했다. 남자가 앞, 뒤 시간 중에 바꾸길 권유했고 여자는 뒤를 택했다. Jackie의 뒤 일정은 Ron이었으므로 Jackie는 Ron과 시간을 바꿀 것을 예상할 수 있다. 따라서 Ron은 11시에 프레젠테이션을 할 것이다. 정답은 (C)

여: 네. 저는 나중 것으로 할게요. 준비할 시간이 필요하니까요.

M: Okay, I'll revise the timetable right away.    남: 알았어요. 시간표를 바로 수정 할게요.

표현 정리 remind 상기시키다  urgent 긴급한  as soon as ~하는 즉시  get prepared 준비된

시나공 +  ❶ 일정표가 나오는 문제는 어떤 일이 발생해 일정표 변경이 있을 것을 예상하고 들어야 하는데, 대화 전체적으로 문제 발생 원인과 변경된 스케줄에 대한 단서가 나오므로 전체 흐름을 이해해야만 한다.
   ❷ 위의 대화에서 Ron의 사유 때문에 시간표가 바뀌는 것이 아니라 다른 사람에 의해 Ron의 시간표가 바뀌었다. 이처럼 Ron 에 대한 내용만 듣는 것이 아니라 전체적인 스케줄 변경 내용을 잘 들어야 한다.

---

**Step 2  ┊  핵심 이론 & 기출 패턴**

 **시각 정보 문제 유형**

**1.  대화 내용을 시각 자료에서 찾아 매칭하는 문제**

Q. Look at the graphic. Which storage capacity will the man probably order?

시각 자료(표)를 보자. 남자는 어느 저장 용량을 주문할 것인가?

(A) 16GB
(B) 32GB
(C) 64GB
(D) 128GB

| Storage Capacity | Price |
|---|---|
| 16GB | $199.00 |
| 32GB | $249.00 |
| 64GB | $299.00 |
| 128GB | $399.00 |

**대화와 표의 연계**

M: The PC prices greatly vary according to the storage capacity. I'm not sure which ones I should order.    남: PC 가격대가 저장 용량에 따라 크게 달라지네요. 어떤 것을 주문해야 할지 잘 모르겠어요.

W: Well, the more storage space, the better. But let's not exceed 300 dollars per PC.

여: 음, 용량은 많을수록 좋지만 300달러는 넘지 않는 것으로 하자고요.

▶ 성능과 가격에 부합하는, 300달러를 넘지 않으면서 용량이 가장 큰 PC는 표에서 64G임을 알 수 있다. 이처럼 대화의 내용과 딱 맞는 사항을 갖춘 물품이 무엇인지를 찾는 유형이 나온다.

## 2. 지도나 구조를 보고 해당 위치를 찾는 문제

Q. Look at the graphic. Which booth will the woman
reserve? 시각자료(도면)를 보시오. 어느 부스를 여자가 예약할 것인가?

(A) Booth 5
(B) Booth 6
(C) Booth 8
(D) Booth 9

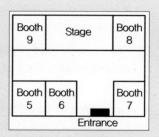

대화와 표의 연계

W: We wanted to reserve the two booths next to the entrance, but booth 6 has already
been taken. So I signed up for booth 7, and now we have to choose one more spot.
여: 출입구 옆에 있는 두 부스를 잡고 싶었는데, 6번 부스는 이미 차 있더라고요. 그래서 7번 부스를 신청했고, 이제 한 군데 더 골라야 해요.

M: Okay. Let's just go with the one close to booth 7. It's also right next to the stage,
so I think it'll get plenty of attention as well.
남: 네. 그냥 7번 부스랑 가까운 곳으로 하죠. 무대 바로 옆에 있기도 하니까 충분히 주목도 받을 수 있을 거고요.

▶ 7번 부스와 가깝고 무대 옆에 있는 부스는 8번 부스다. 이처럼 도면이나 지도를 보고 해당 위치를 찾는 문제가 출제된다.

## 3. 그래프에서 최고점이나 최저점을 이용하는 문제

Q. Look at the graphic. What was the sales figure when
the company held a discount event?
회사가 할인 행사를 했을 때의 판매수치는 무엇인가?

(A) $1,000,000
(B) $600,000
(C) $400,000
(D) $200,000

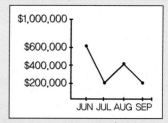

대화와 표의 연계

M: Did you see our sales figures for the last few months? Our most successful month
was June, but after that, the figures dropped dramatically and are still maintaining
a downward tendency. 남: 몇 달 간의 우리 판매 수치를 보았나요? 가장 성공적인 달은 6월이었는데, 그 이후로는 판매
수치가 급격히 줄어들었고, 아직까지 하향세를 유지하고 있어요. .

W: Yes, I saw it. The figures rose a bit when we had that discount event in August, but it
wasn't enough to set a record. So we need to come up with some new and innovative
ideas. 여: 네, 봤어요. 우리가 8월에 할인 이벤트를 했을 때 수치가 약간 오르는 듯 했지만, 기록을 깨기에는 충분히 않았나 봐요.
그래서 우리는 새롭고 혁신적인 아이디어를 생각해야만 해요.

▶ 8월에 할인 행사를 했고, 그때 조금 판매 수치가 올랐다고 했다. 8월의 판매 수치는 400달러로 정답은 (C)다. 이처럼 판매 비교, 제품
점유율, 수량 증감률을 나타낸 그래프 연계 문제가 출제된다.

### 4. 양식, 영수증, 티켓, 쿠폰과 연관되어 가격을 묻는 문제

Q. Look at the graphic. What discount will the man most likely receive?

시각자료(쿠폰)을 보시오. 어떤 할인을 그 남자는 받을 것인가?

(A) $3
(B) $20
(C) $25
(D) $50

| Discount coupon | |
| --- | --- |
| **Monitor Sizes** | |
| 20~24 inch | $30 Value |
| 25 inch and above | $50 Value |
| **Gilbut Tech** | |
| Expiration Date 10/30 | |

**대화와 표의 연계**

M: Excuse me. I'm looking for a 27-inch computer monitor, but I can only see 21 and 24-inch. Do you have any larger monitors in stock? And I have this discount coupon. Is it valid for your store? 남: 실례합니다. 27인치 컴퓨터 모니터를 찾고 있는데요, 21인치와 24인치만 보여요. 더 큰 모니터 있나요? 그리고 제가 이 쿠폰이 있는데 이 매장에서 사용가능한가요?

W: Yes, you can get a discount. The monitors used to be all together, but we recently moved the larger displays to a separate aisle. I'll show you.

여: 네, 할인을 받을 수 있겠네요. 모니터들이 함께 있었는데, 최근 큰 제품들을 다른 통로로 옮겼어요. 제가 보여드릴게요.

▶ 남자는 27인치 모니터를 찾고 있는데, 24인치보다 큰 모니터는 쿠폰으로 50달러 할인 받을 수 있다. 이처럼 양식, 영수증, 쿠폰, 티켓에서 할인율이나 날짜와 연관 지어 금액을 고르는 유형도 있다.

---

**Step 3** | **실전 문제** 🔊 **50.mp3**

1. What kind of event are the speakers sponsoring?

   (A) An auction
   (B) A running race
   (C) A design competition
   (D) An art show

2. Look at the graphic. Which firm will the speakers do business with?

   (A) Fine Art
   (B) W Design
   (C) Varizon
   (D) Griffino

   | Company | Location |
   | --- | --- |
   | Fine Art | New Jersey |
   | W Design | San Francisco |
   | Varizon | San Diego |
   | Griffino | Los Angeles |

3. What is the man's problem?

   (A) He has not received extra payment
   (B) He needs a phone number for Human Resources.
   (C) He cannot use his ID card
   (D) He cannot remember a password for a computer system.

4. Look at the graphic. What location is the man told to go to?

   (A) Room 1
   (B) Room 2
   (C) Room 3
   (D) Room 4

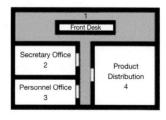

▶ 정답 및 해설은 해설집 42쪽 참고

# REVIEW TEST

1. What are the speakers mainly discussing?

   (A) Moving an office
   (B) Removing some old furniture
   (C) Painting an office
   (D) Hiring a new staff member

2. Where does the conversation probably take place?

   (A) In a museum
   (B) In an office
   (C) In a restaurant
   (D) In an airport

3. According to conversation, what will the woman probably do next?

   (A) Remove all the documents
   (B) Leave the office
   (C) Send an email to Ms. Bunny
   (D) Contact a particular department

4. Why was the woman late for the meeting?

   (A) She was using public transportation.
   (B) She just came back from his vacation.
   (C) She was stuck in traffic.
   (D) She lives far from the company.

5. When will the speakers install the new program?

   (A) On Monday
   (B) On Tuesday
   (C) On Wednesday
   (D) On Thursday

6. According to the conversation, what does the man suggest?

   (A) To come early on Thursday
   (B) To visit the Sales Department
   (C) To buy an airplane ticket
   (D) To leave for a business trip

7. Where is this conversation most likely taking place?

   (A) In an office
   (B) At a healthcare seminar
   (C) At a fitness center
   (D) In a sporting goods store

8. What do the men say about the new facility?

   (A) It has some secondhand sports equipment.
   (B) It was more crowded on the first floor.
   (C) It has been upgraded in many ways.
   (D) t has more expensive machines than before.

9. What does the waman say she will do?

   (A) Visit the first floor
   (B) Go to a facility
   (C) Work out at the park
   (D) Call a fitness center

10. What does the woman like about her album?

   (A) It can interest people in all age groups.

   (B) It is her bestselling album yet.

   (C) It focuses only on traditional jazz music.

   (D) It is her first album.

11. What is the woman planning to do?

   (A) Release her next album

   (B) Give a performance

   (C) Visit her hometown

   (D) Take a break from music

12. What does the woman mean when she says, "Thanks for asking"?

   (A) She wants to ask the same question.

   (B) She wants to talk about a new topic.

   (C) She has heard the question many times.

   (D) She cannot give an answer now.

| DIRECTORY |
| --- |
| **Suite No.** |
| **401** Dr. Young's clinic |
| **402** Reed and Ken Marketing |
| **403** R&J Architecture |
| **405** FOR RENT |
| **406** Carson's Law Office |

13. Who most likely is the man?

   (A) An interviewer

   (B) A repair technician

   (C) A front desk clerk

   (D) A painter

14. Look at the graphic. Where most likely will the woman have an interview?

   (A) At a doctor's clinic

   (B) At a marketing company

   (C) At an architecture firm

   (D) At an attorney's office

15. What will the man probably do next?

   (A) Relocate a ladder

   (B) Sign his name

   (C) Repaint a wall

   (D) Use a stairway

▶ 정답 및 해설은 해설집 44쪽 참고

# 받아쓰기 훈련

**Question 1 refers to the following conversation.**

M : How are you doing _____ _____ _____ program you _____ _____
_____ customer data?

W : I'm _____ _____ _____ _____. I did the same _____ _____
_____ _____ at my last job.

M : That sounds really great! If you _____ _____ _____, don't _____ _____ call me.


**Question 2 refers to the following conversation.**

W : Hello. I _____ _____ _____ at your store this morning, and I heard from the store
that _____ _____ _____ my new refrigerator today.

M : Yes, _____ _____. _____ _____ Mrs. Jackson, right?

W : Yes, _____ _____. _____ _____ take away my old refrigerator as well?

M : Sure. There will _____ _____ _____ _____ for that service _____.

**Question 1 refers to the following conversation.**

W : Excuse me. _____ _____ _____ go to the Central Shopping Mall. Will your bus
_____ _____ _____?

M : No, _____ _____. You'll have to take the _____ _____ _____. It will bring you there.

W : Thank you. _____ _____ _____ _____ at this station? I totally _____
_____ _____ about taking the bus.

M : You have to _____ _____ _____ _____ _____.
You can see the bus station _____ _____ _____ roof.

## Question 2 refers to the following conversation.

**M :** Hi. This is Kim from _____. We _____ from the restaurant

manager saying that _____ problem with _____.

**W :** Oh, thanks for _____. I was cleaning the restroom and _____

_____ water in the toilet _____.

**M :** Okay. I _____ some equipment from my truck. I'll be

back in a minute.

---

| Unit 15 화자의 제안을 묻는 문제 | Step 3 실전 문제 받아쓰기 | 🎧 dictation-21.mp3 |

## Question 1-2 refer to the following conversation.

**W :** I _____ again this morning. I _____ a

terrible _____.

**M :** Really? It's _____ taking the subway.

**W :** I wish I could _____, too, but my house is _____

_____ the subway station.

**M :** Maybe _____ near you would like to _____ to the station. Why

don't you talk _____?

---

| Unit 16 다음에 할 일을 묻는 문제 | Step 3 실전 문제 받아쓰기 | 🎧 dictation-22.mp3 |

## Questions 1-2 refer to the following conversation.

**M :** Doris, _____ that the post office on Park Avenue _____

_____? Now, a restaurant is _____.

**W :** Yes. The post office _____ a new location on Main Street _____

_____.

**M :** Oh, really? Do you _____ I have to _____ today.

**W :** No, I don't, but I can _____.

# 받아쓰기 훈련

dictation-23.mp3

| Unit 17  세부사항을 묻는 문제 | Step 3  실전 문제 |

**Questions 1-3 refer to the following conversation.**

**M :** Hello there. I moved in to the apartment complex last month. I'd like to _____ _____

_____ _____.

**W :** No problem. _____ or a utility

bill _____ you are currently _____.

**M :** Unfortunately, _____ with me. _____

_____ after work?

**W :** Of course. We _____ though, so _____

_____. This information _____

_____ and the office hours.


dictation-24.mp3

| Unit 18  문장의 의도를 파악하는 문제 | Step 3  실전 문제 |

**Questions 1-2 refer to the following conversation with three speakers.**

**M1 :** Did you hear the _____

_____

**W :** Yes, I did. _____the show would definitely _____. _____

_____!

**M2 :** I know. Everyone was so excited about the concert. _____ that

_____?

**W :** _____ do you think _____ was?

**M1 :** Well, the critics are saying that the _____. The venue,

the Golden Lion Theater, does have high prices.


**Questions 3-4 refer to the following conversation.**

**W :** Hello. I'd like to discuss _____. _____

_____, please?

**M :** I'm sorry, but Ms. Lemoute _____.

**W :** Really? I can't believe it! I have always gotten _____

_____ _____ as my financial advisor.

M : _____ _____ _____ _____ _____ anymore from

what I understand.

W : Oh, that's too bad. Well, then _____ _____ _____

_____ _____ ?

M : It's best if you _____ _____ Flooder. He is the _____ _____ .

---

**Unit 19 시각자료와 연계된 문제** | Step 3 실전 문제     🎧 dictation-25.mp3

## Questions 1-2 refer to the following conversation and list.

W : Charles, I'm really _____ _____ _____ we're sponsoring

next month. I bet it'll _____ _____ .

M : Yeah, I'm excited, too. We need to _____ _____ _____

_____ _____ that we'll give out to the participants. Have you looked over the list of

design firms? We have to _____ _____ _____

_____ _____ .

W : I know. I think Fine Art does a very good job, but _____ _____

_____ _____ . And management has _____ _____ to spend on

souvenirs this year.

M : That's true. Let's just _____ _____ _____

_____ _____ . We can reduce the shipping costs, and

_____ _____ _____ , too.

## Questions 3-4 refer to the following conversation and map.

M : Excuse me, Amanda. I have a _____ _____ . _____

_____ _____ to the building, so I have to get someone on the

front desk staff to let me in. Could you _____ _____ _____

_____ _____ ?

W : Well, the staff in _____ _____ _____

_____ _____ for our building, Why don't you _____ _____

_____ _____ ? Someone there should be able to save you on the database.

M : Okay. I'll try. Thanks.

# 받아쓰기 훈련

**Questions 1-3 refer to the following conversation.**

**W :** Hi, Michael. Did you hear that _____
_____? The workers will _____
_____, so we have to _____
_____ before we leave today.

**M :** Really? I heard from Ms. Bunny that _____
_____.

**W :** Hmm. _____ to
make sure.


**Questions 4-6 refer to the following conversation.**

**W :** Hi, Mr. Anderson. I'm sorry. I was _____ this morning
_____. What did I miss?

**M :** Oh, on Thursday, _____
_____ for all of the computers in the Sales Department.

**W :** So is there _____ we have to do to _____?

**M :** No, but I suggest that _____.
We will have a lot of work to do.


**Questions 7-9 refer to the following conversation with three speakers.**

**M1 :** Have you guys _____ on the
15th floor?

**W :** _____, but I heard that it's gotten much
_____.

**M2 :** Yeah, it has. I started working out there this Monday, and I was really _____
_____.

**M1 :** And _____. It's fantastic! You can _____
_____.

**M2** : I know. _____

_____ up from the first floor.

**W** : Wow, it sounds amazing. I'm definitely _____

today.


## Questions 10-12 refer to the following conversation

**M** : Welcome back to Music Hour. _____ with our special

guest, Michelle O'Conner. Michelle, can you tell us more _____

_____?

**W** : Sure! It's a contemporary _____

, and I think the best part is that you can all enjoy the songs _____

_____.

**M** : That sounds great. Now, I heard that you're planning to _____

_____. Which states will you be visiting?

**W** : Thanks for asking. Right now, we're still _____

_____. The details _____.


## Questions 13-15 refer to the following conversation and directory.

**W** : Hello. _____ at noon. The

person I spoke to told me I need to _____

_____ to gain access to the building.

**M** : Well, you're in the right place. Please sign your name here and show me your ID. _____

_____?

**W** : Office 406. I'm meeting with Mr. Landon.

**M** : Okay, you can use elevator. Our building is _____ in the hallway

right now, and there's a lot of _____. Hold on… Let

me _____ out of your way. Otherwise, _____

_____.

## Voca Preview

모르는 단어에 체크한 후 유형 분석 학습이 끝나면 체크된 것들을 다시 한 번 확인해 보자.

- ☐ **sales report** 매출 보고서
- ☐ **run** 작동되다
- ☐ **beverage** 음료
- ☐ **meal** 식사
- ☐ **vegetarian** 채식주의자
- ☐ **go over** 검토하다, 살피다
- ☐ **chef** 주방장, 요리사
- ☐ **refreshments** 가벼운 음식, 다과
- ☐ **frequent** 단골의
- ☐ **seasoned** 양념된
- ☐ **broiled** 구운
- ☐ **organic** 유기 농법의
- ☐ **complain** 불평하다
- ☐ **starter** 전체 요리
- ☐ **appetite** 식욕
- ☐ **cater** 음식을 제공하다
- ☐ **cuisine** 요리, 요리법
- ☐ **attract** 끌다, 유인하다
- ☐ **take an order** 주문을 받다
- ☐ **set the table** 식탁을 차리다

- ☐ **eat out** 외식하다
- ☐ **reserve a table** 자리를 예약하다
- ☐ **advance reservation** 사전 예약
- ☐ **suitable** 적당한
- ☐ **resonable price** 적당한 가격
- ☐ **laundry service** 세탁 서비스
- ☐ **inconvenience** 불편
- ☐ **access** 접속하다
- ☐ **accommodation** 숙박 시설
- ☐ **capacity** 수용 능력
- ☐ **key deposit** 열쇠 예치금
- ☐ **nonsmoking room** 금연 객실
- ☐ **page** 호출하다
- ☐ **room rate** 방값, 숙박료
- ☐ **service charge** 봉사료
- ☐ **valuables** 귀중품
- ☐ **clearance sale** 정리 세일
- ☐ **happy hour** 특별할인 시간대
- ☐ **belongings** 소지품
- ☐ **concierge** 안내원

유형 분석 **8**

# 주제별 공략 – 서비스

# WARMING UP

질문을 읽고, 질문의 핵심을 2초 안에 파악해 보자.

1. What is the conversation mainly about?   --------------------------------
2. Where probably are the speakers?   ----------------------------------
3. What does the woman suggest?   ---------------------------------

**단서 찾기**  대화를 읽고, 위의 질문에 대한 단서를 찾아 밑줄 쳐보자.

M : I should stay late tonight because I have to finish the sales report by today.

W : Don't forget to leave the computer on after you finish work. All the security software on the computers will be upgraded by seven p.m.

M : That's right. I forgot. I think I will have to finish the report at home.

W : Or you could get here early tomorrow. The computers will be running by 7 o'clock tomorrow.

**정답 & 요점 확인** 정답을 확인하고, 서비스 관련 대화의 특징을 알아보자.

## 진단 평가 : 질문의 핵심 파악

**1.** What is the conversation mainly about? 대화는 주로 무엇에 관한 것인가? ▶ 주제 문제

**2.** Where probably are the speakers? 화자들은 어디에 있을 것 같은가? ▶ 대화 장소

**3.** What does the woman suggest? 여자는 무엇을 제안하는가? ▶ 제안 문제

## 단서 찾기 : 스크립트 분석

**M** : I should stay late tonight because I have to finish the sales report by today.

▶ 1. 대화 주제에 대한 근거 / 2. 대화 장소 근거

남: 판매 보고서를 오늘까지 끝내야 하기 때문에 오늘밤 야근을 해야겠어요.

첫 대화는 항상 대화 전체의 흐름을 가늠해 볼 수 있는 주제 / 목적과 관련된 문장이다. 남자는 야근을 해서라도 보고서를 끝내고 싶어 한다는 것을 알 수 있다.

**W** : Don't forget to leave the computer on after you finish work. All the

▶ 3. 여자의 제안에 대한 근거 / 2. 대화 장소에 대한 두 번째 근거

security software on the computers will be upgraded by seven p.m.

여: 일이 끝난 후 컴퓨터 켜 두는 것을 잊지 말아요. 컴퓨터들의 모든 보안 소프트웨어가 오후 7시까지 업그레이드 될 거예요.

대화 장소는 대화 첫 두 문장에 직접적인 힌트가 등장하므로 집중해서 들어야 한다. 장소 관련 어휘들을 집중 해서 듣는다. 장소 관련 어휘는 대부분 두 세 곳에 등장하여 대화 장소를 추론하게 도와준다. 이 대화에 언급된 computer, after you finish work, 그리고 첫 대화에 sales report가 대화 장소가 회사 또는 사무실이라는 것을 짐작하게 해 준다. 여자는 컴퓨터를 키고 갈 것을 제안하고 있다.

**M** : That's right. I forgot. I think I will have to finish the report at home.

**W** : Or you could get here early tomorrow. The computers will be running by 7 o'clock

남: 맞아요. 잊고 있었어요. 아무래도 집에서 보고서를 마무리해야겠네요.
여: 그렇지 않으면 내일 일찍 출근해도 돼요. 컴퓨터가 내일 7시에는 작동될 거예요.

표현 정리 finish the report 보고서를 마치다  security software 보안 소프트웨어  run 작동되다

# 식당

식당 관련 지문에서는 '대화가 이루어지는 장소, 요청/제안, 화자의 직업' 등을 문제로 출제하고 있다.

 **대표 문제** 세 문제를 먼저 10초 안에 읽은 다음, 대화를 듣고 정답을 골라 보자.  🎧 52.mp3

1. Where does this conversation most likely take place?

   (A) In an office

   (B) In a restaurant

   (C) In a department store

   (D) In a supermarket

2. What does the woman ask for?

   (A) A sales receipt

   (B) A beverage

   (C) A magazine

   (D) A menu

3. What will the woman do next?

   (A) Watch TV

   (B) Read a magazine

   (C) Scan a menu

   (D) Contact a colleague

**대화를 듣기 전 문제를 읽을 때**

1. Where does this conversation most likely take place?    대화는 주로 어디서 이루어지고 있는가?

   ▶ 대화 장소를 묻는 질문으로 첫 대화에 집중해서 듣는다.

   (A) In an office    사무실
   (B) In a restaurant    식당
   (C) In a department store    백화점
   (D) In a supermarket    슈퍼마켓

2. What does the woman ask for?    여자는 무엇을 요청하는가?

   ▶ 제안/요청 문제이므로 여자의 대화에서 제안의문문 표현 뒤에 이어지는 문장을 잘 듣는다.

   (A) A sales receipt    영수증
   (B) A beverage    음료
   (C) A magazine    잡지
   (D) A menu    메뉴

3. What will the woman do next?    여자는 다음에 무엇을 할 것인가?

   ▶ next 문제이므로 마지막 대화에 집중한다.

   (A) Watch TV    TV를 본다.
   (B) Read a magazine    잡지를 읽는다.
   (C) Scan a menu    메뉴를 훑어본다.
   (D) Contact a colleague    동료에게 연락한다.

**대화를 들을 때**

Questions 1-3 refer to the following conversation.    문제 1~3번은 다음 대화를 참고하시오.

W: Hi. I'm from the Nature Design Company. **¹ We're supposed to meet here for lunch at noon.**  ▶ 대화 장소를 묻고 있다. 장소와 관련된 어휘(lunch)가 왔으므로 (B)가 정답이다.

여: 안녕하세요. 저는 Nature Design 회사에서 왔습니다. 정오에 여기서 약속이 되어있습니다.

M: Nobody has arrived yet. Would you like to be seated now?

남: 아직 아무도 도착하지 않았는데요. 지금 앉으시겠습니까?

W: Yes, please. And **² could I have some juice while I'm waiting?**

   ▶ 요청 문제이므로 제안의문문 뒤에 이어지는 대화를 잘 들어야 한다. 주스를 달라고 요청하고 있으므로 '마실 것, 음료'의 뜻을 가진 (B)가 정답이다.

여: 네. 기다리는 동안 주스 좀 가져다주시겠어요?

M: Of course. **³ Here is a menu with our daily specials for you to look at while you are waiting.**  ▶ next 문제이므로 마지막 대화에 집중해서 들어야 한다. '기다리는 동안 특별 메뉴를 보라'고 제안하고 있으므로 남자가 다음에 할 일은 메뉴를 볼 거라는 것을 추론할 수 있으므로 (C)가 정답이다.

남: 물론입니다. 기다리시는 동안 여기에 있는 금일 특별메뉴를 보시기 바랍니다.

**시나공 + ❶** 장소 문제는 처음 두 문장에 직접적인 힌트가 등장하므로 이곳을 잘 들어야 한다. 하지만 이 부분에서 단서를 놓쳤다면 전체 내용을 모두 듣고 난 후에 풀어도 충분하다.

   **❷** 요청 문제는 could / would ~? 처럼 제안 의문문이 시작되는 표현에 집중해서 자세히 들어야 한다.

   **❸** 다음에 할 일을 묻는 문제는 마지막 대화에 집중한다.

식당 관련 빈출 표현

- Hello. I'd like to see if I can make a reservation for lunch on Monday at noon.
  여보세요. 월요일 오후에 점심 예약할 수 있는지 알고 싶습니다.

- What did you think about Carla's Steakhouse? Carla's Steakhouse 어때요?

- I want to know what else is on the menu. 그밖에 다른 메뉴를 알고 싶어요.

- I believe you've given me the wrong meal. 식사를 잘못 갖다 준 것 같아요.

- I requested a vegetarian meal. 채식 식사를 요청했어요.

- Are you ready to order? 주문하시겠습니까?

- Could we have a minute to go over the menu? 메뉴 좀 잠깐 볼게요?

- Do you have a table available for tonight at 8:00? 오늘 저녁 8시에 자리 있나요?

- You can only make a reservation for more than 20 people. 20명 이상만 예약이 가능합니다.

- We're supposed to meet here for lunch at one. 1시에 여기서 만나기로 했어요.

- Would you like to be seated now? 지금 좌석 있나요?

---

**Voca Check - up!** order 주문하다 chef 주방장, 요리사 dessert 후식 refreshments 가벼운 음식, 다과 frequent 단골의, 늘~하는 seasoned 양념된 broiled 구운 fillet 살코기, 안심 vegetarian 채식(주의자) organic 유기 농법의 complain 불평하다 popular 인기 있는 starter 전체 요리 appetite 식욕 luncheon 오찬 dine 정찬을 들다 cater 음식을 제공하다 cuisine 요리, 요리법 amount 총액, 총계 attract 끌다, 유인하다 take an order 주문을 받다 set the table 식탁을 차리다 great location 좋은 위치 famous for ~으로 유명한 daily special 일일 특선 요리 eat out 외식하다 look over ~을 훑어보다 reserve a table 자리를 예약하다 advance dining reservation 사전 식당 예약 be invited+**명사** ~에 초대하다

---

**1.** Where probably are the speakers?

(A) In a restaurant
(B) In an office
(C) In a cinema
(D) In a bookstore

**2.** According to the conversation, what does the man request?

(A) A suitable place
(B) A special menu
(C) A discount
(D) A resonable price

**3.** What does the woman recommend?

(A) A menu for children
(B) A new menu
(C) A special set menu
(D) A happy hour menu

▶ 정답 및 해설은 해설집 49쪽 참고

## Step 1 : 실전 포인트

호텔 주제로는 불편한 점, 요구사항, 문제 해결 방법, 체크인, 체크아웃 절차, 서비스에 관한 내용이 나온다.

 **대표 문제** 세 문제를 먼저 10초 안에 읽은 다음, 대화를 듣고 정답을 골라 보자.    54.mp3

---

1. Why is the woman calling?

   (A) To book a room
   (B) To call housekeeping
   (C) To check on a reservation
   (D) To find a hotel guest

2. Who most likely is the woman talking to?

   (A) A waiter
   (B) A repairman
   (C) A housekeeper
   (D) A hotel receptionist

3. When will the woman arrive?

   (A) On Thursday
   (B) On Friday
   (C) On Saturday
   (D) On Sunday

---

**시나공 풀이법** 호텔에서 일어나는 대화의 문제는 어떻게 풀이하는지 알아보자.

**대화를 듣기 전 문제를 읽을 때**

**1. Why is the woman calling?** 여자는 왜 전화했는가?

▶ 이유를 묻는 문제의 단서는 주로 대화 초반에 등장한다.

(A) To book a room   방을 예약하려고

(B) To call housekeeping   하우스키핑을 부르려고

(C) To check on a reservation   예약을 확인하려고

(D) To find a hotel guest   객실 손님을 찾으려고

**2. Who most likely is the woman talking to?** 여자는 누구와 이야기하는가?

▶ 남자의 직업을 묻고 있으므로 대화의 초반부에서 힌트를 찾는다.

(A) A waiter   웨이터

(B) A repairman   정비사

(C) A housekeeper   하우스키퍼

(D) A hotel receptionist   호텔 접수계원

**3. When will the woman arrive?** 여자는 언제 도착하는가?

▶ 선택지에 있는 요일이 대화에서 하나 이상 언급될 경우 일단 대화에 등장하는 요일을 선택지에 표시해 두고, 그 다음 참고해야 할 키워드를 집중해서 들은 후 최종 답을 고른다.

(A) On Thursday   목요일에

(B) On Friday   금요일에

(C) On Saturday   토요일에

(D) On Sunday   일요일에

**대화를 들을 때**

Questions 1-3 refer to the following conversation.   문제 1-3번은 다음 대화를 참고하시오.

W: My name is Victoria, and ¹ I'm calling to confirm my room reservation for this weekend. ▶ 이유에 대한 문제이므로 첫 대화를 잘 듣는다. '예약확인' 전화이므로 (C)가 정답이다.

여: 저는 빅토리아라고 하는데 이번 주말 방 예약을 확인하려 전화했습니다.

M: ² Please wait a second. Let me check for you, ma'am. ³ Will you be arriving on Saturday morning? ▶ 남자의 직업이 등장하는 두 번째 대화이다. 예약을 확인해 주겠다고 말하고 있으므로 남자의 직업은 호텔접수계원이다. 따라서 (D)가 정답이다.

남: 잠시만 기다려 주십시오. 확인해 드리겠습니다. 부인. 토요일 아침에 도착하시는 건가요?

W: ³ No, the day before. I'd like to know about the facilities at the hotel as well. Could you tell me about them briefly?

▶ 남자가 도착 예정일이 토요일이냐고 물었고 여자는 하루 전날에 도착할 예정이라고 말하고 있으므로 (B)가 정답이다.

여: 아니오, 하루 전날입니다. 호텔의 부대시설에 대해서도 알고 싶은데요. 간단하게 설명해 주시겠습니까?

표현 정리 call 전화하다   confirm 확인하다   reservation 예약   check 확인하다   facility 시설

**시나공 +** ❶ 이유를 묻는 문제는 주로 대화 초반에 단서가 등장한다.

❷ 직업을 묻는 문제의 힌트 역시 대화 초반에 나온다.

❸ 선택지에 있는 요일이 하나 이상 언급될 경우 일단 대화에 등장하는 요일을 표시해 두고, 그 다음 참고해야 할 키워드를 집중해서 들은 후 정답을 고른다.

호텔 관련 빈출 표현

- We have our own laundry service here at the hotel.  저희 호텔에 세탁 서비스가 있어요.
- I'm terribly sorry for the inconvenience.  불편을 끼쳐 드려 죄송합니다.
- I'd like to check in(out), please.  체크인(아웃)을 하려합니다.
- I'm calling about my room reservation.  방 예약 확인을 위해 전화했습니다.
- I'd like to make a reservation for this weekend.  이번 주말 동안 예약을 하고 싶은데요.
- I want to know about the facilities at this hotel.  이 호텔의 부대시설에 대해 알고 싶습니다.
- How can I access the Internet in my room?  방에서 어떻게 인터넷에 접속하죠?
- Let me check your reservation.  예약을 확인해 드리겠습니다.
- Please wait a second.  잠시만 기다려 주십시오.
- How many people does the suite accommodate?  스위트룸은 몇 명의 사람이 이용가능한가요?
- I'd like to speak to housekeeping, please.  하우스키핑에 연결 부탁드립니다.

**Voca Check - up!** accommodation 숙박 시설  booked up 예약이 모두 된  capacity 수용 능력  check-in 체크인, 투숙  check-out 체크아웃, 퇴실  conference room 회의실  doorman 도어맨  double 더블 룸  fitness center 운동 시설  key deposit 열쇠 예치금  lobby 로비  lounge 라운지  maid (호텔의) 여급  maid service 객실 청소 서비스  meeting room 회의실  nonsmoking room 금연 객실  page 호출하다  party 일행  receptionist 접수계원  registration card 숙박카드  reservation number 예약 번호  reserve 예약하다  room rate 방값, 숙박료  room service 룸서비스  safety deposit box 귀중품 보관함  sauna 사우나  service charge 봉사료, 팁(= tip)  single 1인용 객실  suite 스위트  twin 2인용 객실  valuables 귀중품  wakeup call 모닝콜

1. Who does the woman want to have stay to the Manchester Hotel?

   (A) Her coworkers
   (B) Her family
   (C) Her friends
   (D) Her clients

2. What does the man want to know about the hotel?

   (A) Its location
   (B) Its profits
   (C) Its facilities
   (D) Its prices

3. Why does the woman suggest going to her office?

   (A) To check a website
   (B) To meet with clients
   (C) To make a reservation
   (D) To prepare for a meeting

▶ 정답 및 해설은 해설집 49쪽 참고

# REVIEW TEST

1. Where did the woman get the coupon?

   (A) A book
   (B) A magazine
   (C) A newspaper
   (D) A website

2. What problem does the man mention about the coupon?

   (A) It can only be used at lunch.
   (B) It can only be used on the weekend.
   (C) It has expired.
   (D) It's for another restaurant.

3. What does the man say is happening now?

   (A) A grand opening sale
   (B) A clearance sale
   (C) A happy hour
   (D) A special offer

4. Why is the man calling?

   (A) To make a reservation
   (B) To find his lost belongings
   (C) To cancel a reservation
   (D) To make a payment

5. How long will the man stay at the hotel?

   (A) 1 week
   (B) 2 weeks
   (C) 3 days
   (D) 5 days

6. What will the man most likely do next?

   (A) Send an email about his reservation
   (B) Go to the front desk at the hotel
   (C) Give his credit card information
   (D) Mention his contact information

**7.** Who most likely is the man?

(A) A salesperson

(B) An office worker

(C) A hotel employee

(D) A hotel guest

**8.** According to the conversation, where is the concierge?

(A) Around the swimming pool

(B) Beside the front desk

(C) Near the man's room

(D) Near the entrance

**9.** What will the woman do after the conversation?

(A) Go to the concierge

(B) Find a driver

(C) Call a travel agency

(D) Speak with another guest

**10.** Where are the speakers?

(A) In a restaurant

(B) In a hotel

(C) In an office

(D) In an electronics store

**11.** What does the man mean when he says, "I can't put up with the noise"?

(A) He hopes that the fridge will be fixed immediately.

(B) He cannot speak with the woman for long.

(C) He is satisfied with the room service.

(D) He will cancel his reservation.

**12.** What will the woman most likely do next?

(A) Serve a dessert

(B) Cancel an order

(C) Bring some water

(D) Check a schedule

▶ 정답 및 해설은 해설집 50쪽 참고

# 받아쓰기 훈련

**Questions 1-3 refer to the following conversation.**

M : Excuse me. Do you _____ _____ _____ _____ for large groups? I want to

_____ _____ _____ _____ who are visiting my company this weekend here

for dinner.

W : Yes, we have _____ _____ _____ that _____ _____

_____ 20 people.

M : That's great. But before I _____ _____ _____, I need to _____ _____

_____ first.

W : Then you should _____ _____ _____ menu for groups. It's

_____ _____ _____, but the price _____ _____.

**Questions 1-3 refer to the following conversation.**

W : Our _____ _____ are here next week. I'd like to _____ _____ _____ in

the Manchester Hotel for them. _____ _____ _____ about that hotel?

M : I like it, but I want to _____ _____ _____ at the hotel.

W : We can _____ _____ _____ to find out about them. We can use the computer in

my office _____ _____ _____.

**Questions 1-3 refer to the following conversation.**

W : Hi. Before we order our meal, could you please _____ _____ _____ that I printed

out _____ _____ _____? It indicates that if we order _____ _____

_____ _____, we can _____ _____ _____.

M : I'm so sorry, but that coupon is _____ _____ _____.

W : Really? I thought I can use this coupon. That's a shame.

M : But don't be disappointed. We are having _____ _____ _____, so you

can _____ _____ _____.

**Questions 4-6 refer to the following conversation.**

M : Hi. My name is Dean, and I'm calling to _____

_____ _____ _____.

W : Thank you for calling the WD Hotel. For how long would you like to stay, sir?

M : _____ _____. How much is _____, _____

_____ ?

W : It's $500, and _____. Could you please give me your name and

phone number?



**Questions 7-9 refer to the following conversation with three speakers.**

W : Excuse me. Where can I _____

around your hotel?

M : You could _____

_____. He can give you a travel map.

W : How about transportation? Do you provide any transportation services?

M : Yes. You can get a _____

_____ as well. It runs _____

_____.



**Questions 10-12 refer to the following conversation.**

W : Excuse me. _____. Could you please help

me _____?

M : Oh, all of the ones with _____. Do you want

to see another design?

W : No, thanks. Is there _____

_____?

M : Um... _____ on

Brit Street? Or if you can wait until next week, I can order them and _____

_____.

## Voca Preview

모르는 단어에 체크한 후 유형 분석 학습이 끝나면 체크된 것들을 다시 한 번 확인해 보자.

- ☐ **describe** 설명하다, 묘사하다
- ☐ **book** 예약하다
- ☐ **sold out** 매진된, 품절된
- ☐ **unique** 독특한
- ☐ **fitting room** 탈의실
- ☐ **be made of** ~로 만들어졌다
- ☐ **certainly** 틀림없이, 그럼요
- ☐ **try on** 입어 보다
- ☐ **negotiate** 협상하다
- ☐ **retailer** 소매업자
- ☐ **outfit** 의복, 장비, 용품
- ☐ **affordable** (가격 등이) 알맞은
- ☐ **refund** 환불; 환불하다
- ☐ **ready-made** 기성품인
- ☐ **commodity** 일용품, 생활필수품
- ☐ **regular customer** 단골 고객
- ☐ **under warranty** 보증기간 중인
- ☐ **in stock** 재고가 있는
- ☐ **latest trend** 최근 경향
- ☐ **tailor-made** 맞춤의

- ☐ **voucher** 할인권, 상품권
- ☐ **exhibition** 전시
- ☐ **half price** 반값
- ☐ **round trip** 왕복여행
- ☐ **departure** 출발
- ☐ **charge** 청구하다
- ☐ **blowout sale** 파격세일
- ☐ **refund** 환불
- ☐ **replacement** 교환
- ☐ **performance** 공연
- ☐ **ticket booth** 매표소
- ☐ **print out** 출력하다
- ☐ **family vacation** 가족여행
- ☐ **complimentary** 무료의
- ☐ **tourist attraction** 관광명소
- ☐ **main entrance** 정문
- ☐ **rechargeable** 재충전되는
- ☐ **clothes store** 옷가게
- ☐ **aisle seat** 통로쪽 좌석
- ☐ **make a payment** 지불하다

유형 분석 **9**

# 주제별 공략 - 쇼핑

# WARMING UP

진단 평가 질문을 읽고, 질문의 핵심을 2초 안에 파악해 보자.

1. What is the purpose of the call? _____

2. What problem does the woman describe? _____

3. When will the man leave? _____

**단서 찾기** 대화를 읽고, 위의 질문에 대한 단서를 찾아 밑줄 쳐보자.

W : Thank you for calling Banassy Airline. May I help you?

M : Oh, yes. I'd like to book a flight to Chicago early in the morning on September 1.

W : Unfortunately, all the early flights are sold out on September 1. If you don't mind, I recommend that you take an early flight the next day.

M : Yes, I'd like that.

**정답 & 요점 확인**　　정답을 확인하고, 쇼핑과 관련된 대화의 특징을 알아보자.

## 진단 평가 : 질문의 핵심 파악

1. What is the purpose of the call?　전화를 건 목적은 무엇인가?　▶ 전화를 건 목적

2. What problem does the woman describe?　여자는 어떤 문제를 말하고 있는가?　▶ 여자의 문제점

3. When will the man leave?　남자는 언제 떠날 것인가?　▶ 남자가 떠날 시간

## 단서 찾기 : 스크립트 분석

**W** : Thank you for calling Banassy Airline. May I help you?

　　여: Banassy 항공사에 전화 주셔서 감사합니다. 무엇을 도와드릴까요?

**M** : Oh, yes. I'd like to book a flight to Chicago early in the morning on September.

　　▶ 1. 전화를 건 목적의 근거

　　남: 아, 네. 9월 1일 아침 일찍 Chicago로 가는 비행기를 예약하고 싶습니다.

　전화를 건 목적은 초반에 'I'm calling ~, I'd like to ~, I want / hope ~' 등이 등장하는 곳에 단서가 있으므로 이 곳을 잘 들어야한다.

**W** : Unfortunately, all the early flights are sold out on September 1. If you

　　▶ 2. 문제점에 대한 근거

　　don't mind, I recommend that you take an early flight the next day.

　　　▶ 3. 남자가 떠날 시간 근거

　　여: 안타깝게도, 9월 1일의 모든 이른 항공편이 매진되었습니다. 괜찮으시다면, 다음 날 이른 항공편을 권해 드립니다.

　문제점에 대한 단서는 초반부에 등장하지만 세 문제 중 두 번째가 문제점에 대한 문제일 경우 주로 중반부에서 정답의 근거가 나온다.

　미래에 대한 일정은 후반부에 등장하므로 후반부를 집중해서 듣는다.

**M** : Yes, I'd like that.　네, 그렇게 하겠습니다.

　　표현 정리　book 예약하다　early in the morning 이른 아침　unfortunately 안타깝게도, 불행하게도　sold out 매진된, 품절된

## Unit 22 상품 구매

---

상품 구매와 관련된 문제는 대화가 이루어지고 있는 장소, 요청 사항, 다음에 할 일 등을 집중해서 들어야 한다.

 **대표 문제** 세 문제를 먼저 10초 안에 읽은 다음, 대화를 듣고 정답을 골라 보자.  57.mp3

1. Where probably are the speakers?

   (A) In an office
   (B) In a clothing shop
   (C) In a restaurant
   (D) In a shoe shop

2. What does the woman ask for?

   (A) Different patterns
   (B) Something longer
   (C) A unique design
   (D) Some other colors

3. What is the man going to do next?

   (A) Take the woman to the fitting room
   (B) Show the woman some other pants
   (C) Bring the woman a glass of water
   (D) Get some more items

**시나공 풀이법** 상품 구매와 관련된 문제는 어떻게 풀이하는지 알아보자.   **L 19**

**대화를 듣기 전 문제를 읽을 때**

1. Where probably are the speakers?　화자들은 어디에 있는가?

   ▶ 장소를 묻고 있으므로 처음 두 문장을 잘 듣는다.

   (A) In an office　사무실
   (B) In a clothing shop　옷가게
   (C) In a restaurant　식당
   (D) In a shoe shop　신발가게

2. What does the woman ask for?　여자는 무엇을 요청하는가?

   ▶ 요청 문제이므로 제안하는 문장을 집중해서 듣는다.

   (A) Different patterns　다른 무늬
   (B) Something longer　좀 더 긴 것
   (C) A unique design　독특한 디자인
   (D) Some other colors　다른 색상

3. What is the man going to do next?　남자는 다음에 무엇을 할 것인가?

   ▶ 다음에 할 일을 묻고 있으므로 마지막 대화에 집중한다.

   (A) Take the woman to the fitting room　여자를 탈의실로 데려간다.
   (B) Show the woman some other pants　다른 바지를 보여준다.
   (C) Bring the woman a glass of water　물을 가져온다.
   (D) Get some more items　더 많은 물건을 가져온다.

**대화를 들을 때**

Questions 1-3 refer to the following conversation.　문제 1~3번은 다음 대화를 참고하시오.

M: **¹ Here are some skirts you might be interested in, Ms. Stephenson. They are made of silk.**　▶ 대화 장소에 대한 단서로 'skirts, silk'를 들었다면 '옷 가게'라는 것을 알 수 있다. 따라서 (B)가 정답이다.
남: 스티븐슨 씨가 마음에 들어 하실 만한 치마들이 여기 있습니다. 실크로 만들어진 것입니다.

W: They're very nice, but **² I was hoping to get something in red or wine. Do you have anything else in those colors?**　▶ 제안해 준 것을 거절하고 다른 것을 찾고 있다. 빨강색이나 와인색을 원하고 있으므로 (D)가 정답이다.
여: 아주 좋네요. 하지만 저는 빨강이나 와인색을 찾고 있었어요. 그 색상으로 다른 제품들이 있나요?

M: Certainly. **³ I'll be back in a second with some more skirts for you to try on.**
　▶ next 문제이므로 마지막 대화인 이곳에서 단서를 찾는다. '입어보실 만한 치마를 금방 가지고 오겠다.'고 말하고 있으므로 (D)가 정답이다.
남: 그럼요, 입어보실 만한 치마를 금방 가지고 오겠습니다.

**표현 정리** be interested in ~에 관심이 있다, 흥미가 있다　be made of ~로 만들어졌다　silk 실크　certainly 틀림없이, 그럼요　try on 입어 보다

**시나공 +** ❶ 장소 문제는 처음 두 문장을 잘 듣는다.
　　　　 ❷ 요청 문제는 대화 중 제안하는 부분(why don't you ~?, you could ~, you'd better ~)을 유심히 듣는다.
　　　　 ❸ 다음에 할 일을 묻는 문제는 마지막 대화에서 단서를 찾는다.

### 상품구매 관련 빈출 표현

- Were you able to negotiate a better price? 더 나은 가격으로 협상할 수 있었나요?
- You must show us the receipt. 영수증을 저희에게 보여주셔야 합니다.
- They are used on all kinds of clothing. 그것들은 모든 종류의 의류에 사용됩니다.
- They are having a clearance sale. 점포정리 세일을 하고 있어요.
- Here are some skirts you might be interested in. 마음에 들어 하실 만한 치마들이 여기 있습니다.
- Do you have anything else? 다른 제품이 있나요?
- I'll be back with some more shirts for you to try on. 입어 보실 만한 다른 셔츠를 가지고 오겠습니다.
- I'm looking for yellow pants. 노란색의 바지를 찾고 있는데요.
- Do you have any special events that are going on now? 지금 어떤 특별한 행사가 진행되고 있나요?
- It is displayed at the front of the store. 가게 앞쪽에 진열되어 있습니다.
- Let me show you. 제가 보여드리겠습니다.

**Voca Check - up!** retailer 소매업자 price 가격 outfit 의복, 장비, 용품 outlet 직판장, 아울렛 receipt 영수증; 영수증을 발행하다 affordable (가격 등이) 알맞은 refund 환불; 환불하다 clothing 의복, 의류 dress shirt 와이셔츠 clearance 재고정리 ready-made 기성품인 commodity 일용품, 생활필수품 regular customer 단골 고객 guarantee 보증; ~을 보장하다 expire 만기가 되다 auction 경매 valuables 귀중품 under warranty 보증기간 중인, 보증이 되는 appeal to ~의 흥미를 끌다, 호소하다 on the condition that ~라는 조건 하에 take place (행사가) 열리다, 개최되다 be in stock 재고가 남아 있다 take advantage of ~을 활용하다 latest trend 최근 경향 tailor-made 맞춤의, 주문대로 맞들어진

---

**Step 3** | **실전 문제**　　　 58.mp3

1. What does the woman want to know about the camera?

   (A) How much it is
   (B) Which battery to use with it
   (C) What color it is
   (D) Where it was made

2. What can the woman receive if she buys the camera?

   (A) A membership card
   (B) A movie ticket
   (C) A discount voucher
   (D) A free product

3. What will the woman probably do next?

   (A) Pay for the camera
   (B) Look at some cases
   (C) Contact her friend
   (D) Shop for another product

▶ 정답 및 해설은 해설집 53쪽 참고

# Unit 23 | 티켓 구매

**Step 1** | **실전 포인트**

티켓 구매는 티켓 종류(항공기, 관람표 등), 대화 장소, 예약(취소) 등의 주제로 자주 출제된다.

 **대표 문제** 세 문제를 먼저 10초 안에 읽은 다음, 대화를 듣고 정답을 골라 보자.   🎧 59.mp3

---

**1.** Where is the conversation most likely taking place?

(A) At a cinema

(B) At a museum

(C) At a TV station

(D) At a gallery

**2.** What does the man tell the woman?

(A) An exhibition has not opened.

(B) Tickets are sold out.

(C) An event has finished.

(D) The building is about to close.

**3.** What does the man suggest?

(A) Attending another exhibition

(B) Purchasing a ticket

(C) Visiting the information center

(D) Returning another day

---

---

🔖 **대화를 듣기 전 문제를 읽을 때**

1. Where is the conversation most likely taking place? 대화가 어디에서 이루어지고 있는가?

   ▶ 대화 장소를 묻고 있으므로 초반부를 잘 듣는다.

   (A) At a cinema  극장
   (B) At a museum  박물관
   (C) At a TV station  방송국
   (D) At a gallery  화랑

2. What does the man tell the woman? 남자는 여자에게 무엇을 말하는가?

   ▶ 남자가 여자에게 말한 것을 묻고 있으므로 남자 대화에 집중한다.

   (A) An exhibition has not opened.  전시회는 열리지 않았다.
   (B) Tickets are sold out.  티켓이 매진되었다.
   (C) An event has finished.  행사가 끝났다.
   (D) The building is about to close.  건물이 문을 닫을 시간이 되었다.

3. What does the man suggest? 남자는 무엇을 제안하는가?

   ▶ 제안 문제이므로 제안 표현(I suggest ~, Why don't you ~ 등)에 집중한다.

   (A) Attending another exhibition  다른 전시회에 참석하라고
   (B) Purchasing a ticket  티켓을 구매하라고
   (C) Visiting the information center  안내 센터에 방문하라고
   (D) Returning another day  다른 날 다시 오라고

---

🎧 **대화를 들을 때**

Questions 1-3 refer to the following conversation.  문제 1~3번은 다음 대화를 참고하시오.

W: Hi. **¹** I saw on TV that there's a graphic artist exhibition here at the gallery this month.  ▶ 장소에 대한 단서가 언급된 곳으로 대화 장소는 화랑이라는 것을 알 수 있다. 따라서 (D)가 정답이다.
여: 안녕하세요. 이번 달에 이 화랑에서 그래픽화가 전시회가 있다고 TV에서 봤습니다.

M: Yes, you're at the right place, but, actually, **²** that exhibition doesn't start till next Friday.  ▶ 남자가 여자에게 전시회는 다음 주 금요일에 열린다고 말하고 있으므로 (A)가 정답이다.
**³** Why don't you visit next weekend?

   ▶ 제안 의문문이므로 제안 문제에 대한 단서가 있는 곳이다. 남자는 '다음 주말에 와 달라.'고 제안하고 있으므로 (D)가 정답이다.
남: 네. 맞게 오셨습니다만, 사실 전시회는 다음 주 금요일이 되어야 시작됩니다. 다음 주말에 오시겠습니까?

W: Okay. I'll be back next week. Oh, and how much are tickets?
여: 그래야 할 것 같네요. 다음 주에 오겠습니다. 아, 그런데 티켓은 얼마인가요?

M: I'm not sure. But give me a second to ask the manager, and I'll let you know.
남: 잘 모르겠어요. 잠시만 기다려 주시면 매니저에게 물어보고 알려드리겠습니다.

**표현 정리** graphic artist 그래픽화가   exhibition 전시회   gallery 화랑   *not ~ until ~까지 안했다. 즉 ~되어야 한다는 뜻.

---

**시나공 +** ❶ 대화 장소를 묻는 문제는 처음 두 문장에 주로 단서가 등장한다.
　　　　 ❷ 제안 문제는 제안의 표현(I suggest ~, Why don't you ~, Could you ~) 뒤에 단서가 등장한다.

**티켓 구매 관련 빈출 표현**

- I'm sorry. All the window seats are taken.  죄송합니다. 모든 창가 좌석이 매진되었습니다.
- I'm calling to reserve tickets for Saturday's concert.  토요일 콘서트 티켓을 예약하려고 전화했습니다.
- You can pay with either cash or a credit card.  현금과 신용카드 둘 다 결제 가능합니다.
- The tickets are limited in number.  티켓은 수가 한정되어 있습니다.
- You should arrive at the concert 30 minutes before it starts.  콘서트가 시작되기 30분 전까지 도착해야 합니다.
- This exhibition doesn't start till next week.  이 전시회는 다음 주까지 시작하지 않습니다.
- The tickets are all sold out.  모든 티켓이 매진되었습니다.
- Are the seats next to each other?  좌석들이 붙어있나요?
- You can get your tickets at the box office.  매표소에서 티켓을 찾으실 수 있습니다.
- Admission is half price on Saturday.  토요일은 입장료가 반값이에요.

**Voca Check - up!** purchase 구입하다  seat 좌석  trip 여행  round trip 왕복 여행  one-way trip 편도 여행  recommendation 추천사항  departure 출발  arrival 도착  charge 요금을 청구하다  blowout sale 파격세일  for sale 판매 중인  discount coupon[voucher] 할인 쿠폰  receipt 영수증  refund 환불  replacement 교환  rate 요금, 가격  performance 공연  exhibition 전시회  hold 개최하다  be crowded with 붐비다  ticket booth 매표소  gallery 화랑  museum 박물관  be on display 전시 중이다  make a reservation ~을 예약하다  be in line 줄 서다  brochure 안내 책자  on show ~가 전시 중이다  be out of ~가 떨어지다  be low in price 가격이 저렴하다  be over 끝나다  be assembled in a stadium 경기장에 모여 있다  at a great price 아주 저렴한 가격에  additional charges 추가요금  sold out 표가 매진된  popular 인기있는  theater 극장  music concert 음악회

1. What does the woman want to do?

   (A) Make a reservation
   (B) Shop at the online store
   (C) Cancel her tickets
   (D) Buy some tickets

2. Why does the man say he cannot help the woman?

   (A) He has been on leave since last week.
   (B) He can sell tickets only at the ticket booth.
   (C) He is not in charge of selling tickets.
   (D) He needs to get approval from a manager.

3. What does the man tell the woman about?

   (A) Limited seats
   (B) Restricted tickets
   (C) The reservation system
   (D) The payment method

▶ 정답 및 해설은 해설집 53쪽 참고

# REVIEW TEST

1. Where most likely are the speakers?

   (A) At a restaurant
   (B) At an office
   (C) At a clothes store
   (D) At a hotel

2. What is the man's occupation?

   (A) Secretary
   (B) Librarian
   (C) Office worker
   (D) Salesperson

3. What does the man suggest that the woman do?

   (A) Speak to another staff member
   (B) Visit another store
   (C) Buy the item from the online store
   (D) Fill out a form

4. Why is the man calling?

   (A) To make a reservation
   (B) To change his seat
   (C) To confirm a reservation
   (D) To make a payment

5. What does the man ask for?

   (A) A discount
   (B) A window seat
   (C) An aisle seat
   (D) A vegetarian meal

6. According to the conversation, what will the man probably do next?

   (A) Provide his personal information
   (B) Pay for his flight ticket
   (C) Go to the airport
   (D) Call another airline

**7.** Where most likely is the conversation taking place?

(A) At a supermarket

(B) At a furniture store

(C) At an electronics store

(D) At a clothes store

**8.** What does the man say is going on at the store?

(A) Maintenance work

(B) A grand opening sale

(C) A clearance sale

(D) A special promotion

**9.** What does the woman request?

(A) The newest laptop

(B) The cheapest laptop

(C) The lightest laptop

(D) The smallest laptop

| Leslie Furniture Discount Coupon for Spring Season | | | |
|---|---|---|---|
| 5% off | 10% off | 15% off | 20% off |
| ~$300 | $301~$400 | $401~$500 | $501~$600 |

\* Valid until April 30

**10.** What does the woman say she plans to do?

(A) Renovate her house

(B) Move to a new house

(C) Start her own business

(D) Design some furniture

**11.** Look at the graphic. Which discount will the woman receive?

(A) 5% off

(B) 10% off

(C) 15% off

(D) 20% off

**12.** What will the man most likely do next?

(A) Speak with a manager

(B) Check a delivery date

(C) Request a document

(D) Give a product demonstration

▶ 정답 및 해설은 해설집 54쪽 참고

# 받아쓰기 훈련

**Questions 1-3 refer to the following conversation.**

**W** : I am looking _____ _____ _____ _____ _____ _____. Can you tell me _____ _____ _____ _____ this one uses?

**M** : It _____ _____ _____ battery. And the battery is _____ _____ _____ _____ of any digital camera.

**W** : Wow, _____ _____ _____ _____. Do you have any special events _____ _____ _____ _____ now?

**M** : Yes, we _____ _____ _____ camera cases _____ _____ _____ for free. They _____ _____ _____ _____ the store. Let me show you where they are.

**Question 1 refers to the following conversation.**

**W** : Hello. I'm calling _____ _____ _____ _____ the concert tomorrow. Can I buy them _____ _____ _____?

**M** : I'm sorry, but _____ _____ _____ _____ over the phone. Why don't you _____ _____ _____ them tomorrow?

**W** : Then can I _____ _____ _____ _____ them?

**M** : Sure, but you _____ _____ _____ _____ tomorrow. The discounted tickets _____ _____ _____ _____.

**Questions 1-3 refer to the following conversation.**

**W** : Excuse me. _____ _____ _____ _____ _____. Could you please help me _____ _____ _____ just like these?

**M** : Oh, all of the ones with _____ _____ _____ _____. Do you want to see another design?

**W** : No, thanks. Is there _____ _____ _____ _____ _____?

**M** : Um... _____ _____ _____ _____ _____ on Brit Street? Or if you can wait until next week, I can order them and have them delivered to your house.

**Questions 4-6 refer to the following conversation.**

M : Hello. I'm calling _____
_____ on October 1.

W : Okay, let me check to see _____. Sometimes
it's full _____.

M : Oh, and could you please check _____
_____?

W : Sure. But before I do that, could you please _____
_____, _____, and phone number?

**Questions 7-9 refer to the following conversation with three speakers.**

W : Hi. I need to _____,
and my friend recommended your store.

M : You are lucky because _____.
You can _____ everything.

W : Wow, that sounds great! So _____?

M : Sure. _____ that just arrived. I'm
sure you'll love it.

**Questions 10-12 refer to the following conversation.**

W : Hi. _____. And I'd like to
_____ that I saw in
your catalog.

M : What price range do you have in mind?

W : I am planning to spend _____. And I need to make sure
the furniture _____.

M : I think _____ the color of the wall. The
model in the window display costs $570. It comes in three colors, white, beige, and brown. It has
been very popular since last year.

W : I'll go with the model in beige. _____?

M : Let me check the computer _____.

## Voca Preview

모르는 단어에 체크한 후 유형 분석 학습이 끝나면 체크된 것들을 다시 한 번 확인해 보자.

- ☐ **have a problem with** ~에 문제가 있다
- ☐ **retirement** 은퇴
- ☐ **financial difficulty** 재정적 어려움
- ☐ **inauguration** 취임(식)
- ☐ **applicant** 지원자
- ☐ **contribution** 공헌, 기여
- ☐ **previous** 이전의
- ☐ **apply for** ~에 지원하다
- ☐ **replace** 대체하다
- ☐ **job opening** (일자리) 공석
- ☐ **application form** 지원서
- ☐ **resume** 이력서
- ☐ **recommendation letter** 추천서
- ☐ **background** 배경, 경험
- ☐ **qualified** 자격을 갖춘
- ☐ **requirement** 요구사항
- ☐ **benefit** 혜택, 수당
- ☐ **lay off** 해고하다
- ☐ **auditor** 감사관
- ☐ **assign** 배정하다

- ☐ **temporary** 임시의, 임시직의
- ☐ **inquire** 문의하다
- ☐ **unavailable** 이용할 수 없는
- ☐ **attendee** 참석자
- ☐ **handout** 유인물, 인쇄물
- ☐ **revise** 변경하다, 수정하다
- ☐ **organize** 준비하다, 조직하다
- ☐ **behind schedule** 일정보다 늦은
- ☐ **ahead of schedule** 일정보다 빠른
- ☐ **achievement** 성과, 실적
- ☐ **attractive** 매력적인, 시선을 끄는
- ☐ **authorize** 허가하다, 인가하다
- ☐ **public relations** 홍보
- ☐ **maintenance** 정비, 유지
- ☐ **electronic power** 전력
- ☐ **shut down** 닫다, 끄다
- ☐ **go wrong** 고장 나다
- ☐ **pay period** 급여 지급 기간
- ☐ **cut costs** 비용을 줄이다
- ☐ **budget proposal** 예산안

유형 분석 **10**

# 주제별 공략 – 회사

# WARMING UP

질문을 읽고, 질문의 핵심을 2초 안에 파악해 보자.

**1.** Who most likely is the woman talking to? ....................................

**2.** How long will the man take to go to Erica's office? ....................................

**3.** What does the woman say she will do? ....................................

단서 찾기 대화를 읽고, 위의 질문에 대한 단서를 찾아 밑줄 쳐보자.

**M** : Hi, Erica. This is Bryan Wilson from the technical support team. I just received your email explaining that you are having a problem with your computer.

**W** : Yeah, I had to stop working due to the problem. When can you come to check it?

**M** : I'll be there as soon as possible, but it will take me another half an hour to get there.

**W** : Hmm... Since I have to leave the office to meet a client, I'll tell my secretary that you are coming.

**정답 & 요점 확인**    정답을 확인하고, 주제가 회사와 관련된 문제의 특징을 알아보자.

## 진단 평가 : 질문의 핵심 파악

**1.** Who most likely is the woman talking to?

여자와 이야기하고 있는 사람은 누구인 것 같은가? ▶ 대상 파악

**2.** How long will the man take to go to Erica's office?

남자가 Erica의 사무실까지 가는데 얼마나 걸릴 예정인가? ▶ 소요 시간

**3.** What does the woman say she will do?

여자는 무엇을 하겠다고 말하는가? ▶ 여자가 할 일

## 단서 찾기 : 스크립트 분석

**M** : Hi, Erica. This is Bryan Wilson from the technical support team. I just

▶ 1. 대상 파악의 근거

received your email explaining that you are having a problem with your

computer. 남: 안녕하세요, Erica. 저는 기술지원팀의 Bryan Wilson입니다. 방금 당신의 컴퓨터에 어떤 문제가 있다는 당신의 이

메일을 받았습니다. 맞나요?

직업, 회사, 부서 등에 대한 단서는 초반부에 등장한다.

**W** : Yeah, I had to stop working due to the problem. When can you come to check

it? 여: 네, 이 문제 때문에 일을 멈췄어요. 언제 와서 확인해 주실 수 있나요?

**M** : I'll be there as soon as possible, but it will take me another half an hour to get

there. ▶ 2. 소요 시간 근거

남: 최대한 빨리 가겠습니다만, 가는 데 30분이 더 걸릴 예정입니다.

세부적인 정보는 주로 중반부에 등장한다.

**W** : Hmm... Since I have to leave the office to meet a client, I'll tell my secretary that

you are coming. ▶ 3. 여자가 하겠다고 한 것에 대한 근거

여: 제가 고객을 만나러 사무실을 비워야 해서, 저의 비서에게 당신이 온다고 말해 두겠습니다.

미래에 대한 일정 및 정보는 후반부 특히 마지막 대화에 집중해서 들어야 한다.

 **Step 1** 실전 포인트

채용, 퇴직과 관련된 대화에서는 말하는 대상, 직위, 요청 및 제안과 관련된 문제가 자주 나온다.

**대표 문제** 문제들을 먼저 10초 안에 읽은 다음, 대화를 듣고 정답을 골라 보자.  🎧 62.mp3

---

1. What are the speakers discussing?

   (A) The retirement of a staff member

   (B) The hiring of a new manager

   (C) The financial difficulties of the company

   (D) The inauguration of the new president


2. What position does Mr. Victor have at the company?

   (A) Director

   (B) Manager

   (C) Supervisor

   (D) President


3. What does the man ask the woman to do?

   (A) Take Mr. Victor's position

   (B) Find a new employee

   (C) Train the new staff member

   (D) Interview a job applicant

---

🔊 **대화를 듣기 전 문제를 읽을 때**

1. What are the speakers discussing?    화자들은 무엇을 논의하고 있는가?
   ▶ 주제 문제이므로 첫 대화를 잘 듣는다.

   (A) The retirement of a staff member    직원의 은퇴
   (B) The hiring of a new manager    신임 부장의 고용
   (C) The financial difficulties of the company    회사의 재정난
   (D) The inauguration of the new president    신임 사장의 취임식

2. What position does Mr. Victor have at the company?    Mr. 빅터는 회사에서 무슨 자리를 맡았나?
   ▶ 특정 인물의 이름을 언급하면서 그 사람의 직업이나 직책을 묻는 문제는 질문에 언급된 이름이 대화에서 나올 때 집중한다. 보통 사람의 이름 바로 뒤에 동격의 형태로 직책이 언급된다.

   (A) Director    이사
   (B) Manager    부장
   (C) Supervisor    감독관
   (D) President    회장

3. What does the man ask the woman to do?    남자는 여자에게 무엇을 하라고 요청하는가?
   ▶ 제안/요청 문제이므로 제안 관련 표현을 집중해서 듣는다.

   (A) Take Mr. Victor's position    빅터의 자리를 맡아 달라고
   (B) Find a new employee    새로운 직원을 찾으라고
   (C) Train the new staff member    새로운 직원을 교육시키라고
   (D) Interview a job applicant    면접을 개최하라고

🎧 **대화를 들을 때**

Questions 1-3 refer to the following conversation.    문제 1~3번은 다음 대화를 참고하시오.

M: Did you hear that ¹′² Mr. Victor, the manager of the Sales Department, is retiring?
   ▶ 대화 내용을 듣기 전에 미리 세 문제를 읽어 두었다면 첫 번째 대화만 듣고도 두 문제를 풀 수 있다. 영업부의 매니저인 빅터 씨의 '은퇴'에 대한 대화이므로 1번 문제는 (A)가 정답이고 2번 문제는 (B)가 정답이다.
   남: 영업부의 매니저인 빅터 씨가 은퇴한다는 소식을 들으셨나요?

W: Yes, he made a lot of contributions to our company. It is really sad news that he is leaving.    W: 네, 그는 우리 회사에 많은 공헌을 했어요. 그가 떠난다는 것은 정말 슬픈 소식이에요.

M: Well, ³ I came here to ask you to replace him. You have done quite a lot of things
   ▶ 요청 문장(ask)이 언급되었으므로 정답의 단서가 나오는 대화이다. '빅터를 대신해서 그 자리를 맡아 달라.'고 요청하고 있으므로 (A)가 정답이다.

   at our company as well. I believe you can do more than him.
   남: 그래서 제가 당신에게 그의 자리를 대신하라고 요청하러 온 겁니다. 당신도 우리 회사를 위해 많은 일을 해 왔어요. 나는 당신이 그보다 더 잘 할 것이라고 믿습니다.

**표현 정리** retire 은퇴하다  contribution 기여, 공헌  replace 대체하다

---

**시나공 +** ❶ 특정 인물의 이름을 언급하면서 그 사람의 직업이나 직책을 묻는 문제는 질문에 언급된 이름이 대화에서 언급되는 곳에 집중한다. 보통 사람의 이름 바로 뒤에 동격의 형태로 직책이 언급된다.

## 🔤 채용, 퇴직 관련 빈출 표현

- **Thanks for applying for the position of manager in the Human Resources Department.**
  인사과 매니저 자리에 지원해 주셔서 감사합니다.

- **Could you tell us about your previous experience?**
  이전 경력에 대해 얘기해 주시겠습니까?

- **I'd like to apply for this position.**
  이 자리에 지원하고 싶습니다.

- **Are you interested in applying?**
  지원을 하고 싶으신가요?

- **The position is still open.**
  아직 지원자를 받고 있습니다.

- **We're looking for someone with experience selling computers.**
  컴퓨터 판매에 경력 있는 사람을 찾고 있습니다.

- **I've worked in the Customer Service Department for five years.**
  저는 고객 서비스 부서에서 5년 동안 일했습니다.

- **Have you heard Mr. Bryan is retiring?**
  브라이언 씨가 은퇴한다는 소식을 들었나요?

- **She will leave the company by next month.**
  그녀는 다음 달로 퇴사할 것입니다.

- **We need someone to replace her.**
  그녀를 대신할 누군가가 필요해요.

---

**Voca Check - up!** hire 고용하다  apply for a position 일자리에 지원하다  job opening 공석, 빈 일자리  applicant 지원자  fill out an application form 지원서를 작성하다  resume 이력서  recommendation letter 추천서  interview 면접, 인터뷰  background 배경, 경험  qualified 자격을 갖춘  qualification 자격증  requirement 요구사항  benefit 혜택, 수당  transfer 전임시키다  lay off [= fire, dismiss] 해고하다  retire 은퇴하다, 퇴직하다  retirement 퇴직  get a promotion 승진하다  performance 업무 실적  review 업무평가  auditor 감사관  recommend 추천하다  replace 대신하다  new employee 신입사원  Personnel (Human Resources) Department 인사부  resignation 사임  medical benefit 의료 혜택  notice 공고문  assign 배정하다  be in charge of ~을 담당하다  duty 임무  intern 인턴  temporary 임시직의  part-time 파트타임의  full-time 전임제의

**1.** What are the speakers mainly discussing?

   (A) Inquiring about a computer

   (B) Complaining about a staff member

   (C) Purchasing a computer

   (D) Applying for a position


**2.** Where does the woman probably work?

   (A) At a supermarket

   (B) At an office

   (C) At an electronics store

   (D) At a computer factory


**3.** What does the woman suggest that the man do?

   (A) Visit the store

   (B) Call another day

   (C) Come in for an interview

   (D) Submit a document

▶ 정답 및 해설은 해설집 57쪽 참고

교육, 홍보

교육, 홍보와 관련된 대화는 교육 대상, 행사 종류, 교육의 이유를 묻는 문제가 주로 출제된다.

 **대표 문제** 세 문제를 먼저 10초 안에 읽은 다음, 대화를 듣고 정답을 골라 보자.  🎧 **64.mp3**

---

1. What type of event are the speakers discussing?

   (A) An employee meeting

   (B) A staff training session

   (C) A company picnic

   (D) A festival


2. Why was the training rescheduled?

   (A) A meeting room was unavailable.

   (B) The food did not arrive on time.

   (C) A different event hadn't finished.

   (D) The person in charge hadn't arrived yet.


3. How will the training be different from last year's?

   (A) It will be held in a different location.

   (B) A new program will be introduced.

   (C) The managers will train the staff.

   (D) Senior employees will attend the training.

---

**시나공 풀이법** 교육, 홍보 문제는 어떻게 풀이하는지 알아보자.

**대화를 듣기 전 문제를 읽을 때**

1. **What type of event are the speakers discussing?** 화자들은 어떤 종류의 행사에 대해 논의하는가?

   ▶ 주제를 묻는 문제이므로 첫 대화에 집중해서 듣는다.

   (A) An employee meeting   직원 미팅
   (B) A staff training session   직원 교육
   (C) A company picnic   회사 야유회
   (D) A festival   축제

2. **Why was the training rescheduled?** 교육은 왜 일정이 변경되었나?

   ▶ 이유를 묻는 세부상황 문제로 because나 to부정사 절에서 단서가 나온다.

   (A) A meeting room was unavailable.   회의실을 사용할 수 없었다.
   (B) The food did not arrive on time.   음식이 제시간에 배치되지 않았다.
   (C) A different event hadn't finished.   다른 행사가 끝나지 않았다.
   (D) The person in charge hadn't arrived yet.   책임자가 도착하지 않았다.

3. **How will the training be different from last year's?** 교육은 작년과 어떻게 다른가?

   ▶ 방법과 관련된 세부상황 문제로 세 문제 중 마지막으로 나왔으므로 후반부에 단서가 나올 가능성이 크다.

   (A) It will be held in a different location.   다른 장소에서 열릴 것이다.
   (B) A new program will be introduced.   새로운 프로그램이 소개될 것이다.
   (C) The managers will train the staff.   매니저들이 직원을 교육시킬 것이다.
   (D) Senior employees will attend the training.   상급자들이 교육에 참석할 것이다.

**대화를 들을 때**

Questions 1-3 refer to the following conversation.   문제 1~3번은 다음 대화를 참고하시오.

M: Sarah, do you know [1] **whether the training session for the new employees has been cancelled or not?**   ▶ 직원 교육 취소 여부에 대한 대화이므로 주제는 (B)가 정답이다.

남: 새라, 새 직원 교육이 오늘 취소된 건지 아닌지 알고 있나요?

W: No, it was not cancelled. It was just postponed until next week [2] **because the conference room is being renovated now.**   ▶ 교육 일정이 변경된 이유가 because절에 등장한다. '공사 중'이기 때문에 일정이 변경되었다고 말하고 있다. 따라서 회의실을 이용할 수 없으므로 (A)가 정답이다.

여: 아니요, 취소되지 않았어요, 회의실이 지금 공사 중이라서 다음 주로 미뤄졌어요.

M: So is there anything else you know about the training session?

남: 그럼, 교육에 대해 아는 다른 것이 또 있나요?

W: I think there will be something different this year. [3] **All the managers will train the new staff members. The senior employees won't do it.**

   ▶ 올해와 작년의 교육이 다른 점은 '매니저들이 신입사원 교육을 시키는 것'이므로 (C)가 정답이다.

여: 제 생각에는 올해에는 뭔가 다른 것이 있는 것 같아요, 상급자들이 아닌 모든 매니저들이 새로운 직원을 교육시켜요.

**표현 정리** training 교육, 훈련   postpone 연기하다   conference room 회의실   senior 선배, 상급자   whether ~ or not ~인지 아닌지

**시나공 +** 이유 문제는 'because ~ '나 'to ~' 등의 표현으로 힌트를 제공한다.

### 📖 교육, 홍보 관련 빈출 표현

- The new employee training session has been canceled. 신입사원 교육이 취소되었어요.
- The workshop has been postponed until next week. 워크숍이 다음 주까지 미뤄졌어요.
- Did you hear anything about the training session? 교육에 대해 어떤 것이든 들은 것이 있나요?
- Would you like to come to the staff training session? 직원교육에 참석하시겠습니까?
- How was your first training session last week? 지난주 첫 교육이 어떠셨나요?
- You should check the schedule for your workshop tomorrow. 내일 워크숍 일정을 확인해 보세요.
- We have to discuss the script for the advertisement. 광고 대본을 상의해야 합니다.
- I have an idea to promote your company. 귀사를 홍보할 아이디어가 있습니다.
- We should advertise more. 우리는 더 광고를 해야 할 것 같아요.

**Voca Check - up!** staff meeting 직원회의  company policy 회사 정책  attendee 참석자  discussion 토론  seminar 세미나  workshop 워크숍  training session 연수, 교육  conference 회의  handout 유인물, 인쇄물  make[give, deliver] a presentation 발표하다  make[give, deliver] a speech 연설하다  revise 변경하다, 수정하다  organize 준비하다, 조직하다  postpone 연기하다  behind schedule 일정보다 늦은  ahead of schedule 일정보다 빠른  achievement 성과, 실적  according to ~에 의하면, ~에 따라서  arrange for 준비하다  attractive 매력적인, 시선을 끄는  authorize 허가하다, 인가하다  public relations 홍보  be doing well (사업이) 호조를 보이다  be made public 발표되다  be due to do ~할 예정이다  be going on (일) 진행중이다  be too costly 비용이 너무 들다  branch store 지점, 분점  be supposed to do ~하기로 되어 있다  be planned for ~할 계획이다  be similar to ~와 유사하다

**1.** What do the speakers mainly discuss?

(A) A remodeled restaurant

(B) An advertising company

(C) A new restaurant

(D) An advertising campaign

**2.** What does the man suggest?

(A) Taking a look at the restaurant

(B) Visiting her advertising company

(C) Discussing the script by next week

(D) Having dinner at her restaurant

**3.** What will the speakers do next?

(A) Negotiate the payment

(B) Visit a competing restaurant

(C) Renovate the restaurant

(D) Talk about an advertisement

▶ 정답 및 해설은 해설집 57쪽 참고

# 시설, 네트워크 관리

시설, 네트워크 관리 대화는 시설의 유지 보수, 고장, 수리와 관련되어 나온다.

 **대표 문제** 세 문제를 먼저 10초 안에 읽은 다음, 대화를 듣고 정답을 골라 보자.  🎧 66.mp3

1. What problem are the speakers discussing?

   (A) A presentation has been delayed.

   (B) An office will move overseas.

   (C) Some customers haven't arrived yet.

   (D) An office machine is not working well.

2. What does the woman suggest?

   (A) Delaying the presentation

   (B) Notifying a coworker

   (C) Calling a photocopier company

   (D) Borrowing something from another department

3. What does the man have to do tomorrow?

   (A) Attend a meeting

   (B) Go on a business trip

   (C) Give a presentation

   (D) Invite a client to an event

**시나공 풀이법**  시설, 네트워크 관리 대화와 관련된 문제는 어떻게 풀이하는지 알아보자.  **L21**

**대화를 듣기 전 문제를 읽을 때**

1. What problem are the speakers discussing?  화자들은 어떤 문제를 논의하는가?

   ▶ problem 문제는 부정문 또는 부정적인 뉘앙스의 대화에 단서가 등장한다.

   (A) A presentation has been delayed.  프레젠테이션이 연기된 것
   (B) An office will move overseas.  사무실을 해외로 옮기는 것
   (C) Some customers haven't arrived yet.  고객들이 아직 도착하지 않은 것
   (D) An office machine is not working well.  사무실 기계가 작동하지 않는 것

2. What does the woman suggest?  여자는 무엇을 제안하는가?

   ▶ 제안 문제이므로 제안하는 표현(why don't you ~?, you should/could ~)을 집중해서 듣는다.

   (A) Delaying the presentation  프레젠테이션을 연기하라고
   (B) Notifying a coworker  동료에게 알리라고
   (C) Calling a photocopier company  복사기 회사에 전화하라고
   (D) Borrowing something from another department  다른 부서에서 빌리라고

3. What does the man have to do tomorrow?  남자는 내일 무엇을 해야 하는가?

   ▶ 남자가 내일 할 일에 대해 묻고 있으므로 남자 대화에서 시점이 등장하는 곳을 집중해서 듣는다. 미래와 연관된 문제의 힌트는 주로 후반부에 나온다.

   (A) Attend a meeting  미팅에 참석하기
   (B) Go on a business trip  출장가기
   (C) Give a presentation  프레젠테이션 하기
   (D) Invite a client to an event  고객 초대하기

**대화를 들을 때**

Questions 1-3 refer to the following conversation.  문제 1~3번은 다음 대화를 참고하시오.

M: Karen, ¹ the photocopier isn't working well. The words are all blurry.

   ▶ 부정문으로 problem 문제에 대한 단서이다. '복사기가 잘 작동되지 않는다.'고 말하고 있으므로 (D)가 정답이다.
   남: 케런, 복사기가 작동하지 않네요. 글씨가 전부 흐릿하게 나와요.

W: ² You should talk to Harry, the manager of the Maintenance Department, about the

   ▶ 제안 문제이므로 제안 표현(you should)에서 단서가 나온다. (B)가 정답이다.

   problem. He will come and repair it.
   여: 보수부 매니저인 해리에게 이 문제에 대해 말해 보세요. 그가 와서 수리해 줄 거예요.

M: Okay. I hope he can fix it as soon as possible. ³ I have a presentation tomorrow, and I need to prepare a lot for it.

   ▶ 문제에서 언급된 시점(tomorrow)이 등장하므로 단서가 되는 대화이다. (C)가 정답이다.
   남: 알겠습니다. 그가 가능하다면 최대한 빨리 고쳐줬으면 좋겠네요. 내일 프레젠테이션이 있어서 준비해야 하거든요.

표현 정리 photocopier 복사기  blurry 흐릿한, 희미한  Maintenance Department 유지 보수부  repair 수리; 보수하다
fix 수리하다  as soon as 가능한 빨리

시나공 + ❶ problem 문제는 부정문 또는 부정적인 뉘앙스의 대화에 단서가 등장한다.
　　　　❷ 시점과 관련된 문제는 해당 시점 표현이 나올 때 집중해야 하며 미래와 관련된 시점은 주로 후반부에 단서가 나온다.

### 시설, 네트워크 관련 빈출 표현

- There will be a interruption in Internet service today at 2 p.m.
  오늘 오후 2시에 인터넷 서비스의 중단이 있을 예정이에요.
- You should tell the technical support team. 기술지원팀에 말해 보세요.
- He is in charge of repairs. 그는 수리 담당입니다.
- I'm having difficulty accessing my email account. 제 이메일 계정 접속에 문제가 생겼어요.
- I'm having some trouble with my computer. 내 컴퓨터에 문제가 있어요.
- The photocopier isn't working very well. 복사기가 잘 작동하지 않아요.
- When will the maintenance man come to fix the air conditioner?
  정비사가 언제 에어컨을 수리하러 오나요?
- Did you ask the technician? 기술자에게 물어봤나요?
- The software will be upgraded by tonight. 오늘 밤까지 소프트웨어가 업그레이드 될 거예요.
- The computer will be running by tomorrow morning. 내일 아침에는 컴퓨터가 작동할 거예요.

---

**Voca Check - up!** photocopier 복사기  data management software 자료 관리 프로그램  facilities coordinator 시설 책임자  technical support 기술지원  technician 기술자  maintenance 정비, 유지  repair 수리  renovation 수선, 개조  have trouble with ~에 어려움을 겪다  work 작동하다  go out (불, 전기 등이) 나가다, 꺼지다  electronic power 전력  shut down 닫다, 끄다  deal with 처리하다  equipment 장비  go wrong 고장 나다  replace 교체하다  fix 고치다  available 이용 가능한, 사용 가능한  upgrade 업그레이드  software 소프트웨어  run 작동하다

---

### Step 3 | 실전 문제     67.mp

1. What does the man ask about?

   (A) A meeting with an employee

   (B) A new secretary

   (C) A repair problem

   (D) An international meeting

2. What does the man say he wants to delay?

   (A) A reservation

   (B) A training

   (C) A business trip

   (D) A meeting

3. What will the woman probably do next?

   (A) Submit a report

   (B) Call a maintenance man

   (C) Prepare for a meeting

   (D) Open a window

▶ 정답 및 해설은 해설집 58쪽 참고

# Unit 27 회계, 예산

## Step 1 | 실전 포인트

회계, 예산, 대화는 사업 종류, 구매한 사무용품, 구입 시기, 비용과 관련된 내용이 주로 나온다.

 **대표 문제** 세 문제를 먼저 10초 안에 읽은 다음, 대화를 듣고 정답을 골라 보자.   🎧 68.mp3

---

1. What type of business is the woman calling?

    (A) An office supply store

    (B) A bookstore

    (C) A restaurant

    (D) An electronics store


2. What problem does the woman mention?

    (A) A bill has an unexpected fee.

    (B) The wrong photocopiers were delivered.

    (C) Some photocopiers were delivered late.

    (D) There are some broken parts.


3. What does the man say about Ms. Park?

    (A) She made an order.

    (B) She signed a contract.

    (C) She will receive a new bill.

    (D) She will go to the restaurant.

---

**시나공 풀이법** 회계, 예산 문제는 어떻게 풀이하는지 알아보자.

1.  **What type of business is the woman calling?** 여자는 무슨 종류의 사업체에 전화했는가?

    ▶ 업종 및 업체를 묻는 문제는 초반부 대화에 집중한다.

    (A) An office supply store　사무용품점
    (B) A bookstore　서점
    (C) A restaurant　식당
    (D) An electronics store　전자 제품 매장

2.  **What problem does the woman mention?** 여자는 무슨 문제를 언급하는가?

    ▶ 문제점을 묻는 문제는 부정문 또는 부정적인 뉘앙스의 어휘가 들리는 대화에 집중한다.

    (A) A bill has an unexpected fee.　예상하지 않은 요금이 포함된 청구서
    (B) The wrong photocopiers were delivered.　잘못된 복사기 배달
    (C) Some photocopiers were delivered late.　늦은 복사기 배달
    (D) There are some broken parts.　부서진 부품

3.  **What does the man say about Ms. Park?** 남자는 박 씨에 대해 무슨 말을 하는가?

    ▶ 제3자에 대해 묻고 있으므로 제3자의 이름(Park)이 언급된 대화에 집중한다.

    (A) She made an order.　그녀가 주문했다.
    (B) She signed a contract.　그녀가 계약서에 서명했다.
    (C) She will receive a new bill.　그녀가 새로운 청구서를 보낼 것이다.
    (D) She will go to the restaurant.　그녀가 식당으로 갈 것이다.

🎧 대화를 들을 때

Questions 1-3 refer to the following conversation.　문제 1~3번은 다음 대화를 참고하시오.

W: Hi. I'm calling from the SMC Company. **²I am calling because we just received a bill, and it is for more than what we had expected.** ▶ 문제를 묻고 있으므로 부정적인 뉘앙스로 언급된 것을 잘 들어야 한다. '예상했던 것 이상으로 비용이 청구된 것'을 문제 삼고 있으므로 (A)가 정답이다.
여: 안녕하세요, SMC 회사입니다. 방금 청구서를 받았는데 예상했던 것보다 비용이 많이 나와서 연락드렸습니다.

M: Oh, **¹I remember that you ordered 10 photocopiers for your new office, right? The bill includes the service charge as well.**

▶ 회사의 종류는 초반부 첫 두 대화에 자주 언급된다. 남자가 일하는 업체는 사무용품 관련 업종이므로 (A)가 정답이다.
남: 아, 새로운 사무실을 위해 복사기 10대를 주문하셨죠? 그 청구서는 봉사료도 포함된 것입니다.

W: Service charge? I didn't know anything about that.
여: 봉사료요? 전 그런 것에 대해 들은 적이 없는데요.

M: **³The fee was included in the contract that Ms. Park signed with our company.**

▶ 문제에 언급된 제3자가 언급된 곳이다. '박 씨가 저희 회사와 서명한 계약서에 요금이 포함되어 있다.'고 말하고 있으므로 (B)가 정답이다.
M: 박 씨가 저희 회사와 서명한 계약서에 요금이 포함되어 있습니다.

**표현 정리** bill 청구서　expect 예상하다　service charge 봉사료　contract 계약서

**시나공 +** ❶ 업종 및 업체를 묻는 문제는 초반부 두 대화에 집중한다.
❷ 문제점을 묻는 문제는 부정문 또는 부정적인 뉘앙스의 어휘가 들리는 대화에 집중한다.
❸ 제3자에 대해 물으면 제3자의 이름이 언급된 대화에 집중한다.

### 회계, 예산 관련 빈출 표현

- We have to reduce our expenses by 10 percent. 우리는 경비를 10퍼센트까지 줄여야 해요.

- I need to set the budget. 예산을 편성해야 해요.

- The fee was included in the contract Rachel signed with our company.
  요금은 레이첼 씨가 저희 회사와 계약할 때 포함된 것입니다.

- We received the bill, and it cost more than we had expected.
  저희가 청구서를 받았는데, 우리가 예상한 것보다 금액이 더 많게 나왔습니다.

- I haven't received the check yet. 저는 아직 급여 수표를 받지 못했습니다.

- I requested a cost estimate from some office suppliers. 사무용품 견적을 요청하였습니다.

- We can't arrange the project due to the budget limitations.
  예산 제약으로 그 프로젝트를 준비할 수 없어요.

- We won't be able to buy it due to the lack of money in the budget.
  우리는 예산 부족으로 그것을 살 수 없을 것 같습니다.

- Do you have any questions about any particular charges?
  특별 비용에 대해서 궁금하신 점이 있으십니까?

---

**Voca Check - up!** pay period 급여 지급 기간  color printer 컬러프린터  cut costs 비용을 줄이다  order 주문하다  receive 받다  distributor 배급업자  be on one's way 오고 있는 중이다  manufacturer 제조업체  reasonable price 가격이 싼  charge 청구하다  confirm 확인하다  invoice 송장  bill 계산서  Finance Department 회계부, 경리부  sales report 판매보고서  on time 제시간에  shipment 선적품  delivery service 배달 서비스  listing 목록  office supplies 사무용품  send 보내다  online ordering system 온라인 주문 시스템  client 고객  purchase 구매하다  accounting manager 경리부장  sales conference 판매회의  fare 요금  budget proposal 예산안  approve 승인하다  moving fee 이전 비용  contract 계약, 계약서  supplier 공급 업자, 공급회사

---

Step 3 | 실전 문제                                     69.mp3

1. What are the speakers discussing?

   (A) Making a reservation
   (B) Reducing the cost of dinner
   (C) Rescheduling dinner
   (D) Renovating the restaurant

2. What does the man suggest?

   (A) Booking another restaurant
   (B) Redoing an estimate
   (C) Asking for a donation
   (D) Canceling dinner

3. What will the woman probably do next?

   (A) Contact the restaurant
   (B) Inform all of the employees
   (C) Visit another department
   (D) Cancel the reservation

▶ 정답 및 해설은 해설집 58쪽 참고

사업 계획과 관련된 대화는 업종 및 업체, 문제점, 해결 방법, 예산 등의 내용을 다룬다.

 **대표 문제** 세 문제를 먼저 10초 안에 읽은 다음, 대화를 듣고 정답을 골라 보자.   **70.mp3**

1. Why is the woman calling?

   (A) To ask about the location of the cafe
   (B) To request some workers
   (C) To invite the man to her cafe
   (D) To inquire about a property

2. What type of business does the woman want to open?

   (A) A supermarket
   (B) A restaurant
   (C) A coffee shop
   (D) A hair salon

3. What are the workers doing today?

   (A) Painting the place
   (B) Cleaning the windows
   (C) Renovating the kitchen
   (D) Removing the furniture

🎧 대화를 듣기 전 문제를 읽을 때

1. Why is the woman calling? 여자는 왜 전화하는가?
   ▶ 전화를 건 목적을 묻는 문제는 초반 I'm calling to ~ 다음에 힌트가 나온다.
   (A) To ask about the location of the cafe  카페의 위치를 물어보려고
   (B) To request some workers  인부들에 대해 물어보려고
   (C) To invite the man to her cafe  그녀의 카페에 초대하려고
   (D) To inquire about a property  부동산에 대해 물어보려고

2. What type of business does the woman want to open?
   여자는 어떤 종류의 사업을 개업하고 싶어 하는가?
   ▶ 업종을 묻는 문제는 업종과 관련된 단어를 들어야 한다. 대부분 업종의 힌트는 초반부에 자주 등장한다.
   (A) A supermarket  슈퍼마켓
   (B) A restaurant  식당
   (C) A coffee shop  커피숍
   (D) A hair salon  미용실

3. What are the workers doing today?  인부들은 오늘 무엇을 하고 있는가?
   ▶ 제3자에 대해 묻는 문제는 제3자가 언급된 대화에 집중해서 들어야 한다. 'workers'가 등장할 때를 잘 듣는다.
   (A) Painting the place  공간에 페인트칠을 한다.
   (B) Cleaning the windows  유리창을 닦는다.
   (C) Renovating the kitchen  부엌을 보수한다.
   (D) Removing the furniture  가구를 치운다.

🎧 대화를 들을 때

Questions 1-3 refer to the following conversation.  문제 1~3번은 다음 대화를 참고하시오.

W: Hi. My name is Jessica, and [1] I'm calling to ask about the store available to rent.
   ▶ 전화를 건 목적은 'i'm calling ~.'으로 시작되는 대화에 정답이 등장한다. '부동산 임대'에 관한 문의이므로 (D)가 정답이다.
   [2] I'm interested in opening a small cafe.  ▶ 업종이 언급되었으므로 (C)가 정답이다.
   여: 안녕하세요. 저는 제시카라고 하는데요, 가게 임대에 대해 문의하려고 전화 드렸습니다. 작은 카페를 여는데 관심이 있습니다.

M: Oh, that's great news! When would you like to open the cafe? We have to sign a contract at least one week before your store opens.
   남: 아, 정말 좋은 소식이군요! 카페를 언제 개업하실 건가요? 적어도 가게 개업을 하기 일주일 전에는 계약을 해야 하거든요.

W: Can I have a look at the store first?
   여: 가게를 먼저 볼 수 있을까요?

M: [3] Some workers are repainting the space today. How about tomorrow?
   ▶ 질문에 언급된 workers가 등장한 단서 문장이다. '인부들이 페인트를 칠하는 중'이라고 언급했으므로 (A)가 정답이다.
   남: 오늘은 일부 인부들이 그 공간을 다시 페인트칠하는 중이에요. 내일은 어떠세요?

표현 정리 rent 임대  sign a contract 계약하다  at least 적어도, 최소한  repaint 다시 페인트칠하다

시나공 ➕ ❶ 전화를 건 목적을 묻는 문제는 I'm calling to ~ 다음에 힌트가 나온다.
       ❷ 업종을 묻는 문제는 대화의 단어를 종합해 업종을 추측해야 한다. 대부분 업종의 힌트는 초반부에 자주 등장한다.
       ❸ 제3자에 대해 묻는 문제는 제3자의 이름이나 직업이 언급된 대화에 집중해서 들어야 한다.

사업 계획 관련 빈출 표현

- I'm interested in opening a restaurant. 식당을 여는데 관심이 있습니다.
- I'd like to sign a contract by next week. 다음 주까지 계약을 하고 싶습니다.
- I need to renovate the restaurant. 식당을 개조할 필요가 있어요.
- Which property are you interested in? 어떤 건물에 관심이 있으십니까?
- Our company is going to merge with the Campbell Corporation.
  우리 회사는 캠벨 회사와 합병할 것입니다.
- We are planning to establish a new branch. 우리는 새 지사를 설립할 계획입니다.
- It's time to start developing an updated version. 새 버전 개발을 시작해야 할 때입니다.
- We'll have to concentrate on creating new products. 새 제품을 만드는데 주력해야 합니다.
- When do you think the new office space will be ready? 새로운 사무실은 언제쯤 준비되나요?

**Voca Check - up!** think of ~을 생각하다  renovation 수리, 보수  take a look at ~을 보다  interview 면접을 보다  publicity 홍보  be interested in ~에 관심이 있다  specialty 전문  be familiar with ~을 익히 알다  confirm 확인하다  cost 비용이 들다  space 공간  accommodate 수용하다  rent out 임대하다  make a decision 결정하다  release 발표, 출시, 개봉  launch 출시하다  production 생산  negotiate 협상하다  dealership 판매점  reference 참고자료  inspect 점검하다  location 장소, 위치  plan to ~할 계획이다  recommend 추천하다  current address 현 주소  selection 선택  up-to-date 최신의  inquire 문의하다  try out (시험 삼아) 해 보다  reliable 믿을 만한  client 고객  special order 특별 주문  on display 전시된, 진열된  total cost 총 비용

1. What does the man request?

   (A) Information about remodeling
   (B) The contact number of the owner
   (C) The location of the restaurant
   (D) The price of the property

2. What does the woman suggest that the man do?

   (A) Change his business hours
   (B) Make an invitation card
   (C) Contact a real estate agent
   (D) Visit the agent by tomorrow

3. What is the woman worried about doing?

   (A) Finding an interior designer
   (B) Purchasing a restaurant
   (C) Removing some old furniture
   (D) Hiring a new staff member

▶ 정답 및 해설은 해설집 59쪽 참고

# REVIEW TEST

1. Who most likely is the man?

   (A) An accountant
   (B) An architect
   (C) A bank clerk
   (D) A technician

2. What is the woman's problem?

   (A) She recently argued with one of her colleagues.
   (B) Her computer broke down.
   (C) She needs some reference material to finish her project.
   (D) She lost some documents because of the technical support team.

3. What does the woman request that the man do?

   (A) Install a new program
   (B) Invite her to an international seminar
   (C) Attend a meeting instead of her
   (D) Repair her computer by tomorrow

4. What are the speakers mainly discussing?

   (A) An annual party
   (B) A special promotion
   (C) An interview
   (D) A speech

5. What is the man's job?

   (A) Lawyer
   (B) Office worker
   (C) Salesperson
   (D) Lecturer

6. What does the woman need to bring?

   (A) A curriculum vitae
   (B) Some office supplies
   (C) A reference letter
   (D) A photo

**7.** What are the speakers mainly talking about?

(A) A new publishing company

(B) A photography award

(C) An upcoming project

(D) A recent industry conference

**8.** What is mentioned about Stargate?

(A) It went through restructuring.

(B) It recently received an award.

(C) It hired some new employees.

(D) It will attend an upcoming conference.

**9.** What is Andrew asked to do?

(A) Write an article

(B) Contact an IT company

(C) Buy some lunch

(D) Take some pictures

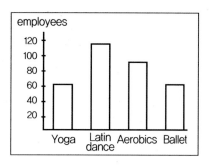

**10.** What event did the woman just attend?

(A) A seminar

(B) A trade fair

(C) A meeting

(D) An awards ceremony

**11.** Look at the graphic. Which class will be discontinued?

(A) Yoga

(B) Latin dance

(C) Aerobics

(D) Ballet

**12.** Why is the man concerned?

(A) The survey is way behind schedule.

(B) He is going to be late for an upcoming meeting.

(C) He is not ready for a presentation.

(D) A recent decision will let down some employees.

▶ 정답 및 해설은 해설집 59쪽 참고

# 받아쓰기 훈련

dictation-33.mp3

**Unit 24** 채용, 퇴직 ┊ Step 3 실전 문제

**Questions 1-3 refer to the following conversation.**

**M :** Hello. My name is Jason, _____ _____ _____ _____ the sales position you

_____ _____ _____ _____ .

**W :** Thank you for calling. As you _____ _____ _____ _____, we're looking for

_____ _____ _____ selling computers.

**M :** Don't worry about that. _____ _____ _____ _____ computer shop

_____ _____ _____ for 3 years.

**W :** That's really good news! _____ _____ _____ _____ _____ _____

_____ ?

dictation-34.mp3

**Unit 25** 교육, 홍보 ┊ Step 3 실전 문제

**Question 1 refers to the following conversation.**

**W :** This is Susanna from _____ _____ _____ _____ . I'm calling about an idea

_____ _____ _____ _____ your restaurant.

**M :** Oh, that's interesting! Because we _____ _____ _____ _____, I want you to

see it. Can you _____ _____ _____ _____ it?

**W :** Sure, _____ _____ _____ tomorrow, and, while I'm there, we can _____

_____ _____ _____ _____ ._____ _____ _____

_____ .

**Unit 26** 시설, 네트워크 관리 ┊ Step 3 실전 문제          🎧 **dictation-35.mp3**

**Question 1 refers to the following conversation.**

M : Do you know ＿＿＿＿ ＿＿＿＿ ＿＿＿＿ will come ＿＿＿＿ ＿＿＿＿ ＿＿＿＿

＿＿＿＿ conditioner?

W : Tomorrow afternoon, I guess. ＿＿＿＿ ＿＿＿＿ ＿＿＿＿ ＿＿＿＿ ?

M : ＿＿＿＿ ＿＿＿＿ ＿＿＿＿ ＿＿＿＿ ＿＿＿＿ ＿＿＿＿. If it isn't working by today, I'll have to

＿＿＿＿ ＿＿＿＿ ＿＿＿＿. I'd rather ＿＿＿＿ ＿＿＿＿.

W : Don't worry about it. I can ＿＿＿＿ ＿＿＿＿ ＿＿＿＿ and check ＿＿＿＿ ＿＿＿＿

＿＿＿＿ ＿＿＿＿ ＿＿＿＿ by this afternoon or not.


**Unit 27** 회계, 예산 ┊ Step 3 실전 문제          🎧 **dictation-36.mp3**

**Questions 1-3 refer to the following conversation.**

M : Tracy, I ＿＿＿＿ ＿＿＿＿ ＿＿＿＿ ＿＿＿＿ ＿＿＿＿ ＿＿＿＿

＿＿＿＿ ＿＿＿＿ by 20 percent. How do you think we can do that?

W : Really? I ＿＿＿＿ ＿＿＿＿ ＿＿＿＿ ＿＿＿＿.

How are we going to ＿＿＿＿ ＿＿＿＿ ＿＿＿＿ for our department?

M : Hmm, I think ＿＿＿＿ ＿＿＿＿ ＿＿＿＿ ＿＿＿＿ ＿＿＿＿ for it again.

We have to ＿＿＿＿ ＿＿＿＿ ＿＿＿＿.

W : I should call the supplier ＿＿＿＿ ＿＿＿＿ ＿＿＿＿ ＿＿＿＿ ＿＿＿＿ ＿＿＿＿

them that we have to ＿＿＿＿ ＿＿＿＿ ＿＿＿＿.

# 받아쓰기 훈련

**W :** Did you already _____ for your

new restaurant?

**M :** Well, I _____ yesterday to

get some information _____. But I still _____

_____.

**W :** I think you should _____. Anyway, I'm worried

_____ is going to _____.


**Review Test**      ⊙ dictation-38.mp3

## Questions 1-3 refer to the following conversation.

**M :** Hi. This is Martin _____. I got a call from

someone in your staff that _____.

**W :** Thanks for coming. Suddenly, _____ when I was about

to complete my project. After that, _____

_____.

**M :** I think _____

_____.

**W :** Okay. But can you fix it by tomorrow? I have to finish my work before this weekend.


## Questions 4-6 refer to the following conversation.

**M :** Hello, Ms. Vera. I'm John from the Human Resources Department at TACC. _____

_____, and I want you to

_____.

**W :** Thank you. I was waiting for your call. Do I need to _____

_____?

**M :** You need to come with a _____.

**Questions 7-9 refer to the following conversation.**

W : Our magazine is planning _____ _____ _____ _____ _____ _____
_____ in the state next month. _____ _____ _____ _____ _____
_____?

M1 : Yes, I am. I want to write about the IT firm Stargate. _____ _____ _____
_____ _____ _____ _____ _____ _____ at last year's industry
conference.

W : Okay, Ken. That sounds great. And, Andrew, _____ _____ _____ _____
_____ _____ _____ _____ for the article?

M2 : Sure, I'd be glad to. When are you planning to visit the company, Ken?

M1 : _____ _____ _____ _____ _____ _____ _____
_____ right away.

**Questions 10-12 refer to the following conversation.**

W : Hi, Steve. Sorry to interrupt. I just got out of a budget meeting. I heard that _____
_____ _____ _____ _____ _____ _____ due to the
recent budget cuts.

M : I also heard that. Mr. Olson said _____ _____ _____ _____
_____ _____ _____ _____ to operate.

W : That doesn't make sense. According to the survey we took last month, _____ _____
_____ _____ _____ _____ with employees.

M : I know what you're saying. Many _____ _____ _____ to learn that we
are _____ _____ _____ _____ _____ anymore.

⌒ Part3-final1.mp3

**PART 3**

Directions: You will hear some conversations between two or three people. You will be asked to answer three questions about what the speakers say in each conversation. Select the best response to each question and mark the letter (A), (B), (C), or (D) on your answer sheet. The conversations will not be printed in your test book and will be spoken only one time.

**32.** What are the speakers mainly discussing?

(A) Sending mail
(B) Going to Washington
(C) Sending a package
(D) Buying a present

**33.** What does the woman suggest?

(A) Using express delivery
(B) Sending a package by next week
(C) Packing the item in another box
(D) Asking another person for help

**34.** What most likely will the man decide to do?

(A) Send the package by express delivery service
(B) Choose a less expensive service
(C) Take the package back to his home
(D) Reserve other services

**35.** What are the speakers working on?

(A) Clothing design
(B) Creating a brochure
(C) An advertising budget
(D) A safety manual

**36.** What do the women suggest?

(A) Canceling a reservation
(B) Adding some new content
(C) Conducting a customer survey
(D) Editing the entire report

**37.** What does the woman say she is pleased about?

(A) The high-quality service at a store
(B) Positive reviews from customers
(C) The result of a customer survey
(D) An upward trend in sales

**38.** What is the woman having trouble with?

(A) Implementing a new system
(B) Entering a password
(C) Sending an email
(D) Using an electronic device

**39.** Who has the woman been trying to contact?

(A) Technical support
(B) A plumber
(C) A receptionist
(D) The maintenance team

**40.** What does the man offer to do?

(A) Help the woman the next day
(B) Call another support team
(C) Help the woman find her password
(D) Find a telephone number

**41.** What are the speakers mainly discussing?

(A) An electronic dictionary
(B) A mobile phone
(C) A laptop
(D) An MP3 player

**42.** Why does the woman recommend the New Electronics Store?

(A) The prices are reasonable.
(B) The store is near them.
(C) The store is having a sale.
(D) The owner is her friend.

**43.** What has the man forgotten?

(A) The location of a store
(B) The price of a mobile phone
(C) The place where he lost his mobile phone
(D) The name of a store

**44.** What event are the speakers planning to attend?

(A) A meeting
(B) An art class
(C) A car exhibit
(D) An art exhibit

**45.** How did the man learn about the event?

(A) From an art magazine
(B) From an article
(C) From a TV advertisement
(D) From his friend

**46.** What does the man suggest?

(A) Entering the exhibition
(B) Giving up on seeing the exhibit
(C) Parking in the parking lot
(D) Finding another exhibition

**47.** What are they mainly talking about?

(A) A department store
(B) A local grocery store
(C) A nearby restaurant
(D) A new Web site

**48.** What is the woman concerned about?

(A) Poor service
(B) A long waiting time
(C) A lack of parking areas
(D) A high price

**49.** What is available this week?

(A) Free delivery
(B) A price discount
(C) New menu items
(D) A catering service

50. What are the speakers discussing?

(A) An airport parking garage
(B) A flight ticket
(C) Renting a vehicle
(D) A travel package

51. Where most likely does the man work?

(A) At a rental car agency
(B) At an airport
(C) At a travel agency
(D) At a car dealership

52. According to the man, what is the fiftydollar charge for?

(A) Buying a return ticket
(B) Parking in the long-term parking lot
(C) Providing a pick-up service
(D) Returning a car to a different city

53. What are the speakers preparing for?

(A) An anniversary event
(B) A training program
(C) The launch of a new product
(D) A board meeting

54. What does the man imply when he says, "The audience response was very positive"?

(A) He wants the audience to give feedback.
(B) He agrees that a meeting must be moved.
(C) He hopes that all employees will attend an event.
(D) He thinks Mr. Ling is well qualified for some work.

55. What will the woman most likely do next?

(A) Report to a manager
(B) Give a speech
(C) Make a phone call
(D) Have a meeting

56. What most likely is the woman's occupation?

(A) Salesperson
(B) Accountant
(C) Designer
(D) Artist

57. What are the speakers mainly discussing?

(A) An award
(B) A job opening
(C) A business
(D) A news story

58. What does the woman want Kenny to send her?

(A) A prize
(B) An application form
(C) A curriculum vitae
(D) A letter

59. Where does the man most likely work?

(A) At a stationery store
(B) At a catering company
(C) At a grocery store
(D) At a moving company

60. What problem does the woman mention?

(A) An item arrived damaged.
(B) Items in a store are too expensive.
(C) A delivery is late.
(D) A discount was not applied.

61. What does the woman imply when she says, "I'm a bit worried because I have to prepare some materials for tomorrow's meeting"?

(A) She will be on sick leave for a few days.
(B) She has to use the copier soon.
(C) A reservation has been lost.
(D) Some materials have not been delivered.

| Room Type | Seats |
| --- | --- |
| Agora | 180 |
| Gold | 100 |
| Silver | 70 |
| Business | 30 |

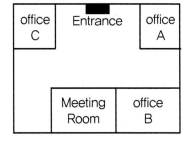

**62.** What kind of event is going to be held?

(A) A shareholders' meeting
(B) A press conference
(C) A seminar for new recruits
(D) An awards ceremony

**63.** What does the woman request?

(A) Directions to the hotel
(B) Presentation equipment
(C) A sample of a product
(D) A tour of a facility

**64.** Look at the graphic. Which conference room will the woman most likely choose?

(A) Agora
(B) Gold
(C) Silver
(D) Business

**65.** Who is the man?

(A) A sales representative
(B) An office worker
(C) A delivery person
(D) A janitor

**66.** What will the woman do this afternoon?

(A) Attend a meeting
(B) Train new employees
(C) Make copies
(D) Conduct a survey

**67.** Look at the graphic. Which room will the man most likely drop by?

(A) Meeting Room
(B) Office A
(C) Office B
(D) Office C

| Time | Topic |
|------|-------|
| 9:00 A.M.-9:50 A.M. | Patient Safety |
| 10:00 A.M.-10:50 A.M. | Patient Care |
| 11:00 A.M.-11:50 A.M. | Mental Health |
| 1:00 P.M.-1:50 P.M. | Diet & Nutrition |

**68.** Look at the graphic. Which topic will the woman discuss?

(A) Patient Safety

(B) Patient Care

(C) Mental Health

(D) Diet & Nutrition

**69.** What problem does the woman mention?

(A) Some staff members are unavailable.

(B) An item is out of stock.

(C) A device is not working properly.

(D) A customer was not satisfied.

**70.** What does the man say he will do next?

(A) Visit a Web site

(B) Report to a manager

(C) Submit a document

(D) Go downstairs

▶ 정답 및 해설은 해설집 63쪽 참고

**PART 3**

Directions: You will hear some conversations between two or three people. You will be asked to answer three questions about what the speakers say in each conversation. Select the best response to each question and mark the letter (A), (B), (C), or (D) on your answer sheet. The conversations will not be printed in your test book and will be spoken only one time.

**32.** Who is Mary?

(A) A sales manager
(B) A sales representative
(C) A human resources manager
(D) A secretary

**33.** According to the speakers, why will Mary be missed?

(A) She is highly respected by customers.
(B) She is the top salesperson.
(C) She has been with the company a long time.
(D) She does her job efficiently.

**34.** What does the woman ask the man to do?

(A) Conduct a job interview
(B) Look for a candidate for a job
(C) Assume the position of manager
(D) Interview a job applicant

**35.** Who most likely is the woman?

(A) A caterer
(B) An architect
(C) A reporter
(D) A salesperson

**36.** What is said about the park?

(A) It has closed.
(B) It has been renovated.
(C) It has opened.
(D) It has been moved.

**37.** What impresses the man about the park?

(A) The restroom
(B) The playground
(C) The swimming pool
(D) The pond

**38.** Where does the woman want to go?

(A) To the airport
(B) To the bus station
(C) To the train station
(D) To the ticket booth

**39.** Why does the woman have to cross the road?

(A) To attend a meeting
(B) To visit a store
(C) To meet someone
(D) To go to a bus station

**40.** Who sells tickets?

(A) A salesperson
(B) A flight attendant
(C) A bus driver
(D) A technician

**41.** What is the purpose of the contest?

(A) To create a campaign theme
(B) To reduce expenditures
(C) To increase the customer base
(D) To recruit additional employees

**42.** Why is the woman unsure about participating?

(A) She is going on vacation.
(B) She will be changing jobs.
(C) She does not have any experience.
(D) She has a work deadline.

**43.** What do the men imply about the woman?

(A) She is the only marketing specialist at the company.
(B) She has won a prize before.
(C) She has come up with many innovative ideas.
(D) She wants to travel to Europe.

**44.** What is the purpose of the call?

(A) To make a payment
(B) To speak with a doctor
(C) To make an appointment
(D) To reschedule an appointment

**45.** Who most likely is the man talking to?

(A) A secretary
(B) A salesperson
(C) A receptionist
(D) A patient

**46.** When does the man plan to see Dr. Smith?

(A) On Tuesday
(B) On Wednesday
(C) On Thursday
(D) On Friday

**47.** Why is the man calling?

(A) To ask about a price
(B) To make a hotel reservation
(C) To sign up for a membership
(D) To arrange an appointment

**48.** When will the man probably come in?

(A) Next Monday
(B) Next Tuesday
(C) Next Thursday
(D) Next Friday

**49.** What does the man mean when he says, "But I have an emergency meeting soon"?

(A) He wants to see a doctor right away.
(B) He would like to hear more information.
(C) He can't talk any longer.
(D) He thinks changing a date will be difficult.

50. Where does this conversation take place?

    (A) At an electronics store

    (B) At a clothes store

    (C) At a supermarket

    (D) At an office

51. What did the woman do yesterday?

    (A) She visited her friend.

    (B) She spoke with another staff member.

    (C) She went to a museum.

    (D) She bought a shirt.

52. According to the conversation, what does the man suggest that the woman do?

    (A) Call the company's headquarters

    (B) Come back another day

    (C) Visit an online store

    (D) Go to another shop

53. Why is the man at the business?

    (A) To reschedule a meeting

    (B) To talk to a repairperson

    (C) To have a job interview

    (D) To arrange transportation

54. Why does the woman say, "You will have your turn in a few minutes"?

    (A) Some products seem to be out of stock.

    (B) The man's interview will start soon.

    (C) A celebration will be held in a minute.

    (D) An important client is waiting for the man.

55. What does the woman say about Ms. Packer?

    (A) She is in a meeting at the moment.

    (B) She has been transferred to another office.

    (C) She is on sick leave for a while.

    (D) She is currently away on business.

56. Why is the man calling?

    (A) To inquire about the store's business hours

    (B) To ask about a missing item

    (C) To speak with the manager

    (D) To ask for a refund

57. What is indicated about the mobile phone?

    (A) It is black in color.

    (B) It has a scratch.

    (C) It is on the table.

    (D) It is white in color.

58. Why does the woman ask the man to come tomorrow?

    (A) The employees are on vacation.

    (B) The restaurant is under construction.

    (C) Dinner is not ready yet.

    (D) The restaurant is about to close.

59. What are the speakers mainly talking about?

    (A) A new publishing company

    (B) A photography award

    (C) An upcoming project

    (D) A recent industry conference

60. What is mentioned about Stargate?

    (A) It went through restructuring.

    (B) It recently received an award.

    (C) It hired some new employees.

    (D) It will attend an upcoming conference.

61. What is Andrew asked to do?

    (A) Write an article

    (B) Contact an IT company

    (C) Buy some lunch

    (D) Take some pictures

62. What are the speakers mainly talking about?

(A) A training session
(B) A grand opening sale
(C) An exhibition
(D) An international seminar

63. Why is the woman not available to go this Saturday?

(A) She will be on a business trip.
(B) She will move to another office.
(C) She has to finish a project.
(D) She has another appointment.

64. What does the man say he will do?

(A) Book a seat for the woman
(B) Buy a ticket for the woman
(C) Get some brochures from the gallery
(D) Wait until next week to go with the woman

| Alteration Type | Price |
|---|---|
| Alter Length – Pants | $15 |
| Alter Length – Skirt | $18 |
| Alter Sleeves – Jacket | $20 |
| New Zipper – Pants/Skirt | $16 |

65. Look at the graphic. How much will the man most likely pay?

(A) $15
(B) $16
(C) $18
(D) $20

66. What does the man say he will do the day after tomorrow?

(A) Apply for a job
(B) Attend a conference
(C) Go to an interview
(D) Have a meeting with a client

67. What does the man inquire about?

(A) A laundry price
(B) A closing time
(C) A discount
(D) A cleaning product

| Movie Title | Available Seats |
|---|---|
| Blue Moon | 3 |
| The Hunters | 4 |
| In Paris | 6 |
| The Queens | 5 |

**68.** Who most likely is the woman?

(A) An actress
(B) A box office employee
(C) A movie director
(D) A film critic

**69.** What does the man ask the woman about?

(A) A popular movie
(B) The film schedule for next week
(C) A television program
(D) A movie star

**70.** Look at the graphic. Which movie will the man most likely see?

(A) Blue Moon
(B) The Hunters
(C) In Paris
(D) The Queens

▶ 정답 및 해설은 해설집 71쪽 참고

# PART
# 4

# 1인 설명 듣고 문제 맞히기

파트 4는 혼자 이야기 하는 담화를 듣고 3개의 문제를 푸는 유형으로
총 10세트(30문제)가 출제된다.
{ 30문제 출제 }

## Voca Preview

모르는 단어에 체크한 후 유형 분석 학습이 끝나면 체크된 것들을 다시 한 번 확인해 보자.

- ☐ **announcement** 발표
- ☐ **employee benefit** 직원 복지
- ☐ **timecard** 근무카드
- ☐ **time sheet** 근무시간표
- ☐ **survey** 설문조사
- ☐ **office equipment** 사무기기
- ☐ **replacement** 후임
- ☐ **payroll division** 월급 관리부
- ☐ **customer information** 고객정보
- ☐ **workstation** 작업 장소, 작업 공간
- ☐ **make a complaint** 불만을 제기하다
- ☐ **sign up** 등록하다
- ☐ **complicated** 복잡한
- ☐ **gallery** 화랑
- ☐ **upcoming** 다가오는, 곧 있을
- ☐ **pleasant environment** 쾌적한 환경
- ☐ **opportunity** 기회
- ☐ **annual** 연례의
- ☐ **direction** 방향
- ☐ **audit** 세무감사

- ☐ **statistics** 통계
- ☐ **income** 수입
- ☐ **revenue** 매출, 이익
- ☐ **loss** 손실
- ☐ **feedback** 의견
- ☐ **advice** 조언
- ☐ **reduce costs** 비용을 절감하다
- ☐ **increase sales** 판매를 늘리다
- ☐ **boost sales** 판매를 늘리다
- ☐ **fully equipped** 완전 구비된
- ☐ **inclement weather** 험한 날씨
- ☐ **runway** 활주로
- ☐ **step out** (잠깐) 나가다
- ☐ **expect to** ~하기를 기대하다
- ☐ **clear away** 치우다, 청소하다
- ☐ **arrange** ~을 정리하다
- ☐ **originally** 원래
- ☐ **departure** 출발
- ☐ **delay** 지연, 지체
- ☐ **meal coupon** 식권

유형 분석 **11**

# 공지

# WARMING UP

질문을 읽고, 질문의 핵심을 2초 안에 파악해 보자.

1. Who is the speaker addressing? ----------------------------
2. What kind of work will be conducted? ----------------------------
3. How long will the renovations take? ----------------------------

단서 찾기 설명문을 읽고, 위의 질문에 대한 단서를 찾아 밑줄 친 다음, 내용을 파악해 보자.

Good morning. I want to make an announcement for a few moments. Our office will start being renovated from today. So we will move to another office for a month. Please make sure your computers are turned off before you leave the office and remove all your personal belongings from the office. If you have any questions, please call Andy at 4531-4789.

**정답 & 요점 확인**   정답을 확인하고, 공지와 관련된 담화문의 특징을 알아보자.

## 진단 평가 : **질문의 핵심 파악**

1. Who is the speaker addressing?   화자는 누구에게 이야기하고 있는가? ▶ **대상 파악**
2. What kind of work will be conducted?   무슨 종류의 작업이 진행될 것인가? ▶ **작업 종류**
3. How long will the renovations take?   보수는 얼마나 걸릴 예정인가? ▶ **보수 기간**

## 단서 찾기 : **스크립트 분석**

Good morning. I want to make an announcement for a few moments.
Our office will start being renovated from today.

▶ 1. 공지 주체와 대상에 대한 근거 / 2. 작업의 종류에 대한 근거

안녕하세요. 잠시 안내말씀 드리겠습니다. 저희 사무실이 오늘부터 보수를 시작할 예정입니다.

> 공지 초반부는 누구에게 공지하는지와 목적이 나온다.

So we will move to another office for a month.

▶ 3. 보수기간에 대한 근거

따라서 한 달 동안 옆 사무실로 옮길 예정입니다.

> 일정이나 변경 사항은 초중반에 나온다.

Please make sure your computers are turned off before you leave the office
and remove all your personal belongings from the office.

퇴근하시기 전에, 컴퓨터의 전원을 꼭 꺼 주시고, 모든 개인 소지품들은 사무실에서 치워주시기 바랍니다.

> 중 후반에는 자세한 당부 및 요청 사항이 나온다.

If you have any questions, please call Andy at 4531-4789.

궁금한 사항이 있으면 Andy에게 4531–4789로 전화주시기 바랍니다.

> 공지 후반부에는 요청 사항이나 연락처가 제공된다.

**표현 정리**  make an announcement 발표하다, 안내 사항을 전달하다   renovate 보수하다, 수리하다   turn off 끄다   remove 치우다,
없애다   personal belongings 개인 용품

# 사내 공지

## 실전 포인트

회사의 워크숍, 모임 등에서 직원들을 대상으로 전달하는 공지로 첫 인사말 후에 이어지는 문장과 지문 후반부에 You can, You should 등으로 시작하는 제안 문장을 잘 들어야 한다.

 **대표 문제** 세 문제를 먼저 10초 안에 읽은 다음, 설명문을 듣고 정답을 골라 보자.   **73.mp3**

---

**4.** What is the announcement about?

(A) A new system

(B) A new policy

(C) A promotional campaign

(D) An employee benefit


**5.** What will happen next Monday?

(A) An international seminar

(B) An employee meeting

(C) A staff workshop

(D) The launching of a new product


**6.** What are the listeners asked to do?

(A) Be present at the training session

(B) Bring some documents

(C) Prepare for a presentation

(D) Attend an international seminar

---

🔖 설명문을 듣기 전 문제를 읽을 때

4. What is the announcement about? 무엇에 관한 공지인가?

▶ 공지의 목적은 초반부에 등장한다. 따라서 초반부를 집중해서 들어야 한다.

(A) A new system 새로운 시스템
(B) A new policy 새로운 정책
(C) A promotional campaign 홍보 캠페인
(D) An employee benefit 직원 복지

5. What will happen next Monday? 다음 주 월요일에는 무슨 일이 일어날 것인가?

▶ 일정이나 변경사항은 중반에 등장한다. 따라서 공지의 목적을 들은 후, 다음 지문을 일정과 관련해 집중해서 듣는다.

(A) An international seminar 국제 세미나
(B) An employee meeting 직원회의
(C) A staff workshop 직원 워크숍
(D) The launching of a new product 신제품 출시

6. What are the listeners asked to do? 청자들은 무엇을 하도록 요청받는가?

▶ 당부 및 요청 사항은 후반부에 등장한다.

(A) Be present at the training session 교육에 참석한다.
(B) Bring some documents 몇 가지 서류를 가져온다.
(C) Prepare for a presentation 프레젠테이션을 준비한다.
(D) Attend an international seminar 국제 세미나에 참석한다.

🎧 설명문을 들을 때

Good afternoon. ⁴ I just want to let you know that the new customer reporting system will be installed on the Customer Service Department's computers next week. This

▶ 공지의 목적은 지문 초반부에 등장한다. '새로운 고객 보고 시스템 설치'에 관한 것이므로 (A)가 정답이다.

system will help us by making it easier to enter customers' information.

안녕하십니까, 여러분. 다음 주에 우리 고객 서비스부의 컴퓨터에 새로운 고객 보고 시스템이 설치될 예정임을 알려드립니다. 이 시스템은 우리가 고객들의 정보를 쉽게 입력할 수 있게 해 줄 것입니다.

⁵ There will be a training session for two hours next Monday starting at 9 a.m.

▶ next Monday 앞에 '교육 일정'을 공지하고 있으므로 (C)가 정답이다. 문제에서는 staff workshop으로 표현되었다.

다음 주 월요일 9시부터 2시간 동안 교육이 있을 것입니다.

The technical support team will train us to use the software. ⁶ Please make sure all of you attend the training session. If you have any questions, please let me know.

▶ 요청 문제에 대한 단서는 후반부 명령문에 등장한다. '교육 참석'을 요청하고 있으므로 (A)가 정답이다.

기술지원팀이 소프트웨어의 사용법에 대해 우리에게 교육할 것입니다. 모든 분들은 반드시 교육에 참석해 주시기 바랍니다. 질문이 있으면 말씀해 주십시오.

표현 정리 install 설치하다 enter 입력하다 training session 교육, 연수 technical support team 기술지원팀

시나공 + ❶ 구체적인 사항을 묻는 'What will happen + 시점?' 문제는 지문에서 시점 앞뒤로 나오는 문장을 집중해서 듣는다.
　　　　❷ 내용이 보기에 그대로 나오기 보다는 패러프레이징되어 나오는 경우가 많다. (ex) training session 교육 일정 → staff workshop 직원 워크숍

사내 공지의 구조

| 사내 공지의 흐름 | 사내 공지와 관련된 패턴 |
| --- | --- |
| 공지의 목적 및 장소 | • I'd like to let everyone know ~.<br>~모두에게 알려드리고자 합니다.<br><br>• I'm happy to announce that ~.<br>~을 알려드리게 되어 기쁩니다.<br><br>• Thank you all again for ~.<br>~에 대해 다시 한 번 감사드립니다.<br><br>• Welcome to ~.<br>~에 오신 것을 환영합니다. |
| 일정 및 변경 사항 | • next Tuesday morning<br>다음 주 화요일 오전에<br><br>• It will take several hours to ~.<br>~하는데 몇 시간이 걸릴 겁니다.<br><br>• They will repair ~.<br>~을 수리할 겁니다.<br><br>• I'd like to announce ~.<br>알려드리고자 합니다. |
| 당부 및 요청 사항 | • Please make sure that ~.<br>~해 주시기 바랍니다.<br><br>• You should ~.<br>~해야 합니다.<br><br>• Can I ask for ~?<br>~을 요청해도 되겠습니까? |
| 문의 및 연락처 | • If you have any questions, ~.<br>문제가 있으시면~<br><br>• Please let me know ~.<br>알려 주세요. |

**Voca Check - up!** 회사 공지 사항과 관련된 단어

expense 비용, 경비  reimbursement 상환  receipt 영수증  timecard 근무카드  time sheet 근무시간표  survey 설문조사  office equipment 사무기기  office supplies 사무용품  application 원서  replacement 후임  employee training 직원 교육  workshop 워크숍  payroll division 월급 관리부  Accounting Department 회계부  Marketing Department 마케팅부  sales figure 판매 수치  install 설치하다  Human Resources Department 인사부  customer information 고객정보  let me know 알려주다  workstation 작업 장소, 작업 공간  replace 대체하다

**4.** Where are the listeners?

(A) At an office

(B) At an airport

(C) At a supermarket

(D) At a museum

**5.** Who is the announcement for?

(A) Technicians

(B) Customers

(C) Office workers

(D) Store managers

**6.** According to the announcement, what will begin this afternoon?

(A) Renovations

(B) The replacement of some equipment

(C) An inspection

(D) Repairs

▶ 정답 및 해설은 해설집 79쪽 참고

---

극장, 공연장, 공항, 쇼핑몰 등의 장소에서 이루어지는 공지로 주로 주의 사항이나 공연 시간 등이 언급된다. 특히 쇼핑몰에서는 영업시간, 할인, 폐점 안내 등이 나온다. Welcome to 다음에 이어지는 내용에서 안내 방송 이유가 등장하므로 이곳을 잘 들어야 하고, 주로 마지막에는 주의사항이 언급된다는 것을 기억해 두어야 한다.

 **대표 문제** 세 문제를 먼저 10초 안에 읽은 다음, 설명문을 듣고 정답을 골라 보자.　 **75.mp3**

4. Where is the announcement taking place?

(A) At a clothes store

(B) At an office

(C) At a gallery

(D) At a cinema

5. What is being offered today only?

(A) A gift voucher

(B) A discount on certain items

(C) A free gift with any purchase

(D) Delivery service

6. According to the speaker, why should the listeners visit the information desk?

(A) To make a complaint

(B) To get information

(C) To speak with a staff member

(D) To complete a form

**시나공 풀이법** 공공장소 공지와 연관된 문제는 어떻게 풀이하는지 알아보자.

4. Where is the announcement taking place? 공지가 이루어지는 곳은 어디인가?

▶ 공지 장소를 묻고 있으므로 지문의 초반부에 집중해서 듣는다.

(A) At a clothes store 옷가게
(B) At an office 사무실
(C) At a gallery 갤러리
(D) At a cinema 극장

5. What is being offered today only? 오늘만 제공되는 것은 무엇인가?

▶ 구체적인 정보를 묻는 문제는 지문의 중반부에서 관련 정보를 들어야 한다.

(A) A gift voucher 선물권
(B) A discount on certain items 특정 제품에 대한 할인
(C) A free gift with any purchase 구입하는 모든 상품에 대한 무료 선물
(D) Delivery service 배송 서비스

6. According to the speaker, why should the listeners visit the information desk?

화자에 따르면, 청자들이 안내 데스크를 방문해야 하는 이유는?

▶ 당부, 요청 사항과 관련된 것은 지문의 후반부 명령문이 언급된 곳을 잘 들어야 한다.

(A) To make a complaint 불만을 제기하기 위해
(B) To get information 정보를 얻기 위해
(C) To speak with a staff member 직원과 이야기하기 위해
(D) To complete a form 양식을 완성하기 위해

설명문을 들을 때

Welcome to Paris Design. Attention, all shoppers! **⁴ Our boutique is having a sale right now!**

▶ 공지 장소를 묻는 문제는 인사말 다음에 등장한다. 공지 장소를 묻고 있으므로 'boutique'를 들었다면 (A)가 정답이라는 것을 알 수 있다.

Paris Design에 오신 것을 환영합니다. 고객 여러분들께 안내 말씀 드립니다. 저희 부티끄는 지금 세일 중입니다.

**⁵ For the next two hours, we are offering a 15% discount on some items.** But before

▶ 문제의 특정 시점(today가 next two hour를 포함)이 언급된 곳을 놓치지 않고 듣는다면 (B)가 정답임을 알 수 있다.

you can get the discount, you need to sign up to become a member of Paris Design.

다음 두 시간 동안만, 일부 품목에 한해 15퍼센트 할인을 제공합니다. 하지만 할인을 받기 전에, 먼저 Paris Design의 회원으로 가입하셔야 합니다.

It's not as complicated to join as you may think. **⁶ Just visit the information counter and fill out an application form.**

▶ 당부, 요청 사항과 관련된 문제는 후반부 명령문에 단서가 나온다. '안내창구를 방문하여 신청서를 작성하라고 제안하고 있으므로 (D)가 정답이다.

가입은 생각하시는 것처럼 어렵지 않습니다. 안내창구를 방문하여 신청서를 작성하시면 됩니다.

Thank you for coming and enjoy shopping here.

방문해 주셔서 감사드리며 즐거운 쇼핑되시기 바랍니다.

**표현 정리** offer 제공하다　sign up 등록하다　complicated 복잡한　application form 지원서, 신청서

**시나공 +** ❶ 공지하는 장소 문제는 지문의 첫 한두 문장에 단서가 등장한다.
　　　　　 ❷ 구체적인 정보를 묻는 문제는 지문의 중반부에서 관련 정보를 들어야 한다.
　　　　　 ❸ 당부, 요청 사항은 제안문이 지문의 후반부 명령문이 언급된 곳을 잘 듣는다.

## 공공장소 공지의 구조

| 공공장소 공지의 흐름 | 공공장소와 관련된 패턴 |
|---|---|
| 인사말, 장소, 소개 | • Attention, all shoppers   고객 여러분께 안내말씀 드립니다.<br>• Welcome to   ~에 오신 것을 환영합니다. |
| 공지의 목적 | • Our store will be closing+시간.   저희 상점은 ~에 문을 닫습니다.<br>• I'm sorry to announce that ~.   ~을 알려드리게 되어 유감입니다. |
| 안내 사항 | • We kindly ask that ~.   ~해 주시기 바랍니다.<br>• starting next week   다음 주부터는 |
| 혜택, 제안, 당부 사항 | • We'd like to remind you that ~.   ~하실 것을 다시 알려드립니다.<br>• Remember to ~.   ~을 명심하세요. |
| 끝인사 | • We appreciate ~.   ~에 감사드립니다.<br>• Thank you for ~.   ~에 대해 감사드립니다. |

**Voca Check - up!** 회사 공지 사항과 관련된 단어

gallery 화랑  move 이동하다, 움직이다  convenience 편의, 편리  refreshment 다과  upcoming 다가오는, 곧 있을  a pleasant environment 쾌적한 환경  opportunity 기회  mover 물건을 옮기는 사람  make an announcement 발표하다, 공표하다  annual 연례의  reservation 예약  direction 방향  sales figure 판매수치  audit 세무감사  statistics 통계  income 소득  profit 수입  revenue 수익  loss 손실  feedback 의견  advice 조언  reduce costs 비용을 절감하다  increase sales 판매를 늘리다  boost sales 판매를 늘리다

---

Step 3 | 실전 문제   🎧 76.mp3

**4.** When will the gallery close?

(A) In ten minutes

(B) In thirty minutes

(C) In one hour

(D) In two hours

**5.** Who is being addressed?

(A) A guest

(B) A staff member

(C) A librarian

(D) An artist

**6.** What are the listeners asked to do?

(A) Go out of the lobby

(B) Move to the cafe

(C) Leave the restaurant

(D) Buy a gift at the store

▶ 정답 및 해설은 해설집 79쪽 참고

문제를 풀면서 배운 내용을 적용해 보자. 🎧 77.mp3

1. According to the speaker, what is the new office like?

   (A) It has a fully equipped meeting space.
   (B) It has a pleasant environment.
   (C) It has a beautiful view.
   (D) It has a spacious conference room.

2. When will the company move to the new building?

   (A) On Friday
   (B) On Saturday
   (C) On Sunday
   (D) On Monday

3. What are the listeners asked to do?

   (A) Order some office supplies
   (B) Remove the old furniture
   (C) Arrange the office supplies
   (D) Move their own documents

4. Where does this announcement most likely take place?

   (A) On a plane
   (B) At a bus station
   (C) On a cruise ship
   (D) At an airport

5. What is the cause of the problem?

   (A) Inclement weather conditions
   (B) Mechanical problems
   (C) The delay of a previous flight
   (D) The repairing of the runway

6. According to the announcement, what has been changed?

   (A) The arrival time
   (B) The departure time
   (C) The schedule for a trip
   (D) The meal coupons

# REVIEW TEST

7. What has changed about the annual party?

   (A) The guests
   (B) The date
   (C) The price
   (D) The location

8. When will the party begin?

   (A) At 6 p.m.
   (B) At 7 p.m.
   (C) At 8 p.m.
   (D) At 9 p.m.

9. Why should employees contact Jeremy?

   (A) To arrange transportation
   (B) To get directions
   (C) To purchase tickets
   (D) To reserve seats

10. What is being announced?

    (A) A rescheduled meeting
    (B) A new working arrangement
    (C) An office relocation
    (D) An increase in salaries

11. What does the woman mean when she says, "Here's the deal"?

    (A) She is trying to make a suggestion.
    (B) She wants to distribute something to the listeners.
    (C) She disagrees with some employees' opinions.
    (D) She is expressing her appreciation to the listeners.

12. When does the speaker say the change will take effect?

    (A) Imminently
    (B) The following day
    (C) Next month
    (D) Next week

▶ 정답 및 해설은 해설집 80쪽 참고

# 받아쓰기 훈련

**Questions 4-6 refer to the following announcement.**

Attention, _____. I'd like to _____ some of the printers

in our department _____ this

afternoon. A maintenance man will _____ this afternoon. All

employees should _____ while the replacement

work _____. If you _____,

please call the Maintenance Department.

**Questions 4-6 refer to the following announcement.**

Attention, visitors. Our gallery _____. The

coffee shop and restaurant will _____ p.m. for _____

_____. _____, since the gallery will be closing in 1 hour, all visitors _____

_____ main lobby. If you _____

_____ at the information counter, do not _____

_____. We hope to see _____ soon.

# 받아쓰기 훈련

Questions 1-3 refer to the following announcement.

Good morning, employees. I'd like to announce that we're going to _____ _____

_____ _____ _____ _____ next Monday. I'm sure that everyone is expecting

to see a _____ _____ to work in. The movers will be _____ _____ _____

_____. It's a good opportunity for us to _____ _____ _____ _____

_____. Please make sure you have done this _____ _____



Question 4-6 refer to the following notice.

Attention, all passengers on Sky Airlines' _____ _____ _____ _____. Due to

_____ _____ _____ _____, all flights have been _____. This flight was

originally _____ _____ _____ _____ _____ _____, but it has been

rescheduled and will now _____ _____ _____ _____, so it will be delayed

_____ _____ _____.



Question 7-9 refer to the following notice.

Good morning. I want to _____ _____ _____ before we start. As you all know, our

annual party is tomorrow, but _____ _____ _____ _____ to the Upper Star

Resort. We did that due to a _____ _____ _____ _____. However, it will be at

the _____ _____ _____ _____ _____ _____

You can check out a rough map of how to get to the new _____ _____ _____

_____. I believe many of you have already seen it on the notice board in the lobby. If you

have _____ _____ or need transportation, _____ _____ _____ at 234-

4257.

**Questions 10-12 refer to the following announcement.**

I want to inform you all about _____

_____. You recently completed a questionnaire on efficient practices in the office, and

the consensus is that you would be _____

_____ in the day. So, umm…

_____. We will try out this suggestion starting next week, when your

_____. Employees will

then be able to _____

than previously. Please note that these adjustments will _____

_____.

## Voca Preview

모르는 단어에 체크한 후 유형 분석 학습이 끝나면 체크된 것들을 다시 한 번 확인해 보자.

- [ ] **discuss** 의논하다
- [ ] **be supposed to** ~할 예정이다
- [ ] **ordered product** 주문받은 제품
- [ ] **manufacture** 제조하다
- [ ] **recommend** 추천하다
- [ ] **purchase** 구입하다
- [ ] **details** 상세한 내용
- [ ] **arrange** 준비하다
- [ ] **explain** 설명하다
- [ ] **look forward to -ing** ~을 기대하다
- [ ] **patient** 환자
- [ ] **service representative** 서비스 직원
- [ ] **currently** 현재
- [ ] **instruction** 안내 사항
- [ ] **account** 계정, 계좌
- [ ] **public holiday** 공휴일, 국경일
- [ ] **regarding** ~에 관하여
- [ ] **business hours** 영업시간
- [ ] **operator** 전화 상담직원
- [ ] **delicious** 맛있는

- [ ] **insect** 곤충
- [ ] **request** 요청하다
- [ ] **tenant** 세입자
- [ ] **landlord** 임대 주인
- [ ] **notify** 알리다
- [ ] **advertise** 광고하다
- [ ] **stationery store** 문구점
- [ ] **give away** 나눠주다
- [ ] **membership fee** 회비
- [ ] **renew** 갱신하다
- [ ] **available** 이용할 수 있는
- [ ] **get in touch with** ~와 연락하다
- [ ] **owner** 주인, 소유주
- [ ] **known for** ~로 알려진
- [ ] **provide** 제공하다
- [ ] **unique** 독특한
- [ ] **inquiry** 질문, 문의
- [ ] **regarding** ~에 관하여
- [ ] **make haste** 바삐 서두르다, 빨리하다
- [ ] **questionnaire** 설문지

# 유형 분석 12

주제별 공략 – 메시지

# WARMING UP

1. What is the main purpose of the message? ............................................

2. What problem is mentioned? ............................................

3. What will the listeners probably do next? ............................................

단서 찾기    설명문을 읽고, 위의 질문에 대한 단서를 찾아 밑줄 친 다음, 내용을 파악해 보자.

Hi. This is Sam from the Beautiful Paint Company. I'm calling to confirm your order of the paints for your new house. As we discussed on Monday, we are actually supposed to send your ordered product tomorrow, but the brand MM7 which you requested is no longer manufactured. So we recommend that you purchase another brand called, Tott. Please call us to make sure which brand you want us to send.

## 정답 & 요점 확인   정답을 확인하고, 메시지의 특징을 알아보자.

### 진단 평가 : 질문의 핵심 파악

1. What is the main purpose of the message?   전화의 주된 목적은 무엇인가? ▶ 목적
2. What problem is mentioned?   어떤 문제가 언급되는가? ▶ 문제점
3. What will the listeners probably do next?   청자는 다음에 무엇을 할 것인가? ▶ 다음에 할 일

### 단서 찾기 : 스크립트 분석

Hi. This is Sam from the Beautiful Paint Company.

I'm calling to confirm your order of the paints for your new house.

▶ 1. 전화를 건 목적의 근거

안녕하세요, 저는 Beautiful 페인트 회사의 Sam이라고 합니다. 당신의 새 집을 위한 페인트 주문을 확인하려고 전화 드렸습니다.

> 메시지의 초반부는 발신자, 수신자, 직업, 업종, 회사가 등장한다는 것을 기억하고 이와 관련된 문제는 초반부를 집중해서 들어야한다.

As we discussed on Monday, we are actually supposed to send your ordered product tomorrow, but the brand MM7 which you requested is no longer manufactured.   ▶ 2. 문제점에 대한 근거, 사용하려던 브랜드가 생산이 중단되었다는 것이 문제점이다.

월요일에 상의했던 것과 같이, 저희는 원래 내일 당신의 주문 상품을 보냈어야 했지만, 요청하신 MM7 브랜드 생산이 중단되었습니다.

> 문제점은 인사말 다음에 본격적으로 언급하기 시작한다.

So we recommend that you purchase another brand called, Tott.

그래서 저희는 Tott이라는 다른 브랜드를 추천해 드립니다.

Please call us to make sure which brand you want us to send.

▶ 3. 다음에 할 일에 대한 근거, next 문제는 후반부를 잘 들어야 한다.

저희가 어떤 브랜드로 보내기를 원하시는지 확실히 하기 위해 전화 부탁드립니다.

> 다음에 할일(next), 요구, 제안및 미래의 일정은 후반부에 등장한다.

표현 정리  be supposed to ～할 예정이다  manufacture 생산하다, 제작하다  purchase 구입하다

음성 메시지는 전화를 건 사람이 남기는 것으로 메시지 진행 순서만 정확히 알아두어도 문제를 쉽게 풀 수 있다. 메시지 순서를 정확히 알아두자.

 **대표 문제** 세 문제를 먼저 10초 안에 읽은 다음, 메시지를 듣고 정답을 골라 보자.  78.mp3

---

4. What is the purpose of the message?

    (A) To reserve a tour

    (B) To schedule an appointment

    (C) To confirm an appointment

    (D) To change a schedule

5. Who will be interviewing Sarah?

    (A) A manager

    (B) A supervisor

    (C) A director

    (D) A president

6. What does William Pitt ask Sarah to do?

    (A) Apply for a position

    (B) Call him to confirm an interview

    (C) Send him more details

    (D) Call him to arrange a meeting

---

**설명문을 듣기 전 문제를 읽을 때**

4. What is the purpose of the message?　메시지의 목적은 무엇인가?

▶ 목적은 메시지의 초반부 발신인과 수신인이 나온 다음에 I'm calling to로 시작한다.

(A) To reserve a tour　여행을 예약하기 위해
(B) To schedule an appointment　면접일정을 잡기 위해
(C) To confirm an appointment　약속을 확인하기 위해
(D) To change a schedule　일정을 변경하기 위해

5. Who will be interviewing Sarah?　누가 Sarah의 면접을 볼 것인가?

▶ 구체적인 정보는 목적, 문제점 다음에 등장한다. 면접관에 대한 구체적인 정보를 묻고 있으므로 특정 인물의 이름이나 직책이 등장하는 문장을 잘 듣는다.

(A) A manager　지배인
(B) A supervisor　상사
(C) A director　감독
(D) A president　사장

6. What does William Pitt ask Sarah to do?　William Pitt 씨는 사라가 무엇을 하도록 요청하는가?

▶ 요청 사항 문제이므로 후반부에서 명령문 문장을 잘 듣는다.

(A) Apply for a position　자리에 지원하라고
(B) Call him to confirm an interview　면접 확인을 위해 그에게 전화하라고
(C) Send him more details　그에게 더 많은 세부사항을 보내라고
(D) Call him to arrange a meeting　회의를 준비하기 위해 전화하라고

**설명문을 들을 때**

Hi, Sarah. This is William Pitt from the Beautiful Travel Agency. **4 I'm calling to schedule an interview with you.** We received your application last week.

▶ 전화메시지는 'I'm calling ~.'으로 시작되는 부분이 전화를 건 목적이다. '면접' 때문에 전화를 한 것이므로 (B)가 정답이다.

안녕하세요. Sarah 씨. 저는 Beautiful 여행사의 William Pitt입니다. 면접에 대해 얘기하려고 전화했습니다. 지난주에 당신의 지원서를 받았습니다.

You are someone who has the work experience that we are looking for. **5 You're going to interview with my supervisor Miranda.**

▶ 전화를 건 목적 다음에는 구체적인 정보가 등장한다. 여기서는 면접자에 대한 정보가 나오는데 인터뷰 받는 사람이 Sarah이고, 그녀의 상사가 인터뷰를 할 것이라 말하고 있다.

당신이 바로 우리가 찾던 경력을 갖춘 사람입니다. 당신은 저의 상사인 Miranda 씨와 면접을 보게 될 것입니다.

I will explain our staff policy to you after your interview. **6 Please let me know if you are available next Monday from 3 to 4 p.m.** You can reach me at 333-1928.

▶ 명령문이므로 요청 사항에 대한 단서가 등장하는 곳이다. (B)가 정답이다.

면접이 끝난 후 제가 직원 정책에 대해 설명해 드릴 겁니다. 다음 주 월요일 오후 3~4시에 면접이 가능한지 알려주시기 바랍니다. 333-1928로 제게 연락바랍니다.

I look forward to hearing from you soon. Thank you.

연락 기다리겠습니다. 감사합니다.

**표현 정리** schedule 일정을 잡다　application 지원서, 신청서　available 이용 가능한　look forward to -ing ~을 기대하다

---

**시나공 +** ❶ 메시지의 목적은 주로 초반부에서 발신인과 수신인이 나온 다음에 I'm calling to로 시작한다.
　　　　❷ 요청 사항 문제는 후반부에서 명령문 문장을 잘 듣는다.

### 음성 메시지의 구조

| 음성 메시지의 흐름 | 음성 메시지와 관련된 패턴 |
| --- | --- |
| 인사말, 발신자, 수신자 정보, 직업, 업종, 회사 | • Hi, Mr, Brown ~.  안녕하세요, 브라운 씨.<br>• This is 이름 from 회사 ~.  저는 ~회사의 ~입니다.<br>• This is Mary Johnson, the sales manager at the Star Dress Boutique.  저는 Star Dress Boutique의 영업관리자 메리 존스입니다. |
| 목적, 문제점 | • I'm calling about ~.  ~에 대해 전화 드렸습니다.<br>• I'm calling to ~.  ~하기 위해 전화드렸습니다.<br>• I'd like to inform ~.  ~알리려고 전화합니다.<br>• You sent us a message with your concerns about ~.  ~에 관한 우려의 메시지를 우리에게 보냈더군요. |
| 시점과 관련된 구체적인 정보 | • On Monday  월요일에<br>• On August 5  8월 5일에 |
| 요구 및 제안 | • Please call me back at + 연락처.  ~로 연락주세요.<br>• We ask that ~.  ~을 요청 드립니다.<br>• I want to ~.  ~하기를 바랍니다. |
| 추후 일정 | • We'll be posting answers.  답변을 공지할 겁니다. |
| 연락정보 | • You can visit our website.  저희 웹사이트를 방문해 주세요.<br>• I can be reached at 연락처.  ~로 연락주세요. |

**4.** Who most likely is the caller?

(A   A sales staff member
(B) An engineer
(C) A real estate agent
(D) A supplier

**6.** When will the promotion begin?

(A) This weekend
(B) Next week
(C) Next weekend
(D) Next Monday

**5.** Where does the speaker most likely work?

(A) In a post office
(B) In a clothes store
(C) In a bank
(D) In a restaurant

▶ 정답 및 해설은 해설집 83쪽 참고

# Unit 32 ARS

ARS는 수신자가 부재중임을 알리는 메시지와 회사의 자동안내 메시지로 나뉜다. 부재 중 녹음 메시지는 주로 개인, 상점, 사무실 등의 메시지가 출제되고, 자동 안내 메시지는 주로 은행이나 회사의 메시지가 출제된다. 문제를 쉽게 풀기 위해서는 녹음된 메시지의 순서를 반드시 알아두어야 한다.

 **대표 문제** 세 문제를 먼저 10초 안에 읽은 다음, 설명문을 듣고 정답을 골라 보자.  80.mp3

4. Who is the message intended for?

(A) Hospital patients
(B) Tourists
(C) Bank customers
(D) Bank employees

5 What is suggested about the customer service representatives?

(A) They work in another office.
(B) They are not currently working.
(C) They are on other lines.
(D) They haven't arrived yet.

6. What will the listener hear by pressing 3?

(A) Instructions in Chinese
(B) Information about an account
(C) The bank's working hours
(D) The bank's location

🔖 **설명문을 듣기 전 문제를 읽을 때**

4. Who is the message intended for?　메시지는 누구를 위한 것인가?

▶ 전화를 건 사람(발신자)에 대한 단서는 초반부 인사말 뒤 'Thank you for calling ~, You have reached ~'에 등장한다.

(A) Hospital patients　병원 환자
(B) Tourists　관광객
(C) Bank customers　은행 고객
(D) Bank employees　은행 직원

5. What is suggested about the customer service representatives?

고객 서비스 직원에 대해 암시된 것은 무엇인가?

▶ 지문 초반부에 회사, 수신자 소개 또는 부재중인 이유가 언급된다.

(A) They work in another office.　다른 사무실에서 일하고 있다.
(B) They are not currently working.　현재 근무하지 않고 있다.
(C) They are on other lines.　다른 전화를 받고 있다.
(D) They haven't arrived yet.　아직 도착하지 않았다.

6. What will the listener hear by pressing 3?　3번을 누르면 청자는 어떤 정보를 듣게 되는가?

▶ 서비스 안내 번호는 후반부에 등장하므로 'Please press+번호 (to find ~), Press+번호(to check ~)'가 언급된 곳을 잘 듣는다.

(A) Instructions in Chinese　중국어 안내
(B) Information about an account　계좌 정보
(C) The bank's working hours　은행 영업시간
(D) The bank's location　은행 위치

🎧 **설명문을 들을 때**

Hello. ⁴ You have reached Brown Bank.

▶ 초반부에 은행이라고 언급되었으므로 메시지의 대상은 (C)가 정답이다.　안녕하십니까. Brown 은행입니다.

⁵ We are currently closed because of the public holiday. ▶ 지문 초반부는 회사, 수신자 소개 또는 부재중
인 이유가 언급되는 곳이다. 지문 초반부에서 무조건 한 문제 이상의 단서가 나오므로 꼭 집중한다.
공휴일이므로 현재는 영업을 하지 않고 있습니다.

Our regular working hours are from 9 a.m. to 4 p.m. from Monday to Friday, and we are closed on all public holidays. For instructions in Chinese, press 2.　저희 정규 근무시간은 월
요일부터 금요일까지 오전 9시부터 오후 4시까지이며, 모든 공휴일에는 영업을 하지 않습니다. 중국어 안내는 2번을 누르십시오.

⁶ To check on information regarding new accounts, press 3. ▶ 서비스 안내 번호는 후반부에 등장한다.
'press+번호'가 언급된 곳이므로 6번 문제의 단서가 되는 곳이다. (B)가 정답이다.　신규계좌에 대한 안내 확인은 3번을 누르십시오.

If you need to speak with a customer service representative, please call back during our regular business hours. Thank you for calling and have a nice day.

저희 고객 서비스 상담원과 통화를 원하신다면 정규 영업시간에 다시 전화 주십시오. 전화 주셔서 감사드리며, 좋은 하루 되십시오.

**표현 정리** currently 현재, 지금　public holiday 공휴일, 국경일　regular working hours 정규 근무시간　instruction 설명, 지시
regarding ~에 관하여, ~에 대하여　account 계좌　customer service representative 고객 서비스 직원

**시나공 +** ❶ 전화를 건 사람에 대한 단서는 메시지 초반부 인사말 뒤 'Thank you for calling ~, You have reached ~'에 있다.

❷ 서비스 번호 안내에 대한 문제는 중후반부 'Please press+번호 (to find ~), Press+번호 (to check ~)'가 언급된 곳에서 정
답의 단서가 등장한다.

### ARS의 구조

| ARS의 흐름 | ARS와 관련된 패턴 |
|---|---|
| 인사말(회사 및 수신자 소개) | • Hello. You've reached+회사/부서.　안녕하세요, ~입니다.<br>• Thanks for calling ~.　전화 주셔서 감사합니다.<br>• Thank you for calling ~.　전화 주셔서 감사합니다. |
| 회사 소개, 부재 이유,<br>영업시간 안내 | • Our company is known for ~.　저희는 ~로 유명합니다.<br>• The office is currently closed ~.　~로 인해 현재 문을 닫았습니다.<br>• Our business hours are ~.　저희 영업시간은 ~입니다. |
| 서비스 안내 및 연락처 | • Please press 3 to find ~.　~을 찾으시려면 3번을 누르세요.<br>• Press 1 to check ~.　~을 확인하시려면 1번을 누르세요.<br>• Please call back ~.　~로 다시 전화주세요. |
| 제안, 요청 및 당부사항 | • For more information　더 자세한 사항은<br>• Please call again.　전화 주세요. |

**Voca Check - up!** ARS 관련된 표현

pound key 우물정자　*star key 별표　page 호출하다　stay on the line 기다리다　hold 기다리다　press number+번호 ~번을 누르세요
operator 전화 상담직원　talk to ~와 통화하다　Thank you for calling ~. ~에 전화 주셔서 감사합니다.　Our store is at ~. 저희 매장은 ~에
위치해 있습니다.　We are open from ~. 영업시간은 ~입니다.　business hours 영업시간

Step 3 | 실전 문제　 81.mp3

**4.** According to the message, what is the Victory Zoo known for?

(A) Its delicious food

(B) Having a diverse number of animals

(C) A wide range of insects

(D) Its unusual plants

**5.** Why should the listeners press 1?

(A) To book a ticket

(B) To buy a ticket

(C) To cancel a reservation

(D) To ask for information

**6.** How can the listeners get more information?

(A) By pressing the number 1

(B) By visiting a website

(C) By calling the given number

(D) By requesting a pamphlet

▶ 정답 및 해설은 해설집 83쪽 참고

# REVIEW TEST

1. Who would most likely be the caller?

   (A) An office tenant

   (B) A maintenance man

   (C) A real estate agent

   (D) A landlord

2. What is the purpose of the message?

   (A) To give the location of an office

   (B) To notify the man that an office is available to rent

   (C) To announce some construction work

   (D) To advertise a new building

3. What will the listener do next?

   (A) Sign a contract

   (B) Move to a new office

   (C) Contact Linda Rey

   (D) Call the owner of a building

4. What sort of business has the listener called?

   (A) A furniture store

   (B) A clothes store

   (C) A computer store

   (D) A stationery store

5. What is the online store known for?

   (A) Sturdy furniture

   (B) Unusual clothes

   (C) Modern designs

   (D) A system that makes paying easy

6. Why should the listeners press 1?

   (A) To check on a delivery

   (B) To find out a location

   (C) To order a product

   (D) To speak with a staff member

7. What does the store sell?

(A) Electronic devices

(B) Furniture

(C) Stationery

(D) Books

8. Why is Joy calling?

(A) To ask about a survey

(B) To give away a free gift

(C) To discuss a membership fee

(D) To offer the listener a position

9. What is the listener asked to do?

(A) Send an application

(B) Visit the store within 2 days

(C) Renew a membership

(D) Call the store

10. Who most likely is this message for?

(A) An architect

(B) A personnel manager

(C) A building manager

(D) A moving crew member

11. What does the woman mean when she says, "Here's the thing"?

(A) She feels sorry about canceling the agreement.

(B) She found something she was looking for.

(C) She wants to give something to the man.

(D) She wants to explain a problem.

12. What does the speaker ask the listener to do?

(A) Reimburse her for the money she spent

(B) Give her some information

(C) Help her clean an apartment

(D) Write a new contract

▶ 정답 및 해설은 해설집 84쪽 참고

# 받아쓰기 훈련

**Questions 4-6 refer to the following telephone message.**

Hello. This is Mary Johnson, _____ at the Star Dress Boutique. I'm calling _____ the wrong products _____ _____. The shipment you sent me _____, not skirts. I'd _____ send the correct order _____ _____, and I don't want you to _____ _____. We're having a special promotion next weekend. _____ _____, I will _____ by this weekend.

**Questions 4-6 refer to the following recorded message.**

Thank you for calling the Victory Zoo. Our zoo is _____ for our _____ _____. We're open every day _____ _____. Entrance tickets can _____ by phone. If you want to _____, press 1. Cash and credit cards _____, and you can pay at the ticket booth _____. For more information, please call _____ representatives at 999-6738.

**Question 1-3 refer to the following telephone message.**

Good morning. This is Linda Rey from Star Realty. I'm calling to let you know that _____ _____ which you might be interested in has _____. It's near the bus station, bank, and post office. _____. I'm sure you must be interested in seeing the office. Please get in touch with me as soon as possible, and I'll ask the owner of the building _____ you can have a _____ _____ You can _____ _____. Thanks, Mr. Anderson. I hope to hear from you soon.

Question 4-6 refer to the following recorded message.

Thank you for calling the Blackberry Online Store, the _____

_____ in the U.K. Blackberry is known for _____

_____ and accessories. Please listen carefully to the following options. Please _____

_____ to check the current _____. _____

_____ to check the _____. For all _____

_____, please _____, and one of our customer service _____

_____ you soon.


Question 7-9 refer to the following telephone message.

Hello. This is Joy from Joy's Computer Store. I'm calling to see if you mind answering some

_____. If you answer this

questionnaire, we'll _____ which will give you

_____ at our store. But you should make

haste as you must _____ to receive the

discount coupon. Just call us at 695-4215 so that we can send you a questionnaire.


Questions 10-12 refer to the following telephone message.

Hello, Mr. Conner. I'm Karen Riley from Apartment B6. I'm calling to let you know that I will

be managing the Boston branch starting next month. so _____

_____ of this place a _____.

I've arranged for a moving company to _____

_____, and I'll be sure to have the apartment cleaned afterward. _____

_____. Um... When I signed the contract two years ago, I think

there was a clause about _____

_____ of the security deposit. I don't remember the exact terms, so can you _____

_____ and explain them to me? Thanks a lot.

## Voca Preview

모르는 단어에 체크한 후 유형 분석 학습이 끝나면 체크된 것들을 다시 한 번 확인해 보자.

- ☐ **celebrate** 축하하다
- ☐ **anniversary** 기념일
- ☐ **free admission** 무료입장
- ☐ **resident** 주민
- ☐ **state** 언급하다
- ☐ **world-renowned** 세계적으로 유명한
- ☐ **weather condition** 기상 상태
- ☐ **politician** 정치인
- ☐ **humid** 습한
- ☐ **unseasonably** 계절에 맞지 않게
- ☐ **temperature** 온도
- ☐ **rise** 상승하다
- ☐ **shower** 소나기
- ☐ **drizzle** 이슬비
- ☐ **flood** 홍수
- ☐ **downpour** 폭우
- ☐ **foggy** 안개 낀
- ☐ **cloudy** 구름 낀
- ☐ **dry** 건조한
- ☐ **drought** 가뭄

- ☐ **Celsius** 섭씨 온도
- ☐ **Fahrenheit** 화씨 온도
- ☐ **car accident** 자동차 사고
- ☐ **damaged** 파손된
- ☐ **head** (특정 방향으로) 가다
- ☐ **ongoing** 계속되는
- ☐ **avoid** 피하다
- ☐ **stall** 서다
- ☐ **alternate route** 우회로
- ☐ **be held up** 막히다
- ☐ **architect** 건축가
- ☐ **specialized** 전문화된
- ☐ **local** 지역의, 현지의
- ☐ **charity event** 자선행사
- ☐ **organization** 단체, 회사
- ☐ **electricity shortage** 전력 부족
- ☐ **consumption** 소비
- ☐ **rapidly** 급격히
- ☐ **scorching** 맹렬한
- ☐ **outer road** 외곽도로

유형 분석 **13**

주제별 공략 - 방송

# WARMING UP

진단 평가 질문을 읽고, 질문의 핵심을 2초 안에 파악해 보자.

1. Who most likely is the speaker? ............................................

2. What will happen on September 12? ............................................

3. What will the listeners likely hear next? ............................................

단서 찾기 설명문을 읽고, 위의 질문에 대한 단서를 찾아 밑줄 친 다음, 내용을 파악해 보자.

Good morning. This is Alex Johnson with the local news. The Wilton City Museum's 20th anniversary is coming next week on September 12. To celebrate its 20th anniversary, the city council will provide free admission for all residents of Wilton. Free drinks will also be provided by the city council. The city council stated that this is a perfect chance to see a world-renowned museum without having to pay anything. And now for an update on the weather forecast.

**정답 & 요점 확인**  정답을 확인하고, 방송과 관련된 설명문의 특징을 알아보자.

## 진단 평가 : 질문의 핵심 파악

**1.** Who most likely is the speaker?  화자는 누구인 것 같은가?  ▶ 대상 파악

**2.** What will happen on September 12?  9월 12일에 무슨 일이 있을 것인가?  ▶ 9월 12일에 일어날 일

**3.** What will the listeners likely hear next?  청자들은 다음에 무엇을 들을 것인가?  ▶ 다음에 들을 말

## 단서 찾기 : 스크립트 분석

Good morning. This is Alex Johnson with the local news.

▶ 1. 인사말을 통해 화자는 뉴스 진행자이고, 청자는 청취자임을 알 수 있다.

좋은 아침입니다. 저는 저녁 뉴스의 Alex Johnson입니다.

> 뉴스 초반부에는 인사, 화자, 현재 시간, 뉴스 종류가 등장한다.

The Wilton City Museum's 20th anniversary is coming next week on September 12.

▶ 2. 9월 12일은 20주년 기념일임을 알 수 있는 근거다.

Wilton 시립 박물관의 20주년 기념일이 다음주 9월 12일로 다가오고 있습니다.

> 인사 후에는 주제, 세부사항에 대해 보도한다.

To celebrate its 20th anniversary, the city council will provide free admission for all residents of Wilton. Free drinks will also be provided by the city council. The city council stated that this is a perfect chance to see a world-renowned museum without having to pay anything.

20주년 기념일을 축하하기 위해, 시 의회에서는 Wilton에 거주하는 모든 시민들에게 무료입장을 제공합니다. 또한 무료 음료도 제공합니다. 시 의회 측은 이번이 세계적으로 유명한 박물관을 무료로 관람하기에 아주 좋은 기회라고 합니다.

And now for an update on the weather forecast.

▶ 3. 다음 방송은 주로 마지막 부분에 언급된다. 다음 방송은 일기예보라고 하고 있다.

다음은 일기예보입니다.

> 당부 및 다음 방송 순서 등은 후반부 끝 부분에 나온다.

**표현 정리** celebrate 기념하다  admission 입장  residents 거주자, 주민  state 언급하다  world-renowned 세계적으로 유명한

# Unit 33 일기예보

날씨와 관련된 표현들을 꼭 암기하고 반전(however, but), 결론(so) 등의 표현 다음에 이어지는 문장은 반드시 정답의 단서가 등장하므로 이곳을 놓치지 말고 들어야 한다.

 **대표 문제** 세 문제를 먼저 10초 안에 읽은 다음, 설명문을 듣고 정답을 골라 보자.   83.mp3

4. What is this report for?

(A) To advertise public transportation
(B) To report the weather conditions
(C) To interview some politicians
(D) To announce some construction work

5. What does the announcer suggest the listeners do today?

(A) Take their umbrellas
(B) Wear raincoats
(C) Use public transportation
(D) Drink a lot of water

6. How will the weather be on the weekend?

(A) Partly cloudy
(B) Rainy
(C) Hot and humid
(D) Sunny

> 설명문을 듣기 전 문제를 읽을 때

4. What is this report for?  이 보도는 무엇에 대한 것인가?

   ▶ 방송 프로그램 소개는 초반부에 등장한다.

   (A) To advertise public transportation  대중교통을 광고하기 위해
   (B) To report the weather conditions  날씨 보도를 위해
   (C) To interview some politicians  정치인 인터뷰를 위해
   (D) To announce some construction work  건설 작업 공지를 위해

5. What does the announcer suggest the listeners do today?
   아나운서는 오늘 청취자들에게 어떻게 하라고 제안하고 있는가?

   ▶ 날씨에 대한 조언은 프로그램 소개 바로 뒤에 등장한다.

   (A) Take their umbrellas  우산 챙기기
   (B) Wear raincoats  비옷 입기
   (C) Use public transportation  대중교통 이용하기
   (D) Drink a lot of water  물 많이 마시기

6. How will the weather be on the weekend?  주말의 날씨는 어떠한가?

   ▶ 미래의 날씨는 후반부에 힌트가 등장한다.

   (A) Partly cloudy  부분적으로 흐리다.
   (B) Rainy  비가 온다.
   (C) Hot and humid  덥고 습하다.
   (D) Sunny  화창하다.

> 설명문을 들을 때

**4 This is Stacy Howard with your weather update.**

▶ 초반부에 방송의 종류를 소개한다. 날씨 정보를 업데이트 해준다고 하므로 (B)가 정답이다.

저는 여러분께 날씨정보를 알려드릴 Stacy Howard입니다.

**Today's weather is going to be rainy. If you are going to leave your house, 5 don't forget to bring your umbrella with you.**

▶ 프로그램의 종류를 언급한 바로 뒤에 이어지는 문장에 날씨에 대한 조언이 나온다. (A)가 정답이다.

오늘은 비가 오겠습니다. 지금 집을 나가시고 계신다면 우산을 가져가시는 것 잊지 마십시오.

**Tomorrow will be sunny, and the weather will be nice. However, 6 on the weekend, we will see some unseasonably hot and humid weather throughout the country.**

▶ 후반부는 미래 날씨에 관한 내용이 보도되는 곳이다. 특히 However 뒤에 이어지는 문장은 정답의 단서가 항상 있는 곳이다. (C)가 정답이다.

내일은 화창하고 맑은 날이 되겠습니다. 그러나 주말은 전국에 걸쳐 때 아닌 상당히 덥고 습한 날씨가 예상됩니다.

**The temperature is expected to continue rising on the weekend. That is all for the morning weather report.**

기온은 주말 동안 계속해서 오를 것으로 예상됩니다. 지금까지 아침 날씨 소식이었습니다.

표현 **정리**  unseasonably 계절에 맞지 않게, 때 아니게  humid 습한  temperature 온도, 기온  be expected to ~이 예상되다

**시나공 +** ❶ 방송의 종류는 초반부에서 언급된다.
　　　　　 ❷ 날씨에 대한 의상이나 소지품 조언은 프로그램 소개 후 날씨를 설명한 후 나온다.
　　　　　 ❸ 미래의 날씨는 후반부에 구체적 시점(tomorrow, on the weekend)과 함께 등장한다.
　　　　　 ❹ 반전의 표현(however, but) 뒤에 나오는 표현은 정답의 단서일 확률이 높다. 반드시 집중한다.

### 일기예보의 구조

| 일기예보의 흐름 | 일기예보와 관련된 패턴 |
|---|---|
| 인사, 프로그램 소개 | • Good evening. You're listening to ~.<br>안녕하세요, 여러분은 ~을 청취하고 있습니다.<br>• This is for the morning weather forecast. 아침 일기예보입니다. |
| 현재 날씨, 조언 | • The current temperature is ~. 현재 기온은 ~입니다.<br>• Don't forget to take ~. ~을 가져가는 것을 잊지 마세요. |
| 앞으로의 날씨 | • However, the sky ~. 그러나 하늘은 ~.<br>• Tomorrow will ~. 내일은 ~일 겁니다. |
| 다음 방송 안내 | • I'll have the next weather report in + 시간.<br>~후에 다음 날씨 정보를 알려드리겠습니다. |

**Voca Check - up!** 일기 예보와 관련된 표현

rain 비  shower 소나기  drizzle 이슬비  windy 바람 부는  flood 홍수  downpour 폭우  foggy/misty 안개 낀  cloudy/overcast 구름 낀  humid 습한  dry 건조한  drought 가뭄  sunny/clear/blue sky 맑은  temperature 온도  degree ~도  Celsius 섭씨  Fahrenheit 화씨  weather report 일기예보

---

Step 3 | 실전 문제  84.mp3

**4.** How will the weather change today?

(A) It will snow.

(B) It will be colder.

(C) It will get hotter.

(D) It will become foggy.

**5.** What will happen on Sunday?

(A) The temperature will increase.

(B) Fierce winds will blow.

(C) Snow is expected.

(D) The temperature will remain the same.

**6.** What will the listeners probably hear next?

(A) A traffic report

(B) An advertisement

(C) A sports report

(D) Business news

▶ 정답 및 해설은 해설집 87쪽 참고

# Unit 34 · 교통 방송

교통체증의 원인으로 도로 공사, 악천후 등이 나온다. 이 때 우회하라, 대중교통을 이용하라는 등의 조언이 교통 방송의 주요 흐름이다. 방송 시간, 청자가 해야 할 일, 권유 사항 등이 문제로 자주 출제된다.

 **대표 문제** 세 문제를 먼저 10초 안에 읽은 다음, 설명문을 듣고 정답을 골라 보자.           85.mp3

4. According to the report, what caused the traffic delay this morning?

(A) Poor weather conditions

(B) A car accident

(C) A damaged road

(D) Road repairs

5. What advice does the speaker give?

(A) Wait until the afternoon

(B) Take an alternate route

(C) Call an ambulance

(D) Use public transportation

6. Who is this talk for?

(A) Police

(B) Motorists

(C) Customers

(D) Tourists

🔊 설명문을 듣기 전 문제를 읽을 때

4. According to the report, what caused the traffic delay this morning?

보도에 따르면, 오늘 아침 도로 정체 원인은 무엇인가?

▶ 교통 정체 이유는 초반부에 등장하므로 처음부터 잘 들어야 한다.

(A) Poor weather conditions  좋지 않은 날씨

(B) A car accident  자동차 사고

(C) A damaged road  훼손된 도로

(D) Road repairs  도로공사

5. What advice does the speaker give?  화자는 어떤 조언을 하고 있는가?

▶ 조언 관련 문제는 recommend가 나오는 문장을 집중해서 듣는다.

(A) Wait until the afternoon  오후까지 기다리라고

(B) Take an alternate route  다른 길로 우회하라고

(C) Call an ambulance  앰뷸런스를 부르라고

(D) Use public transportation  대중교통을 이용하라고

6. Who is this talk for?  이 방송은 누구를 위한 것인가?

▶ 청취자에 대한 정보는 초반부에 등장한다.

(A) Police  경찰

(B) Motorists  운전자

(C) Customers  손님

(D) Tourists  관광객

🔊 설명문을 들을 때

**4/6** This is Gary Turk with a special traffic report. There is terrible traffic congestion on Highway 7 due to a traffic accident, so expect long delays in traffic for the entire morning.  ▶ 교통 방송은 초반부 인사 후 정체 이유가 언급되므로 이곳을 잘 들어야 한다. 따라서 4번 문제는 (B)가 정답이다. 교통 방송의 대상은 초반부에 등장하는데 교통 정체에 대해 이야기 하고 있으므로 대상은 운전자다. 6번 문제는 (B)가 정답이다.

저는 Gary Turk입니다. 긴급 교통뉴스를 전해 드리겠습니다. 7번 고속도로에 교통사고로 인한 극심한 교통 혼잡이 있으며, 오늘 아침 내내 교통 정체가 예상됩니다.

If you are heading northbound on Main Street, **5** we recommend taking Route 13 to get downtown.  ▶ 대안 제시는 recommend V-ing 문장을 잘 들어야 한다. 우회로를 제시했으므로 (B)가 정답이다.

Main 가에서 북쪽으로 가시는 중이라면, 13번 도로를 이용하여 시내로 진입하시기 바랍니다.

Police and ambulances are now trying to get control of the situation. Keep listening for a full traffic report in twenty minutes.

경찰과 구급차가 그 장소에서 상황을 수습하고 있습니다. 20분 후에 계속해서 전반적인 교통상황을 알아보도록 하겠습니다.

표현 정리 special traffic report 긴급 교통 방송  traffic congestion 교통 혼잡  highway 고속도로  traffic accident 교통사고  delay 지연, 지체  head (특정 방향으로) 가다  downtown 시내에, 시내로

시나공 + ❶ 교통 방송은 정체 이유 관련 문제가 반드시 출제된다. 초반부 인사 후 정체 이유가 언급되므로 이곳을 잘 들어야 한다.
   ❷ 대안 제시는 recommend V-ing 문장을 잘 들어야 한다.

## 교통 방송의 구조

| 교통 방송의 흐름 | 교통 방송과 관련된 패턴 |
|---|---|
| 인사 | • Good morning, commuters.  안녕하세요, 통근자 여러분.<br>• This is the 8:00 A.M. traffic report.  오전 8시 교통정보입니다. |
| 교통 상황 및 정체 이유 | • because of the ongoing thunderstorm  계속되는 폭풍우 때문에<br>• There was repair work.  수리작업이 있었습니다. |
| 대안 제시 | • We recommend avoiding ~.  ~을 피할 것을 권합니다.<br>• Drivers should consider using ~.<br>운전자들은 ~을 이용할 것을 고려하시기 바랍니다.<br>• We advise you to take Route 15.  15번 도로를 이용하세요. |
| 다음 방송 시간 안내 | • Coming up at 7:00.  7시에 다시 뵙겠습니다. |

**Voca Check - up!** 방송과 관련된 표현

traffic report 교통 방송  commuter 통근자  motorist 운전자  driver 운전자  stall 서다  construction 공사  lane 차선  road/route 도로  accident 사고  avenue/street/path 길  alternate route 우회로  be closed down 폐쇄되다  traffic jam 교통정체  be held up 막히다

**4.** Where should the listeners expect delays?

(A) On the outer road
(B) On Highway 22
(C) Near the train station
(D) In the suburbs

**5.** What caused the delay?

(A) A traffic accident
(B) The celebrating of Christmas Eve
(C) Heavy traffic
(D) A closed exit

**6.** What does the speaker recommend?

(A) Driving at reduced speeds
(B) Listening for news updates
(C) Taking another road
(D) Calling the police

▶ 정답 및 해설은 해설집 87쪽 참고

# 뉴스

뉴스 초반에 나오는 announce that 이하가 뉴스의 주제이므로 이 부분을 놓치지 말고 잘 들어야 하고, 등장하는 사람이 진행자인지 초대 받은 손님인지, 제3자인지를 구분해서 들어야 한다.

 **대표 문제**   세 문제를 먼저 10초 안에 읽은 다음, 설명문을 듣고 정답을 골라보자.      87.mp3

4. What is the report mainly about?

    (A) A computer room

    (B) A public library

    (C) A city park

    (D) A shopping mall

5. Who is Bob Jackson?

    (A) A news reporter

    (B) A city official

    (C) A librarian

    (D) An architect

6. When will the work on the project begin?

    (A) In August

    (B) In September

    (C) In October

    (D) In December

💬 **설명문을 듣기 전 문제를 읽을 때**

4. **What is the report mainly about?**  보도는 주로 무엇에 관한 것인가?

   ▶ 보도의 주제를 묻는 문제로 초반부를 잘 듣는다.

   (A) A computer room  컴퓨터실
   (B) A public library  공공 도서관
   (C) A city park  도시공원
   (D) A shopping mall  쇼핑몰

5. **Who is Bob Jackson?**  Bob Jackson은 누구인가?

   ▶ 언급한 사람이 진행자인지 초대받은 사람인지, 제3자인지를 파악해서 직업을 추측해야 한다.

   (A) A news reporter  아나운서
   (B) A city official  시 공무원
   (C) A librarian  사서
   (D) An architect  건축가

6. **When will the work on the project begin?**  공사는 언제 시작되는가?

   ▶ 미래에 대한 예측이다. 미래에 대한 예측은 후반부에 단서가 등장한다.

   (A) In August  8월
   (B) In September  9월
   (C) In October  10월
   (D) In December  12월

🎧 **설명문을 들을 때**

Good evening. In local news, [4] the city of Manchester has decided to build a new public library. ▶ 뉴스보도는 이목을 끌어야 하므로 주제를 먼저 말한 후 세부적인 사실을 보도한다. 새로운 공공도서관을 짓겠다고 하므로 (B)가 정답이다.  좋은 저녁입니다. Manchester 시가 새 시립도서관을 짓기로 결정했다는 소식을 전해 드립니다.

The library will be located beside Manchester Park. The city council plans for the library to include a room for children and a specialized computer room for e-book users as well.  도서관은 Manchester 공원 옆에 위치하게 될 것입니다. 시 의회는 도서관에 어린이를 위한 방과 전자책 사용자를 위한 전문 컴퓨터실도 포함되도록 계획하였습니다.

[5] City mayor Bob Jackson said that the public library will be a place that will appeal to families. ▶ 직책과 사람 이름은 함께 나란히 등장한다. 담화의 City mayor가 보기에서는 City official로 패러프레이징 되었다.
Bob Jackson 시장은 이 시립도서관이 가족을 위한 재미있는 공간 중의 하나가 될 것이라고 말했습니다.

[6] Construction will begin on August 1, and the opening day celebration is scheduled for December. ▶ 미래에 대한 예측 문장은 후반부에 등장한다. (A)가 정답이다.
공사는 8월 1일부터 시작될 것이며, 개장 축하식은 12월 1일로 일정이 잡혔습니다.

표현 정리 local 지역의, 현지의  city council 시의회  plan 계획하다  specialized 전문화된  e-book 전자책  city councilman 시의회 의장  construction 건설, 공사  celebration 기념, 축하 행사

**시나공 +** ❶ 문제에서 언급한 사람이 진행자인지 초대받은 사람인지, 제3자인지를 파악해 직업을 추측한다.
❷ 미래에 대한 예측은 후반부에 단서가 등장한다.

**뉴스의 구조**

| 뉴스의 흐름 | 뉴스와 관련된 패턴 |
|---|---|
| 인사말, 뉴스 종류 | • This is Tony White.  저는 Tony White입니다.<br>• In today's local news  오늘의 지역 뉴스에서는 |
| 주제, 세부사항, 추후 예측 | • We announced that ~.  ~을 발표했습니다.<br>• A spokesperson announced ~.  대변인은 발표했습니다.<br>• The Lancaster reported that ~.  Lancaster 보도에 의하면 |
| 당부 및 다음 방송 순서 안내 | • Tune in ~.  채널을 (~프로에) 맞추어 주세요.<br>• I'll be back again.  다시 돌아오겠습니다. |

**Voca Check - up!** 뉴스와 관련된 표현

station 방송국  Stay tuned 채널 고정하세요.  Thank you for listening. 청취해 주셔서 감사 합니다.  I'll be back again. 다시 돌아오겠습니다.
We'll be right back after ~. ~후에 바로 돌아오겠습니다.  spokeperson 대변인  Tune in 채널을 고정하다

---

Step 3 | 실전 문제　　　　　　　　　　 88.mp3

**4.** What is the news report mainly about?

(A) The opening of a new business

(B) The holding of a charity event

(C) The introduction of a new product

(D) A merger between two companies

**5.** What does Ms. Nelson mention?

(A) Various kinds of dresses will be displayed.

(B) Everyone can buy a dress for a cheap price.

(C) The dresses are limited in number.

(D) The dresses are only for the upper class.

**6.** According to Ms. Nelson, what will most likely happen by the end of the year?

(A) The company will open some new branches.

(B) The company will give away some money to charity organization.

(C) Sales of dresses will increase.

(D) Additional employees will be hired.

▶ 정답 및 해설은 해설집 88쪽 참고

1. What is the main purpose of the report?

   (A) To advertise a new product

   (B) To look for an employee

   (C) To ask people to conserve water

   (D) To introduce a new business

2. According to the report, what will happen soon?

   (A) A lack of water

   (B) Flood damage

   (C) An electricity shortage

   (D) Financial difficulties

3. What will the listeners likely do next?

   (A) Visit the company

   (B) Report service problems

   (C) Contact the corporation

   (D) Reduce their water consumption

4. What is the purpose of the broadcast?

   (A) To introduce an actor

   (B) To report the weather conditions

   (C) To announce some construction work

   (D) To advertise a hospital

5. What does the speaker suggest that the listeners do?

   (A) Drink a cup of hot tea

   (B) Wear a warm jacket

   (C) Take an umbrella

   (D) Wait for the next weather update

6. According to the speaker, what can listeners find on the website?

   (A) Local news articles

   (B) The weather conditions

   (C) Health information

   (D) A traffic report

# REVIEW TEST

7. What is the main purpose of the report?

   (A) To provide a weather report
   (B) To announce the city festival
   (C) To provide construction information
   (D) To advertise a new car

| Weekly Forecast | | | | | | |
|---|---|---|---|---|---|---|
| MON | TUE | WED | THU | FRI | SAT | SUN |
| 18° | 25° | 26° | 21° | 18° | 22° | 27° |

8. What does the speaker recommend?

   (A) Listening for news updates
   (B) Driving carefully
   (C) Taking public transportation
   (D) Taking another route

10. What's the purpose of the announcement?

   (A) To warn people about tornadoes
   (B) To advise residents not to go out in the snow
   (C) To caution people about flash floods
   (D) To report the weather for the Weekend

9. How can the listeners get updated information?

   (A) By listening to the radio
   (B) By watching TV
   (C) By visiting a website
   (D) By calling a number

11. Look at the graphic. What day is the announcement made on?

   (A) Monday
   (B) Tuesday
   (C) Wednesday
   (D) Thursday

12. What are people in the affected areas advised NOT to do?

   (A) Stay indoors
   (B) Call 911
   (C) Put vehicles under cover
   (D) Drive through floodwaters

▶ 정답 및 해설은 해설집 88쪽 참고

# 받아쓰기 훈련

**Questions 4-6 refer to the following radio broadcast.**

Good morning. There will be _____.
Through the morning, the temperature _____, there will be scorching
_____. However, I have some good
news for you. The wind will _____ Saturday, and it will be _____
_____.
But it looks like _____ is coming our way on Sunday. We'll _____
_____. Now, let's go to Jane Watson _____
today's top sports news.

**Questions 4-6 refer to the following radio broadcast.**

Good evening. This is Mary Cooper _____.
Many cars are _____ around the shopping mall
and in the downtown area. Even _____ is full of _____
_____ celebrating Christmas Eve. Drivers may _____
_____ from the outer road to the downtown area. We _____
_____ and taking Highway 22 _____
_____ on this road. _____ Minn's international business news
today.

# 받아쓰기 훈련

🎧 dictation-47.mp3

**Questions 4-6 refer to the following news report.**

Thanks for _____ VNC's morning business report. Early this morning, Vivian Nelson,

_____ Design Boutique, _____ her company has _____

_____ with a simple design. Nelson said that the public _____

_____ this dress _____. The

dress _____ at many boutiques soon. Ms. Nelson

also announced that _____, 20% of the

company's total sales _____. And now _____

_____ the morning weather forecast.

🎧 dictation-48.mp3

**Questions 1-3 refer to the following news report.**

In local news, the North American Water Resources Corporation is _____

_____. The corporation said that our state may have

_____. Therefore, the corporation is requesting that

people take some _____ like _____ and

_____ while brushing their teeth. More information can

be found on the North American Water Resources Corporation's website.

**Questions 4-6 refer to the following broadcast.**

_____ will continue through _____

_____. So let us make _____. The most important

thing is to keep your body warm by _____. That is especially

_____ like we are having this weekend. For

more information on ............................................................................................................................................, check

out ............................................... at www. weatherforecast.com.

**Questions 7-9 refer to the following broadcast.**

Good morning. This is Caroline Mack at WABC. Starting next Monday, .................. ....................

.................................. ............................. due to .............................. ................... .............................. .................... around

the airport area will .............................. ................. when the roadwork starts. It is recommended that

.............................. ...................... .............................. ................... until the roadwork is completed ...................

................... . Please visit our website at www.abcstation.com to check out the ...................

.............................. ...................... ....................... .

**Questions 10-12 refer to the following broadcast and chart.**

For people living in and ...................................................................................................., ......................

.............................. ................... to form in the region.

Some of them are expected to be .................................................................................., bringing

very .............................. ................... that may ..........................................................................................................  . The State

Emergency Service advises that people in the areas should .............................. ................., preferably

indoors and ......................................................................... . Try to ..................................................................

................... in the thunderstorm. Put vehicles under cover, beware of fallen trees and power

lines, and .............................. ................., ...................., ...............................................................................  .

For more updated weather forecasts, please continue to .............................. ...................... ....................

................... ...................... .

## Voca Preview

모르는 단어에 체크한 후 유형 분석 학습이 끝나면 체크된 것들을 다시 한 번 확인해 보자.

- [ ] **supervise** 감독하다, 관리하다
- [ ] **hold a party** 파티를 열다
- [ ] **recently** 최근
- [ ] **assign** 할당하다, 배당하다
- [ ] **employee** 직원
- [ ] **particular** 특별한
- [ ] **subdivide into** ~로 나누다, 세분하다
- [ ] **executive director** 임원
- [ ] **come forward** 앞으로 나오다
- [ ] **propose** 제안하다
- [ ] **recognize** 인정하다
- [ ] **give an award** 시상하다
- [ ] **historian** 역사가
- [ ] **official** 공무원
- [ ] **parking lot** 주차장
- [ ] **take part in** ~에 참가하다
- [ ] **trash can** 쓰레기통
- [ ] **famous** 유명한
- [ ] **preserve** 보호하다
- [ ] **entrance** 입구

- [ ] **job fair** 취업박람회
- [ ] **function** 행사
- [ ] **sign up** 신청하다
- [ ] **itinerary** 일정
- [ ] **enroll** 등록하다
- [ ] **go over** 검토하다
- [ ] **take place** 일어나다
- [ ] **be located in** ~에 위치하다
- [ ] **cathedral** 성당
- [ ] **broadcasting station** 방송국
- [ ] **mosque** 회교 사원
- [ ] **give a hand** 박수를 보내다
- [ ] **tirelessly** 지칠 줄 모르고
- [ ] **attractive** 매력적인
- [ ] **century ago** 1세기 전
- [ ] **well-known** 유명한
- [ ] **reputation** 명성, 평판
- [ ] **hospitality industry** 서비스업
- [ ] **structure** 구조물, 건축물
- [ ] **compared to** ~와 비교해

유형 분석

# 14

주제별 공략 - 소개, 안내

# WARMING UP

진단 평가 질문을 읽고, 질문의 핵심을 2초 안에 파악해 보자.

1. Who is David? ..............................

2. How long did David work at the Bright Corporation? ..............................

3. What are the listeners asked to do? ..............................

**단서 찾기** 설명문을 듣고, 위의 질문에 대한 단서를 찾아 밑줄 친 다음, 내용을 파악해 보자.

Good morning, everyone. I'd like to introduce David, the new manager of the Marketing Department. He spent ten years in the Marketing Department at the Bright Corporation. David also has a lot of experience with marketing campaigns for restaurants, hotels, and many other types of businesses. I believe all of you can learn many things from him, and he will supervise you as well. We will be holding a welcoming party for him this evening. Everyone is required to attend.

**정답 & 요점 확인**  정답을 확인하고, 소개, 안내와 관련된 설명문의 특징을 알아보자.

### 진단 평가 : 질문의 핵심 파악

**1.** Who is David?   David은 누구인가? ▶ 대상 파악

**2.** How long did David work at he Bright Corporation?
David은 Bright 사에서 얼마나 일했는가? ▶ 일한 경력

**3.** What are the listeners asked to do?   청자들은 무엇을 요청 받는가? ▶ 요청 사항

### 단서 찾기 : 스크립트 분석

Good morning, everyone. I'd like to introduce David, the new manager of the
Marketing Department.  ▶ 1. David의 직업, 직책을 알 수 있는 근거
여러분 안녕하세요. 마케팅부의 새 매니저인 David를 소개하고자 합니다.

> 인사, 인물 소개 등은 초반부에 등장한다.

He spent ten years in the Marketing Department at the Bright Corporation.
▶ 2. 10년의 경력을 가진 경력자임을 알 수 있는 근거  그는 Bright Corporation 마케팅부에서 10년을 보냈습니다.

> 인물의 경력은 소개 후에 등장한다.

David also has a lot of experience with marketing campaigns for restaurants,
hotels, and many other types of businesses. I believe all of you can learn
many things from him, and he will supervise you as well. We will be holding a
welcoming party for him this evening.
David는 또한 식당, 호텔, 그리고 그 밖의 여러 곳에서 마케팅 캠페인에 대한 많은 경력을 쌓았습니다. 모두들 그에게서 많은 것을 배울 수 있을 것
이라 생각하고, 그 또한 여러분을 이끌 것입니다. 오늘 저녁 그를 위한 환영회를 열 예정입니다.

> 인물의 미래에 대한 일정 및 계획은 중/후반부에 등장한다.

Everyone is required to attend.  ▶ 3. 모든 청자들이 환영회에 참석해 달라고 요청한 후 마무리
모두들 참석해 주시기 바랍니다.

> 후반부에서는 부탁이나 요청, 당부 그리고 소개한 인물의 연설이 시작될 것이라고 하고 마친다.

---

**표현 정리** introduce 소개하다  supervise 관리하다  hold a party 파티를 열다  be required to ~이 요구되다

# Unit 36 사람 소개

Step 1 실전 포인트

초반에 나오는 사람의 이름을 잘 들어야 하는데, 그 사람의 이름 앞뒤에 언급되는 직업이나 직위를 놓치지 말고 들어야 한다.

 **대표 문제** 다음 문제들을 먼저 10초 안에 읽은 다음, 담화를 듣고 정답을 고르시오.

---

4. What is the purpose of the speech?

   (A) To introduce a new staff member
   (B) To announce a new policy
   (C) To explain a new training program
   (D) To notify employees of a meeting


5. Where is this speech probably taking place?

   (A) At a museum
   (B) At a hotel
   (C) At a hospital
   (D) At a library


6. What will the listeners do next?

   (A) They will tell Steve about the sections.
   (B) They will ask Steve for an off day.
   (C) They will leave for a business trip.
   (D) They will move to another department.

---

> 🔊 설명문을 듣기 전 문제를 읽을 때

4. What is the purpose of the speech?　　연설의 목적은 무엇인가?

   ▶ 연설의 목적을 묻고 있으므로 초반부를 잘 듣는다.

   (A) To introduce a new staff member　　새로운 직원을 소개하려고
   (B) To announce a new policy　　새로운 정책을 발표하려고
   (C) To explain a new training program　　새로운 훈련 프로그램을 설명하려고
   (D) To notify employees of a meeting　　직원 미팅을 통보하려고

5. Where is this speech probably taking place?　　이 연설은 어디에서 이루어지고 있나?

   ▶ 장소를 묻고 있으므로 초반부에 힌트가 나온다.

   (A) At a museum　　박물관
   (B) At a hotel　　호텔
   (C) At a hospital　　병원
   (D) At a library　　도서관

6. What will the listeners do next?　　청자들은 다음에 무엇을 할 것인가?

   ▶ 다음에 해야 할 일을 묻는 문제는 후반부를 집중해서 들어야 한다.

   (A) They will tell Steve about the sections.　　Steve에게 구역에 대해 말할 것이다.
   (B) They will ask Steve for an off day.　　Steve에게 휴무일을 요청할 것이다.
   (C) They will leave for a business trip.　　출장을 갈 것이다.
   (D) They will move to another department.　　다른 부서로 옮길 것이다.

> 🎧 설명문을 들을 때

**4** I'm very pleased to introduce Steve Hilton, the new manager of the Housekeeping Department. ▶ 초반부 'I'm pleased to introduce ~.'로 시작되는 부분에 소개하는 사람과 소개하는 이유가 담겨있다. (A)가 정답이다.

우리 하우스키핑 부서의 새로운 매니저 Steve Hilton 씨를 소개하게 되어 기쁩니다.

**5** Steve will manage all of the housekeeping operations at our hotel.

▶ 장소, 직업, 업종 등은 초반부에 등장한다. (B)가 정답이다.
Steve 씨는 우리 호텔에서 모든 하우스키핑 서비스의 운영을 관리할 것입니다.

Since we recently changed our housekeeping system, he will assign tasks to employees in several different sections.

우리는 최근에 하우스키핑 시스템을 교체했으므로, 그는 직원들에게 여러 다른 구역으로 각각의 업무를 할당할 것입니다.

**6** So, if you want to be in a particular section, you should tell Steve by the end of the day. ▶ 다음에 할 일에 대한 단서는 후반부를 집중해서 들어야 한다. 원하는 구역을 Steve에게 말할 것을 권유하고 있다. (A)가 정답이다.
따라서 희망하는 구역이 있으시다면, 오늘까지 Steve에게 말해 주십시오.

표현 정리 manage 관리하다, 감독하다  operation 운영  assign 배당  particular 특별한  by the end of ~말까지

시나공 + ❶ 연설, 소개의 목적은 초반부를 잘 듣는다.
　　　 ❷ 장소, 업종, 직업을 묻는 문제는 초반부를 잘 듣는다.
　　　 ❸ 해야 할 일을 묻는 문제의 단서는 후반부에 등장한다.

사람 소개의 구조

| 사람 소개의 흐름 | 사람 소개와 관련된 패턴 |
|---|---|
| 인사, 프로그램 및 사람 소개, 목적 | • Hi, everyone. Welcome to ~  안녕하세요, 여러분. ~에 오신 것을 환영합니다.<br>• I'm Lauren, your instructor.  저는 여러분의 강사 로렌입니다.<br>• Thank you for coming ~.  ~에 와 주셔서 감사합니다.<br>• Good evening. You're listening to ~.<br>안녕하세요. 여러분은 ~을 청취하고 계십니다. |
| 오늘의 게스트 및 주인공 소개 | • Our special guest is ~.  우리의 특별 게스트는 ~입니다.<br>• I proudly present  자랑스럽게 소개합니다<br>• We're delighted to  ~하게 되어서 기쁩니다<br>• We welcome journalist Victor.  저널리스트인 빅터를 환영합니다. |
| 게스트의 정보(직위, 과거 경력) | • Ms. Lee was our executive director.  이 씨는 저희 회사의 임원이었습니다.<br>• After she retired, Ms. Lee started the Edge.<br>Mr. Lee는 은퇴한 후 Edge를 시작했습니다.<br>• Mr. Hern has worked in the financial sector.<br>Mr. Hern은 재무분야에서 근무했습니다. |
| 인터뷰 시작, 청취자 참여 유도<br>시상 및 연설, 당부 밑 요청 | • Tonight  오늘밤<br>• On today's show  오늘의 쇼는<br>• Please come forward.  앞으로 나와 주세요.<br>• And now let's welcome Mr. Hern.  이제 Mr. Hern을 환영합시다. |

4. What is the main purpose of the speech?

(A) To propose a project
(B) To notify employees of a meeting
(C) To recognize an employee
(D) To give a bonus

5. How long has Jinny been working in the Sales Department?

(A) Half a year
(B) 1 year
(C) 2 years
(D) 3 years

6. According to the speaker, what did Jinny do?

(A) She visited many countries.
(B) She completed many projects.
(C) She sold a lot of products.
(D) She signed a contract.

# Unit 37 가이드

관광 가이드 문제는 안내 장소나 안내 순서가 중요하다. 장소를 나타내는 here, this 뒤에 나오는 표현과 순서나 절차를 말하는 first, after that, and then 등의 표현이 나오는 부분을 특히 집중한다.

 **대표 문제** 문제들을 먼저 10초 안에 읽은 다음, 설명문을 듣고 정답을 골라 보자.　 92.mp3

4. Who is the speaker?

   (A) A tour guide
   (B) A historian
   (C) An official
   (D) An accountant

5. According to the announcement, where will the listeners take a break?

   (A) At the cave
   (B) At the beach
   (C) At the restaurant
   (D) In the parking lot

6. What are the listeners asked to do?

   (A) Enjoy doing water sports
   (B) Take part in the activities
   (C) Throw their garbage in trash cans
   (D) Look around the beach

**시나공 풀이법** 가이드 문제는 어떻게 풀이하는지 알아보자.

**설명문을 듣기 전 문제를 읽을 때**

4. **Who is the speaker?** 화자는 누구인가?

   ▶ 화자를 묻고 있다. 따라서 초반부를 잘 듣는다.

   (A) A tour guide   관광 가이드
   (B) A historian   역사가
   (C) An official   공무원
   (D) An accountant   회계사

5. **According to the announcement, where will the listeners take a break?**

   안내에 따르면, 청자들은 어디서 휴식을 취할 것인가?

   ▶ 휴식 장소를 묻고 있다. 장소 문제는 초반부를 잘 듣는다.

   (A) At the cave   동굴
   (B) At the beach   해변
   (C) At the restaurant   식당
   (D) In the parking lot   주차장

6. **What are the listeners asked to do?**   청자들은 무엇을 하도록 요청 받는가?

   ▶ 청자들에게 요청하는 것은 You should ~, You'd better ~, You could ~의 형태로 후반부에 나온다.

   (A) Enjoy doing water sports   수상스포츠를 즐기라고
   (B) Take part in the activities   활동에 참가하라고
   (C) Throw their garbage in trash cans   쓰레기를 쓰레기통에 버리라고
   (D) Look around the beach   해변을 돌아보라고

**설명문을 들을 때**

Welcome to Rich National Seashore. My name is Melissa. ⁴ I'll be your tour guide today, and I'll take you all around beautiful Rich Bay.

▶ 화자, 청중, 장소에 대한 단서는 전반부에 등장한다. 여행 가이드를 해주겠다고 하므로 (A)가 정답이다.

Rich 국립해안공원에 오신 것을 환영합니다. 저는 Melissa이며, 오늘 Rich 만을 둘러보는 여행을 안내할 가이드입니다.

We will do several activities, including water sports, and ⁵ we will also visit famous Carmond Cave. We will arrive there before 10 a.m. Then, we'll take a short break.

▶ 화자, 청중, 장소에 대한 단서는 초반부에 등장한다. 동굴을 방문한다고 했으므로 (A)가 정답이다.

우리는 수상스포츠를 포함한 몇 가지의 활동을 할 것이며, 또한 유명한 Carmond 동굴을 방문할 것입니다. 우리는 동굴에 오전 10시까지 도착해 그곳에서 휴식을 취할 것입니다.

To help preserve the environment, please do not throw any trash in the sea. ⁶ You should carry your trash with you and put it into the trash cans which are located at the entrance when we return.   ▶ 요청, 당부에 대한 단서는 후반부에 등장한다. You should 다음에 쓰레기를 쓰레기통에 버려달라고 당부하고 있다. (C)가 정답이다.

환경 보호에 협조해 주시기 바라며, 바다에 쓰레기를 버리지 말아 주시기 바랍니다. 쓰레기를 꼭 가지고 다니시고 우리가 다시 돌아왔을 때 입구에 있는 쓰레기통에 버려 주시기 바랍니다.

**표현 정리** National Seashore 국립해안공원  guide 가이드  bay 만  several 몇몇의  activity 활동  water sports 수상스포츠  cave 동굴  preserve 보호하다  trash 쓰레기  trash can 쓰레기통  entrance 입구

**시나공 +** ❶ 화자, 청중, 장소 문제에 대한 단서는 초반부에 등장한다.
　　　　❷ 요청, 당부 문제에 대한 단서는 후반부에 등장한다.

## 🔤 가이드의 구조

| 가이드의 흐름 | 가이드와 관련된 패턴 |
| --- | --- |
| 인사, 주제 | • **Welcome to the audio tour.**  오디오 투어에 오신 것을 환영합니다.<br>• **We'd like to remind ~.**  다시 한 번 알려드립니다. |
| 특징, 장점 등의 세부 사항 | • **I'll be showing ~.**  ~을 보여 드릴 예정입니다.<br>• **This program is ~.**  이 프로그램은 ~입니다. |
| 당부, 요구 사항 | • **And remember to ~.**  ~을 명심하세요. |

---

**Voca Check - up!** 가이드 관련 표현

conference 대회, 회의  job fair 취업박람회  convention 박람회  function 행사  activity 활동  organization 조직  group 그룹, 단체  sign up 신청하다  schedule 일정  itinerary 일정  enroll 등록하다  go over 검토하다  hold 개최하다  take place 일어나다  fill out a form 양식을 작성하다

---

Step 3 | 실전 문제                                             93.mp3

**4.** What is said about the cathedral?

(A) It's now a museum.

(B) It was built about 100 years ago.

(C) It's the most historic building in the world.

(D) It's located in Southeast Asia.

**5.** How long will the tourists stay at the cathedral?

(A) Thirty minutes

(B) One hour

(C) Two hours

(D) Three hours

**6.** Where are the people asked to return?

(A) To the cathedral

(B) To the train

(C) To the airport

(D) To the hotel

▶ 정답 및 해설은 해설집 92쪽 참고

# REVIEW TEST

1. Where is the introduction taking place?

   (A) At a conference
   (B) At an awards ceremony
   (C) At an employee training session
   (D) At a local broadcasting station

2. What is the purpose of the talk?

   (A) To notify the staff about a meeting
   (B) To advertise a new book
   (C) To introduce a guest speaker
   (D) To select a new manager

3. Who is Michael Rupin?

   (A) A salesperson
   (B) A conference planner
   (C) The general manger of a hotel
   (D) An accountant

4. Who most likely is the speaker?

   (A) A photographer
   (B) A technician
   (C) An architect
   (D) A tour guide

5. According to the talk, how does the B.P. Mosque differ from other mosques?

   (A) It has a different color than the other mosques.
   (B) It looks older than the other mosques.
   (C) It is larger than the other mosques.
   (D) Its design is different than those of the other mosques.

6. What will the listeners do next?

   (A) Go to see some other mosques
   (B) Look at another of Mr. Peter's structures
   (C) Take a short break at the mosque
   (D) Return to their hotel on their tour bus

7. What is the purpose of the talk?

(A) To welcome a new employee

(B) To launch a new product

(C) To advertise a new laptop

(D) To announce an award winner

8. What type of business do they work at?

(A) An electronics company

(B) An architectural firm

(C) A delivery company

(D) An office supply store

9. What is the audience going to do next?

(A) They will be wait for the next guest.

(B) They will listen to a speech by Ms. Johns.

(C) They will attend a staff meeting.

(D) They will have lunch with Ms. Johns.

| Event | Time |
|---|---|
| Award distribution | 6:00 P.M. |
| Special performance | 7:00 P.M. |
| Chairman's speech | 7:30 P.M. |
| Plans for next year | 8:00 P.M. |

10. Look at the graphic. What time will dinner be served?

(A) At 6:00 P.M.

(B) At 7:00 P.M.

(C) At 7:30 P.M.

(D) At 8:00 P.M.

11. What did Mary-Kate Thomas win an award for?

(A) Volunteering at a community center

(B) Writing a newspaper article

(C) Raising funds for homeless shelters

(D) Promoting local publishing Houses

12. What will Mary-Kate Thomas receive?

(A) Money

(B) Theater tickets

(C) A painting

(D) A trophy

▶ 정답 및 해설은 해설집 92쪽 참고

# 받아쓰기 훈련

dictation-49.mp3

**Unit 36 사람 소개** | Step 3 실전 문제

## Questions 4-6 refer to the following introduction.

Thank you for coming to _____. I'm pleased to announce _____ _____ is Jinny. She joined the Sales Department _____ _____. She has _____, and they were all very successful. Our sales _____. And now I _____ Jinny to come onto the stage _____ Let's _____ _____ for Jinny, who has worked _____ our company.

dictation-50.mp3

**Unit 37 가이드** | Step 3 실전 문제

## Questions 4-6 refer to the following introduction.

_____, everyone, now we are at the _____ and _____ _____ in Europe. This cathedral was built _____. _____, this place _____ - _____ for being the most beautiful cathedral in the world. You have _____ and to enjoy looking around the cathedral. _____ our tour bus will be _____ _____ right here, and you must _____ _____ this bus. You must be _____.

dictation-51.mp3

**Review Test 받아쓰기**

## Questions 1-3 refer to the following introduction.

Ladies and gentlemen, welcome to the _____. I'd like to introduce our _____, the _____, Michael Rupin. I'm sure all of you know his _____ _____, which has sold _____. Many people are eager to hear about _____ because of his good reputation. Now, everyone, _____ Mr. Michael Rupin.

## Questions 4-6 refer to the following introduction.

Good morning. I'll be your guide today. First, we will start our tour _____
_____. Please _____. You can see a
mosque that _____. It is
called the B.P. Mosque. It was built by the _____. He always
sought to _____ for each of his structures. _____
_____ about this mosque, we will _____
_____ and look around _____. After that, _____
on the tour will be _____.


## Questions 7-9 refer to the following introduction.

Welcome to our _____. I'm very pleased to
announce _____ of the year, Ms. Stephanie Johns. Thanks to her efforts,
_____ this
year compared to last year. Ms. Johns, would you _____
_____? We'd also like you to _____
_____ with us. Would all of you join me _____. _____?


## Questions 10-12 refer to the following speech and schedule.

Good afternoon and welcome to the _____
_____. Before the events get underway, I would like to _____
_____. Due to a catering problem,
_____, which was scheduled to be served with the distribution of awards, is
now scheduled for _____. You will be able
to _____
_____. We are very sorry for those of you who are hungry right now. Um... Now,
_____ of the day which
goes to Mary-Kate Thomas, whose _____ on
our city streets has won a number of awards.
I would now like to award Mary-Kate with _____, which she has very
kindly agreed to _____. Let's _____
_____ for Mary-Kate Thomas.

## Voca Preview

모르는 단어에 체크한 후 유형 분석 학습이 끝나면 체크된 것들을 다시 한 번 확인해 보자.

- ☐ **end** 끝나다
- ☐ **inexpensive** 저렴한
- ☐ **at half price** 반값에
- ☐ **function** 기능
- ☐ **adorable** 사랑스러운
- ☐ **set up** 설정하다
- ☐ **medical journal** 의학 저널
- ☐ **subscribe to** ~을 구독하다
- ☐ **nationally** 국내에서
- ☐ **plenty of** 충분한
- ☐ **waste** 낭비하다
- ☐ **precious** 소중한
- ☐ **conveniently** 편리하게
- ☐ **affordable price** 저렴한 가격
- ☐ **reputation** 평판
- ☐ **feature** 특징
- ☐ **excellent** 멋진, 훌륭한
- ☐ **durable** 튼튼한
- ☐ **ingredient** 재료
- ☐ **a variety of** 다양한

- ☐ **houseware** 가정용품
- ☐ **free gift** 경품
- ☐ **wireless** 무선; 무선의
- ☐ **miss** 놓치다
- ☐ **complimentary gift** 무료 선물
- ☐ **limited time** 한정 기간
- ☐ **expired** 기간이 지난
- ☐ **effective** 유효한
- ☐ **mark down** 할인하다
- ☐ **underwear** 속옷
- ☐ **fitness facility** 운동 시설
- ☐ **grocery store** 식료품점
- ☐ **electronics store** 전자제품 매장
- ☐ **gift certificate** 상품권
- ☐ **extremely** 극도로, 몹시
- ☐ **off-season** 비수기
- ☐ **furthermore** 더욱이, 게다가
- ☐ **eco-friendly** 친환경적인
- ☐ **property** 재산, 토지
- ☐ **discount rate** 할인율

유형 분석 **15**

# 주제별 공략 – 광고

**WARMING UP**

**REVIEW TEST**

받아쓰기 훈련

# WARMING UP

질문을 읽고, 질문의 핵심을 2초 안에 파악해 보자.

1. What kind of business is being advertised? ........................................
2. When does the promotion end? ........................................
3. How can the listeners get more information? ........................................

단서 찾기 설명문을 읽고, 위의 질문에 대한 단서를 찾아 밑줄 친 다음, 내용을 파악해 보자.

Did you know that this is the perfect time to get your winter clothes at inexpensive prices? At Big & Big, we offer the best prices on all kinds of winter clothes that you are looking for. Coats, boots, jackets, and all other winter apparel are available at half price now. You should hurry up because this offer is only available from Wednesday to Sunday. For more information, please visit our website at www.bignbig.com.

정답 & 요점 확인　정답을 확인하고, 광고와 관련된 설명문의 특징을 알아보자.

### 진단 평가 : 질문의 핵심 파악

1. What kind of business is being advertised?　어떤 종류의 사업체가 광고되고 있는가?　▶ 광고 대상

2. When does the promotion end?　행사는 언제 끝나는가?　▶ 행사가 끝나는 시점

3. How can the listeners get more information?
　청자들은 추가 정보를 어떻게 얻을 수 있나?　▶ 추가 정보를 얻는 방법

### 단서 찾기 : 스크립트 분석

[1] Did you know that this is the perfect time to get your winter clothes at inexpensive prices?　▶ 광고를 하는 업종의 종류가 의류업체임을 알 수 있는 근거
지금이 겨울옷을 저렴하게 구입할 수 있는 완벽한 시기라는 것을 알고 계셨습니까?

> 광고 초반부는 광고 대상, 광고하는 물건이나 서비스, 광고 업체 등을 소개한다.

At Big & Big, we offer the best prices on all kinds of winter clothes that you are looking for. Coats, boots, jackets, and all other winter apparel are available at half price now.
저희 Big & Big 매장은 당신이 찾는 모든 종류의 겨울옷을 최상의 가격으로 제공합니다. 코트, 부츠, 재킷, 그리고 다른 겨울 의류가 지금 반값에 판매 중입니다.

[2] You should hurry up because this offer is only available from Wednesday to Sunday.　▶ 행사 진행 기간을 알 수 있는 근거
이 할인은 오직 수요일부터 일요일까지 진행되므로 서두르셔야 합니다.

> 광고 중반부는 회사에 대한 설명, 제품의 특징 및 장점, 구매혜택, 세일 정보 등이 등장한다.

[3] For more information, please visit our website at www.bignbig.com.
▶ 추가 정보를 얻을 수 있는 근거
더 많은 정보는, 저희 홈페이지 www.bignbig.com로 방문하세요.

> 광고 후반부는 구매처 및 연락처 등 추가정보가 등장한다.

표현 정리  inexpensive 저렴한  at half price 반값에  hurry up 서두르다  offer 행사, 제공

# 제품 광고

광고문은 광고되는 제품의 특징을 설명하는 different, special, 최상급 표현을 잘 들어야 한다. 특히 후반부에 나오는 명령문(If+주어+동사 ~, please ~)은 문제와 직결된다.

 **대표 문제**   문제들을 먼저 10초 안에 읽은 다음, 설명문을 듣고 정답을 골라 보자.    95.mp3

4. What is being advertised?

   (A) Office supplies

   (B) A medical journal

   (C) A fashion magazine

   (D) A newspaper

5. What advantage does the company offer?

   (A) Discounts on magazines

   (B) Discounts on newspapers

   (C) Free magazines

   (D) Free newspapers

6. How can customers subscribe?

   (A) By visiting the website

   (B) By sending an email

   (C) By going to the Milan Times office

   (D) By calling a phone number

🗨️ **설명문을 듣기 전 문제를 읽을 때**

**4. What is being advertised?** 광고되고 있는 것은 무엇인가?

▶ 광고 제품을 묻고 있으므로 초반부를 듣는다.

(A) Office supplies  사무용품
(B) A medical journal  의학저널
(C) A fashion magazine  패션잡지
(D) A newspaper  신문

**5. What advantage does the company offer?**  회사는 어떤 이익을 제공하는가?

▶ 구매 혜택은 중후반부에 주로 단서가 나온다.

(A) Discounts on magazines  잡지 할인
(B) Discounts on newspapers  신문 할인
(C) Free magazines  무료 잡지
(D) Free newspapers  무료 신문

**6. How can customers subscribe?**  고객들은 어떻게 구독 신청을 할 수 있는가?

▶ 구독(구매) 방법과 연락처는 후반부에 단서가 나오는데, please ~의 형태로 주로 나온다.

(A) By visiting the website  홈페이지에 방문함으로써
(B) By sending an email  이메일을 보냄으로써
(C) By going to the Milan Times office  Milan Times 사무실을 방문함으로써
(D) By calling a phone number  전화를 함으로써

🎧 **설명문을 들을 때**

**⁴ Why don't you subscribe to the Milan Times newspaper?**

▶ 광고 제품이나 서비스의 종류는 초반부에 등장한다. (D)가 정답이다.

저희 Milan Times 신문을 구독해 보시는 것은 어떠십니까?

We are a nationally popular newspaper that provides our readers with plenty of information. You don't have to waste your precious time buying the paper anymore. Now, you can conveniently receive the paper at your home and get it at an affordable price.  저희는 저희 독자들에게 풍부한 정보를 제공하는 신문으로 전국적으로 유명합니다. 귀하는 신문을 구입하느라 더 이상의 소중한 시간을 낭비할 필요가 없습니다. 이제, 당신의 집에서 저렴한 가격으로 편리하게 신문을 받아보세요.

**⁵ If you subscribe to the Milan Times, you'll get a free copy of our weekend fashion magazine.**  ▶ 구매혜택과 같은 세부정보는 중후반부에 단서가 나온다. 무료 매거진을 준다고 했으므로 (C)가 정답이다.

귀하가 Milan Times 신문을 구독하시게 될 경우, 귀하는 주간 패션 매거진을 무료로 받아 보시게 될 것입니다.

**⁶ For more information or to subscribe now, please call 2451-2359.**

▶ 구매 방법, 구매처, 연락 방법 등은 후반부의 명령문에 등장한다. (D)가 정답이다.

더 자세한 사항이나 바로 구독을 원하시면, 2451-2359로 연락 주십시오.

**표현 정리** subscribe 구독하다  nationally 전국적으로  waste 낭비하다  precious 소중한  at an affordable price 저렴한 가격에

**시나공 +** ❶ 광고 제품이나 서비스의 종류에 대해서는 초반부를 잘 들어야 한다.
　　　❷ 구매 혜택을 묻는 문제는 중반이나 후반에 주로 단서가 나온다. 두번째 문제면 중반에 세번째 문제면 후반에 근거가 나온다.
　　　❸ 구매 방법, 구매처, 연락 방법 등은 후반부의 명령문(please ~)을 잘 들어야 한다.

## 제품 광고의 구조

| 제품 광고의 흐름 | 제품 광고와 관련된 패턴 |
| --- | --- |
| 광고하는 물건이나 서비스, 광고 대상, 제품에 대한 문제점 | • We have a good reputation for having the latest fashions. <br> 저희는 최신 패션으로 좋은 평판을 갖고 있습니다. <br> • Are you looking for ~?  ~을 찾고 계십니까? <br> • Are you having trouble ~?  ~에 어려움을 겪고 계십니까? |
| 제품의 특징과 장점, 회사에 대한 소개 | • One of the features  한 가지 특징은 <br> • Our firm has ~.  저희 회사는 ~을 갖고 있습니다. |
| 구매 혜택 | • We offer the best prices.  저희는 최저 가격으로 제공합니다. <br> • You'll also receive ~ free.  당신은 또한 무료로 받으실 수 있습니다. <br> • Youll get a free gift ~  당신은 무료 선물을 받을 것입니다. |
| 영업시간 | • We open for business at 9:00 A.M.  영업시간은 오전 9시입니다. <br> • We open at 5:00 A.M. in the morning every day. <br> 저희는 매일 오전 5시에 개장합니다. |
| 구매처 및 연락 방법 | • Give us a call at ~.  ~로 전화주세요. <br> • Please call ~.  ~로 전화주세요. <br> • Visit www.milantimes.com.  www.milantimes.com을 방문하세요. |

**Voca Check - up!** 광고 관련 표현

reliable 믿을 만한  excellent service 멋진 서비스  helpful employee 해박한 직원  durable/strong 튼튼한  good quality 좋은 품질
best deal 최상의 거래  material 재료  ingredient 재료  reasonable/affordable/low price 저렴한 가격

4. What is the advertisement for?

   (A) A network system
   (B) Furniture
   (C) Electronic devices
   (D) Kitchen supplies

5. What advantage of the new digital camera is mentioned?

   (A) It is very easy to use.
   (B) It is cheaper than last year's model.
   (C) It is the smallest camera in the world.
   (D) It comes in a variety of colors.

6. How can the listeners get more information?

   (A) By visiting a store
   (B) By sending an email
   (C) By calling a special number
   (D) By visiting a website

▶ 정답 및 해설은 해설집 95쪽 참고

# Unit 39 할인 광고

Step 1 실전 포인트

할인 광고는 지문의 후반부에 등장하는 할인 기간, 할인 혜택을 잘 들어야 한다. 특히 기간 및 가격을 나타내는 숫자 표현을 집중해서 들어야 한다.

 **대표 문제** 다음 문제들을 먼저 10초 안에 읽은 다음, 담화를 듣고 정답을 고르시오.  **97.mp3**

4. What does the advertised business sell?

   (A) Housewares

   (B) Furniture

   (C) Electronic equipment

   (D) Books

5. What will the customers receive?

   (A) A discount

   (B) Free delivery

   (C) A membership card

   (D) A free gift

6. When does the sale end?

   (A) On Friday

   (B) On Saturday

   (C) On Sunday

   (D) On Monday

**설명문을 듣기 전 문제를 읽을 때**

4. What does the advertised business sell?  광고되고 있는 업체가 판매하고 있는 것은 무엇인가?

> ▶ 광고하는 물건/회사의 종류를 묻고 있으므로 초반부를 듣는다.

(A) Housewares  가정용품

(B) Furniture  가구

(C) Electronic equipment  전자기기

(D) Books  책

5. What will the customers receive?  고객들은 어떤 혜택을 받는가?

> ▶ 세부적인 구매 혜택은 중반부에 단서가 나온다.

(A) A discount  할인

(B) Free delivery  무료 배송

(C) A membership card  회원권

(D) A free gift  경품

6. When does the sale end?  할인은 언제 끝나는가?

> ▶ 할인 마감일처럼 날짜와 관련된 단서는 초반이나 후반부에 제시된다.

(A) On Friday  금요일

(B) On Saturday  토요일

(C) On Sunday  일요일

(D) On Monday  월요일

**설명문을 들을 때**

**4** Are you tired of looking for a new computer? We have everything related to computers, including monitors, wireless keyboards and mouses, and printers.

> ▶ 초반부에 등장하는 'interested in, look for' 다음을 잘 들어야 한다. '~에 관심 있으세요?', '~을 찾고 있나요?'라고 이목을 끌며 시작한다. 광고되는 업체, 제품, 서비스 등의 종류와 대상이 누구인지를 확인시켜주는 문장이다. (C)가 정답이다.
>
> 새로운 컴퓨터를 찾으셨습니까? 모니터, 무선 키보드와 마우스, 프린터 등을 포함한 컴퓨터에 관한 모든 것들이 있습니다.

Starting this Friday, Kiara Electronics is having our annual sale. **5** We are also offering free delivery during the event. ▶구매 혜택과 관련된 세부적인 정보는 중후반부에 등장한다. 무료 배송을 제공한다고 했으므로 (B)가 정답이다.

Kiara Electronics에서는 이번 금요일부터 연례 할인 행사를 실시합니다. 저희는 또한 행사 기간 동안 무료 배송 서비스를 제공합니다.

**6** The sale only lasts from Friday to Sunday this week. So don't miss this great chance.

> ▶ 할인/세일 기간 등은 초반부나 후반부를 잘 들어야 한다. 이 담화에서는 후반부에 제시되었다. (C)가 정답이다.
>
> 할인 행사는 이번 주 금요일부터 일요일까지만 진행됩니다. 그러니 이번 기회를 놓치지 마십시오.

표현 정리 wireless 무선, 무선의  annual 매년의, 연례의  offer 제공하다  deliver 배달하다  miss 놓치다

시나공 + ❶ 광고되는 업체, 제품, 서비스 등의 종류와 대상 문제는 초반부에서 look for, interested in 다음을 들어야 한다.
　　　❷ 세부적인 구매 혜택에 대한 문제는 중/후반부를 잘 들어야 한다.
　　　❸ 할인/세일 기간은 초반부나 후반부에 제시된다.

## 할인 광고의 구조

| 할인 광고의 흐름 | 할인 광고와 관련된 패턴 |
|---|---|
| 광고 하는 물건이나 서비스,<br>광고 대상,<br>제품에 대한 문제점 | • Update your mobile phone.  휴대전화를 업데이트하세요.<br>• Are you looking for ~?  ~을 찾고 계십니까?<br>• If you have a problem ~.  ~에 문제가 있으면 ~. |
| 할인 혜택 | • Winter clothing is half price.  겨울옷은 반값입니다.<br>• Members will receive a complimentary gift.<br>회원들은 무료 선물을 받으실 수 있습니다.<br>• Apparel is fifty percent off.  의복은 50퍼센트 할인입니다.<br>• ~ is only available until the end of the month.<br>이번 달 말까지만 이용 가능합니다. |
| 구매처 및 연락 방법 | • Order your new mobile phone today.  오늘 휴대전화로 주문하세요. |

---

**Voca Check - up!**  광고 관련 표현

clearance sale 재고정리 세일  opening sale 개점 세일  anniversary sale 기념 세일  holiday sale 휴일 세일  today only 오늘만
limited time only 한정 기한에  expired 기간이 지난  effective/valid 유효한  special offer 특가 상품  discount 할인  off 할인  mark
down 할인하다, 가격을 내리다

---

**4.** What items are on sale?

(A) New arrivals

(B) Winter clothes

(C) Summer clothes

(D) Summer shoes

**5.** According to the advertisement, what
items are discounted?

(A) Underwear

(B) Skiwear

(C) Sweaters

(D) Swimming suits

**6.** How can customers get a free beach bag?

(A) By purchasing at least five items

(B) By spending more than $200

(C) By paying with cash

(D) By bringing a coupon

▶ 정답 및 해설은 해설집 96쪽 참고

# REVIEW TEST

1. What is being advertised?

   (A) Real estate
   (B) A sporting goods store
   (C) A furniture factory
   (D) A paint store

2. When will the apartments be available to rent?

   (A) The following month
   (B) Next year
   (C) Next Friday
   (D) At the end of the year

3. What is free for all residents of Luxury Apartments?

   (A) The supermarket
   (B) The fitness facilities
   (C) The playground
   (D The parking lot

4. What kind of store is this?

   (A) A grocery store
   (B) A bookstore
   (C) An electronics store
   (D) A furniture store

5. According to the advertisement, why should customers visit the store?

   (A) To get free products
   (B) To get discounts
   (C) To talk with the staff
   (D) To get their furniture repaired

6. When will the sale be held?

   (A) On Monday
   (B) On Sunday
   (C) On Saturday
   (D) On Friday

▶ 정답 및 해설은 해설집 81쪽 참고

7. What type of store is being advertised?

(A) A stationery store

(B) An electronics shop

(C) A bookshop

(D) An office supply store

8. What will a customer receive by purchasing a bestseller?

(A) Stationery

(B) A gift certificate

(C) A free book

(D) A discount

9. According to the advertisement, how can customers find a list of bestsellers?

(A) By visiting a website

(B) By calling a special number

(C) By visiting the store

(D) By sending an email

| Room Type | Rate |
| --- | --- |
| Superior Room | 190 Euro |
| Executive Standard | 215 Euro |
| Executive Suite | 245 Euro |
| Luxury Suite | 270 Euro |

10. Who most likely is this advertisement intended for?

(A) Company executives

(B) Renovation workers

(C) Travelers

(D) Hotel staff

11. Why is the business offering a special deal?

(A) To celebrate their anniversary

(B) To promote the opening of a business

(C) To raise money for renovation

(D) To commemorate their Remodeling

12. Look at the graphic. For what price will the Luxury Suite room be available this month?

(A) 190 Euro

(B) 215 Euro

(C) 245 Euro

(D) 270 Euro

▶ 정답 및 해설은 해설집 97쪽 참고

# 받아쓰기 훈련

**Questions 1-3 refer to the following conversation.**

The UCA Company's new digital camera _____, and it has _____ _____. First, it's _____. It has an auto-system, so you _____ _____ the camera _____ _____ once. It uses Wi-Fi as well, and it can _____ a personal computer _____. _____ is easy for anyone to use. For more information, visit our website at www.ucaelectronics.com.

**Questions 4-6 refer to the following advertisement.**

Winter is _____. The summer season _____ _____, so we are having _____ for the winter season. We have everything from swimming suits to _____-_____ _____. We are offering _____ summer items. Furthermore, if you _____ $200, we'll give you _____ _____. _____. This offer will _____ _____. Start saving now!

**Questions 1-3 refer to the following advertisement.**

Luxury Apartments will _____. This is _____-_____ complex. The property is located _____ _____, and there are _____. All residents of Luxury Apartments will be able to enjoy _____ _____, _____, and a tennis court 24 hours a day. To look around Luxury Apartments, please call 3451-1156.

Questions 4-6 refer to the following advertisement.

Are you planning to _____
_____? Then TNT Furniture is offering a great chance for you. We will be having _____
_____. The newest styles of furniture will be arriving at our store soon,
and we will also provide _____. But you should
come to our store _____
_____. _____ since the discounted furniture is
_____. This sale will _____
_____.


Questions 7-9 refer to the following advertisement.

Olive Bookstore is pleased to announce that we are having _____. This
event is being held to _____ - _____ and also to thank
our customers. _____, you will _____
_____ on it. _____
_____ we have in our store, please _____
at www.olivebooks.com. We hope to see you at Olive Bookstore.


Questions 10-12 refer to the following advertisement and price table.

It's the most _____ here at _____
! To celebrate _____, we are providing our guests with _____ - _____
_____. Spend your holidays in our newly _____
_____. This month only, our _____
_____
_____, and the Luxury Suite room will be available for the price of our
Executive Suite. Hurry up and make your booking, _____
_____!

# PART 4 FINAL TEST - 1

⌒ Part4-final1.mp3

**PART 4**

Directions: You will hear some short talks given by a single speaker. You will be asked to answer three questions about what the speaker says in each short talk. Select the best response to each question and mark the letter (A), (B), (C), or (D) on your answer sheet. The talks will not be printed in your test book and will be spoken only one time.

71. What is the purpose of the speech?
    (A) To introduce a new employee
    (B) To introduce a guest speaker
    (C) To give an award
    (D) To name a professor

72. Who is Melissa Rin?
    (A) A designer
    (B) An accountant
    (C) An electrician
    (D) A general manager

73. How long has Ms. Rin worked in the fashion industry?
    (A) Thirty years
    (B) Fewer than thirty years
    (C) More than thirty years
    (D) Thirty-five years

74. What is the purpose of the announcement?
    (A) To give information about staff training
    (B) To introduce a new employee
    (C) To announce a new policy
    (D) To ask for donations

75. Where can employees get a form?
    (A) On the company website
    (B) At the Human Resources Department
    (C) At the library
    (D) At the information desk

76. When does an employee have to get approval from a supervisor?
    (A) 7 days before a business trip
    (B) 6 days before a business trip
    (C) 5 days before a business trip
    (D) 4 days before a business trip

77. What is the company trying to do?

    (A) Attend an environmental seminar
    (B) Save electricity
    (C) Implement an ecofriendly program
    (D) Relocate to another state

78. What does the speaker mean when he says, "I know what you guys are probably thinking"?

    (A) He understands the listeners' doubts.
    (B) He agrees with the listeners.
    (C) He talked with the listeners before the meeting.
    (D) He predicts that the company will face some difficulties.

79. What will the listeners most likely receive if the plan is successful?

    (A) A celebratory inner
    (B) A special incentive
    (C) Some additional days off
    (D) A motivational speech

80. What kind of business is being advertised?

    (A) A restaurant
    (B) A bookstore
    (C) An electronics store
    (D) A grocery store

81. Where is Green House located?

    (A) Near city hall
    (B) Near the shopping center
    (C) Near the post office
    (D) Near the cathedral

82. According to the advertisement, how can customers get more information?

    (A) By visiting a website
    (B) By sending an email
    (C) By visiting a restaurant
    (D) By making a phone call

83. What is the report about?

    (A) Business
    (B) Health
    (C) Weather
    (D) Sports

84. What is predicted for the weekend?

    (A) Snow
    (B) Rain
    (C) Brightness
    (D) Fog

85. What will the listeners hear next?

    (A) Music
    (B) The weather forecast
    (C) Business news
    (D) Sports news

86. Who most likely is the speaker?

    (A) A museum guide
    (B) A singer
    (C) An artist
    (D) A filmmaker

87. What does the speaker imply when she says, "Seating is limited"?

    (A) People have to present their photo ID cards.
    (B) It will take more than a week to prepare for an event.
    (C) The expansion project at the museum is underway.
    (D) People should arrive at the event venue beforehand.

88. What does the speaker mention about the tour?

    (A) Groups of 10 or more receive a discount.
    (B) Photography is not permitted.
    (C) Children are not allowed to join.
    (D) Large bags are not allowed.

89. What is the main purpose of this message?

   (A) To confirm a reservation
   (B) To advertise a resort
   (C) To arrange transportation
   (D) To cancel a reservation

90. How much should Mr. Victor pay for the deposit?

   (A) $400
   (B) More than $200
   (C) Less than $200
   (D) $200

91. According to the message, what will the speaker provide for the listener?

   (A) A discount
   (B) A drink
   (C) A free meal
   (D) Transportation

92. What is the report mainly about?

   (A) A shopping center
   (B) A city park
   (C) A public museum
   (D) A public library

93. What caused the delay in construction?

   (A) Heavy snow
   (B) Heavy rain
   (C) A lack of money
   (D) A lack of workers

94. According to the report, what will happen on Friday?

   (A) A special sale
   (B) An opening ceremony
   (C) A festival
   (D) Repair work

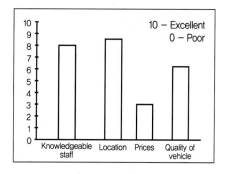

95. What is the radio broadcast mainly about?

    (A) A public hearing
    (B) An annual event
    (C) Local traffic conditions
    (D) A financial report

96. Look at the graphic. Which building will be most likely affected by the accident?

    (A) The community center
    (B) The bank
    (C) The city hall
    (D) The library

97. What does the speaker recommend?

    (A) Taking a detour
    (B) Using public transportation
    (C) Visiting a Web site
    (D) Participating in an event

98. What kind of business does the speaker work for?

    (A) A hotel
    (B) A travel agency
    (C) A car rental company
    (D) An airline

99. What does the speaker say the business recently did?

    (A) Placed an order
    (B) Moved into a new office
    (C) Opened a new location
    (D) Did a survey

100. Look at the graphic. Which area does the speaker want the listeners to talk about?

    (A) Knowledgeable staff
    (B) Location
    (C) Prices
    (D) Quality of vehicle

▶ 정답 및 해설은 해설집 99쪽 참고

# PART 4 FINAL TEST - 2

**PART 4**

Directions: You will hear some short talks given by a single speaker. You will be asked to answer three questions about what the speaker says in each short talk. Select the best response to each question and mark the letter (A), (B), (C), or (D) on your answer sheet. The talks will not be printed in your test book and will be spoken only one time.

71. Where most likely are the listeners?

    (A) At an airport
    (B) At a train station
    (C) At a bus stop
    (D) At a port

72. What has caused the delay?

    (A) Aircraft maintenance
    (B) Repair work on the runway
    (C) An accident
    (D) Bad weather

73. What will the listeners do next?

    (A) Present their boarding passes
    (B) Board the plane
    (C) Go to Gate 13
    (D) Fasten their seatbelts

74. What is the purpose of the advertisement?

    (A) To mention an annual sale
    (B) To introduce a company
    (C) To invite a customer to an event
    (D) To announce the opening of a new business

75. What is the company known for?

    (A) Its experienced staff
    (B) The high quality of its products
    (C) Its inexpensive prices
    (D) Being the oldest design companyin the city

76. According to the advertisement, why should the listeners call the company?

    (A) To make an appointment
    (B) To receive a brochure
    (C) To make a reservation
    (D) To talk with a staff member

77. Who is the speaker?

    (A) An office worker
    (B) A salesperson
    (C) A lawyer
    (D) A foreign tourist

78. Where is this talk most likely being made?

    (A) At a restaurant
    (B) At an airport
    (C) At a company
    (D) At a shopping mall

79. What should the listeners do if they have a question?

    (A) Send an email
    (B) Visit the information desk
    (C) Speak with a staff member
    (D) Wait until the tour is finished

80. Where is the announcement being made?

    (A) At a gift shop
    (B) At a bookstore
    (C) At a shopping mall
    (D) At a supermarket

81. What time will the store close during the sale?

    (A) 8:30 P.M.
    (B) 9:00 P.M.
    (C) 9:30 P.M.
    (D) 10:00 P.M.

82. What does the speaker mean when he says, "This could be the best chance you ever had"?

    (A) People will receive discounts on bulk purchases
    (B) Discounts will be applicable to furniture.
    (C) People will enjoy a free performance.
    (D) There will be the biggest sale soon.

83. According to the speaker, why should listeners choose this business?

    (A) It has many locations.
    (B) It has expert staff members.
    (C) It is open around the clock.
    (D) It offers the lowest prices in the region.

84. What special offer is being made this month?

    (A) A free checkup service
    (B) A next-day delivery service
    (C) A generous discount
    (D) Complimentary installation

85. Why does the woman say, "Are you still hesitating"?

    (A) To ask for technical help from the listeners
    (B) To offer more discounts and benefits
    (C) To encourage listeners to contact the business
    (D) To thank the audience for their patronage

86. Where does the speaker work?

    (A) On a technical support team
    (B) In the Human Resources Department
    (C) In the Sales Department
    (D) In the Marketing Department

87. What happened last night?

    (A) A new employee started working.
    (B) A document was stolen.
    (C) Some old furniture was moved.
    (D) An error occurred in a program.

88. What is Ms. Rilly asked to do?

    (A) Talk to the other staff members
    (B) Sign a contract
    (C) Copy a document
    (D) Restart her computer

89. What is the purpose of the talk?

(A) To give an award
(B) To promote a restaurant
(C) To introduce a new staff member
(D) To discuss a new policy

90. Who is Mr. James?

(A) A student
(B) A chef
(C) An architect
(D) A technician

91. What will be held on Friday?

(A) A welcome party
(B) A retirement party
(C) A party celebrating the company's founding
(D) An opening ceremony

**Ratings**

Customer Service ★★★★★★
Cleanliness ★★★★★
Location ★
Atmosphere ★★

92. Where does the speaker work?

(A) At a museum
(B) At a beauty salon
(C) At a restaurant
(D) At a dental office

93. Look at the graphic. What area does the speaker want to invest more in?

(A) Customer Service
(B) Cleanliness
(C) Location
(D) Atmosphere

94. What does the speaker ask the listeners to do?

(A) Make some suggestions
(B) Complete some paperwork
(C) Watch a presentation
(D) Review some documents

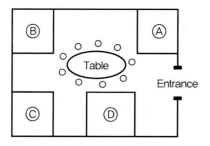

| Organization Chart | |
|---|---|
| **Department** | **Floor** |
| Research and Development | Second |
| Engineering | Third |
| Accounting | Fourth |
| Marketing | Fifth |

**95.** What is the speaker calling about?

(A) A change in a schedule
(B) A venue for an event
(C) A new company policy
(D) A seating arrangement

**96.** What does the hotel offer to do?

(A) Give a refund without a penalty
(B) Offer free valet service
(C) Provide a discount on room rates
(D) Upgrade a room reservation

**97.** Look at the graphic. Where will the refreshments table be placed?

(A) Location A
(B) Location B
(C) Location C
(D) Location D

**98.** Why did the speaker call?

(A) To request a document
(B) To plan a conference
(C) To arrange an interview
(D) To reschedule an appointment

**99.** What event does the speaker mention?

(A) An upcoming election
(B) A controversial newspaper article
(C) An annual conference
(D) A construction project

**100.** Look at the graphic. Where most likely does Ms. Lee work?

(A) Second floor
(B) Third floor
(C) Fourth floor
(D) Fifth floor

# 누구라도 5세트면
# 시험에 완벽하게 적응한다!

## ·················· 하루에 1세트씩! D-5 고득점 프로젝트! ··················

**❶ 하루에 1세트씩 5일이면 필요한 문제를 다 볼 수 있다!**
실전 유형과 난이도를 반영한 고품질 실전 모의고사 5회분을 제공합니다. 출제율을 바탕으로 가장
자주 출제되고 점수 상승에 필요한 문제만 뽑았습니다.

**❷ 신토익을 완벽하게 반영한 문제!**
10년만에 개정되는 신토익 유형을 분석해서 완벽하게 문제에 반영했고, 책의 전체 내용을 완전히
개정했습니다.

**❸ 명쾌하고 친절한 해설집 무료 제공!**
학습하는 수험생들을 위해 파트별 전문 저자들이 만든 친절하고 명쾌한 해설집을 무료로 제공합니다.

| 권장하는 점수대 | 400 | 500 | 600 | 700 | 800 | 900 |
|---|---|---|---|---|---|---|

| 이 책의 난이도 | 쉬움 | 비슷함 | 어려움 |
|---|---|---|---|

# 시나공 토익 BASIC

독학용
'토막 강의'
무료 제공!

정답
및
해설

시나공 토익연구소,
조강수, 김정은(Julia Kim), 엄대섭 지음

문제가 풀리는
이론을 알려주는
'실전 중심 입문서!'

LC

길벗
이지:톡

# 시나공 토익 BASIC

시나공 토익연구소,
조강수, 김정은(Julia Kim), 엄대섭 지음

## LC

정답
및
해설

길벗
이지:톡

# 정답

및

# 해설

## 유형 분석 1  사진 묘사하기
### Unit 01  1인 등장 사진

**Step 3 실전 문제**

**1.** (A) He is reaching for a file. (정답)
▶ 1인 상반신 노출 사진이므로 주어는 모두 같다. 따라서 동사와 명사 중심으로 듣는다. 파일을 집기 위해 손을 뻗고 있는 동작이며, 동사(reach)의 동작과 명사(file)가 모두 사진과 일치하므로 정답이다.

(B) He is opening a cabinet. (오답)
▶ 동사의 동작(open)과 명사(cabinet)가 사진에 없으므로 오답이다.

(C) He is sealing an envelope. (오답)
▶ 동사(seal)와 명사(envelope)가 사진에 없으므로 오답이다.

(D) He is drawing a picture. (오답)
▶ 동사(draw)와 명사(picture)가 사진에 없으므로 오답이다.

**해석**
(A) 그는 파일을 집기 위해 손을 뻗고 있다.
(B) 그는 캐비닛을 열고 있다.
(C) 그는 봉투를 봉하고 있다.
(D) 그는 그림을 그리고 있다.

**표현 정리  reach for** ~을 잡으려 손을 뻗다  **open** 열다  **seal** 봉하다  **envelope** 봉투  **draw** 그리다

**정답 (A)**

**2.** (A) The bicycle is leaning against the railing. (오답)
▶ 사진에는 동사(lean against)의 동작과 명사(railing)가 없으므로 오답이다.

(B) The bicycle is being pulled by the woman. (정답)
▶ 1인 전신 사진으로 인물의 행위에 초점을 맞추어 듣는다. 자전거가 여자에 의해 끌려가고 있으므로 정답이다.

(C) A woman is resting on a beach. (오답)
▶ 사진에는 동사의 동작(rest)이 없으므로 오답이다.

(D) A woman is chaining a bicycle to a tree. (오답)
▶ 사진에는 동사(chain)의 동작이 없고, 명사(tree)도 없으므로 오답이다.

**해석**
(A) 자전거가 난간에 기대어 있다.
(B) 자전거가 여자에게 끌려가고 있다.
(C) 여자가 해변에서 쉬고 있다.
(D) 여자가 자전거를 나무에 쇠사슬로 매고 있다.

**표현 정리  lean against** ~에 기대다  **railing** 난간  **pull** 끌다  **rest** 쉬다  **beach** 해변  **chain** 쇠사슬로 매다

**정답 (B)**

### Unit 02  2인 이상 등장 사진

**Step 3 실전 문제**

**1.** (A) They are sitting next to a brick wall. (오답)
▶ 사진 속 인물의 공통된 동작을 잘못 표현한 오답이다.

(B) They are entering a building. (오답)
▶ 공통된 동작(enter)이 틀리고, 사진에 명사(building)가 없는 오답이다.

(C) They are working on a construction project. (정답)
▶ 주어가 복수이므로 사진 속 인물의 공통적인 동작을 묻는 문제이다. 두 명의 남자가 공통적으로 일하고 있는 장면이므로 정답이다.

(D) They are lifting a ladder. (오답)
▶ 공통된 동작(lift)이 틀리고, 사진에 명사(ladder)가 없는 오답이다.

**해석**
(A) 그들은 벽돌담 옆에 앉아 있다.
(B) 그들은 건물로 들어가고 있다.
(C) 그들은 공사장에서 일하고 있다.
(D) 그들은 사다리를 들어 올리고 있다.

**표현 정리  next to** ~옆에  **brick wall** 벽돌담  **enter** ~로 들어가다  **lift** ~을 들어 올리다  **ladder** 사다리

**정답 (C)**

**2.** (A) A man is putting on his glasses. (오답)
▶ 남자의 동작(put on)이 틀리고, 사진에 없는 명사(glasses)가 등장한 오답이다.

(B) Customers are buying books. (오답)
▶ 고객들의 공통된 동작(buy)이 틀리고, 사진에 없는 명사(books)가 등장한 오답이다.

(C) A salesperson is assisting a customer. (정답)
▶ 주어가 점원 한 명을 가리키므로 점원의 동작에 집중한다. 점원이 고객의 계산을 돕기 위해 카드를 받고 있으므로 정답이다.

(D) A woman is handing a business card to the man. (오답)
▶ 사진에 없는 명사(business card)가 등장한 오답이다. business card는 명함이지 계산에 쓰는 카드가 아니다. 헷갈리지 말자.

**해석**
(A) 남자는 안경을 착용하려 하고 있다.
(B) 고객들은 책을 구입하고 있다.
(C) 점원이 고객을 돕고 있다.
(D) 여자가 남자에게 명함을 주고 있다.

**표현 정리  put on** ~을 착용하다  **glasses** 안경  **salesperson** 점원  **assist** 돕다  **hand** ~을 건네다  **business card** 명함

**정답 (C)**

**1. 1인 등장 사진**

(A) She is writing on a notepad.  (오답)
▶ 동사(write)와 명사(notepad)가 사진에 없는 오답이다.

(B) She is pushing a file cabinet.  (오답)
▶ 동사(push)의 묘사가 적절치 않은 오답이다.

(C) She is turning off a light.  (오답)
▶ 동사(turn off)와 명사(light)가 사진에 없는 오답이다.

(D) She is typing on a keyboard.  (정답)
▶ 상반신만 노출된 1인 등장 사진은 동사와 명사에 집중해서 듣는다. 사진 속 여자가 키보드를 치고 있으므로 정답이다.

**해석**
(A) 그녀는 노트패드에 쓰고 있다.
(B) 그녀는 서류보관함을 밀고 있다.
(C) 그녀는 등을 끄고 있다.
(D) 그녀는 키보드를 치고 있다.

**표현 정리** notepad 노트패드, 메모장  push 밀다  file cabinet 서류함  turn off 끄다  light 등  type 타이프를 치다

**정답** (D)

**2. 1인 등장 사진**

(A) She is washing her hands.  (정답)
▶ 여자가 손을 씻고 있는 장면으로 동사와 명사가 사진과 일치하므로 정답이다.

(B) She is serving a meal.  (오답)
▶ 동사(serve)와 명사(meal)가 사진에 없는 오답이다.

(C) She is sweeping the floor.  (오답)
▶ 동사(sweep)와 명사(floor)가 사진에 없는 오답이다.

(D) She is cleaning the counter.  (오답)
▶ 동사(clean)와 명사(counter)가 사진에 없는 오답이다.

**해석**
(A) 그녀는 손을 씻고 있다.
(B) 그녀는 식사를 서빙하고 있다.
(C) 그녀는 바닥을 닦고 있다.
(D) 그녀는 카운터를 청소하고 있다.

**표현 정리** wash 씻다  serve 서빙하다  meal 식사  sweep 청소하다  clean 청소하다

**정답** (A)

**3. 2인 등장 사진**

(A) They are photocopying a document.  (오답)
▶ 동사(photocopy)와 명사(document)가 사진에 없는 오답이다.

(B) They are pointing at the board.  (오답)
▶ 명사(board)가 사진에 없는 오답이다.

(C) They are looking at a computer monitor.  (정답)
▶ 주어가 they이므로 공통된 동작과 명사에 집중해서 듣는다. 사진 속 두 사람이 공통적으로 모니터를 보고 있으므로 정답이다.

(D) They are sitting at the table.  (오답)
▶ 남자만 앉아 있으므로 공통적인 동작이 아니므로 오답이다.

**해석**
(A) 그들은 문서를 복사하고 있다.
(B) 그들은 칠판을 가리키고 있다.
(C) 그들은 컴퓨터 모니터를 보고 있다.
(D) 그들은 테이블에 앉아 있다.

**표현 정리** photocopy 사진 복사하다  document 문서  point 가리키다  board 칠판  look at ~을 보다

**정답** (C)

**4. 2인 이상 등장 사진**

(A) Some people are holding a meeting.  (오답)
▶ 회의를 하고 있는 장면(hold a meeting)은 사진에 없으므로 오답이다.

(B) Technicians are working in a laboratory.  (정답)
▶ 주어가 복수로 공통적인 동작에 집중한다. 사진 속 인물들이 공통적으로 일하고 있으므로 정답이다.

(C) Microscopes are being removed from the room.  (오답)
▶ 동사의 동작(are being removed)이 사진에 없으므로 오답이다.

(D) Supplies are being unloaded from a cart.  (오답)
▶ 동사의 동작(are being unloaded)이 틀리고, 사진에 명사(cart)가 없으므로 오답이다.

**해석**
(A) 사람들이 회의를 하고 있다.
(B) 기술자들이 실험실에서 일하고 있다.
(C) 현미경들이 방에서 치워지고 있다.
(D) 물품들이 카트에서 내려지고 있다.

**표현 정리** hold a meeting 회의하다  technician 기술자  laboratory 실험실  microscope 현미경  remove 치우다  supply 물품  unload 내리다

**정답** (B)

**받아쓰기 훈련**

**Unit 1 1인 등장 사진**

**1.** (A) He is reaching for a file.
(B) He is opening a cabinet.
(C) He is sealing an envelope.
(D) He is drawing a picture.

**2.** (A) The bicycle is leaning against the railing.
(B) The bicycle is being pulled by the woman.

(C) A woman is resting on a beach.

(D) A woman is chaining a bicycle to a tree.

### Unit 2 2인 이상 등장 사진

**1.** (A) They are sitting next to a brick wall.

(B) They are entering a building.

(C) They are working on a construction project.

(D) They are lifting a ladder.

**2.** (A) A man is putting on his glasses.

(B) Customers are buying books.

(C) A salesperson is assisting a customer.

(D) A woman is handing a business card to the man.

### Review Test

**1.** (A) She is writing on a notepad.

(B) She is pushing a file cabinet.

(C) She is turning off a light.

(D) She is typing on a keyboard.

**2.** (A) She is washing her hands.

(B) She is serving a meal.

(C) She is sweeping the floor.

(D) She is cleaning the counter.

**3.** (A) They are photocopying a document.

(B) They are pointing at the board.

(C) They are looking at a computer monitor.

(D) They are sitting at the table.

**4.** (A) Some people are holding a meeting.

(B) Technicians are working in a laboratory.

(C) Microscopes are being removed from the room.

(D) Supplies are being unloaded from a cart.

## 유형 분석 2 사물, 풍경 및 인물, 배경 사진
### Unit 03 사물, 풍경 사진

Step 3 실전 문제

**1.** (A) All of the balcony doors have been left open. (오답)
▸ all, both가 들리는 보기는 거의 오답이다. 대부분의 발코니 창문은 닫혀 있다.

(B) There are stairs in the building's entrance. (오답)
▸ 사진에 없는 명사(stairs)가 들리는 보기는 오답이다.

(C) The house is covered with flowers. (오답)
▸ 사진에 없는 명사(flowers)가 들리는 보기는 오답이다.

(D) There are different styles of railings on the balcony. (정답)
▸ 각 층의 난간들의 모양이 서로 다르므로 정답이다.

해석
(A) 모든 발코니의 문이 열려 있다.
(B) 건물 입구에 계단이 있다.
(C) 집이 꽃들로 덮여 있다.
(D) 발코니 난간의 모양이 다르다.

표현 정리 entrance 입구 stairs 계단 be covered with ~ ~로 덮여 있다 railing 난간

정답 (D)

**2.** (A) Boats are sailing along the shoreline. (오답)
▸ 동사의 동작(sail)이 틀리고, 사진에 없는 명사(shoreline)가 나온 오답이다.

(B) Buildings overlook a harbor. (정답)
▸ 많은 건물들이 항구를 내려다보고 있는 사진이므로 정답이다.

(C) Rocks have been piled along the shore. (오답)
▸ 사진에 없는 명사(rock)가 왔으므로 오답이다.

(D) A bridge extends across the water. (오답)
▸ 사진에 없는 명사(bridge)가 왔으므로 오답이다.

해석
(A) 배들이 해안선을 따라 항해하고 있다.
(B) 건물들이 항구를 내려다보고 있다.
(C) 돌이 해변을 따라 쌓여 있다.
(D) 다리가 물을 가로질러 뻗어 있다.

표현 정리 shoreline 해안선 harbor 항구 be piled 쌓여 있다 extend 뻗다 있다

정답 (B)

### Unit 04 인물, 배경 사진

Step 3 실전 문제

**1.** (A) They are boarding up the windows of a house. (오답)
▸ 사진에 없는 동사(board)와 명사(window)가 틀리는 보기는 오답이다.

(B) One of the men is painting a balcony. (오답)
▸ 사진에 없는 동사(paint)와 명사(balcony)가 틀리는 보기는 오답이다.

(C) Ladders of different heights are propped against the wall. (정답)
▸ 높이가 다른 두 개의 사다리가 벽에 기대어 있으므로 정답이다.

(D) There is a patio between the buildings. (오답)
▸ 사진에 없는 명사(patio)가 틀리는 보기는 오답이다.

해석
(A) 그들이 집 창문을 판자로 대고 있다.
(B) 한 남자가 발코니에 페인트칠을 하고 있다.
(C) 다른 높이의 사다리들이 벽에 기대 세워졌다.
(D) 건물 사이에 마당이 있다.

표현 정리 **board up** 판자로 대다 **height** 높이 **prop** ~에 기대 놓다 **patio** 안뜰. 베란다

정답 (C)

**2.** (A) A sail is being raised above a boat. (오답)
▶ 사진에 없는 명사(sail)가 들리는 보기는 오답이다.

(B) A passenger is waving a flag in the air. (오답)
▶ 사진에 없는 동사(wave)와 명사(flag)가 들리는 보기는 오답이다.

(C) Some people are riding on boats. (정답)
▶ 사람들이 보트에 타고 있으므로 정답이다.

(D) Water is splashing onto a boat deck. (오답)
▶ 사진만을 보고 알 수 없는 추상적인 문장으로 오답이다.

해석
(A) 돛이 보트 위에 올려지고 있다.
(B) 승객이 공중에 기를 흔들고 있다.
(C) 사람들이 보트에 타고 있다.
(D) 물이 보트 갑판에 튀고 있다.

표현 정리 **sail** 돛 **raise** 올리다 **wave** 흔들다 **flag** 깃발 **in the air** 공중에 **splash** 튀다 **boat deck** 보트 갑판

정답 (C)

## Review Test

**1.** 사물, 풍경 사진

(A) Rugs have been rolled up against the wall. (오답)
▶ 양탄자의 위치(wall)이 틀리다.

(B) A sofa is next to a cabinet. (오답)
▶ 사진에 없는 명사(cabinet)가 들리는 보기는 오답이다.

(C) The blinds are drawn. (오답)
▶ 사진에 없는 명사(blinds)가 들리는 보기는 오답이다.

(D) The lamps have been turned on. (정답)
▶ 사물 및 배경 묘사 문제이므로 사물의 중앙을 먼저 확인한 후 주변을 확인한다. 뒤쪽 벽면에 두 개의 램프가 켜져 있으므로 정답이다.

해석
(A) 양탄자가 벽에 기대어 말려 있다.
(B) 소파가 캐비닛 옆에 있다.
(C) 블라인드가 쳐져 있다.
(D) 램프가 켜져 있다.

표현 정리 **rug** 양탄자 **roll up** 말다 **blind** 블라인드 **draw** (커튼을) 치다 **lamp** 램프 **turn on** 켜다

정답 (D)

**2.** 인물, 배경 사진

(A) A man is being handed a piece of artwork. (오답)
▶ 사진에 없는 동사의 동작(hand)이 들리면 오답이다. 'hand'는 동사로 '건네주다'의 뜻이다.

(B) Pottery has been arranged on the shelf. (정답)
▶ 도자기가 선반에 진열되어 있으므로 정답이다. 진열, 전시되어 있는 사진에서는 display, lay out, arrange 등이 들리면 정답이다.

(C) A man is walking into a workshop. (오답)
▶ 사진에 없는 동사의 동작(walk)이 들리면 오답이다.

(D) A picture has been hung on the wall. (오답)
▶ 사진에 없는 명사(picture)가 들리는 보기는 오답이다.

해석
(A) 남자가 공예품을 건네받고 있다.
(B) 도자기가 선반에 진열되어 있다.
(C) 남자가 작업장 안으로 걸어가고 있다.
(D) 그림이 벽에 걸려 있다.

표현 정리 **hand** 건네다 **artwork** 공예품 **pottery** 도자기 **arrange** 진열하다 **workshop** 작업장 **hang** 걸다

정답 (B)

**3.** 인물, 배경 사진

(A) People have gathered for an outdoor event. (오답)
▶ 사진만을 보고 알 수 없는 추상적인 문장은 오답이다. 이벤트를 위해 모였는지 알 수 없다.

(B) Workers are installing glass doors. (오답)
▶ 사진에 없는 동사의 동작(install)이 들리는 보기는 오답이다.

(C) There are tools in the middle of the hallway. (오답)
▶ 사진에 없는 명사(tools)가 들리는 보기는 오답이다.

(D) Windows extend from the floor to the ceiling. (정답)
▶ 공통적인 사람의 동작과 주변 사물을 확인하면서 들어야 한다. 창문이 바닥에서 천장까지 뻗어 있으므로 정답이다.

해석
(A) 사람들이 야외활동을 위해 모였다.
(B) 근로자들이 유리문을 설치하고 있다.
(C) 복도 중앙에 도구들이 있다.
(D) 창문이 바닥에서 천장까지 뻗어 있다.

표현 정리 **gather** 모이다 **outdoor event** 야외활동 **install** 설치하다 **glass** 유리 **tool** 도구 **hallway** 복도 **extend** 뻗어 있다 **ceiling** 천장

정답 (D)

**4.** 사물, 풍경 사진

(A) Chairs are arranged on either side of a sofa. (오답)
▶ 의자는 소파 양쪽이 아니라 테이블 양쪽에 있다. 사물의 위치가 틀리다.

(B) Some cups are being removed from a table. (오답)

▶ 사진에 없는 명사(cups)가 들리면 오답이다. 또한 사람이 없는 사진이므로 수동태는 오답이다.

(C) There are many books on the table. (오답)

▶ 책은 테이블에 있는 것이 아니라 책장에 있으므로 오답이다.

(D) Light fixtures are suspended above the table. (정답)

▶ 사물 및 풍경 사진은 사물 중앙을 먼 확인 후 주변을 확인한다. 조명기구가 테이블 위 천장에 매달려 있으므로 정답이다.

**해석**

(A) 의자가 소파 양쪽에 정돈되어 있다.

(B) 컵들이 테이블에서 치워지고 있다.

(C) 테이블에 많은 책이 있다.

(D) 조명이 테이블 위에 매달려 있다.

**표현 정리** arrange 정돈하다  on either side of ~의 양쪽에  remove 치우다  light fixture 조명기구  suspend 매달다

**정답** (D)

---

### 받아쓰기 훈련

**Unit 3 사물, 풍경 사진**

**1.** (A) All of the balcony doors have been left open.

(B) There are stairs in the building's entrance.

(C) The house is covered with flowers.

(D) There are different styles of railings on the balcony.

**2.** (A) Boats are sailing along the shoreline.

(B) Buildings overlook a harbor.

(C) Rocks have been piled along the shore.

(D) A bridge extends across the water.

**Unit 4 인물, 배경 사진**

**1.** (A) They are boarding up the windows of a house.

(B) One of the men is painting a balcony.

(C) Ladders of different heights are propped against the wall.

(D) There is a patio between the buildings.

**2.** (A) A sail is being raised above a boat.

(B) A passenger is waving a flag in the air.

(C) Some people are riding on boats.

(D) Water is splashing onto a boat deck.

**Review Test 받아쓰기**

**1.** (A) Rugs have been rolled up against the wall.

(B) A sofa is next to a cabinet.

(C) The blinds are drawn.

(D) The lamps have been turned on.

**2.** (A) A man is being handed a piece of artwork.

(B) Pottery has been arranged on the shelf.

(C) A man is walking into a workshop.

(D) A picture has been hung on the wall.

**3.** (A) People have gathered for an outdoor event.

(B) Workers are installing glass doors.

(C) There are tools in the middle of the hallway.

(D) Windows extend from the floor to the ceiling.

**4.** (A) Chairs are arranged on either side of a sofa.

(B) Some cups are being removed from a table.

(C) There are many books on the table.

(D) Light fixtures are suspended above the table.

---

### PART 1 FINAL TEST - 1

**1.** 1인 등장 사진

(A) He is wearing a wristwatch. (오답)

▶ 사진에 없는 동사(wear)와 명사(wristwatch)가 들리는 보기는 오답이다.

(B) He is carrying some boxes. (정답)

▶ 물건을 나르는 장면에서는 carrying, moving이 정답으로 사용된다. 남자가 상자를 옮기고 있으므로 정답이다.

(C) He is fixing a printer. (오답)

▶ 사진에 없는 동사(fix)와 명사(printer)가 들리는 보기는 오답이다.

(D) He is working at a desk. (오답)

▶ 동사(work)만 들으면 답으로 혼동할 수 있지만 장소/위치가 틀리다.

**해석**

(A) 그는 손목시계를 차고 있다.

(B) 그는 상자를 운반하고 있다.

(C) 그는 프린터를 수리하고 있다.

(D) 그는 책상에서 일하고 있다.

**표현 정리** wristwatch 손목시계  carry 옮기다, 운반하다  fix 수리하다

**정답** (B)

**2.** 2인 이상 등장 사진

(A) Some flower arrangements are being delivered. (오답)

▶ 동사(deliver)의 동작이 사진에는 없으므로 오답이다.

(B) A woman is resting her chin on her hand. (오답)

▶ 여자의 동작(rest her chin)이 사진에는 없으므로 오답이다.

(C) Sofas are positioned in the lobby. (정답)

▶ 소파가 로비에 놓여 있으므로 정답이다.

(D) A man is reading a newspaper. (오답)

▸ 남자의 동작(read)이 사진에 없으므로 오답이다.

**해석**

(A) 꽃꽂이가 배달되고 있다.
(B) 여자가 손으로 턱을 괴고 있다.
(C) 소파가 로비에 놓여 있다.
(D) 남자가 신문을 읽고 있다.

**표현 정리** flower arrangement 꽃꽂이 deliver 배달하다 rest one's chin 턱을 괴다 position ~에 두다

**정답** (C)

## 3. 배경 사진

(A) The plant is on the table. (오답)

▸ 식물이 놓인 위치는 테이블이 아니라 구석이다.

(B) The picture is hanging on the wall. (정답)

▸ 벽에 그림 한 점이 걸려 있으므로 정답이다.

(C) The pottery is situated in the corner. (오답)

▸ 사진에 없는 명사(pottery)가 들리는 보기는 오답이다.

(D) The sofas are facing the same directions. (오답)

▸ 소파가 서로 다른 방향(different directions)을 보고 있으므로 오답이다.

**해석**

(A) 식물이 테이블 위에 있다.
(B) 벽에 그림이 걸려 있다.
(C) 도자기가 구석에 놓여 있다.
(D) 소파가 서로 같은 방향을 보고 있다.

**표현 정리** plant 식물 hang 걸다 pottery 도자기 situate ~에 놓다 corner 모퉁이 direction 방향

**정답** (B)

## 4. 1인 등장 사진

(A) She is walking through a doorway. (오답)

▸ 동사의 동작(walk)이 틀리고, 사진에 없는 명사(doorway)는 오답이다.

(B) She is getting into a vehicle. (정답)

▸ 여자가 차를 타고 있으므로 정답이다. 교통수단에 타는 장면에서는 boarding, getting on, getting into, stepping into[onto] 등이 들리면 정답이다.

(C) She is riding on a bus. (오답)

▸ 사진에 없는 명사(bus)가 들리는 보기는 오답이다.

(D) She is pushing a cart. (오답)

▸ 동사의 동작(push)이 틀리고, 사진에 없는 명사(cart)는 오답이다.

**해석**

(A) 그녀는 현관을 통해 걸어 들어가고 있다.
(B) 그녀는 차를 타고 있다.
(C) 그녀는 버스에 타고 있다.
(D) 그녀는 카트를 밀고 있다.

**표현 정리** doorway 현관 vehicle 탈 것 ride ~을 타다 push 밀다

**정답** (B)

## 5. 인물, 배경 사진

(A) A man is sweeping a balcony. (오답)

▸ 사진에 없는 명사(balcony)가 들리는 보기는 오답이다.

(B) A man is leaning against the tree. (오답)

▸ 남자의 동작(lean)이 사진과는 다르다.

(C) Some leaves are being gathered into a pile. (정답)

▸ 긁어 모은 나뭇잎들이 더미(pile)로 있으므로 정답이다. leaves, gathered, pile이 정답의 핵심으로 'A man is gathering some leaves into a pile'과 같은 표현이다.

(D) The plants are beside the entrance. (오답)

▸ 사진에 없는 명사(entrance)는 오답이다.

**해석**

(A) 남자가 발코니를 청소하고 있다.
(B) 남자가 나무에 기대어 있다.
(C) 일부 낙엽들이 더미로 모아지고 있다.
(D) 출입구 옆에 화초가 있다.

**표현 정리** sweep 청소하다 lean against ~에 기대다 leaves 낙엽 gather 모으다 pile 더미 beside ~옆에

**정답** (C)

## 6. 사물, 풍경 사진

(A) The wall is being painted. (오답)

▸ 사진에 사람이 없으므로 수동태는 틀리고, 동사의 동작(paint) 또한 틀리다.

(B) Vegetables are piled on the chair. (오답)

▸ 사진에 없는 명사(vegetables)가 들리는 보기는 오답이다.

(C) The table is set with fruit. (오답)

▸ 사진에 없는 명사(fruit)가 나와서 오답이다.

(D) There is a plant on the table. (정답)

▸ 테이블에 꽃이 든 화병이 있으므로 정답이다.

**해석**

(A) 벽이 페인트칠되고 있다.
(B) 야채들이 의자에 쌓여 있다.
(C) 테이블이 과일로 차려져 있다.
(D) 테이블 위에 화초가 있다.

**표현 정리** wall 벽 paint 페인트칠하다 vegetable 야채 pile 쌓다

**정답** (D)

**1. 1인 등장 사진**

(A) He is opening a door. (오답)
▶ 동사의 동작(open)이 사진에는 없으므로 오답이다.

(B) He is working in the garden. (오답)
▶ 사진에 없는 명사(garden)가 나왔으므로 오답이다.

(C) A door is being repaired by a worker. (정답)
▶ 1인 전신사진이므로 인물의 행위에 집중해서 듣는다. 남자가 문을 수리하고 있으므로 정답이다.

(D) The door is being closed by the wind. (오답)
▶ 사진만 보고 알 수 없는 추상적인 내용은 답이 아니다.

해석
(A) 그가 문을 열고 있다.
(B) 그가 정원에서 일하고 있다.
(C) 문이 일꾼에 의해 수리되고 있다.
(D) 문이 바람에 의해 닫혔다.

표현 정리 **garden** 정원 **repair** 수리하다 **close** 닫다

정답 (C)

**2. 인물, 배경 사진**

(A) The woman is taking a book from the cabinet. (오답)
▶ 사진에 없는 명사(cabinet)가 들리는 보기는 오답이다. 캐비넷이 아니라 책장에서 책을 꺼내고 있다.

(B) Books have been organized on a table. (오답)
▶ 사진에 없는 명사(table)가 들리는 보기는 오답이다.

(C) The woman is packing a book into a box. (오답)
▶ 사진에 없는 동사(pack)의 동작과 명사(box)가 들려서 오답이다.

(D) The shelves are full of books. (정답)
▶ 선반에 많은 책들이 있으므로 정답이다.

해석
(A) 여자가 캐비닛에서 책을 꺼내고 있다.
(B) 책들이 테이블 위에 정리되어 있다.
(C) 여자가 박스에 책을 한권 넣고 있다.
(D) 선반에 책들이 가득 차 있다.

표현 정리 **take** 꺼내다 **organize** 정리하다 **be full of** 가득 차 있다

정답 (D)

**3. 사물, 풍경 사진**

(A) A boat is passing under a bridge. (오답)
▶ 사진에 없는 명사(boat)가 들리는 보기는 오답이다.

(B) The scenery is reflected on the surface of the water. (정답)
▶ 물이나 거울에 비치는 사진은 reflect가 들리면 정답이다.

(C) The bridge is being constructed out of stone. (오답)

▶ 건축하고 있는 사람이 없으므로 수동태는 오답이다.

(D) Some trees are being planted along the riverbank. (오답)
▶ 나무를 심고 있는 사람이 없으므로 오답이다.

해석
(A) 배가 물 아래로 지나가고 있다.
(B) 풍경이 물의 표면에 비치고 있다.
(C) 다리가 돌로 건축되고 있다.
(D) 나무들이 강둑을 따라 심어지고 있다.

표현 정리 **pass** 지나가다 **bridge** 다리 **scenery** 풍경 **surface** 표면 **plant** 심다 **riverbank** 강둑

정답 (B)

**4. 2인 등장 사진**

(A) He is pouring water into a glass. (정답)
▶ 남자가 잔에 물을 따르고 있으므로 정답이다.

(B) She is setting a bowl on a table. (오답)
▶ 동사의 동작(set)이 틀리다.

(C) He is putting away some plates. (오답)
▶ 동사의 동작(put away)이 틀리다.

(D) She is drinking from a cup. (오답)
▶ 동사의 동작(drink)이 틀리다.

해석
(A) 그는 잔에 물을 따르고 있다.
(B) 그녀는 테이블에 그릇을 세팅하고 있다.
(C) 그는 접시를 치우고 있다.
(D) 그녀는 컵에 물을 마시고 있다.

표현 정리 **pour** 따르다, 붓다 **bowl** 그릇 **put away** 치우다 **plate** 접시

정답 (A)

**5. 인물, 배경 사진**

(A) A man is unloading a box. (오답)
▶ 동사의 동작(unload)이 틀리다. load로 바꾸어야 한다.

(B) There's a fence around a car. (오답)
▶ 사진에 없는 명사(fence)는 오답이다.

(C) A man is climbing up the steps. (오답)
▶ 사진에 없는 명사(steps)가 들리는 보기는 오답이다.

(D) The back of the truck is open. (정답)
▶ 1인 전신 사진이므로 인물의 행위 및 주변 사물에도 신경 써야 한다. 트럭 뒷문이 열려 있으므로 정답이다.

해석
(A) 남자가 상자를 내리고 있다.
(B) 차 주변에 울타리가 있다.
(C) 남자가 계단을 오르고 있다.
(D) 트럭 뒷문이 열려 있다.

표현 정리 **unload** 내리다 **fence** 울타리 **climb** 오르다 **step** 계단
**open** 열린

정답 **(D)**

## 6. 사물, 풍경 사진

(A) They are standing on the road. (오답)
▶ 사진에 사람이 없으므로 오답이다.

(B) Some people are buying bicycles on the street. (오답)
▶ 사진에 없는 동사의 동작(buy)이 틀리다.

(C) Some bicycles are parked near trees. (정답)
▶ 자전거들이 나무 앞에 세워져 있으므로 정답이다.

(D) There are some bicycles on display in the window. (오답)
▶ 사진에 없는 명사(window)가 틀리는 보기는 오답이다. 자전거가 놓여져
있는 것이지 판매용으로 전시되어 있는 것은 아니다.

해석
(A) 그들은 도로에 서 있다.
(B) 사람들이 길에서 자전거를 구입하고 있다.
(C) 자전거들이 나무 근처에 세워져있다.
(D) 자전거들이 창문에 진열되어 있다.

표현 정리 **buy** 사다 **on display** 전시 중인

정답 **(C)**

PART 2

## 유형 분석 3  의문사 의문문 1
## Unit 05  Who 의문문

**Step 3 실전 문제**

**1.** Who is the director's new secretary?

(A) Betty Rodman. (정답)
▶ 사람 이름을 사용한 정답

(B) Sending an email. (오답)
▶ What 의문문에 적합한 오답

(C) On the table. (오답)
▶ Where 의문문에 적합한 오답

해석
이사님의 새 비서가 누구인가요?
(A) Betty Rodman이에요.
(B) 이메일을 보내는 거요.
(C) 탁자 위에요.

표현 정리 **director** 이사, 임원 **secretary** 비서

정답 **(A)**

**2.** Who's coming to the staff meeting tomorrow?

(A) In the museum. (오답)
▶ Where 의문문에 적합한 오답

(B) The design team. (정답)
▶ Who 의문문에서 '부서 이름'이 들리면 정답

(C) Yes, 2 o'clock. (오답)
▶ 의문사 의문문에 Yes 보기는 오답

해석
누가 오늘 오후 프로젝트 회의에 오나요?
(A) 박물관에서요.
(B) 디자인 팀요.
(C) 네, 2시에요.

표현 정리 **staff** 직원 **meeting** 회의 **museum** 박물관

정답 **(B)**

**3.** Who decorated the restaurant?

(A) The supervisor. (정답)
▶ Who 의문문에서 '직책 이름'이 들리면 정답

(B) No, she didn't. (오답)
▶ 의문사 의문문에 No 보기는 오답

(C) In red. (오답)
▶ Which color~ ?에 적합한 오답

**해석**
누가 사무실을 장식했나요?
(A) 관리자가요.
(B) 아니오, 그녀는 안 했어요.
(C) 빨간색으로요.

**표현 정리** decorate 장식하다, 꾸미다  supervisor 상사, 관리자

정답 (A)

**4.** Who should I call to reserve a meeting room?

(A) It's in the cinema. (오답)
▶ Where 의문문에 적합한 오답

(B) Ask Andy to do it. (정답)
▶ 다른 사람에게 시키라는 회피성 정답

(C) For dinner. (오답)
▶ Why 의문문에 적합한 오답

**해석**
회의실을 예약하려면 누구에게 전화해야 하나요?
(A) 극장 안에 있어요.
(B) Andy에게 하라고 요청해요.
(C) 저녁식사를 위해서요.

**표현 정리** reserve 예약하다  meeting room 회의실  cinema 극장

정답 (B)

---

## Unit 06  When, Where 의문문

**Step 3** 실전 문제

**1.** When's the concert?

(A) A singer. (오답)
▶ who 의문문에 적합한 오답

(B) On Friday. (정답)
▶ 요일을 사용한 정답

(C) Five tickets. (오답)
▶ 지문에 나온 단어와 직접적으로 연관된(concert – tickets) 보기는 거의 오답

**해석**
콘서트가 언제 열리나요?
(A) 가수요.
(B) 금요일에요.
(C) 티켓 5장요.

**표현 정리** concert 연주회  ticket 표, 티켓

정답 (B)

**2.** Where should I send this package?

(A) By international mail. (오답)
▶ how 의문문에 적합한 오답

(B) After 5 P.M. (오답)
▶ When 의문문에 적합한 오답

(C) To the new office. (정답)
▶ '전치사+장소'를 사용한 정답

**해석**
이 소포를 어디로 보내야 하나요?
(A) 국제우편으로요.
(B) 오후 5시 이후에요.
(C) 새로운 사무실로요.

**표현 정리** package 소포  international mail 국제우편

정답 (C)

**3.** When was Mr. Erickson supposed to arrive?

(A) Near the park. (오답)
▶ Where 의문문에 적합한 오답

(B) Yes, she drove. (오답)
▶ 의문사 의문문에 Yes, No 보기는 오답

(C) At one o'clock. (정답)
▶ '전치사+시점'을 사용한 정답

**해석**
Mr. Erickson은 언제 도착할 예정이었나요?
(A) 공원 근처에요.
(B) 네, 그녀가 운전했어요.
(C) 1시 정각에요.

**표현 정리** be supposed to ～하기로 되어 있다, ～해야 한다

정답 (C)

**4.** Where should I file the report?

(A) Anytime before you leave. (오답)
▶ When 의문문에 적합한 오답

(B) On the second bookshelf. (정답)
▶ '전치사+장소'를 사용한 정답

(C) I heard from him. (오답)
▶ 연관된(report – heard) 보기로 혼동을 준 오답

**해석**
어디에 이 보고서를 보관해야 하나요?
(A) 당신이 떠나기 전 아무 때나요.
(B) 두 번째 책꽂이에요.
(C) 그에게서 들었어요.

**표현 정리** file (문서 등을 정리하여) 보관하다  bookshelf 책꽂이

정답 (B)

## 1. When 의문문

**When will the merger take place?**

(A) Many companies. (오답)
▶ 연관된(merger – companies) 단어로 혼동을 준 오답

(B) Sometime in November. (정답)
▶ 'in+날짜'를 사용한 정답

(C) No, not yet. (오답)
▶ 의문사 의문문에 Yes, No 보기는 오답

**해석**
언제 합병할 건가요?
(A) 많은 회사들이요.
(B) 11월 중으로요.
(C) 아니오.

**표현 정리** merger 합병 take place 개최되다, 일어나다 sometime 언젠가

**정답** (B)

## 2. Who 의문문

**Who's designing the new office building?**

(A) The Merch architectural firm. (정답)
▶ 회사 이름을 사용한 정답

(B) In the storage area. (오답)
▶ Where 의문문에 적합한 오답

(C) A new design. (오답)
▶ 유사한 단어(designing – design)가 들리는 오답

**해석**
누가 새 사무실 건물을 설계하나요?
(A) Merch 건축회사에서요.
(B) 창고에서요.
(C) 새로운 디자인요.

**표현 정리** design 설계하다, 디자인하다 architectural firm 건축회사 storage area 창고

**정답** (A)

## 3. Where 의문문

**Where did Nelson leave the agenda?**

(A) By two o'clock. (오답)
▶ When 의문문에 적합한 오답

(B) On the desk. (정답)
▶ 'on+장소'를 사용한 정답

(C) From Chicago. (오답)
▶ 출신에 적합한 오답

**해석**
Nelson은 어디에 안건을 두었나요?
(A) 2시 정각까지요.
(B) 책상 위에요.
(C) Chicago로부터요.

**표현 정리** leave 남기다, 두다 agenda 안건

**정답** (B)

## 4. Who 의문문

**Who will be giving the presentation?**

(A) In the meeting room. (오답)
▶ Where 의문문에 적합한 오답

(B) Ms. Miranda. (정답)
▶ 사람 이름을 사용한 정답

(C) In December. (오답)
▶ When 의문문에 적합한 오답

**해석**
누가 프레젠테이션을 할 것인가요?
(A) 회의실에서요.
(B) Ms. Miranda요.
(C) 12월에요.

**표현 정리** give a presentation 발표를 하다, 프레젠테이션을 하다

**정답** (B)

## 5. Where 의문문

**Where did you put my book?**

(A) A bestseller. (오답)
▶ 연관된(book – bestseller) 단어로 혼동을 준 오답

(B) Isn't it on the chair? (정답)
▶ 반문하는 표현으로 정답

(C) I will leave soon. (오답)
▶ When 의문문에 적합한 오답

**해석**
내 책을 어디에 두었나요?
(A) 베스트셀러에요.
(B) 의자 위에 있지 않나요?
(C) 나는 곧 떠날 예정이에요.

**표현 정리** put 두다, 놓다 bestseller 베스트셀러

**정답** (B)

## 6. When 의문문

**When do we get reimbursed for travel expenses?**

(A) One thousand dollars. (오답)
▶ How much 의문문에 적합한 오답

(B) The prices are fixed. (오답)

▶ 연관된(expense – price) 표현으로 정답을 유도한 오답

(C) After the form's been approved. (정답)

▶ 'after+주어+동사'인 시간부사절을 이용한 정답

해석

언제 출장비를 환급 받을 수 있나요?

(A) 1,000달러요.

(B) 정찰제입니다.

(C) 양식이 승인된 후에요.

표현 정리  get reimbursed 변상 받다, 돌려받다  travel expense 출장비  approve 승인하다

정답 (C)

**7.** Who 의문문

Who's in charge of the order?

(A) We only need an invoice. (오답)

▶ 연관된(charge – invoice) 표현으로 정답을 유도한 오답

(B) Mr. Park is. (정답)

▶ 사람 이름을 이용한 정답

(C) It's too expensive. (오답)

▶ 연관된(charge – expensive) 표현으로 정답을 유도한 오답

해석

누가 주문을 담당하나요?

(A) 저희는 청구서만 필요합니다.

(B) Mr. Park입니다.

(C) 너무 비싸네요.

표현 정리  be in charge of ~을 맡다, 담당하다  order 주문; 주문하다  invoice 송장, 청구서

정답 (B)

**8.** Where 의문문

Where should I put those bills?

(A) He isn't. (오답)

▶ 3인칭을 사용한 오답

(B) Not until tomorrow. (오답)

▶ When 의문문에 적합한 오답

(C) Ask the accountant. (정답)

▶ '모른다, 회피성 보기'로 정답

해석

이 영수증들은 어디에 두어야 하나요?

(A) 그는 아니에요.

(B) 내일까지는 안돼요.

(C) 회계사에게 물어보세요.

표현 정리  bill 계산서, 청구서  accountant 회계사

정답 (C)

**9.** Who 의문문

Who's responsible for this department?

(A) Julie is. (정답)

▶ 사람 이름을 이용한 정답

(B) This apartment is too small. (오답)

▶ 유사한 단어(department – apartment)가 들리는 보기는 오답

(C) He responded to it. (오답)

▶ 유사한 단어(responsible – responded)가 들리는 보기는 오답

해석

누가 이 부서를 책임지나요?

(A) Julie입니다.

(B) 이 아파트는 너무 작아요.

(C) 그는 그것에 응답했어요.

표현 정리  responsible 책임지고 있는, 책임이 있는  department 부서

정답 (A)

**10.** When 의문문

When does the new manager begin the project?

(A) For a week. (오답)

▶ How long 의문문에 적합한 오답

(B) In the meeting room. (오답)

▶ Where 의문문에 적합한 오답

(C) On August 30. (정답)

▶ 'on+날짜'를 사용한 정답

해석

신임 매니저는 언제 프로젝트를 시작하나요?

(A) 1주일 동안요.

(B) 회의실에서요.

(C) 8월 30일에요.

표현 정리  begin 시작하다  meeting room 회의실

정답 (C)

## 받아쓰기 훈련

### Unit 5  Who 의문문

**1.** Who is the director's new secretary?

(A) Betty Rodman.

(B) Sending an email.

(C) On the table.

**2.** Who's coming to the staff meeting tomorrow?

(A) In the museum.

(B) The design team.

(C) Yes, 2 o'clock.

**3.** Who decorated the restaurant?

(A) The supervisor.

(B) No, she didn't.

(C) In red.

**4.** Who should I call to reserve a meeting room?

(A) It's in the cinema.

(B) Ask Andy to do it.

(C) For dinner.

**Unit 6  When, Where 의문문**

**1.** When's the concert?

(A) A singer.

(B) On Friday.

(C) Five tickets.

**2.** Where should I send this package?

(A) By international mail.

(B) After 5 P.M.

(C) To the new office.

**3.** When was Mr. Erickson supposed to arrive?

(A) Near the park.

(B) Yes, she drove.

(C) At one o'clock.

**4.** Where should I file the report?

(A) Anytime before you leave.

(B) On the second bookshelf.

(C) I heard from him.

**Review Test**

**1.** When will the merger take place?

(A) Many companies.

(B) Sometime in November.

(C) No, not yet.

**2.** Who's designing the new office building?

(A) The Merch architectural firm.

(B) In the storage area.

(C) A new design.

**3.** Where did Nelson leave the agenda?

(A) By two o'clock.

(B) On the desk.

(C) From Chicago.

**4.** Who will be giving the presentation?

(A) In the meeting room.

(B) Ms. Miranda.

(C) In December.

**5.** Where did you put my book?

(A) A bestseller.

(B) Isn't it on the chair?

(C) I will leave soon.

**6.** When do we get reimbursed for travel expenses?

(A) One thousand dollars.

(B) The prices are fixed.

(C) After the form's been approved.

**7.** Who's in charge of the order?

(A) We only need an invoice.

(B) Mr. Park is.

(C) It's too expensive.

**8.** Where should I put those bills?

(A) He isn't.

(B) Not until tomorrow.

(C) Ask the accountant.

**9.** Who's responsible for this department?

(A) Julie is.

(B) This apartment is too small.

(C) He responded to it.

**10.** When does the new manager begin the project?

(A) For a week.

(B) In the meeting room.

(C) On August 30.

**유형 분석 4  의문사 의문문 2**
**Unit 07  What, Which 의문문**

**Step 3 실전 문제**

**1.** What's the registration deadline?

(A) It's a week from today.  (정답)

▶ 'What ~ deadline?'에 대해 시점을 이용한 정답

(B) One of the staff members finished it. (오답)
▶ 연관된 표현의 (deadline – finished) 보기로 혼동을 유발한 오답

(C) On the corner of Bull Street. (오답)
▶ Where 의문문에 적합한 오답

**해석**
등록 마감일이 언제죠?
(A) 일주일 후요.
(B) 직원 중 한 명이 그것을 끝마쳤어요.
(C) 불 스트리트 모퉁이에요.

**표현 정리** registration 등록, 등록서류 deadline 기한, 마감시간 corner 모서리, 모퉁이

**정답** (A)

**2. Which copier should I use?**

(A) Only a hundred copies. (오답)
▶ 유사한 단어(copier – copies)가 들리는 보기는 오답

(B) The manager has arrived. (오답)
▶ 3인칭으로 응답한 오답

(C) The one next to the door. (정답)
▶ 'Which+명사' 의문문에 the one 보기는 정답

**해석**
어떤 복사기를 사용해야 하나요?
(A) 100부만요.
(B) 매니저가 도착했어요.
(C) 문 옆에 있는 거요.

**표현 정리** copier 복사기 copy 복사 next to ~옆에

**정답** (C)

**3. What's the registration fee?**

(A) By next Monday. (오답)
▶ When 의문문에 적합한 오답

(B) Cash will be better. (오답)
▶ 연관된 표현의 (fee – cash) 보기는 거의 오답

(C) It's $20. (정답)
▶ 'What's ~ fee?'는 How much 의문문으로 이해한다. 금액이 들리면 정답

**해석**
등록비는 얼마인가요?
(A) 다음 월요일까지요.
(B) 현금이 더 좋을 것 같네요.
(C) 20달러입니다.

**표현 정리** registration fee 등록비 cash 현금

**정답** (C)

**4. What are the papers in the meeting room?**

(A) In the first hall beside the stairs. (오답)
▶ Where 의문문에 적합한 오답

(B) A report I'm writing. (정답)
▶ 정확하게 무엇인지 말한 정답

(C) I will bring it later. (오답)
▶ When 의문문에 적합한 오답

**해석**
회의실에 있는 서류들은 뭐죠?
(A) 계단 옆에 있는 첫 번째 복도요.
(B) 제가 쓴 보고서예요.
(C) 이따가 제가 가져올게요.

**표현 정리** paper 종이, 서류 hall 현관, 복도 stairs 계단

**정답** (B)

## Unit 08 How, Why 의문문

**Step 3 실전 문제**

**1. How long will it take us to get downtown?**

(A) I'm leaving town. (오답)
▶ 유사한 단어(downtown – town)가 들리는 보기는 오답

(B) It starts at seven P.M. (오답)
▶ When 의문문에 적합한 오답

(C) About an hour. (정답)
▶ 소요 시간을 사용한 정답

**해석**
저희가 시내까지 가는데 얼마나 걸립니까?
(A) 저는 도시를 떠나요.
(B) 저녁 7시에 시작합니다.
(C) 한 시간쯤 걸립니다.

**표현 정리** downtown 시내, 시내로 leave 떠나다

**정답** (C)

**2. Why is there a billing delay?**

(A) The computer system is down. (정답)
▶ 문제점을 밝힌 정답(because를 생략했음)

(B) I just saw it today. (오답)
▶ 연관된 표현의 (delay – today) 보기로 오답

(C) Yes, I guess so. (오답)
▶ 의문사 의문문에 Yes, No 보기는 오답

**해석**
왜 계산서가 지연되고 있죠?
(A) 컴퓨터 시스템이 고장 났습니다.
(B) 오늘 봤어요.
(C) 네, 그렇게 생각해요.

표현 정리 delay 미루다, 지연시키다 be down 고장 난 delay 지연

정답 (A)

---

**3.** How can I make sure Bruce gets this form?

(A) I will pay for it. (오답)
▶ Who 의문문에 적합한 오답

(B) Put it in his mailbox. (정답)
▶ 명령문으로 가이드를 준 정답

(C) He is in New York now. (오답)
▶ Where 의문문에 적합한 오답

**해석**
어떻게 Bruce가 이 양식을 받을 수 있게 할까요?
(A) 제가 계산하겠습니다.
(B) 그의 우편함에 넣어두세요.
(C) 그는 지금 New York에 있어요.

표현 정리 form 양식 pay 지불하다, 계산하다 mailbox 우편함

정답 (B)

---

**4.** Why is the J&J office closing?

(A) Because they're remodeling. (정답)
▶ because를 이용해 이유를 말 한 정답

(B) The restaurant is open. (오답)
▶ 반대 어휘(closing – open)가 들리는 보기는 거의 오답

(C) The new staff. (오답)
▶ Who 의문문에 적합한 오답

**해석**
J&J 사무실은 왜 문을 닫습니까?
(A) 리모델링을 할 예정이기 때문입니다.
(B) 식당이 문을 열었어요.
(C) 새로운 직원이에요.

표현 정리 close 문을 닫다 remodeling 개조, 리모델링

정답 (A)

---

## Review Test

**1.** What 의문문
What kind of experience do you have in sales?

(A) I sold furniture for five years. (정답)
▶ 경력에 대한 기간을 이용한 정답

(B) The sale will begin next weekend. (오답)
▶ 유사한 단어(sales – sale)로 혼동을 유발한 오답

(C) It will be a good experience. (오답)
▶ 같은 단어(experience)가 들리는 보기는 거의 오답

**해석**
어떤 종류의 판매 경험이 있습니까?
(A) 5년 동안 가구를 판매했습니다.
(B) 할인은 다음 주말에 시작됩니다.
(C) 좋은 경험이 될 것입니다.

표현 정리 furniture 가구 begin 시작하다 experience 경험, 경력

정답 (A)

---

**2.** Why 의문문
Why was the seminar rescheduled?

(A) On Tuesday. (오답)
▶ When 의문문에 적합한 오답

(B) Whenever you like. (오답)
▶ When 의문문에 적합한 오답

(C) Because the manager hasn't arrived yet. (정답)
▶ because를 이용한 정답

**해석**
세미나는 왜 일정이 변경되었습니까?
(A) 화요일요.
(B) 당신이 좋을 때에요.
(C) 매니저가 아직 도착하지 않았기 때문이에요.

표현 정리 reschedule 일정을 변경하다 whenever ~할 때는 언제든지

정답 (C)

---

**3.** What 의문문
What's your manager's name?

(A) For three years now. (오답)
▶ How long에 적합한 오답

(B) Yes, it was him. (오답)
▶ 의문사 의문문에 yes 보기는 오답

(C) It's Monica Ben. (정답)
▶ 'What ~ name?'은 Who 의문문으로 이해한다. 이름을 사용한 정답이다.

**해석**
당신의 매니저 이름은 무엇입니까?
(A) 지금까지 3년 동안입니다.
(B) 네, 그였어요.
(C) Monica Ben입니다.

표현 정리 manager 경영자, 관리자

정답 (C)

---

**4.** Which 의문문
Which cafe has the fastest service?

(A) From here to the bank. (오답)

▶ How far에 적합한 오답

(B) French Coffee House. (정답)
▶ 명사(cafe)에 해당되는 카페의 이름을 이용한 정답

(C) A variety of cakes. (오답)
▶ 연관된 표현의 (cafe – cake) 보기로 오답

**해석**
어떤 카페가 제일 빠른 서비스를 제공하나요?
(A) 여기서부터 은행까지요.
(B) French Coffee House요.
(C) 다양한 케이크요.

**표현 정리** fast 빠른 variety 여러 가지, 각양각색

**정답 (B)**


**5.** How 의문문
How do I call the front desk?

(A) It's only for guests. (오답)
▶ Who 의문문에 적합한 오답

(B) Just dial 0. (정답)
▶ 명령문으로 가이드를 준 정답

(C) Yes, it's at the front desk. (오답)
▶ 의문사 의문문에 No 보기는 오답

**해석**
어떻게 프런트 데스크에 전화하나요?
(A) 오직 손님들을 위한 것입니다.
(B) 0번을 누르세요.
(C) 네, 프런트 데스크에 있습니다.

**표현 정리** front desk 프런트 데스크, 안내 데스크 guest 손님, 고객
dial 전화를 걸다, 다이얼을 돌리다(누르다)

**정답 (B)**


**6.** 제안문
Why don't you ask Mr. Roy if you can leave early tomorrow?

(A) A scheduled meeting. (오답)
▶ What 의문문에 적합한 오답

(B) No, it isn't. (오답)
▶ 일반의문문에 적합한 오답

(C) Yes, we'd like that. (정답)
▶ 제안의문문에 'Yes, we'd like that.'으로 긍정적으로 답변한 정답

**해석**
Mr. Roy에게 당신이 내일 일찍 떠날 수 있는지 물어보는 것이 어때요?
(A) 회의 일정요.
(B) 아니오, 아니에요.
(C) 네, 그게 좋겠네요.

**표현 정리** leave 떠나다 schedule 일정, 일정을 잡다

**정답 (C)**

**7.** Which 의문문
Which switch turns off the heater?

(A) I sent him yesterday. (오답)
▶ When 의문문에 적합한 오답

(B) The one on the right. (정답)
▶ 'Which+명사' 의문문에 the one 보기는 정답

(C) No, I won't be there. (오답)
▶ 의문사 의문문에 No 보기는 오답

**해석**
어떤 스위치로 난방기를 끄나요?
(A) 어제 그에게 보냈어요.
(B) 오른쪽에 있는 거요.
(C) 아니오, 저는 거기 없을 거예요.

**표현 정리** turn off ~을 끄다 heater 난방기

**정답 (B)**


**8.** Why 의문문
Why did you decide to move to Moil Village?

(A) Yes, very decisive. (오답)
▶ 의문사 의문문에 Yes 보기는 오답

(B) It's closer to my office. (정답)
▶ 이사의 이유를 구체적으로 밝힌 정답(because는 생략)

(C) Since last month. (오답)
▶ When 의문문에 적합한 오답

**해석**
왜 Moil 마을로 이사할 결정을 했나요?
(A) 네, 정말 결단력 있네요.
(B) 제 사무실과 가깝거든요.
(C) 지난달부터요.

**표현 정리** move 움직이다, 옮기다 since ~부터, ~이후

**정답 (B)**


**9.** What 의문문
What are the advantages of using a membership card?

(A) Yes, it's expired. (오답)
▶ 의문사 의문문에 Yes 보기는 오답

(B) You can receive special discounts. (정답)
▶ 멤버십 카드의 장점이 할인을 받을 수 있는 것이라고 말한 정답

(C) You have to pay here. (오답)
▶ 연관된(card – pay) 보기는 거의 오답

**해석**
회원카드를 사용하는 이점은 무엇입니까?
(A) 네, 만료되었습니다.
(B) 특별 할인을 받을 수 있습니다.
(C) 여기에서 지불하셔야 합니다.

표현 정리 **advantage** 유리한 점, 이점 **membership** 회원 **expire** 만료되다, 끝나다

정답 (B)

**10.** How 의문문

How do I clean the computer screen?

(A) If you want to come. (오답)
▶ 유사한 단어(computer – come)가 들리는 보기로 오답

(B) I like your keyboard. (오답)
▶ 연관된 표현의 (computer – keyboard) 보기로 오답

(C) With a dry cloth. (정답)
▶ 수단이나 방법을 묻는 문제는 주로 by, through, with 등의 전치사를 이용해 답변한다.

**해석**
컴퓨터 화면을 어떻게 청소하죠?
(A) 만약 당신이 오고 싶다면요.
(B) 당신의 키보드가 마음에 드네요.
(C) 마른 천으로요.

표현 정리 **screen** 화면 **clean** 청소하다 **cloth** 천

정답 (C)

## 받아쓰기 훈련

**Unit 7  What, Which 의문문**

**1.** What's the registration deadline?
(A) It's a week from today.
(B) One of the staff members finished it.
(C) On the corner of Bull Street.

**2.** Which copier should I use?
(A) Only a hundred copies.
(B) The manager has arrived.
(C) The one next to the door.

**3.** What's the registration fee?
(A) By next Monday.
(B) Cash will be better.
(C) It's $20.

**4.** What are the papers in the meeting room?
(A) In the first hall beside the stairs.
(B) A report I'm writing.
(C) I will bring it later.

**Unit 8  How, Why 의문문**

**1.** How long will it take us to get downtown?
(A) I'm leaving town.
(B) It starts at seven P.M.
(C) About an hour.

**2.** Why is there a billing delay?
(A) The computer system is down.
(B) I just saw it today.
(C) Yes, I guess so.

**3.** How can I make sure Bruce gets this form?
(A) I will pay for it.
(B) Put it in his mailbox.
(C) He is in New York now.

**4.** Why is the J&J office closing?
(A) Because they're remodeling.
(B) The restaurant is open.
(C) The new staff.

**Review Test**

**1.** What kind of experience do you have in sales?
(A) I sold furniture for five years.
(B) The sale will begin next weekend.
(C) It will be a good experience.

**2.** Why was the seminar rescheduled?
(A) On Tuesday.
(B) Whenever you like.
(C) Because the manager hasn't arrived yet.

**3.** What's your manager's name?
(A) For three years now.
(B) Yes, it was him.
(C) It's Monica Ben.

**4.** Which cafe has the fastest service?
(A) From here to the bank.
(B) French Coffee House.
(C) A variety of cakes.

**5.** How do I call the front desk?
(A) It's only for guests.
(B) Just dial 0.

(C) Yes, it's at the front desk.

**6.** Why don't you ask Mr. Roy if you can leave early tomorrow?

(A) A scheduled meeting.

(B) No, it isn't.

(C) Yes, we'd like that.

**7.** Which switch turns off the heater?

(A) I sent him yesterday.

(B) The one on the right.

(C) No, I won't be there.

**8.** Why did you decide to move to Moil Village?

(A) Yes, very decisive.

(B) It's closer to my office.

(C) Since last month.

**9.** What are the advantages of using a membership card?

(A) Yes, it's expired.

(B) You can receive special discounts.

(C) You have to pay here.

**10.** How do I clean the computer screen?

(A) If you want to come.

(B) I like your keyboard.

(C) With a dry cloth.

## 유형 분석 5　일반의문문 & 선택의문문
## Unit 09　일반의문문

**Step 3** 실전 문제

**1.** Have you found an apartment to rent?

(A) Yes, I just have to sign the contract. (정답)
▶ 찾아서 벌써 계약까지 했다고 말한 정답

(B) It's in the Sales Department. (오답)
▶ 유사한 단어(apartment – department)가 들리는 보기는 거의 오답

(C) He asked me yesterday. (오답)
▶ 3인칭으로 답한 오답

해석
임차할 아파트를 찾았나요?
(A) 네, 방금 계약했어요.
(B) 영업부에 있어요.
(C) 그가 어제 제게 물어봤어요.

표현 정리　rent 임대하다　sign a contract 계약을 맺다　Sales Department 영업부

정답 (A)

**2.** Isn't Paul going to the train station?

(A) No, it's not raining. (오답)
▶ 유사한 단어(train – raining)가 들리는 보기는 거의 오답

(B) Attend the training session. (오답)
▶ How 의문문에 적합한 오답

(C) He was planning to go. (정답)
▶ 행위의 주체(He)를 적절히 사용한 정답

해석
Paul이 기차역에 가지 않았나요?
(A) 아니오, 비가 오지 않습니다.
(B) 교육에 참석하세요.
(C) 그는 갈 계획이었어요.

표현 정리　train station 기차역　attend 참석하다　training session 교육

정답 (C)

**3.** Didn't Mr. Smith send the papers to us yesterday?

(A) Anywhere around here. (오답)
▶ Where 의문문에 적합한 오답

(B) From a newspaper article. (오답)
▶ Where 의문문에 적합한 오답

(C) Yes, they're right here. (정답)
▶ 이미 도착해 여기 있다고 말하는 우회적 표현의 정답

해석
Mr. Smith가 어제 우리에게 서류를 보내지 않았나요?
(A) 이 근처 아무 곳이나요.
(B) 신문 기사에서요.
(C) 네, 여기 있습니다.

표현 정리　paper 종이, 서류　anywhere 어디든, 아무데나

정답 (C)

**4.** Will the weather be nice today?

(A) I hope so. (정답)
▶ '그러기를 바래요.'라고 우회적으로 표현한 정답

(B) Whenever you can. (오답)
▶ When 의문문에 적합한 오답

(C) I'm sorry. (오답)
▶ 제안 의문문에 적합한 오답

**해석**
오늘 날씨가 좋을까요?
(A) 그러기를 바래요.
(B) 가능한 언제든지요.
(C) 죄송합니다.

**표현 정리  weather** 날씨  **whenever** 언제든지

**정답 (A)**

## Unit 10  선택의문문

**Step 3 실전 문제**

**1.** Do you want my home or work address?

(A) Yes, I will be there.  (오답)
▶ 선택의문문에 Yes 보기는 오답

(B) He will leave the office soon.  (오답)
▶ 3인칭으로 응답한 오답

(C) Could I have both?  (정답)
▶ 선택의문문에서 both가 들리면 무조건 정답

**해석**
저의 집 주소를 원하시나요, 아니면 직장 주소를 원하시나요?
(A) 네, 그곳으로 갈 거예요.
(B) 그는 곧 퇴근할 거예요.
(C) 모두 알 수 있을까요?

**표현 정리  address** 주소  **both** 둘 다

**정답 (C)**

**2.** Are you buying a house or renting?

(A) 110 Main Street.  (오답)
▶ Where 의문문에 적합한 오답

(B) We're renting for two years.  (정답)
▶ renting을 선택한 정답

(C) No, it is.  (오답)
▶ 선택의문문에 No 보기는 오답

**해석**
집을 구입하실 건가요, 아니면 임차하실 건가요?
(A) 110 Main가요.
(B) 2년 동안 임차할 예정이에요.
(C) 아니오, 맞습니다.

**표현 정리  buy** 사다  **rent** 임대하다

**정답 (B)**

**3.** Would you like dessert or coffee?

(A) He sent it yesterday.  (오답)

▶ 3인칭으로 응답한 오답

(B) She will like it.  (오답)
▶ 3인칭으로 응답한 오답

(C) I'll have coffee.  (정답)
▶ 둘 중 하나를 선택한 정답

**해석**
후식을 드시겠습니까, 아니면 커피를 드시겠습니까?
(A) 그가 어제 보냈어요.
(B) 그녀가 좋아할 거예요.
(C) 커피 주세요.

**표현 정리  dessert** 후식  **send** 보내다

**정답 (C)**

**4.** Are the best seats in front or in the balcony?

(A) At the ticket counter.  (오답)
▶ Where 의문문에 적합한 오답

(B) I'll send them back later.  (오답)
▶ 연상된(front – back) 단어로 정답을 유도한 오답

(C) You can see better from the balcony.  (정답)
▶ 둘 중 하나를 선택한 정답

**해석**
앞좌석과 발코니석 중 어떤 좌석이 제일 좋은가요?
(A) 매표소에서요.
(B) 그것들을 돌려보내겠습니다.
(C) 발코니에서 더 잘 보이실 겁니다.

**표현 정리  seat** 좌석  **ticket counter** 매표소

**정답 (C)**

## Review Test

**1.  일반의문문**
Have you hired a receptionist yet?

(A) Yes. He'll start next month.  (정답)
▶ 긍정으로 답한 후 부가설명을 한 정답

(B) I will call you later.  (오답)
▶ 연상된(receptionist – call) 단어로 혼동을 준 오답

(C) It is the newest one.  (오답)
▶ 인칭이 맞지 않아 오답

**해석**
접수 담당자를 벌써 고용했나요?
(A) 네. 그는 다음 달부터 시작할 거예요.
(B) 나중에 전화 드리겠습니다.
(C) 가장 최신 것입니다.

**표현 정리  hire** 고용하다  **receptionist** 접수 담당자

정답 (A)

## 2. 일반의문문

**Does this building have more storage space?**

(A) Yes, there's more on the top floor. (정답)
▶ 수납공간의 위치를 사용한 정답

(B) I bought a new wardrobe. (오답)
▶ 연상된(storage – wardrobe) 단어로 혼동을 준 오답

(C) He will send an email. (오답)
▶ 주어가 맞지 않아 오답

**해석**
이 건물에 더 많은 수납공간이 있습니까?
(A) 네, 맨 위층에 있습니다.
(B) 새로운 옷장을 구입했습니다.
(C) 그는 이메일을 보낼 것입니다.

**표현 정리** storage 창고 space 공간 on the top 정상에, 맨 위에 wardrove 옷장

정답 (A)

## 3. 선택의문문

**Is this a full-time or part-time position?**

(A) About three years ago. (오답)
▶ When 의문문에 적합한 오답

(B) We're hoping to hire someone full time. (정답)
▶ 둘 중 하나를 선택한 정답

(C) James is the general manager. (오답)
▶ 연상된(position – manager) 단어는 오답

**해석**
이 자리는 정규직입니까, 아니면 파트타임입니까?
(A) 3년 전쯤에요.
(B) 우리는 정규직을 고용하기를 원합니다.
(C) James는 총지배인이에요.

**표현 정리** full-time 정규직 part-time 파트타임 position 위치, 자리 general manager 총지배인

정답 (B)

## 4. 일반의문문

**Don't we have an appointment tomorrow?**

(A) Once a day. (오답)
▶ How often에 적합한 오답

(B) Sorry, I have to cancel. (정답)
▶ appointment 질문에 cancel을 이용한 정답

(C) Mary was appointed president. (오답)
▶ 유사(appointment – appointed) 단어는 오답

**해석**
우리 내일 약속이 있지 않나요?
(A) 하루에 한 번요.
(B) 죄송합니다. 취소해야 할 것 같습니다.
(C) Mary는 사장으로 임명되었어요.

**표현 정리** appointment 약속 appoint 임명하다, 지명하다

정답 (B)

## 5. 일반의문문

**Did you pay for the order in advance?**

(A) Yes, here's the receipt. (정답)
▶ 긍정으로 답한 후 증거를 보여준 정답

(B) No, there is no advantage. (오답)
▶ 유사(advance – advantage) 단어는 거의 오답

(C) She didn't make an order. (오답)
▶ 3인칭으로 응답한 오답

**해석**
앞서 주문한 것은 지불했나요?
(A) 네, 영수증 여기 있습니다.
(B) 아니오, 이득이 없습니다.
(C) 그녀는 주문하지 않았습니다.

**표현 정리** order 주문 in advance 앞서, 사전에 receipt 영수증 advantage 이점, 장점, 이득

정답 (A)

## 6. 선택의문문

**Which would you prefer, soup or salad?**

(A) I hope so. (오답)
▶ 평서문에 적합한 오답

(B) In the office. (오답)
▶ Where 의문문에 적합한 오답

(C) Neither, thank you. (정답)
▶ 선택의문문에서 either, whichever, whatever, it doesn't, matter, both, each, neither 들리면 무조건 정답

**해석**
스프와 샐러드 중 어느 것을 좋아하세요?
(A) 그랬으면 좋겠네요.
(B) 사무실 안에서요.
(C) 둘 다 원하지 않습니다. 감사합니다.

**표현 정리** prefer ~을 더 좋아하다 neither 어느 것도 ~아니다

정답 (C)

## 7. 일반의문문

**Do you have the secretary's phone number?**

(A) Ten copies of a document. (오답)
▶ How many에 적합한 오답

(B) Check the directory. (정답)
▶ '모른다, 다른 사람(출처)에 확인해 보아라' 유형은 무조건 정답

(C) Nobody is here. (오답)
▶ Where 의문에 적합한 오답 비서의 전화번호를 아닙니까?

**해석**
비서의 전화번호를 갖고 있나요?
(A) 서류 10부요.
(B) 책자를 확인해 볼게요.
(C) 여기에는 아무도 없습니다.

**표현 정리** secretary 비서 directory 안내책자

**정답** (B)


**8. 일반의문문**
Did you know that the concert will be outdoors?

(A) I hope it doesn't rain. (정답)
▶ Yes를 생략하고 부가설명만으로 답한 정답. 보통 I hope, I think 같이 바람이나 생각을 말하면 정답

(B) No, I have never heard that song. (오답)
▶ 연상된(concert – song) 단어로 혼동을 준 오답

(C) I will leave for a business trip. (오답)
▶ Where 의문에 적합한 오답

**해석**
음악회가 야외에서 열린다는 것을 알고 있었나요?
(A) 비가 오지 않았으면 좋겠네요.
(B) 아니오, 그 음악은 들어본 적이 없어요.
(C) 출장을 떠날 예정이에요.

**표현 정리** outdoor 옥외의, 야외의 business trip 출장

**정답** (A)


**9. 일반의문문**
Have you already booked a room?

(A) Yes, there is. (오답)
▶ 인칭이 맞지 않는 오답

(B) No, not yet. (정답)
▶ 예약했느냐는 질문에 not yet을 이용한 정답

(C) I'll read it. (오답)
▶ 연상된(book – read) 단어로 혼동을 준 오답

**해석**
방을 이미 예약했나요?
(A) 네, 있어요.
(B) 아니오, 아직요.
(C) 읽을 거예요.

**표현 정리** book 예약하다 already 이미, 벌써

**정답** (B)


**10. 선택의문문**
Is the chairperson arriving this week or next?

(A) Oh, the new staff member. (오답)
▶ Who 의문에 적합한 오답

(B) He'll be here on the 25th. (정답)
▶ 둘 중 하나를 선택하지 않고 제3의 단어를 이용한 정답

(C) Yes, all of these chairs. (오답)
▶ 선택의문문에 yes 보기는 오답

**해석**
의장은 이번 주에 도착합니까, 아니면 다음 주에 도착합니까?
(A) 아, 새로운 직원이요.
(B) 25일에 이곳에 도착합니다.
(C) 네, 모든 의자들요.

**표현 정리** chairperson 의장 staff 직원

**정답** (B)


## 받아쓰기 훈련

**Unit 9 일반의문문**

**1.** Have you found an apartment to rent?
(A) Yes, I just have to sign the contract.
(B) It's in the Sales Department.
(C) He asked me yesterday.


**2.** Isn't Paul going to the train station?
(A) No, it's not raining.
(B) Attend the training session.
(C) He was planning to go.


**3.** Didn't Mr. Smith send the papers to us yesterday?
(A) Anywhere around here.
(B) From a newspaper article.
(C) Yes, they're right here.


**4.** Will the weather be nice today?
(A) I hope so.
(B) Whenever you can.
(C) I'm sorry.


**Unit 10 선택의문문**

**1.** Do you want my home or work address?

(A) Yes, I will be there.

(B) He will leave the office soon.

(C) Could I have both?

**2.** Are you buying a house or renting?

(A) 110 Main Street.

(B) We're renting for two years.

(C) No, it is.

**3.** Would you like dessert or coffee?

(A) He sent it yesterday.

(B) She will like it.

(C) I'll have coffee.

**4.** Are the best seats in front or in the balcony?

(A) At the ticket counter.

(B) I'll send them back later.

(C) You can see better from the balcony.

**Review Test**

**1.** Have you hired a receptionist yet?

(A) Yes. He'll start next month.

(B) I will call you later.

(C) It is the newest one.

**2.** Does this building have more storage space?

(A) Yes, there's more on the top floor.

(B) I bought a new wardrobe.

(C) He will send an email.

**3.** Is this a full-time or part-time position?

(A) About three years ago.

(B) We're hoping to hire someone full time.

(C) James is the general manager.

**4.** Don't we have an appointment tomorrow?

(A) Once a day.

(B) Sorry, I have to cancel.

(C) Mary was appointed president.

**5.** Did you pay for the order in advance?

(A) Yes, here's the receipt.

(B) No, there is no advantage.

(C) She didn't make an order.

**6.** Which would you prefer, soup or salad?

(A) I hope so.

(B) In the office.

(C) Neither, thank you.

**7.** Do you have the secretary's phone number?

(A) Ten copies of a document.

(B) Check the directory.

(C) Nobody is here.

**8.** Did you know that the concert will be outdoors?

(A) I hope it doesn't rain.

(B) No, I have never heard that song.

(C) I will leave for a business trip.

**9.** Have you already booked a room?

(A) Yes, there is.

(B) No, not yet.

(C) I'll read it.

**10.** Is the chairperson arriving this week or next?

(A) Oh, the new staff member.

(B) He'll be here on the 25th.

(C) Yes, all of these chairs.

---

**유형 분석 6  제안(요청)문, 평서문**
**Unit 11  제안(요청)문**

( Step 3 실전 문제 )

**1.** Would you like to see our latest catalog?

(A) I'll bring it. (오답)

▶ Who 의문문에 적합한 오답

(B) In five categories. (오답)

▶ 유사단어(catalog – categories)가 들리는 보기는 거의 오답

(C) Do you have a copy? (정답)

▶ 반문하는 유형으로 보고싶다는 표현을 돌려 말한 정답

**해석**
저희의 최신 목록을 보시겠습니까?
(A) 제가 가져오겠습니다.
(B) 다섯 가지의 카테고리에요.
(C) 사본이 있나요?

**표현 정리  catalog** 목록  **category** 범주

**정답 (C)**

**2.** May I suggest an idea for a new product?

(A) It's for you. (오답)
▶ Who 의문문에 적합한 오답

(B) I have an idea for you. (오답)
▶ 같은 단어(idea)로 혼동을 유도한 오답

(C) I'd be glad to consider your ideas. (정답)
▶ 동의 표현 I'd be glad to를 이용한 정답

**해석**
신상품에 대해 아이디어를 하나 제안해도 되겠습니까?
(A) 당신을 위한 것이에요.
(B) 당신을 위한 안건이 하나 있어요.
(C) 당신의 아이디어를 고려해 보겠습니다.

**표현 정리** suggest 제안하다, 제의하다 consider 고려하다

**정답 (C)**


**3.** Why don't we travel together?

(A) At the bus station. (오답)
▶ Where 의문문에 적합한 오답

(B) When are you leaving? (정답)
▶ 같이 여행가자는 제안에 언제 갈 것이라고 되묻는 정답

(C) I don't want to call him. (오답)
▶ Why 의문문에 적합한 오답

**해석**
여행을 함께 가시겠어요?
(A) 버스정류장에서요.
(B) 언제 떠나세요?
(C) 그에게 전화하고 싶지 않아요.

**표현 정리** bus station 버스 정류장

**정답 (B)**


**4.** Can you give me a hand with this project?

(A) Sure, I'll be right there. (정답)
▶ sure를 이용한 긍정형의 정답

(B) We handed him a document. (오답)
▶ 유사단어(hand – handed)로 혼동을 유도한 오답

(C) I don't remember. (오답)
▶ 엉뚱하게 답 한 오답. 거절형으로 착각하지 말자.

**해석**
이 프로젝트를 좀 도와주시겠어요?
(A) 물론이죠, 바로 갈게요.
(B) 우리는 그에게 서류를 넘겼어요.
(C) 기억나지 않아요.

**표현 정리** give a hand 거들어주다 hand 건네주다, 넘겨주다

**정답 (A)**

Step 3 실전 문제

**1.** Today's meeting shouldn't take too long.

(A) I have some. (오답)
▶ 제안문에 적합한 오답

(B) What will we be talking about? (정답)
▶ 반문하는 보기는 거의 정답

(C) This is the longest river. (오답)
▶ 유사단어(long – longest)로 혼동을 유도한 오답

**해석**
오늘 회의는 오래 걸리지 않을 거예요.
(A) 조금 있습니다.
(B) 무엇에 관한 것이죠?
(C) 이것이 가장 긴 강입니다.

**표현 정리** meeting 회의 river 강

**정답 (B)**


**2.** The copy machine is making loud noises.

(A) I waited for you. (오답)
▶ 인칭이 맞지 않은 오답

(B) You have to come. (오답)
▶ 인칭이 맞지 않은 오답

(C) I think it's broken. (정답)
▶ Yes를 대신하는 I think를 사용해 생각을 전달한 정답

**해석**
복사기에서 너무 큰 소음이 나네요.
(A) 기다렸습니다.
(B) 꼭 오셔야 합니다.
(C) 제 생각에는 고장 난 것 같아요.

**표현 정리** copy machine 복사기 make noise 소리가 나다, 시끄럽다

**정답 (C)**


**3.** Maybe we should extend the deadline.

(A) It's in the office. (오답)
▶ Where 의문문에 적합한 오답

(B) Okay, let's do that. (정답)
▶ 동의 표현 Okay, let's 거의 정답

(C) No, I don't want to attend. (오답)
▶ 유사단어(extend – attend)로 혼동을 유도한 오답

**해석**
아마도 우리는 마감일을 연장해야 할 것 같아요.
(A) 사무실에 있어요.
(B) 좋아요, 그렇게 하죠.

(C) 아니오, 참석하고 싶지 않아요.

**표현 정리** extend 연장하다 deadline 기한, 마감 시간 attend 참석하다

**정답** (B)

---

**4.** I can't open this window latch.

(A) They close around 7 P.M. (오답)
▶ 반대 단어(open – close)가 들리는 보기는 오답

(B) I sent it with an attachment. (오답)
▶ 연관 표현(open this window – attachment)으로 혼동을 유도한 오답

(C) Let me take a look. (정답)
▶ 본인이 알아보겠다고 제안을 하는 정답

**해석**
이 창문의 걸쇠를 열 수 없어요.
(A) 그들은 저녁 7시쯤 문을 닫습니다.
(B) 첨부파일과 함께 보냈어요.
(C) 제가 한번 보겠습니다.

**표현 정리** latch 걸쇠, 자물쇠 attachment 첨부파일

**정답** (C)

---

## Review Test

### 1. 평서문
The directory is in the filing cabinet.

(A) In the top drawer? (정답)
▶ 반문하는 보기는 거의 정답

(B) The files are missing. (오답)
▶ 유사단어(filing – files)가 들리는 오답

(C) No, the director left the office. (오답)
▶ 유사단어(directory – director)가 들리는 오답

**해석**
안내책자는 서류 정리장 안에 있어요.
(A) 맨 위 서랍에요?
(B) 서류들이 없어졌어요.
(C) 아니오, 이사님은 사무실을 나가셨어요.

**표현 정리** directory 안내책자 filing cabinet 서류 정리장 top drawer 맨 위 서랍 director 임원, 이사

**정답** (A)

---

### 2. 제안문
Could you put together an inventory of our merchandise?

(A) I'll buy it. (오답)
▶ 연상 단어(merchandise – buy)가 들리는 오답

(B) Sure, I have some time. (정답)
▶ sure를 이용한 긍정형의 정답

(C) The new inventory will arrive. (오답)
▶ 같은 단어(inventory – inventory)를 사용한 함정 오답

**해석**
우리 제품의 재고를 모아 놓아 주실래요?
(A) 그것을 살 거예요.
(B) 물론입니다, 시간이 좀 있어요.
(C) 새로운 상품 목록들이 도착할 거예요.

**표현 정리** inventory 물품 목록, 재고 merchandise 상품, 물품

**정답** (B)

---

### 3. 평서문
I need ten copies of this document by this afternoon.

(A) Where should I leave them for you? (정답)
▶ 반문하는 표현으로 정답

(B) He is the leader of that club. (오답)
▶ Who 의문문에 적합한 오답

(C) No, I have it already. (오답)
▶ 부정 후 부가설명 내용이 적절하지 않아서 오답

**해석**
오늘 오후까지 이 서류의 복사본이 10부 필요해요.
(A) 어디에 그것들을 두면 될까요?
(B) 그는 그 동호회의 대표에요.
(C) 아니오, 이미 가지고 있습니다.

**표현 정리** copy 복사본 leader 대표, 지도자 club 동호회, 클럽

**정답** (A)

---

### 4. 제안문
Can I fax my job application to you?

(A) No, there is no tax on education. (오답)
▶ 유사단어(fax – tax)가 들리는 오답

(B) Yes, that would be fine. (정답)
▶ 제안의문문에 수락 표현으로 정답

(C) The interview will start soon. (오답)
▶ 연상 단어(job – interview)가 들리는 오답

**해석**
저의 구직신청서를 팩스로 보내 드려도 될까요?
(A) 아니오, 교육에는 세금이 없습니다.
(B) 네, 좋습니다.
(C) 면접이 곧 시작됩니다.

**표현 정리** job application 구직신청서 tax 세금 education 교육 interview 면접

**정답** (B)

**5. 평서문**

I'll introduce you to the new cashier.

(A) No, we paid with cash. (오답)

▶ 유사단어(cashier – cash)가 들리는 오답

(B) It's the old one I have. (오답)

▶ 반대 단어(new – old)가 들리는 오답

(C) Thanks, but we've already met. (정답)

▶ 이미 만난 적이 있다며 소개를 정중히 거절한 정답

**해석**

당신을 새 점원에게 소개시켜 드리겠습니다.

(A) 아니오, 현금으로 계산했습니다.

(B) 내가 가지고 있는 것은 오래된 것이에요.

(C) 고맙지만, 우리는 이미 만난 적이 있습니다.

**표현 정리** introduce 소개하다 cashier 출납원, 계산원

**정답** (C)

**6. 제안문**

Would you like a copy of our newsletter?

(A) I'm feeling better. (오답)

▶ How 의문문에 적합한 오답

(B) That would be nice. (정답)

▶ 제안의문문에 수락한 표현으로 정답

(C) In the newspaper. (오답)

▶ Where 의문문에 적합한 오답

**해석**

뉴스레터 한 부를 보시겠습니까?

(A) 좀 좋아졌어요.

(B) 네, 좋습니다.

(C) 신문에서요.

**표현 정리** newsletter 소식지 newspaper 신문

**정답** (B)

**7. 제안문**

Could you give me the blueprints for the Liael Project?

(A) It is one of our branches. (오답)

▶ What 의문문에 적합한 오답

(B) Those come from here. (오답)

▶ Where 의문문에 적합한 오답

(C) I think Bob has them. (정답)

▶ 제3자가 가지고 있다고 말하는 정답

**해석**

Liael 프로젝트의 청사진을 나에게 주시겠어요?

(A) 우리 지사 중에 하나에요.

(B) 그것들은 여기에서 나온 것이에요.

(C) Bob이 가지고 있는 것 같아요.

**표현 정리** blueprint 청사진, 계획 branch 지사

**정답** (C)

**8. 평서문**

I think we should hire Mr. Davidson.

(A) About 1 hour later. (오답)

▶ When 의문문에 적합한 오답

(B) Our profits need to be higher. (오답)

▶ 유사단어(hire – higher)가 들리는 오답

(C) Unfortunately, he withdrew his application. (정답)

▶ 부정하며 이유를 설명한 정답

**해석**

제 생각에는 Mr. Davidson을 고용해야 할 것 같습니다.

(A) 1시간 쯤 뒤에요.

(B) 우리 수익이 높아지길 바랍니다.

(C) 안타깝게도, 그는 그의 지원서를 철회했어요.

**표현 정리** hire 고용하다 withdraw 취소; 철회하다 application 지원서

**정답** (C)

**9. 제안문**

Could you make me a copy of this receipt?

(A) Yes, I received a good job offer. (오답)

▶ 유사단어(receipt – receive)가 들리는 오답

(B) I have to take the bus. (오답)

▶ 유사단어(make – take)가 들리는 오답

(C) I'm afraid the copy machine is broken. (정답)

▶ 제안을 정중하게 거절하며 이유를 설명한 정답

**해석**

이 영수증을 복사해 주시겠습니까?

(A) 네, 좋은 일자리 제의를 받았어요.

(B) 버스를 타야해요.

(C) 복사기가 고장인 것 같아요.

**표현 정리** receipt 영수증 take the bus 버스를 타다

**정답** (C)

**10. 평서문**

I'd like to see last year's sales figures.

(A) I have to go to the bookstore. (오답)

▶ 연상 단어(sales – bookstore)가 들리는 오답

(B) Would you like me to print you a copy? (정답)

▶ 평서문에 제안을 다시하는 정답

(C) It's too expensive. (오답)

▶ 연상 단어(sales – expensive)가 들리는 오답

**해석**

작년 판매 수치를 좀 보고 싶은데요.

(A) 서점에 가야 해요.

(B) 제가 사본을 출력해 드릴까요?

(C) 너무 비싸네요.

**표현 정리** figure 수치, 숫자 print 인쇄하다, 출력하다

**정답** (B)

## 받아쓰기 훈련

### Unit 11 제안(요청)문

**1.** Would you like to see our latest catalog?

(A) I'll bring it.

(B) In five categories.

(C) Do you have a copy?

**2.** May I suggest an idea for a new product?

(A) It's for you.

(B) I have an idea for you.

(C) I'd be glad to consider your ideas.

**3.** Why don't we travel together?

(A) At the bus station.

(B) When are you leaving?

(C) I don't want to call him.

**4.** Can you give me a hand with this project?

(A) Sure, I'll be right there.

(B) We handed him a document.

(C) I don't remember.

### Unit 12 평서문

**1.** Today's meeting shouldn't take too long.

(A) I have some.

(B) What will we be talking about?

(C) This is the longest river.

**2.** The copy machine is making loud noises.

(A) I waited for you.

(B) You have to come.

(C) I think it's broken.

**3.** Maybe we should extend the deadline.

(A) It's in the office.

(B) Okay, let's do that.

(C) No, I don't want to attend.

**4.** I can't open this window latch.

(A) They close around 7 P.M.

(B) I sent it with an attachment.

(C) Let me take a look.

### Review Test

**1.** The directory is in the filing cabinet.

(A) In the top drawer?

(B) The files are missing.

(C) No, the director left the office.

**2.** Could you put together an inventory of our merchandise?

(A) I'll buy it.

(B) Sure, I have some time.

(C) The new inventory will arrive.

**3.** I need ten copies of this document by this afternoon.

(A) Where should I leave them for you?

(B) He is the leader of that club.

(C) No, I have it already.

**4.** Can I fax my job application to you?

(A) No, there is no tax on education.

(B) Yes, that would be fine.

(C) The interview will start soon.

**5.** I'll introduce you to the new cashier.

(A) No, we paid with cash.

(B) It's the old one I have.

(C) Thanks, but we've already met.

**6.** Would you like a copy of our newsletter?

(A) I'm feeling better.

(B) That would be nice.

(C) In the newspaper.

**7.** Could you give me the blueprints for the Liael Project?

(A) It is one of our branches.

(B) Those come from here.

(C) I think Bob has them.

**8.** I think we should hire Mr. Davidson.

(A) About 1 hour later.

28

(B) Our profits need to be higher.

(C) Unfortunately, he withdrew his application.


**9.** Could you make me a copy of this receipt?

(A) Yes, I received a good job offer.

(B) I have to take the bus.

(C) I'm afraid the copy machine is broken.


**10.** I'd like to see last year's sales figures.

(A) I have to go to the bookstore.

(B) Would you like me to print you a copy?

(C) It's too expensive.


## PART 2 FINAL TEST – 1

**7.** Where 의문문
Where are the instructions for the new computers?

(A) They're still in the boxes. (정답)
▶ 'in+장소'를 이용한 정답

(B) It's a new computer system. (오답)
▶ 같은 단어(computer)를 사용해 혼동을 유도한 오답

(C) No, I won't attend it. (오답)
▶ 의문사 의문문에 No 보기는 오답

**해석**
새로운 컴퓨터의 설명서들이 어디 있나요?
(A) 아직 상자 안에 있습니다.
(B) 새로운 컴퓨터 시스템입니다.
(C) 아니오, 참석하지 않을 것입니다.

**표현 정리** instructions 설명서, 지시 still 아직, 아직도 attend 참석하다

**정답** (A)


**8.** How 의문문
How did the Sales Department do last quarter?

(A) Better than expected. (정답)
▶ 긍정 형용사를 이용한 정답

(B) A long time ago. (오답)
▶ When 의문문에 적합한 오답

(C) Of course, he will be. (오답)
▶ Yes를 대신하는 표현(Of course)을 사용한 오답

**해석**
지난 분기에 영업부는 어땠습니까?
(A) 예상했던 것보다 좋았습니다.
(B) 오래 전에요.
(C) 물론이죠, 그가 될 거예요.

**표현 정리** Sales Department 영업부 quarter 분기 expect 예상하다, 기대하다

**정답** (A)


**9.** 일반의문문
Are you going to the concert tonight, or do you have other plans?

(A) Yes, that's impossible. (오답)
▶ 선택의문문에 Yes 보기는 오답

(B) Yes, I was there. (오답)
▶ 선택의문문에 Yes 보기는 오답

(C) Actually, I'm going to the theater. (정답)
▶ actually 보기는 거의 정답으로 제3의 선택을 한 정답

**해석**
오늘밤에 음악회에 갈 건가요, 아니면 다른 계획이 있나요?
(A) 그것은 불가능합니다.
(B) 네, 그곳에 있었어요.
(C) 사실, 저는 극장에 가요.

**표현 정리** concert 음악회, 연주회 impossible 불가능한 theater 극장, 영화관

**정답** (C)


**10.** 일반의문문
Can you help me with a safety demonstration?

(A) It wasn't safe. (오답)
▶ 유사단어(safety – safe)를 사용해 혼동을 유도한 오답

(B) Sure. Just let me get my materials. (정답)
▶ 제안의문문에 sure를 이용한 정답

(C) I don't think I need any help. (오답)
▶ 같은 단어(help)를 사용해 혼동을 유도한 오답

**해석**
안전시범을 도와줄 수 있나요?
(A) 안전하지 않았어요.
(B) 물론이죠. 재료만 가지고 올게요.
(C) 어떠한 도움도 필요하지 않을 것 같네요.

**표현 정리** safety demonstration 안전시범 material 재료, 자재

**정답** (B)


**11.** 선택의문문
Do you already know Mr. Jackson, or should I introduce you to him?

(A) We've worked together before. (정답)
▶ 함께 일한 경험이 있다는 것은 이미 알고 있다는 우회적 표현으로 정답

(B) We are ready to begin. (오답)
▶ 유사단어(already – ready)를 사용해 혼동을 유도한 오답

(C) Yes, it will reduce the cost. (오답)

▶ 선택의문에 Yes 보기는 오답

**해석**

Mr. Jackson을 이미 알고 있나요, 아니면 제가 그를 소개해 드릴까요?

(A) 우리는 전에 함께 일했었어요.

(B) 시작할 준비가 되었습니다.

(C) 네, 그것이 가격을 낮춰 줄 것입니다.

**표현 정리** already 이미 introduce 소개하다 reduce 낮추다, 할인하다

정답 (A)

**12. 제안문**

Why don't we ask how much this jacket costs?

(A) On the top shelf. (오답)

▶ Where 의문문에 적합한 오답

(B) That's a good idea. (정답)

▶ 승낙을 한 정답

(C) I was in the office. (오답)

▶ Where 의문문에 적합한 오답

**해석**

이 재킷이 얼마인지 물어 보는 게 어때요?

(A) 맨 위 선반에요.

(B) 좋은 생각이에요.

(C) 사무실에 있었어요.

**표현 정리** cost 비용, 값 shelf 선반, 책꽂이

정답 (B)

**13. When 의문문**

When does the art exhibit open?

(A) Hasn't it been canceled? (정답)

▶반문하여 취소된 것을 우회적으로 표현한 정답

(B) I can't find the exits. (오답)

▶ 유사단어(exhibit – exits)를 사용해 혼동을 유도한 오답

(C) No, it never closes. (오답)

▶ 의문사 의문문에 No 보기는 오답

**해석**

미술 전시회는 언제 열리나요?

(A) 취소되지 않았나요?

(B) 출구를 찾을 수 없어요.

(C) 아니오, 그곳은 절대 닫지 않습니다.

**표현 정리** exhibit 전시품, 전시하다 exit 출구

정답 (A)

**14. 일반의문문**

Don't you have a dental appointment today?

(A) I could offer you more. (오답)

▶ How 의문문에 적합한 오답

(B) Yes, I'd better go to it. (정답)

▶ Yes로 답한 후 부가설명을 한 정답

(C) I'm sorry about that. (오답)

▶ 질문과 전혀 상관없는 오답

**해석**

오늘 치과 약속이 있지 않나요?

(A) 내가 더 제공할 수 있어요.

(B) 네, 가야겠어요.

(C) 그것에 대해 죄송합니다.

**표현 정리** dental 치과의, 치아의 offer 제의하다, 제안하다

정답 (B)

**15. Who 의문문**

Who coordinated the fundraiser last year?

(A) My supervisor. (정답)

▶ 직책을 이용한 정답

(B) No, but it was fun. (오답)

▶ 의문사 의문문에 No 보기는 오답

(C) Around two thousand dollars. (오답)

▶ 연상 단어(fundraiser – two thousand dollars)를 사용한 오답

**해석**

누가 작년 모금행사를 편성했습니까?

(A) 제 상사요.

(B) 아니오, 하지만 재미있었습니다.

(C) 대략 이천 달러입니다.

**표현 정리** coordinate 조직화하다, 편성하다 fundraiser 모금 행사

정답 (A)

**16. Where 의문문**

Where can I find our office supplies?

(A) We close at 6 o'clock. (오답)

▶ When 의문문에 적합한 오답

(B) In that cabinet by the door. (정답)

▶ 'in+장소'를 이용한 정답

(C) No, I haven't been there. (오답)

▶ 의문사 의문문에 No 보기는 오답

**해석**

사무용품을 어디서 찾을 수 있습니까?

(A) 저희는 6시 정각에 문을 닫습니다.

(B) 문 옆에 있는 캐비닛에 있습니다.

(C) 아니오, 아직 가 보지 못했습니다.

표현 정리 **office supply** 사무용품  **cabinet** 보관함, 캐비닛

정답 (B)

## 17. Why 의문문

**Why is Mr. Baker being transferred to another branch office?**

(A) In Buenos Aires. (오답)
▶ where 의문문에 적합한 대답으로 오답

(B) Why don't you ask the personnel director? (정답)
▶ 다른 사람에게 물어보라는 식의 회피형 정답

(C) Because we're understaffed. (오답)
▶ why 의문문에 대해 because로 적절하게 시작했으나 뒤의 내용이 맞지 않아서 오답. we're를 they're로 수정하면 '그들이 인력이 부족해서요'로 정답이 될 수 있다.

**해석**
베이커 씨가 왜 다음 주에 다른 지점으로 전근을 가나요?
(A) 부에노스 아이레스에요.
(B) 인사부장에게 물어보시는 게 어때요?
(C) 우리의 인력이 부족하기 때문이에요.

표현 정리 **be transferred to** ~로 전근가다  **branch office** 지점  **personnel director** 인사부장  **be understaffed** 인력이 부족하다

정답 (B)

## 18. How 의문문

**How may I help you?**

(A) I'm looking for the mailroom. (정답)
▶ 우편물을 찾고 있는 것을 도와달라는 표현으로 정답

(B) Oh, you're welcome. (오답)
▶ thank you에 적합한 답변으로 오답

(C) It will be helpful for you. (오답)
▶ 유사단어(help – helpful)가 들리는 오답

**해석**
어떻게 도와드릴까요?
(A) 우편물실을 찾고 있습니다.
(B) 아, 천만에요.
(C) 당신에게 도움이 될 거예요.

표현 정리 **mailroom** 우편물실  **helpful** 도움이 되는

정답 (A)

## 19. When 의문문

**When will the office supplies be delivered?**

(A) Within three days. (정답)
▶ 기간을 이용한 정답

(B) The professor asked them. (오답)
▶ Who 의문문에 적합한 오답

(C) To my home address. (오답)
▶ Where 의문문에 적합한 오답

**해석**
사무용품이 언제 배송되나요?
(A) 3일 이내로 도착합니다.
(B) 교수님이 그들에게 물어봤습니다.
(C) 집 주소로요.

표현 정리 **delivery** 배송, 배달  **home address** 자택주소

정답 (A)

## 20. 부가의문문

**This computer comes with a one-year warranty period, doesn't it?**

(A) Sure. It covers parts for one year. (정답)
▶ 긍정으로 답한 후 부가설명을 한 정답

(B) Yes, every day except Saturday. (오답)
▶ Yes로 적절하게 답했으나 부가설명이 틀려서 오답

(C) Sorry. It doesn't come in that size. (오답)
▶ 컴퓨터의 크기에 대해서 물어보지 않았으므로 오답

**해석**
이 컴퓨터는 1년간의 품질보증 기간이 딸려있지요, 그렇지 않나요?
(A) 그럼요, 1년간 부품비가 포함되어 있습니다.
(B) 네, 토요일을 제외하고 매일이요.
(C) 죄송합니다. 그 크기로는 나오지 않습니다.

표현 정리 **come with** ~이 딸려 있다  **warranty period** 품질보증 기간  **cover** ~을 포함하다, ~을 다루다

정답 (A)

## 21. 일반의문문

**Has Mr. Hong already gone to the airport?**

(A) He's from Washington. (오답)
▶ Where 의문문에 적합한 오답

(B) I have to finish the report. (오답)
▶ 유사단어(airport – report)로 혼동을 유도한 오답

(C) Yes, he just left. (정답)
▶ Yes + 부가설명을 이용한 정답

**해석**
Mr. Hong은 이미 공항으로 떠났습니까?
(A) 그는 Washington에서 왔습니다.
(B) 보고서를 끝내야 합니다.
(C) 네, 그는 방금 떠났습니다.

표현 정리 **already** 이미  **report** 보고서

정답 (C)

**22.** 평서문

You can pick up your order at the service desk.

(A) After he left. (오답)

▶ When 의문문에 적합한 오답

(B) Not at all. (오답)

▶ 제안의문문에 적합한 오답

(C) Is it ready now? (정답)

▶ 반문 표현의 정답

해석

주문하신 것은 서비스 데스크에서 가져가실 수 있습니다.
(A) 그가 떠난 뒤에요.
(B) 별 말씀을요, 네, 괜찮아요(동의)
(C) 준비 됐나요?

표현 정리 **pick up** 찾다, ~을 얻다

정답 (C)

**23.** Who 의문문

Who wants to organize the company picnic this year?

(A) We picked the same thing. (오답)

▶ 유사단어(picnic – picked)로 혼동을 유도한 오답

(B) I'd be happy to. (정답)

▶ 1인칭 대명사를 이용한 정답

(C) I won't attend. (오답)

▶ 연상단어(picnic – attend)가 들리는 보기로 오답

해석

누가 올해 회사 야유회를 준비하고 싶어 하나요?
(A) 우리는 같은 것을 골랐어요.
(B) 제가 하겠습니다.
(C) 참석하지 않을 겁니다.

표현 정리 **organize** 준비하다, 조직하다 **company picnic** 회사 야유회
**pick** 고르다 **attend** 참석하다

정답 (B)

**24.** 선택의문문

Did you email the evaluation or fax it?

(A) I haven't sent it yet. (정답)

▶ 두개 중 선택하지 않고 제3의 답변을 한 정답

(B) I lost an envelope. (오답)

▶ 유사단어(email – envelope)로 혼동을 유도한 오답

(C) It will be fine. (오답)

▶ How is the weather? 의문문에 적합한 오답

해석

평가서를 이메일로 보냈나요, 아니면 팩스로 보냈나요?
(A) 아직 보내지 않았습니다.
(B) 봉투를 잃어버렸어요.

(C) 날씨가 좋을 거예요.

표현 정리 **evaluation** 평가, 평가서 **envelope** 편지봉투

정답 (A)

**25.** 제안문

Could you make the delivery a day earlier?

(A) Yes, I think I can. (정답)

▶ 제안의문문에 긍정형으로 답한 정답

(B) I was late for the meeting. (오답)

▶ Why 의문문에 적합한 오답

(C) No, it's a document. (오답)

▶ 인칭이 맞지 않은 오답

해석

하루 일찍 배달해 주실 수 있나요?
(A) 네, 그럴게요.
(B) 미팅에 늦었습니다.
(C) 아니오, 서류입니다.

표현 정리 **delivery** 배달 **document** 서류

정답 (A)

**26.** 평서문

I'm sorry, but the replacement parts are out of stock.

(A) Can you order them for me? (정답)

▶ 품절된 상품을 주문해줄 수 있는지 반문하는 내용으로 정답

(B) We shipped it on Tuesday. (오답)

▶ 부품을 요청한 사람이 아닌, 주문을 받는 사람이 말 할 내용이므로 오답

(C) Our stock price is rising now. (오답)

▶ 요청한 부품과는 무관한 내용일 뿐만 아니라 질문의 stock을 반복해 들려주는 반복어 오류가 포함된 오답

해석

죄송합니다만 요청하신 교체 부품은 현재 재고가 없습니다.
(A) 주문해주실 수 있나요?
(B) 화요일에 배송했어요.
(C) 우리 주가가 지금 상승 중이에요.

표현 정리 **replacement part** 대체 부품 **ask for** ~을 요청하다
**currently** 현재 **be out of stock** 재고가 없다, 재고가 동이 나다
**ship** 배, ~을 배송하다 **stock price** 주가 **sharply** 급격하게

정답 (B)

**27.** Which 의문문

Which route did you take to the library?

(A) Thirteen kilometers. (오답)

▶ How far 의문문에 적합한 오답

(B) I hope I can do it.  (오답)
▶ Who 의문문에 적합한 오답

(C) I went through town.  (정답)
▶ go through로 경유지를 표현한 정답

**해석**
어느 경로로 도서관을 가나요?
(A) 13킬로미터요.
(B) 내가 할 수 있었으면 좋겠어요.
(C) 도시를 가로질러서 갑니다.

**표현 정리** route 길, 경로  through ~을 통해

**정답** (C)


**28.** 제안문
Would you be able to get me a couple of file folders?

(A) I can't find the document.  (오답)
▶ 연상 표현(file folder – document)를 이용해 혼동을 준 오답

(B) No problem. What color do you want?  (정답)
▶ No problem이라는 답변을 통해 서류철을 가져다 줄 것임을 밝혔다. 거기에 어떠한 색상을 원하는지 반문하며 추가정보를 요청하는 정답

(C) Yes, there is a new office supply store.  (오답)
▶ 질문의 file folders를 통해 연상할 수 있는 office supply store를 이용한 연상어 오류 오답

**해석**
비품 창고에 가서 서류철을 두 개만 가져다 주시겠어요?
(A) 당신이 찾던 서류를 찾을 수가 없어요.
(B) 문제없어요, 어떤 색상을 원하세요?
(C) 네, 교차로에 새로 생긴 사무용품 가게가 있어요.

**표현 정리** file folder 서류철  document 서류  office supply 사무용품

**정답** (B)


**29.** What 의문문
What supplies are we going to need for this project?

(A) It won't be available anymore.  (오답)
▶ 제안의문문에 적합한 오답

(B) We have to start the project now.  (오답)
▶ 같은 단어(project)가 들리는 오답

(C) Some poster board and marking pens.  (정답)
▶ 'What+명사'에 해당하는 명사(pens, poster board)를 이용한 정답

**해석**
이 프로젝트를 위해 어떤 보급품이 필요합니까?
(A) 더 이상 가능하지 않을 겁니다.
(B) 우리는 프로젝트를 지금 시작해야 합니다.
(C) 몇몇의 포스터 보드와 마킹펜이 필요합니다.

**표현 정리** supply 보급품  poster board 포스터 보드

**정답** (C)


**30.** 평서문
I have an appointment this afternoon.

(A) Let's appoint a director.  (오답)
▶ 유사단어(appointment – appoint)가 들리는 오답

(B) After 2 o'clock.  (오답)
▶ When 의문문에 적합한 오답

(C) When will you be back?  (정답)
▶ 반문 표현의 정답

**해석**
오늘 오후에 약속이 있습니다.
(A) 이사를 임명합시다.
(B) 2시 이후에요.
(C) 언제 돌아오실 건가요?

**표현 정리** appointment 약속  appoint 임명하다, 지명하다

**정답** (C)


**31.** 일반의문문
Do you want to purchase a three-year extended warranty?

(A) Cash or charge?  (오답)
▶ 지불 수단에 대한 내용으로 질문과 무관한 오답

(B) No, this one looks good.  (오답)
▶ 구매를 거절하는 부정답변 No와 함께 이것이 좋아 보인다는 긍정적 부연 설명은 서로 모순된 내용으로 오답

(C) That depends. How much does it cost?  (정답)
▶ 얼마인지 반문함으로써 궁극적으로 가격에 따라 구매 여부가 결정되겠다고 대답하는 정답

**해석**
3년간 연장되는 품질 보증서를 구매하길 원하세요?
(A) 현금으로 계산하실 건가요, 신용카드로 계산하실 건가요?
(B) 아니오, 이게 좋아 보이네요.
(C) 글쎄요, 가격이 얼마인가요?

**표현 정리** extended warranty 연장된 품질 보증서  charge 신용카드 거래  that(it) depends 확실히 알수 없다, 상황에 따라 다르다

**정답** (C)


## PART 2 FINAL TEST – 2

**7.** 제안문
Would you like some tea?

(A) Yes, with milk, please.  (정답)
▶ 제안 의문문에 긍정적으로 답한 정답

(B) It's in the cupboard.  (오답)
▶ 연상 단어(tea – cupboard)가 들리는 보기로 오답

(C) Of course, you may.  (오답)

▶ 주어가 맞지 않아 오답

**해석**

차를 드릴까요?

(A) 네, 우유와 함께 부탁합니다.

(B) 찬장 안에 있습니다.

(C) 물론입니다. 좋아요.

**표현 정리** cupboard 찬장  of course 물론

**정답** (A)


## 8. Where 의문문

**Where are you taking our clients after the seminar?**

(A) To a Chinese restaurant.  (정답)

▶ 'to+장소'를 이용한 정답

(B) About equipment instructions.  (오답)

▶ What 의문문에 적합한 오답

(C) I'll show you a demonstration.  (오답)

▶ 연상 단어(seminar – demonstration)가 들리는 오답

**해석**

세미나 이후에 우리 고객들을 어디로 데려갈 건가요?

(A) 중국 식당으로요.

(B) 장비 설명에 대해서요.

(C) 시연회를 보여드리겠습니다.

**표현 정리** client 고객  equipment 장비  instructions 설명 demonstration 시범 설명, 시연

**정답** (A)


## 9. When 의문문

**When should I submit the travel expense report?**

(A) Yes, be sure to do it as soon as possible.  (오답)

▶ 의문사 의문문에서는 Yes/no 답변이 제시되면 오답

(B) Before leaving the office today.  (정답)

▶ 오늘 퇴근 전까지 라는 구체적인 제출 기한을 밝힌 정답

(C) I'm going on a business trip next Monday.  (오답)

▶ 다음 주 월요일이라는 시점이 언급되긴 하지만 보고서 제출 시점이 아니라 출장을 가는 시점이므로 오답

**해석**

출장 경비 보고서는 언제 제출해야 하나요?

(A) 네, 되도록 빨리 해주세요.

(B) 오늘 퇴근하기 전에요.

(C) 저는 다음 주 월요일에 출장을 갑니다.

**표현 정리** submit ~을 제출하다  travel expense report 출장 경비 보고서  be sure to do 꼭 ~을 하세요  as soon as possible 되도록 빨리  leave the office 퇴근하다  go on a business trip 출장가다

**정답** (C)


## 10. 평서문

**I'm looking for someone to organize the business trip.**

(A) Yes, he did.  (오답)

▶ he가 누군지 알 수 없는 오답

(B) A farm organization.  (오답)

▶ 유사단어(organize – organization)가 들리는 오답

(C) I will help with that.  (정답)

▶ 명령문에 I will~ 보기는 내가 하겠다는 뜻으로 가장 많이 출제되는 정답

**해석**

출장을 준비할 사람을 찾고 있습니다.

(A) 네, 그가 했습니다.

(B) 농업 조합이에요.

(C) 제가 도와드릴게요.

**표현 정리** organize 준비하다, 조직하다  business trip 출장 organization 단체, 기구

**정답** (C)


## 11. 일반의문문

**Didn't Ben study science at his university?**

(A) I'll send it to you.  (오답)

▶ 주어가 맞지 않은 오답

(B) He studied chemistry.  (정답)

▶ Yes/No를 생략하고 부가설명으로 답한 정답

(C) Another laboratory.  (오답)

▶ 연상 단어(science – laboratory)가 들리는 오답

**해석**

Ben이 대학교에서 과학을 공부하지 않았나요?

(A) 당신에게 보내 드리겠습니다.

(B) 그는 화학을 공부했어요.

(C) 다른 실험실이에요.

**표현 정리** science 과학  university 대학교  chemistry 화학 laboratory 실험실

**정답** (B)


## 12. 평서문

**I heard the entire staff is getting a raise.**

(A) Really? I haven't heard that.  (정답)

▶ 모른다는 표현의 정답

(B) We will leave the company this year.  (오답)

▶ 연상 단어(get a raise – company)로 혼동을 준 오답

(C) No, I have never been there.  (오답)

▶ 일반의문문(have p.p.)에 적합한 오답

**해석**

모든 직원들의 월급이 인상된다고 들었어요.

(A) 정말요? 저는 들은 게 없어요.

(B) 올해 우리는 회사를 떠날 거예요.

(C) 아니오, 한 번도 그곳에 가본 적이 없어요.

**표현 정리 get a raise** 월급 인상을 받다

**정답 (A)**


**13. Why 의문문**

Why did you throw away that calendar?

(A) Yes, I'm planing to go to the meeting. (오답)
▶ 의문사 의문문에 Yes 보기는 오답

(B) It was outdated. (정답)
▶ 이유를 적합하게 설명한 정답

(C) Once a month, I think. (오답)
▶ How often에 적합한 오답

**해석**
왜 그 달력을 버렸나요?
(A) 네, 회의에 가려고 계획하고 있어요.
(B) 오래된 달력이에요.
(C) 제 생각에는 한 달에 한번이에요.

**표현 정리 outdated** 구식인

**정답 (B)**


**14. 평서문**

The shopping district is always very crowded on weekends.

(A) He manages the staff with strict rules. (오답)
▶ 유사단어(district – strict)가 들리는 오답

(B) Two skirts and a jacket. (오답)
▶ 연상 단어(shopping – skirts and a jacket)가 들리는 오답

(C) Yes, but the prices are good. (정답)
▶ 동의한 후 설명을 적절히 덧붙인 정답

**해석**
쇼핑지역은 주말에 항상 붐벼요.
(A) 그는 직원들을 엄격한 규칙으로 감독해요.
(B) 치마 두 벌과 재킷 한 벌요.
(C) 네, 하지만 가격은 저렴하죠.
**표현 정리 district** 지역, 구역 **crowded** 붐비는 **strict** 엄격한 **rule** 규정

**정답 (C)**


**15. 해설 일반의문문**

Won't it take too long to revise that report?

(A) It starts next week. (오답)
▶ When 의문문에 적합한 오답

(B) Mr. Brown will do it. (오답)
▶ Who 의문문에 적합한 오답

(C) You can ask Michael about that. (정답)
▶ 다른 사람에게 확인해라, 모른다 유형으로 정답

**해석**
보고서를 수정하기에 너무 오래 걸리지 않을까요?
(A) 다음 주에 시작합니다.
(B) 브라운 씨가 할 거예요.
(C) 마이클에게 그것에 대해 물어보세요.

**표현 정리 revise** 변경, 수정하다

**정답 (C)**


**16. Who 의문문**

Who gave the presentation?

(A) Yes, just now. (오답)
▶ 의문사 의문문에 Yes 보기는 오답

(B) Very interesting. (오답)
▶ How 의문문에 적합한 오답

(C) The sales team. (정답)
▶ 부서를 이용한 정답

**해석**
누가 발표했나요?
(A) 네, 방금요.
(B) 굉장히 흥미롭네요.
(C) 영업팀이요.

**표현 정리 give the presentation** 보고하다 **sales team** 영업팀

**정답 (C)**


**17. Why 의문문**

Why did you leave the office early yesterday?

(A) I had another meeting. (정답)
▶ 이유를 적절히 제시한 정답

(B) I lost it this morning. (오답)
▶ 유사 단어(yesterday – this morning)가 들리는 오답

(C) Just before the end. (오답)
▶ When 의문문에 적합한 오답

**해석**
어제 왜 일찍 퇴근했나요?
(A) 다른 회의가 있었어요.
(B) 오늘 아침에 잃어 버렸어요.
(C) 끝나기 전에요.

**표현 정리 meeting** 회의 **leave the office** 퇴근하다

**정답 (A)**


**18. When 의문문**

When's your next trip to New York?

(A) I'll go on a business trip.  (오답)

▶ 동의어(trip–trip) 함정을 유도한 오답

(B) We'll meet him in New York.  (오답)

▶ 동의어(New York)로 혼동을 유도한 오답

(C) Later this month.  (정답)

▶ 시점을 이용한 정답

**해석**
뉴욕으로 가는 다음 여행이 언제죠?
(A) 출장을 갈 예정입니다.
(B) 우리는 뉴욕에서 그를 만날 거예요.
(C) 이달 말에요.

**표현 정리** business trip 출장  meet 만나다

**정답 (C)**


### 19. 일반의문문
**Do you want to talk about the new project today?**

(A) Let's discuss that on Friday instead of today.  (정답)

▶ 제안에 다른 제안을 제시한 정답

(B) In the meeting this morning.  (오답)

▶ When 의문문에 적합한 오답

(C) It is an urgent project.  (오답)

▶ 같은 단어(project)로 혼동을 유도한 오답

**해석**
새로운 프로젝트에 대해 오늘 상의할까요?
(A) 오늘 대신 금요일에 상의하도록 하죠.
(B) 오늘 아침 회의에서요.
(C) 급한 프로젝트에요.

**표현 정리** discuss 논의하다  instead 대신에  urgent 긴급한

**정답 (A)**


### 20. How long 의문문
**How long will it take to process my order?**

(A) Only one day.  (정답)

▶ 소요 시간을 이용한 정답

(B) No, it already arrived.  (오답)

▶ 의문사 의문문에 No 보기는 오답

(C) Yes, more than I expected.  (오답)

▶ 의문사 의문문에 Yes 보기는 오답

**해석**
제 주문을 처리하는데 얼마나 걸릴 예정인가요?
(A) 하루면 됩니다.
(B) 아니오, 이미 도착했습니다.
(C) 네, 기대했던 것 이상이에요.

**표현 정리** process 처리하다  arrive 도착하다  expect 기대하다, 예상하다

**정답 (A)**


### 21. 일반의문문
**Have you decided on the color for the new carpet?**

(A) In an hour.  (오답)

▶ When 의문문에 적합한 오답

(B) Yes, I thought so.  (오답)

▶ 평서문에 적합한 오답

(C) Either blue or gray.  (정답)

▶ 색상을 이용한 정답

**해석**
새로운 카펫의 색상을 결정했나요?
(A) 한 시간 후에요.
(B) 네, 저도 그렇게 생각했어요.
(C) 파란색이나 회색 둘 중 하나요.

**표현 정리** decide 결정하다, 결심하다  either 어느 하나의

**정답 (C)**


### 22. How 의문문
**How was the lecture?**

(A) Very interesting.  (정답)

▶ How is 의문문은 느낌 관련 형용사가 들리면 정답

(B) On television.  (오답)

▶ Where 의문문에 적합한 오답

(C) In the seminar hall.  (오답)

▶ 연상 단어(lecture – hall)로 혼동을 유도한 오답

**해석**
강연은 어땠나요?
(A) 굉장히 흥미로웠어요.
(B) 텔레비전에서요.
(C) 세미나실에서요.

**표현 정리** lecture 강연  interesting 흥미로운, 재미있는

**정답 (A)**


### 23. 평서문
**The forklift will be repaired tomorrow.**

(A) Is there another one available?  (정답)

▶ 반문 표현의 정답, 고장난 것 대신에 쓸 수 있는 것이 있는지 묻고 있다.

(B) Some electronic equipment.  (오답)

▶ 연상 단어(forklift – equipment)로 혼동을 유도한 오답

(C) Yes, I am prepared for the construction project.  (오답)

▶ 연상 단어(forklift – construction)로 혼동을 유도한 오답

**해석**
지게차는 내일 수리될 것입니다.
(A) 이용 가능한 다른 것이 있나요?

(B) 몇 개의 전자 장비들요.
(C) 네, 건설 프로젝트를 준비했습니다.

표현 정리 forklift 지게차 electronic 전자의 equipment 장비
construction 공사

정답 (A)


## 24. 제안문

Why don't you try the office supply store across the street?

(A) It's in the supply closet. (오답)
▶ Where 의문문에 적합한 내용의 답변으로 오답

(B) To get there faster. (오답)
▶ To부정사구 형태의 답변은 Why 의문문(이유를 물을 때)에 대한 답변으로 오답

(C) That's okay with me. (정답)
▶ 상대방이 권유를 수락하는 정답

해석
길 건너 사무용품점을 가보는 건 어때요?
(A) 그것은 비품 창고에 있어요.
(B) 거기 더 빨리 가려고요.
(C) 그게 괜찮을 것 같네요.

표현 정리 supply closet 비품 창고 try ~을 시도하다 office supply
사무용품 supply closet 비품 창고

정답 (C)


## 25. Which 의문문

Which position did you apply to?

(A) The one for the assistant manager. (정답)
▶ 'Which+명사'는 The one 보기가 정답

(B) Until next Friday. (오답)
▶ When 의문문에 적합한 오답

(C) It starts next month. (오답)
▶ When 의문문에 적합한 오답

해석
어떤 자리에 지원했나요?
(A) 부팀장 자리요.
(B) 다음 주 금요일까지요.
(C) 다음 달에 시작해요.

표현 정리 apply to ~에 지원하다 assistant manager 부팀장,
부지배인

정답 (A)


## 26. What 의문문

What's the new mailing address?

(A) By overnight mail. (오답)

▶ 'By mail[ship, car, train, air]'는 운송, 배달 수단을 묻는 'How, send'
질문에 대한 답변으로 오답

(B) Of course, I knew it. (오답)
▶ 'Of course(물론)'는 상대의 말을 '허락, 동의, 강조'하는 답변으로 의문사
질문에는 쓸 수 없어서 오답

(C) 154 Lamar Road. (정답)
▶ 주소로 적절히 답한 정답

해석
새 우편 주소가 뭔가요?
(A) 익일 우편으로요.
(B) 물론, 저는 그것을 알았어요.
(C) 라마르 로드 154번지요.

표현 정리 overnight mail 익일 우편

정답 (C)


## 27. 제안문

Would you care to join us for coffee after this seminar?

(A) Yes, I'd like that. (정답)
▶ 'Yes[Sure], I'd like that.'은 제안, 초대문의 빈출 답변으로 정답

(B) There'll only be four of us. (오답)
▶ 유사한 소리의 단어(for – four)로 혼동을 유도한 오답

(C) You need to lift it carefully. (오답)
▶ 질문과는 상관없는 답변으로 오답

해석
이 세미나 후에 커피 함께 하시겠어요?
(A) 네, 좋아요.
(B) 우리 4명만 있을 겁니다.
(C) 조심스럽게 그것을 올려야 해요.

표현 정리 carefully 조심스럽게

정답 (A)


## 28. 선택의문문

Can you meet our subcontractors, or do I need to ask Marie to
do that?

(A) We're trying to negotiate. (오답)
▶ 질문과 상관없는 답변으로 오답

(B) They received a subsidy. (오답)
▶ 비슷한 단어(subcontractor – subsidy)로 혼동을 유도한 오답

(C) What time do you need me? (정답)
▶ A를 선택하면서 질문을 덧붙인 정답

해석
당신이 하도급업자들을 만날 수 있나요, 아니면 마리에게 해 달라고 요청할
까요?
(A) 우리는 협상을 하려고 합니다.
(B) 그들은 보조금을 받았어요.
(C) 제가 몇 시에 필요한가요?

표현 정리 **subcontractor** 하도급업자 **negotiate** 협상하다 **subsidy** 보조금

정답 (C)

## 29. How many 의문문

How many suitcases would you like to check?

(A) 20 dollars will do. (오답)
▶ How much 의문문에 적합한 가격 답변으로 오답

(B) Two, thanks. (정답)
▶ 부쳐야 할 옷가방의 개수가 2개임을 언급한 정답

(C) I'll check in at the hotel. (오답)
▶ 부칠 옷가방의 개수와는 무관한 내용일 뿐만 아니라 질문의 check를 중복해 들려주는 반복어 오류 오답

해석
옷가방을 몇 개나 부치시겠습니까?
(A) 20 달러면 돼요.
(B) 두 개요, 감사합니다.
(C) 저는 호텔에 체크인할 거예요.

표현 정리 **check** ~을 부치다 **will do** ~이면 충분하다, ~이면 족하다 **check in** 입실 수속을 밟다

정답 (B)

## 30. 평서문

I've noticed some mistakes on the menu.

(A) Can you show me where they are? (정답)
▶ 반문 표현은 거의 정답

(B) I'll have the homemade soup, please. (오답)
▶ How 의문문에 적합한 오답

(C) The restaurant serves wonderful meals. (오답)
▶ 연상 단어(menu – restaurant)가 들리는 오답

해석
메뉴에서 몇 가지 오류를 찾아냈어요.
(A) 어디에 있는지 보여주시겠습니까?
(B) 홈메이드 스프로 주세요.
(C) 그 식당은 훌륭한 식사를 제공합니다.

표현 정리 **notice** 알다, ~을 의식하다 **mistake** 실수, 잘못 **meal** 식사

정답 (A)

## 31. 선택의문

Are we having the accounting seminar in the conference room or the convention center?

(A) No, I'll meet them there (오답)
▶ 선택의문문에서는 Yes/No 답변은 오답

(B) I'm still thinking about it. (정답)
▶ 두 가지 중 무엇을 선택해야 할지 알 수 없음을 밝힌 정답

(C) There's plenty of room. (오답)
▶ 연관 없는 답변, 질문에서 사용된 room을 이용한 반복어 오류의 오답

해석
회계 세미나를 회의실에서 할 건가요, 아니면 컨벤션 센터에서 할 건가요?
(A) 아니오, 저는 그 곳에서 그들을 만날 거예요.
(B) 아직 생각 중이에요.
(C) 공간이 넉넉해요.

표현 정리 **accounting seminar** 회계 세미나 **conference room** 회의실 **plenty of** (수량) ~이 많은 **room** 방, 공간

정답 (B)

## 유형 분석 7 문제 유형별 공략
### Unit 13 주제, 목적을 묻는 문제

**Step 3 실전 문제**

Question 1 refers to the following conversation.

문제 1번은 다음 대화를 참조하시오.

M : [1]How are you doing with the computer program you use to enter customer data?

▶ 주제 문제이므로 첫 대화를 잘 들어야 한다. 남자의 대화를 통해 '컴퓨터 프로그램 사용'에 관한 대화 내용이라는 것을 알 수 있으므로 (A)가 정답이다.

W : I'm quite familiar with it. I did the same kind of data entry at my last job.

M : That sounds really great! If you have any problems, don't hesitate to call me.

-------------------------------------------

M : 고객자료를 입력하기 위해 사용하는 컴퓨터 프로그램은 어떻게 잘 돼 가나요?

W : 네, 제가 그건 꽤 잘 알아요. 전 직장에서 같은 종류의 데이터 입력을 했었거든요.

M : 잘 됐네요! 혹시 무슨 문제가 있으면 주저하지 말고 연락주세요.

**표현 정리** enter 입력하다 **be familiar with** ~에 익숙하다 **hesitate** 주저하다

**1.** 대화는 무엇에 관한 것인가?

(A) 컴퓨터 프로그램 사용
(B) 새로운 컴퓨터 구입
(C) 고객 초대
(D) 고용 조건

정답 (A)

Question 2 refers to the following conversation.

문제 2번은 다음 대화를 참조하시오.

W : [2]Hello. I bought a refrigerator at your store this morning, and I heard from the store that you'll be delivering my new refrigerator today.

▶ 목적 문제이므로 첫 대화를 잘 들어야 한다. 여자의 대화를 통해 '배송을 확인하기 위한 대화' 내용이라는 것을 알 수 있으므로 (D)가 정답이다.

M : Yes, we will. You are Mrs. Jackson, right?

W : Yes, I am. Can you take away my old refrigerator as well?

M : Sure. There will be an additional cost for that service though.

-------------------------------------------

M : 여보세요, 오늘 아침에 귀하의 매장에서 냉장고를 구입했는데, 냉장고를 오늘 배달해 줄 것이라고 들었습니다.

W : 네, 맞습니다. 잭슨 씨 맞으시죠?

M : 네, 맞아요. 제 예전 냉장고도 가져가 주시겠어요?

W : 물론입니다. 하지만 그에 대한 추가 비용이 있을 겁니다.

**표현 정리** refrigerator 냉장고 delivery 배달 **as well** ~도 additional 추가의, 부가의

**2.** 여자가 전화를 건 목적은 무엇인가?

(A) 주문을 하기 위해
(B) 수리를 요청하기 위해
(C) 새로운 냉장고를 구입하기 위해
(D) 배송을 확인하기 위해

정답 (D)

### Unit 14 직업/대화 장소를 묻는 문제

**Step 3 실전 문제**

Question 1 refers to the following conversation.

문제 1번은 다음 대화를 참조하시오.

W : Excuse me. I'd like to go to the Central Shopping Mall. Will your bus take me there?

▶ 남자의 직업을 묻고 있으므로 첫 대화를 잘 듣는다. 여자가 '이 버스가 센트럴 쇼핑몰로 가나요?'라고 묻고 있는 것으로 보아 남자는 버스 기사임을 알 수 있다. 따라서 (B)가 정답이다.

M : No, it won't. You'll have to take the number 50 bus. It will bring you there.

W : Thank you. Does the bus stop at this station? I totally have no idea about taking the bus.

M : You have to go across the road. You can see the bus station with the yellow roof.

-------------------------------------------

W : 실례합니다, 센트럴 쇼핑몰로 가려고 합니다. 이 버스가 그곳으로 가나요?

M : 아니요, 안 갑니다. 50번 버스를 타셔야 합니다. 그쪽으로 갈 거예요.

W : 감사합니다. 버스가 이곳에서 정차하는 것이 맞나요? 버스 타는 것에 대해서는 아는 것이 없어서요.

M : 길을 건너면 노란지붕의 버스 정류장이 보일 겁니다.

**표현 정리** totally 완전히 **have no idea** 전혀 모르다 **go across the road** 도로를 건너다 **bus station** 버스정류장

**1.** 남자는 누구인 것 같은가?

(A) 보행자
(B) 버스 운전기사
(C) 판매원
(D) 관광 안내원

정답 (B)

Question 2 refers to the following conversation.

문제 2번은 다음 대화를 참조하시오.

M : Hi. This is Kim from Daily Plumbing. We got a call from the restaurant manager saying that there is a problem with the toilet.

▶ 대화의 장소를 묻고 있으므로 첫 대화를 잘 들어야 한다. 첫 번째 대화에서 남자의 직업이 '배관공'임을 알 수 있고, '식당 매니저로부터 변기에 문제가 있다는 연락을 받고 온 것'이기 때문에 대화 장소는 '식당'임을 알 수 있다. 따라서 (C)가 정답이다.

W : Oh, thanks for coming so quickly. I was cleaning the restroom and noticed that the water in the toilet had overflowed.

M : Okay. I just have to get some equipment from my truck. I'll be back in a minute.

M : 안녕하세요. 저는 데일리 배관의 Kim입니다. 식당 매니저로부터 전화를 받았는데, 변기에 문제가 있다고 들었습니다.

W : 아, 빨리 와 주셔서 감사합니다. 화장실 청소를 하고 있었는데 변기에서 물이 넘쳐흐르는 것을 발견했습니다.

M : 알겠습니다. 트럭에 있는 장비를 가져오겠습니다. 금방 돌아오겠습니다.

표현 정리 plumbing 배관, 수도시설 toilet 변기 quickly 신속히 restroom 화장실 notice ~을 알다 overflow 넘쳐흐르다

**2.** 대화는 어디에서 이루어지고 있나?

(A) 배관 사무실
(B) 컴퓨터 가게
(C) 식당
(D) 호텔

정답 (C)

## Unit 15  화자의 제안을 묻는 문제

Step 3 실전 문제

Questions 1-2 refer to the following conversation.

문제 1-2번은 다음 대화를 참조하시오.

W : I was almost late again this morning. ¹I got stuck in a terrible traffic jam.

▶ 문제점은 초반부에 등장한다. 교통 체증 문제로 (A)가 정답이다.

M : Really? It's even worse than taking the subway.

W : I wish I could take the subway, too, but my house is quite far from the subway station.

M : Maybe someone who lives near you would like to carpool to the station. ²Why don't you talk with our colleagues?

▶ 제안(suggest) 문제이므로 Why don't ~? 문장을 잘 들어야 한다. '역까지 차로 데려다 줄 사람이 있을지도 모르니 동료들과 얘기해 보는 것이 어때요?'라고 제안하고 있으므로 (C)가 정답이다.

W : 오늘 아침에 또 지각할 뻔 했어요. 끔찍한 교통체증에 갇혀 있었어요.

M : 정말요? 그건 지하철 타는 것보다 더 고역이야.

W : 저도 지하철을 탈 수 있다면 좋을 텐데, 지하철역이 집에서 너무 멀어요.

M : 근처에 사는 사람 중에 역까지 차로 데려다 줄 사람이 있을지도 몰라요. 동료들과 얘기해 보는 것이 어때요?

표현 정리 get stuck 갇히다, 막히다 traffic jam 교통체증 quite 꽤, 상당히 carpool 승용차 함께 타기, 합승 colleague 동료

**1.** 화자들은 어떤 문제를 이야기하고 있는가?

(A) 교통체증
(B) 신입사원
(C) 교육
(D) 새로운 시스템

정답 (A)

**2.** 남자는 여자에게 무엇을 하라고 제안하는가?

(A) 차를 구입하라고
(B) 지하철을 타라고
(C) 동료들과 얘기하라고
(D) 걸어서 통근하라고

정답 (C)

## Unit 16  다음에 할 일을 묻는 문제

Step 3 실전 문제

Questions 1-2 refer to the following conversation.

문제 1-2번은 다음 대화를 참조하시오.

M : Doris, ¹did you know that the post office on Park Avenue has relocated? Now, a restaurant is being built in its place.

▶ 주제는 초반부에 등장한다. 우체국 이전에 대해 말하고 있다. (D)가 정답이다.

W : Yes. The post office just moved to a new location on Main Street two weeks ago.

M : Oh, really? Do you know the address? I have to send this parcel today.

W : No, I don't, but ²I can make you a rough map.

▶ next 문제이므로 마지막 대화에 집중해서 들어야 한다. 남자가 '우체국에 가려고 주소를 물었지만' 여자는 '약도를 만들어 주겠다.'고 대답하고 있으므로 (D)가 정답이다.

M : 도리스 씨, 파크 가에 있는 우체국이 이전하는 거 알았어요? 지금 그곳에 식당이 건축 중에 있어요.

W : 네. 2주 전에 메인 가에 있는 새로운 위치로 옮겼어요.

M : 아, 그래요? 주소 알고 있어요? 오늘 이 소포를 보내야 하거든요.
W : 아니요, 하지만 약도를 드릴 수는 있어요.

표현 정리 **rough map** 대략적인 지도, 약도

**1.** 화자들은 주로 무엇에 대해 이야기하고 있는가?

    (A) Main 가에 있는 식당
    (B) 도시 안내지도
    (C) 새로운 사무실 건물
    (D) 우체국 위치

정답 **(D)**

**2.** 여자는 다음에 무엇을 할 것 같은가?

    (A) 주소를 줄 것이다.
    (B) 시내지도를 보여줄 것이다.
    (C) 우체국으로 데려다 줄 것이다.
    (D) 약도를 그릴 것이다.

정답 **(D)**

## Unit 17 세부사항을 묻는 문제

**Step 3** 실전 문제

Questions 1-3 refer to the following conversation.
문제 1-3번은 다음 대화를 참조하시오.

M : Hello there. I moved in to the apartment complex last month. ¹I'd like to register for the fitness center.
▶ 남자가 원하는 것을 묻는 첫 번째 질문이므로 대화 초반부의 남자의 이야기를 통해 단서를 파악한다. 남자는 헬스클럽에 등록하고 싶다고 해서 정답은 (C)다

W : No problem. ²I'll need a copy of your lease or a utility bill anything that proves you are currently living in your apartment.
▶ 세부사항 문제로 순서가 두번째로 나왔으므로 중반부 여자의 이야기에서 정답의 단서가 나온다. 여자는 남자에게 이 아파트에 거주하고 있다는 것을 증명할 수 있는 자료를 요구하고 있다. 정답 (A)

M : Unfortunately, I didn't bring anything with me. Can I come back after work?
W : Of course. We close early on Wednesdays though, so try to make it by 7 o'clock. ³This information brochure lists our gym hours and the office hours.
▶ 남자가 여자에게서 받은 것을 묻는 세부사항 문제다. 세번째로 나왔으므로 대화 후반부에 등장하는 여자의 이야기에서 남자에게 주는 것이 무엇인지 파악한다. 여자는 남자에게 브로셔를 보여주며 헬스클럽의 운영 시간과 사무실 운영 시간이 나와 있다고 알려준다. 대화에서 information brochure가 보기에서 schedule information으로 패러프레이징 되었다. 정답은 (C)다.

- - - - - - - - - - - - - - - - - - - - - - - - - - -

W : 그러시죠. 현재 아파트에 거주 중임을 입증할 수 있는 임대 계약서

나 공과금 고지서의 사본이 필요합니다.
M : 안타깝게도 아무것도 가지고 오질 않았네요. 퇴근 후에 다시 들러도 될까요?
W : 물론입니다. 하지만 수요일에는 일찍 문을 닫기 때문에 7시까지는 오세요. 이 안내책자에 저희 체육관 운영 시간과 사무실 업무 시간이 나와 있어요.

표현 정리 **apartment complex** 아파트 단지 **register for** ~에 등록하다 **fitness center** 헬스클럽 **lease** 임대 **utility bill** 공과금 고지서 **prove** ~을 증명하다, ~을 입증하다 **currently** 현재 **make a copy** 복사하다 **information brochure** 안내책자 **gym** 헬스클럽, 체육관 **office hours** 영업시간, 업무 시간

**1.** 남자가 원하는 것은 무엇인가?

    (A) 계약서에 서명하는 것
    (B) 아파트를 찾는 것
    (C) 헬스클럽에 등록하는 것
    (D) 복사하는 것

정답 **(C)**

**2.** 여자가 요구하는 것은 무엇인가?

    (A) 거주 증빙 자료
    (B) 임대 보증금
    (C) 늦은 등록에 따른 수수료
    (D) 운동 기구

정답 **(A)**

**3.** 남자가 여자로부터 받은 것은?

    (A) 서명한 임대 계약서
    (B) 신청서
    (C) 일정 정보
    (D) 공과금 고지서

정답 **(C)**

## Unit 18 문장의 의도를 파악하는 문제

**Step 3** 실전 문제

Questions 1-2 refer to the following conversation with three speakers.
문제 1-2번은 다음 3인의 대화를 참조하시오.

M1 : ¹Did you hear the radio yesterday about the blue jazz concert?
▶ 글의 주제 문제는 주로 초반부에 힌트가 나온다. Concert에 대해 얘기하고 있는데 concert를 performance로 바꾸어 표현한 (A)가 정답이다.

W : Yes, I did. I thought the show would definitely sell out. ²How shocking!

► 여자는 공연이 매진될 줄 알았다며 "How shocking"이라 말했다. 여기까지만 듣고서 정확한 "How shocking!의 의미를 알 수 없다.

M2 : ²I know. Everyone was so excited about the concert. Who would've imagined that so few people would attend?

► 다른 남자가 여자 말에 동의하며 이렇게 적은 인원이 올 줄 상상도 못했다고 이야기한다. 결국 공연의 낮은 참석률을 듣고 여자가 놀란 것임을 알 수 있다. 적은 참석률을 a low turnout이라 표현한 (C)가 정답이다.

W : What do you think the reason was?

M1 : Well, the critics are saying that the tickets were way overpriced. The venue, the Golden Lion Theater, does have high prices.

--------------------------------------

M1 : 블루 재즈 콘서트에 대해서 어제 라디오 들었니?

W : 응, 들었어. 공연이 당연히 매진될 줄 알았는데. 충격적이야!

M2 : 그러니까. 모두들 콘서트를 정말 기대하고 있었는데. 그렇게 적은 사람들이 갈 거라고 누가 상상이나 했겠어.

W : 이유가 뭐였던 것 같니?

M1 : 글쎄, 비평가들의 말에 의하면 티켓 가격이 지나치게 높아. 그 공연장, 골든 라이언 극장이 높은 가격대를 갖고 있긴 하지.

표현 정리 sell out 매진되다 critic 비평가 overpriced 너무 비싼 venue (콘서트, 스포츠 등의) 장소 personally 개인적인 의견을 말하자면 breakup 해체 overbooked 초과 예약 turnout 참가자의 수 critics 평론가들 overpriced 비싸다

**1.** 무엇에 대한 대화인가?

(A) 최근에 한 공연
(B) 앞으로 있을 공연
(C) 매진된 콘서트
(D) 밴드의 해체

정답 (A)

**2.** 여자가 "How shocking"이라고 말한 이유는 무엇인가?

(A) 공연의 질이 좋지 않았다고 생각한다.
(B) 공연이 초과 예약 되었다고 들었다.
(C) 낮은 참석률에 대해 알게 되었다.
(D) 콘서트가 취소되었다고 들었다.

정답 (C)

Questions 3-4 refer to the following conversation with three speakers. 문제 3-4번은 다음 세명의 대화를 참조하시오.

W : Hello. I'd like to discuss a mortgage application. Could I speak to Marianne Lemoute, please?

M1 : I'm sorry, but Ms. Lemoute no longer works here.

W : Really? ³I can't believe it! I have always gotten excellent advice and service from her as my financial advisor.

► 남자가 앞 문장에서 르모테씨는 더 이상 이곳에서 일하지 않는다고 알려주자 여자가 "믿을 수 없다"고 말하며 그에게 조언과 서비스를 받았던 사실을 말하는 것으로 보아, 르모테씨가 회사를 떠난 사실을 알고서 안타까움과 놀

음을 표시한 것을 알 수 있다. 정답은 (A)

M2 : She doesn't work in the banking industry anymore from what I understand.

W : Oh, that's too bad. Well, then who can I talk to about my mortgage?

M2 : ⁴It's best if you consult with Flooder. He is the new regional manager.

► 요구, 제안 문제는 주로 후반부에서 단서를 찾을 수 있다. 또한 남자가 제안하는 것을 묻는 문제이므로 남자의 말에서 단서를 찾는다. 앞서 여자는 그녀에게 상담 받을 수 없는 것을 아쉬워하자, 남자는 새로운 지역 매니저인 플루더와 얘기 나누면 좋을 것이라고 했다. 정답은 새로운 직원을 후임자 (replacement)라고 표현한 (B)다

--------------------------------------

W : 안녕하세요, 대출신청에 대해 얘기하고 싶어서요. 마리안 르모테와 얘기 나눌 수 있을까요?

M1 : 죄송하지만, 르모테 씨는 더 이상 이곳에서 일하지 않아요.

W : 정말요? 믿을 수가 없군요! 저는 항상 그녀에게 저의 재정자문가로서 훌륭한 조언과 서비스를 받았거든요.

M2 : 제가 알기론 그분은 더 이상 금융계에서 일하지 않아요.

W : 안타깝군요. 그럼, 제 대출에 대해서는 누구랑 얘기하면 될까요?

M2 : 플루더와 말씀 나누시면 가장 좋을 겁니다. 그분은 새로 오신 지역 매니저입니다.

표현 정리 mortgage 대출, 융자 put ~ ~를 (전화로) 연결해주다 take over ~을 인계 받다 ownership 소유 loan 대출 equally 똑같이, 동일하게 helpful 도움이 되는 extension 연장 merger 합병 maternity leave 출산휴가 out of the office 출장 중인 account number 계좌번호 replacement 후임자, 대신할 사람

**3.** 여자는 왜 "믿을 수가 없군요"라고 말하는가?

(A) 직원이 회사를 떠났다는 사실에 놀랐다.
(B) 남자를 신뢰하지 않는다.
(C) 거짓 정보를 받았다.
(D) 어떤 소식을 듣게 되어 기쁘다.

정답 (A)

**4.** 남자가 여자에게 제안하는 것은?

(A) 계좌번호를 준비하라고
(B) 르모테씨의 후임자와 얘기하라고
(C) 신청양식을 우편으로 보내라고
(D) 은행을 직접 방문하라고

정답 (B)

### Unit 19 시각자료와 연계된 문제

Step 3 실전 문제

Questions 1-2 refer to the following conversation and list.
문제 1-2 번은 다음 대화와 목록을 참조하시오.

W : Charles, ¹I'm really looking forward to the marathon we're sponsoring next month. I bet it'll be great publicity.

▶ 주제는 초반부에 등장한다. 위 문장을 근거로 하여 후원하는 행사가 마라톤임을 알 수 있으므로 정답은 (B)이다.

M : Yeah, I'm excited, too. We need to hire a company to design the tumblers that we'll give out to the participants. Have you looked over the list of design firms? We have to decide one by the end of this week.

W : I know. I think Fine Art does a very good job, but I heard it is quite pricy. And management has reduced our budget to spend on souvenirs this year.

M : That's true. ²Let's just give the job to the firm here in San Diego. We can reduce the shipping costs, and its prices are pretty reasonable, too.

▶ Fine Art는 비싸다고 대화를 나누며 남자는 "Let's just give the job to the firm here in San Diego."라며 같은 지역인 샌디에고에 있는 업체에 맡기자고 이야기하고 있다. 표에서 샌디에고에 위치한 업체를 확인하면 정답은 (C)이다.

---

W : 찰스, 우리가 다음 달에 후원하는 마라톤이 정말 기대돼요. 상당한 홍보가 될 것 같아요.

M : 네, 저도 기대돼요. 참가자들에게 나누어줄 텀블러들을 디자인 할 업체를 고용해야 하는데요. 디자인 회사 목록 살펴봤어요? 받으려면 이번 주 중으로 결정을 해야 해요.

W : 알아요. 파인아트가 일을 아주 잘 하는 것 같긴 한데, 꽤 비싸다고 들었어요. 경영진에서 올해에는 기념품에 쓸 수 있는 예산을 줄였잖아요.

M : 맞아요. 그냥 여기 샌디에고에 있는 업체에게 맡깁시다. 배송비도 줄일 수 있고, 그 회사 가격대도 꽤 합리적이에요.

---

표현 정리 **sponsor** 후원하다 **judge by** ~으로 판단하다 **register** 등록하다 **bet** 틀림없다 **publicity** 홍보 **participant** 참가자 **souvenir** 기념품 **pricy** 비싼 **reduce** 줄이다 **reasonable** 합리적인

**1.** 화자들이 어떤 종류의 행사를 후원하는가?

(A) 경매
(B) 스포츠 경주
(C) 디자인 대회
(D) 미술 쇼

정답 **(B)**

**2.** 시각 자료를 보시오. 화자들은 어느 업체와 거래를 할 것인가?

(A) 파인아트
(B) W 디자인
(C) 베리즌
(D) 그리피노

| 회사 | 위치 |
| --- | --- |
| 파인아트 | 뉴지 |
| W 디자인 | 샌프란시스코 |
| 베리즌 | 샌디에고 |
| 그라피노 | 로스앤젤러스 |

정답 **(C)**

---

Questions 3–4 refer to the following conversation and map.
문제 3–4번은 다음 대화와 지도를 참조하시오.

M : Excuse me, Amanda. ³I have a problem with my ID. It doesn't open the doors to the building, so I have to get someone on the front desk staff to let me in. Could you add my information to the security system?

▶ 남자가 본인의 ID로 출입할 수 없다고 문제점을 말하고 있다. 정답은 (C)다.

W : Well, the staff in Human Resources is only in charge of IDs for our building, ⁴Why don't you go to the personnel office? Someone there should be able to save you on the database.

▶ 남자는 인사과로 가보라고 권유 받고 있는데, 인사과는 3번 방이다.

M : Okay. I'll try. Thanks.

---

M : 실례합니다, Amanda. 문제가 있는데요. 제 신분증이 건물의 문을 열지 못해서 프런트 데스크 직원에게 들어가게 해달라고 해야합니다. 보안 시스템에 제 정보를 추가해 줄 수 있나요?

W : 음, 아마도요. 인사과 직원들만이 건물 신분증을 담당하고 있어요. 인사과에 가보는 게 어떠세요? 그곳의 누군가가 데이터베이스에 당신을 저장해줄 수 있을 거예요.

M : 알겠습니다. 그렇게 해볼게요. 감사합니다.

---

표현 정리 **offsite** 떨어진, 부지[용지] 밖의 **distribution** 유통 **security** 보안 **in charge of** ~을 맡아서, 담당해서 **give it a try** 시도하다, 한번 해보다 **Human Resources** 인사과 **personel office** 인사과 사무실

**3.** 남자의 문제점은 무엇인가?

(A) 그는 추가 지급을 못 받는다.
(B) 그는 인사와 연락처가 필요하다.
(C) 그는 그의 ID 카드를 쓸 수 없다.
(D) 그는 컴퓨터 시스템의 비밀번호를 잊어버렸다.

정답 **(C)**

**4.** 시각 자료를 보시오. 남자는 어떤 장소로 갈 것을 당부 받는가?

(A) 방1
(B) 방2
(C) 방3
(D) 방4

정답 **(C)**

## Questions 1-3 refer to the following conversation.

문제 1-3번은 다음 대화를 참조하시오.

W : Hi, Michael. ¹/²Did you hear that our office will be painted this evening? The workers will move all the office furniture, so we have to clean everything up on our desks before we leave today.

▶ 주제와 대화 장소는 대화 전반부에 나오기 때문에 1번 문제와 2번 문제 모두 첫 번째 화자의 대화에서 정답이 나올 가능성이 아주 높다는 것을 기억하고 두 문제를 한 데 묶어서 첫 대화를 듣고 답을 찾아야 한다. 1번 문제는 (C)가 정답이고, 2번 문제는 (B)가 정답이다.

M : Really? I heard from Ms. Bunny that the painting work will start next weekend.

W : Hmm. ³I had better call the Maintenance Department to make sure.

▶ 다음에 할 일(next)은 후반부 특히 마지막 대화에 집중해서 들어야 한다. 유지 보수 부서에 전화하는 게 낫다고 했으므로 (D)가 정답이다.

---

W : 안녕하세요, 마이클. 오늘 저녁 우리 사무실에 페인트칠할 것이라는 것을 들었나요? 인부들이 모든 사무용 가구를 옮길 예정이니, 오늘 퇴근하기 전에 우리 책상에 있는 모든 것을 깨끗하게 치워야 해요.
M : 정말요? 하지만 저는 Ms. Bunny에게 도색 작업이 다음 주말부터 시작할 것이라고 들었어요.
W : 음. 확실하게 하기 위해서 보수부에 전화하는 것이 좋겠어요.

표현 정리 office furniture 사무용 가구  painting work 도색작업  make sure 확실하게 하다

**1.** 화자들은 주로 무엇에 대한 이야기를 하는가?

(A) 사무실을 이전하는 것
(B) 오래된 가구 치우는 것
(C) 사무실에 페인트칠하는 것
(D) 직원을 채용하는 것

정답 (C)

**2.** 대화가 일어나는 장소는 어디인 것 같은가?

(A) 박물관
(B) 사무실
(C) 식당
(D) 공항

정답 (B)

**3.** 대화에 따르면, 여자는 다음에 무엇을 할 것 같은가?

(A) 모든 서류를 치운다.
(B) 사무실을 나간다.
(C) Ms. Bunny에게 메일을 보낸다.
(D) 특정 부서에 연락한다.

정답 (D)

## Questions 4-6 refer to the following conversation.

문제 4-6번은 다음 대화를 참조하시오.

W : Hi, Mr. Anderson. I'm sorry. ⁴I was late for the meeting this morning because of the traffic jam. What did I miss?

▶ 이유 문제는 전반부에 단서가 등장한다. traffic jam을 stuck in traffic 표현으로 바꾼 (C)가 정답이다.

M : Oh, ⁵on Thursday, we are going to install a new program for all of the computers in the Sales Department.

▶ 요일, 시간 등의 특정 시점을 묻는 세부사항 문제는 문제 순서가 중요한데, 두 번째 문제이므로 중반부에 단서가 나온다. 목요일에 컴퓨터 프로그램을 설치한다고 했으므로 (D)가 정답이다.

W : So is there anything we have to do to prepare for it?
M : No, but ⁶I suggest that you come early on that day. We will have a lot of work to do.

▶ 요구, 제안 문제 등은 후반부에서 suggest, ask, please, could you 등이 언급된 곳에 단서가 등장한다. that day는 on Thursday를 가리킨다. (A)가 정답이다.

---

W : 안녕하세요, 앤더슨 씨. 죄송합니다. 교통체증 때문에 오늘 아침 미팅에 늦었습니다. 제가 놓친 것이 있나요?
M : 아, 목요일에 우리는 영업부의 모든 컴퓨터에 새로운 프로그램을 설치할 거예요.
W : 그럼, 준비해야 할 사항이 있나요?
M : 아니오, 하지만 그날 할 일이 많으니 일찍 오는 것이 좋을 겁니다.

표현 정리 traffic jam 교통체증  install 설치하다  Sales Department 영업부

**4.** 여자는 왜 회의에 늦었는가?

(A) 대중교통을 이용하였다.
(B) 휴가에서 방금 돌아왔다.
(C) 교통 체증에 갇혀 있었다.
(D) 회사에서 먼 곳에 산다.

정답 (C)

**5.** 화자들은 언제 새로운 프로그램을 설치할 것인가?

(A) 월요일
(B) 화요일
(C) 수요일
(D) 목요일

정답 (D)

**6.** 대화에 따르면, 여자는 무엇을 제안하는가?

(A) 목요일에 일찍 오라고
(B) 영업부를 방문하라고
(C) 비행기 표를 구매하라고
(D) 출장가라고

정답 (A)

Questions 7-9 refer to the following conversation with three speakers.

문제 7-9번은 다음 3명의 대화를 참조하시오.

---

M1 : ⁷Have you guys visited the new company fitness room on the 15th floor?

▶ 대화가 일어나는 장소를 묻는 문제로, 남자가 회사에 새로 생긴 피트니스 센터에 기본적으로 갔냐고 물었다. 대화 전반적으로 세 사람이 직장 동료들이라는 것을 알 수 있으므로 정답은 (A) 사무실. 지금 현재 헬스장 안에서 나누는 대화는 아니므로 (C)는 답이 될 수 없다.

W : I haven't been there yet, but I heard that it's gotten much better than before.

M2 : Yeah, it has. I started working out there this Monday, and ⁸I was really impressed by all the cutting-edge equipment.

M1 : ⁸And don't forget the view. It's fantastic! You can see the entire city while you're on a bicycle.

▶ 새로운 장비에 대한 남자들의 의견을 묻는 문제로, 두번째 순서로 나왔으므로 대화 중반부에 힌트가 나온다. 여기서 질문이 What does the man이 아니고, What do the men(남자들)이므로 두 남자 모두의 말에 주목해야 한다. 한 남자는 최첨단 기계에 감명 받았다고 했고, 다른 남자는 높은 층으로 옮겨서 경치도 정말 좋다는 얘기를 했으므로, 두 얘기를 종합해 보면 여러 가지로 헬스장이 좋아졌음을 알 수 있다. 정답은 (C)다.

M2 : I know. It was a great idea to move the facility up from the first floor.

W : Wow, it sounds amazing. ⁹I'm definitely stopping by there after work today.

▶ 세 번째 문제는 후반부에 정답의 단서가 주로 나오므로, 여자가 후반부에서 하는 말에 주목한다. 남자들의 얘기를 쭉 듣다가 마지막에 퇴근 후 피트니스 센터에 가볼 거라고 얘기 했으므로 정답은 (B)다.

---

W1 : 15층에 있는 새로운 회사 피트니스룸 가봤어요?

M : 전 아직 안 가봤는데, 이전보다 훨씬 좋아졌다고 들었어요.

W2 : 맞아요. 이번 주 월요일부터 저는 거기서 운동을 시작했는데, 최첨단 장비에 정말 감명 받았어요.

W1 : 경치도 빼먹지 마요. 진짜 대단해요! 자전거 타면서 도시 전체를 볼 수 있어요.

W2 : 그러니까요. 그 시설을 1층에서 위로 옮긴 건 훌륭한 아이디어였던 것 같아요.

M : 와, 대단할 것 같네요. 오늘 퇴근 후에 무조건 가봐야겠어요.

**표현 정리 be impressed by** ~에 감명받다 **cutting-edge** 최신식의 **definitely** 반드시 **stop by** 들르다 **facility** 시설

**7.** 어디에서 이루어지는 대화인가?

(A) 사무실에서
(B) 건강관리 세미나에서
(C) 피트니스 센터에서
(D) 스포츠용품 가게에서

정답 (A)

**8.** 남자들이 새로운 시설에 대해 뭐라고 얘기하는가?

(A) 중고 스포츠 기구들을 가지고 있다.
(B) 1층에 있을 때 더 북적거렸다.
(C) 여러 면에서 업그레이드 되었다.
(D) 이전보다 더 비싼 기계들을 가지고 있다.

정답 (C)

**9.** 여자는 무엇을 하겠다고 말하는가?

(A) 1층을 방문할 것
(B) 시설에 가볼 것
(C) 공원에서 운동할 것
(D) 피트니스센터에 전화할 것

정답 (B)

Questions 10-12 refer to the following conversation.

문제 10-12번은 다음 대화를 참조하시오.

---

M : Welcome back to Music Hour. Let's continue the interview with our special guest, Michelle O'Conner. Michelle, can you tell us more about your newly released album?

W : Sure! It's a contemporary crossover album of pop and jazz, and ¹⁰I think the best part is that you can all enjoy the songs no matter how old you are.

▶ 첫번째로 나온 세부사항 문제로, 초반부 여자의 대화에서 단서를 찾는다. 여자가 자신의 앨범에 대해 설명하면서 나이에 상관 없이 모두 즐길 수 있는 노래들이라고 했으므로 정답은 (A). 전통 재즈가 아닌 재즈와 팝의 현대적인 크로스오버 장르라고 했으므로 (C)는 답이 될 수 없다.

M : That sounds great. Now, ¹¹I heard that you're planning to hold a nationwide tour concert. Which states will you be visiting?

▶ 여자가 할 일을 묻는 두번째 문제로 중반부 남자가 여자에게 '콘서트를 계획 중이라고 알고있다'라고 말하며 다음은 어디를 갈 예정이냐고 묻고 있다. 여자의 콘서트를 give performance로 표현한 (B)가 정답이다.

W : ¹²Thanks for asking. Right now, we're still deciding which cities to visit. The details will be announced next week.

▶ 의도 파악 문제로 대화의 흐름을 알고있어야 문제가 풀린다. 앞 대화에서 남자가 어디에서 전국투어 콘서트를 하냐고 질문했고, 여자가 물어봐 줘서 고맙다고 말하면서, 아직 어느 도시를 방문할 지 고민중이라고 말하고 있다. 따라서 여자의 속 뜻은 아직 몰라서 대답할 수 없다는 것이다. 정답은 (D).

---

M : "Music Hour"과 함께하고 계십니다. 우리 특별 게스트 미셸 오코너 씨와의 인터뷰를 계속해 봅시다. 미셸, 당신의 새로 출시된 앨범에 대해 더 설명해 줄래요?

W : 물론이죠! 팝과 재즈의 현대적인 크로스오버 앨범이고요, 가장 좋은 부분은 나이에 상관 없이 노래들을 모두 즐기실 수 있다는 점이라고 생각합니다.

M : 그거 좋네요. 자, 전국 투어 콘서트를 계획 중이라고 들었어요. 어느 주들을 방문하실 건가요?

W : 물어봐 주셔서 감사합니다. 지금은 아직 어느 도시들을 방문할 지 결정하고 있는 중이고, 자세한 사항은 다음 주중에 발표될 거예요.

**10.** 여자는 자신의 앨범에 대해 어떤 부분을 좋아하는가?

(A) 모든 연령대를 끌 수 있다.
(B) 역대 가장 많이 팔린 앨범이다.
(C) 전통 재즈 음악만을 다룬다.
(D) 그녀의 첫 번째 앨범이다

정답 **(A)**

**11.** 여자는 무엇을 계획하고 있는가?

(A) 다음 앨범 출시하는 것
(B) 공연하는 것
(C) 고향에 방문하는 것
(D) 휴식을 취하는 것

정답 **(B)**

**12.** 여자는 "물어봐 주셔서 감사합니다"라고 말하는 것은 무엇을 의미하는가?

(A) 그녀는 같은 질문을 물어보고 싶어 한다.
(B) 그녀는 새로운 주제에 대해 얘기하게 되어 기쁘다.
(C) 그녀는 그 질문을 여러 번 들었다.
(D) 그녀는 지금 질문에 대답을 할 수가 없다.

정답 **(D)**

---

**Questions 13–15 refer to the following conversation and directory.**
문제 13~15번은 다음 대화와 안내도를 참조하시오.

W : Hello. I'm here for a job interview at noon. The person I spoke to told me I need to sign in at the reception desk to gain access to the building.
M : [13] Well, you're in the right place. Please sign your name here and show me your ID. Which suite are you going to?
▶ 직업을 예측할 수 있는 단서는 주로 초반부에 나오는데 면접을 보려고 방문한 여자에게 남자가 제대로 왔다고 하며 이름을 적고 ID 카드를 보여달라고 했으므로, 남자는 안내 데스크 직원이다. 정답은 (C)다.

W : [14] Office 406. I'm meeting with Mr. Landon.
▶ 여자가 Office 406으로 간다고 했고 그 방을 안내도에서 확인하면 Carson's 법률 사무소로 되어 있으므로 변호사 사무실에서 면접이 있음을 알 수 있다. 정답은 (D)다.

M : Okay, you can use the elevator. Our building is repainting the walls in the hallway right now, and there's a lot of equipment on the floor. Hold on… [15] Let me move this

---

ladder out of your way. Otherwise, you might bump into it.
▶ 남자가 바닥에 물건이 많다면서 바닥의 사다리를 치워주겠다고 하고 있다.

---

W : 안녕하세요. 정오에 면접을 보기 위해 왔어요. 저와 이야기한 분이 건물에 들어오려면 프런트에서 이름을 써야 한다고 말씀하셨어요.
M : 음, 제대로 오셨네요. 여기 성함 적고 신분증을 보여주세요. 어떤 방으로 가실 건가요?
W : 406호요. Mr. Landon을 만날 거예요.
M : 알겠습니다. 엘리베이터를 이용하세요. 지금 우리 건물은 복도 벽을 다시 칠하고 있는 중이라 바닥에 장비가 많이 있어요. 잠시만요… 이 사다리를 치워 드릴게요. 그렇지 않으면 부딪힐 수도 있으니까요.

**13.** 남자는 누구 같은가?

(A) 면접관
(B) 수리 기술자
(C) 안내데스크 직원
(D) 화가

정답 **(C)**

**14.** 시각 자료를 보시오. 여자는 어디에서 면접을 하겠는가?

(A) 진료소에서
(B) 마케팅 회사에서
(C) 건축회사에서
(D) 변호사 사무실에서

| 안내 |
| --- |
| 호수 |
| 401 Dr. Young's 병원 |
| 402 Reed and Ken 마케팅 |
| 403 R&J 건축 |
| 405 임대 |
| 406 Carson's 법률 사무소 |

정답 **(D)**

**15.** 남자는 다음에 무엇을 할 것인가?

(A) 사다리 옮기기
(B) 이름 서명하기
(C) 벽 다시 칠하기
(D) 계단 이용하기

정답 **(A)**

## Unit 13 주제, 목적을 묻는 문제

**Q1.** M: How are you doing with the computer program you use to enter customer data?

W: I'm quite familiar with it. I did the same kind of data entry at my last job.

M: That sounds really great! If you have any problems, don't hesitate to call me.

**Q2.** W: Hello. I bought a refrigerator at your store this morning, and I heard from the store that you'll be delivering my new refrigerator today.

M: Yes, we will. You are Mrs. Jackson, right?

W: Yes, I am. Can you take away my old refrigerator as well?

M: Sure. There will be an additional cost for that service though.

## Unit 14 직업, 대화 장소를 묻는 문제

**Q1.** W: Excuse me. I'd like to go to the Central Shopping Mall. Will your bus take me there?

M: No, it won't. You'll have to take the number 50 bus. It will bring you there.

W: Thank you. Does the bus stop at this station? I totally have no idea about taking the bus.

M: You have to go across the road. You can see the bus station with the yellow roof.

**Q2.** M: Hi. This is Kim from Daily Plumbing. We got a call from the restaurant manager saying that there is a problem with the toilet.

W: Oh, thanks for coming so quickly. I was cleaning the restroom and noticed that the water in the toilet had overflowed.

M: Okay. I just have to get some equipment from my truck. I'll be back in a minute.

## Unit 15 화자의 제안을 묻는 문제

**Q1-2.** W: I was almost late again this morning. I got stuck in a terrible traffic jam.

M: Really? It's even worse than taking the subway.

W: I wish I could take the subway, too, but my house is quite far from the subway station.

M: Maybe someone who lives near you would like to carpool to the station. Why don't you talk with our colleagues?

## Unit 16 다음에 할 일을 묻는 문제

**Q1-2.** M: Doris, did you know that the post office on Park Avenue has relocated? Now, a restaurant is being built in its place.

W: Yes. The post office just moved to a new location on Main Street two weeks ago.

M: Oh, really? Do you know the address? I have to send this parcel today.

W: No, I don't, but I can make you a rough map.

## Unit 17 세부사항을 묻는 문제

**Q1-3.** M: Hello there. I moved in to the apartment complex last month. I'd like to register for the fitness center.

W: No problem. I'll need a copy of your lease or a utility bill anything that proves you are currently living in your apartment.

M: Unfortunately, I didn't bring anything with me. Can I come back after work?

W: Of course. We close early on Wednesdays though, so try to make it by 7 o'clock. This information brochure lists our gym hours and the office hours.

## Unit 18 문장의 의도를 파악하는 문제

**Q1-2.** M1: Did you hear the radio yesterday about the blue jazz concert?

W: Yes, I did. I thought the show would definitely sell out. How shocking!

M2: I know. Everyone was so excited about the concert. Who would've imagined that so few people would attend?

W: What do you think the reason was?

M1: Well, the critics are saying that the tickets were way overpriced. The venue, the Golden Lion Theater, does have high prices.

**Q3-4.** W: Hello. I'd like to discuss a mortgage application. Could I speak to Marianne Lemoute, please?

M: I'm sorry, but Ms. Lemoute no longer works here.

W: Really? I can't believe it! I have always gotten excellent advice and service from her as my financial advisor.

M: She doesn't work in the banking industry anymore from what I understand.

W: Oh, that's too bad. Well, then who can I talk to about my mortgage?

M: It's best if you consult with Flooder. He is the new regional manager.

## Unit 19 시각자료와 연계된 문제

**Q1-2.** W: Charles, I'm really looking forward to the

marathon we're sponsoring next month. I bet it'll be great publicity.

M: Yeah, I'm excited, too. We need to hire a company to design the tumblers that we'll give out to the participants. Have you looked over the list of design firms? We have to decide one by the end of this week.

W: I know. I think Fine Art does a very good job, but I heard it is quite pricy. And management has reduced our budget to spend on souvenirs this year.

M: That's true. Let's just give the job to the firm here in San Diego. We can reduce the shipping costs, and its prices are pretty reasonable, too.

**Q3-4.** M: Excuse me, Amanda. I have a problem with my ID. It doesn't open the doors to the building, so I have to get someone on the front desk staff to let me in. Could you add my information to the security system?

W: Well, the staff in Human Resources is only in charge of IDs for our building, Why don't you go to the personnel office? Someone there should be able to save you on the database.

M: Okay. I'll try. Thanks.

### Review Test

**Q1-3.** W: Hi, Michael. Did you hear that our office will be painted this evening? The workers will move all the office furniture, so we have to clean everything up on our desks before we leave today.

M: Really? I heard from Ms. Bunny that the painting work will start next weekend.

W: Hmm. I had better call the Maintenance Department to make sure.

**Q4-6.** W: Hi, Mr. Anderson. I'm sorry. I was late for the meeting this morning because of the traffic jam. What did I miss?

M: Oh, on Thursday, we are going to install a new program for all of the computers in the Sales Department.

W: So is there anything we have to do to prepare for it?

M: No, but I suggest that you come early on that day. We will have a lot of work to do.

**Q7-9.** M1: Have you guys visited the new company fitness room on the 15th floor?

W: I haven't been there yet, but I heard that it's gotten much better than before.

M2: Yeah, it has. I started working out there this Monday,

and I was really impressed by all the cutting-edge equipment.

M1: And don't forget the view. It's fantastic! You can see the entire city while you're on a bicycle.

M2: I know. It was a great idea to move the facility up from the first floor.

W: Wow, it sounds amazing. I'm definitely stopping by there after work today.

**Q10-12.** M: Welcome back to Music Hour. Let's continue the interview with our special guest, Michelle O'Conner. Michelle, can you tell us more about your newly released album?

W: Sure! It's a contemporary crossover album of pop and jazz, and I think the best part is that you can all enjoy the songs no matter how old you are.

M: That sounds great. Now, I heard that you're planning to hold a nationwide tour concert. Which states will you be visiting?

W: Thanks for asking. Right now, we're still deciding which cities to visit. The details will be announced next week.

**Q13-15.** W: Hello. I'm here for a job interview at noon. The person I spoke to told me I need to sign in at the reception desk to gain access to the building.

M: Well, you're in the right place. Please sign your name here and show me your ID. Which suite are you going to?

W: Office 406. I'm meeting with Mr. Landon.

M: Okay, you can use elevator. Our building is repainting the walls in the hallway right now, and there's a lot of equipment on the floor. Hold on... Let me move this ladder out of your way. Otherwise, you might bump into it.

## 유형 분석 8 주제별 공략 – 서비스
## Unit 20 식당

Questions 1–3 refer to the following conversation.

문제 1–3번은 다음 대화를 참조하시오.

---

M : Excuse me. [2]Do you have any special spaces for large groups? I want to bring about 10 clients who are visiting my company this weekend here for dinner.

▶ 남자의 요청/제안에 대해 묻고 있으므로 남자의 대화를 잘 들어야 한다. 요청/제안 문제는 제안(I want)하는 문장에 집중해서 들어야 한다. 남자의 첫 번째 대화에서 10명을 수용할 만한 좌석이 있는지를 묻고 있으므로 2번은 (A)가 정답이다.

W : Yes, we have a private [1]dining area that seats up to 20 people.

▶ dining area를 듣고 식당에서 이루어지는 대화임을 확신할 수 있다.

M : That's great. But before I make a reservation, I need to check the prices first.

W : Then [3]you should consider getting our course menu for groups. It's limited in its selection, but the price is affordable.

▶ 여자의 제안을 묻는 문제이므로 여자 대화에서 제안하는 표현(you should, you could, why don't you)를 잘 들어야 한다. 여자는 '식당의 단체를 위한 코스메뉴를 고려해 보세요.'라고 제안하고 있으므로 (C)가 정답이다.

---

M : 실례합니다. 단체를 위한 특별한 공간이 있나요? 저는 이번 주말에 저희 회사를 방문하는 10명 정도의 고객을 데려오고 싶은데요.

W : 네, 저희는 20명까지 앉을 수 있는 전용 식사 공간이 있습니다.

M : 잘 됐군요. 하지만 예약하기 전에 가격을 확인하고 싶군요.

W : 그럼, 저희 식당의 단체를 위한 코스메뉴를 고려해 보세요. 메뉴는 한정되어 있지만, 합리적인 가격입니다.

---

표현 정리 space 공간 client 손님, 고객 private 사적인, 전용의 dining 식사 up to ~까지 consider 고려하다 affordable 알맞은

**1.** 화자들은 어디에 있는 것 같은가?

(A) 식당
(B) 사무실
(C) 극장
(D) 서점

정답 (A)

**2.** 대화에 의하면, 남자는 무엇을 요청하는가?

(A) 적당한 자리
(B) 특별한 메뉴
(C) 할인
(D) 적당한 가격

정답 (A)

**3.** 여자는 무엇을 제안하는가?

(A) 아이들을 위한 메뉴
(B) 신 메뉴
(C) 특별한 세트 메뉴
(D) 특별할인 시간대 메뉴

정답 (C)

---

## Unit 21 호텔

Questions 1–3 refer to the following conversation.

문제 1–3번은 다음 대화를 참조하시오.

---

W : [1]Our overseas clients are here next week. I'd like to book some rooms in the Manchester Hotel for them. What do you think about that hotel?

▶ 문제에 고유명사가 등장할 경우 대화에 고유명사가 들리는 곳에 단서가 나온다는 것을 기억한다. 고객들을 맨체스터 호텔로 데려가고 싶다고 했으므로 (D)가 정답이다.

M : I like it, but [2]I want to know about the facilities at the hotel.

▶ 반전을 기하는 대조 접속사(but) 뒤는 항상 집중해야 한다. 남자는 호텔의 부대시설에 대해 알고 싶어 하므로 (C)가 정답이다.

W : [3]We can check them online to find out about them. We can use the computer in my office if you don't mind.

▶ 제안 문제는 제안하는 대화(I/we can~)에 정답의 단서가 등장한다. 여자는 사무실로 가서 컴퓨터를 사용해 볼 것을 제안하고 있으므로 (A)가 정답이다.

---

W : 우리의 해외 고객들이 다음 주에 이곳에 옵니다. 저는 그들을 위해서 맨체스터 호텔을 예약하고 싶어요. 그 호텔에 대해서 어떻게 생각하세요?

M : 저도 그곳을 좋아해요. 하지만 그 호텔에서 어떤 부대시설을 제공하는지 알고 싶네요.

W : 그럼, 확실히 하기 위해서 인터넷에서 확인해 보죠. 괜찮으시다면 저희 사무실로 가서 컴퓨터를 사용하시죠.

---

표현 정리 overseas 해외, 해외의 client 고객 facility 부대시설

**1.** 여자는 누구를 맨체스터 호텔에서 머물게 하고 싶어 하는가?

(A) 동료들
(B) 가족
(C) 친구들
(D) 고객들

정답 (D)

**2.** 남자는 호텔의 어떤 것에 대해 알고 싶어 하는가?

(A) 위치
(B) 수익

---

(C) 시설
(D) 가격

정답 **(C)**

**3.** 여자는 왜 그녀의 사무실로 가자고 제안하는가?

(A) 홈페이지를 확인하기 위해
(B) 고객을 초대하기 위해
(C) 예약을 하기 위해
(D) 회의를 준비하기 위해

정답 **(A)**

## Review Test

Questions 1–3 refer to the following conversation.
문제 1–3번은 다음 대화를 참조하시오.

W : Hi. Before we order our meal, ¹could you please check this coupon that I printed out from the website? It indicates that if we order at least two meals, we can get some free drinks.
▶ 출처와 연관된 세부사항 문제로 첫 번째 문제로 나왔으므로 초반부에 단서가 나온다. 웹사이트에서 쿠폰을 얻었으므로 (D)가 정답이다.

M : ²I'm so sorry, but that coupon is only good during lunch.
▶ but 다음에는 중요한 힌트가 자주 나오는데 쿠폰은 점심에만 유효하다고 했으므로 (A)가 정답이다.

W : Really? I thought I can use this coupon. That's a shame.
M : But don't be disappointed. ³ We are having a special offer today, so you can get 20% off any meal.
▶ 남자에 대해 묻고 있고 세 문제 중 마지막 문제에 속하므로 후반부에 집중해야 한다. special offer을 제공한다고 했으므로 (D)가 정답이다.

--------------------------------------------------------

W : 안녕하세요. 식사를 주문하기 전에, 제가 홈페이지에서 출력해 온 쿠폰을 확인해 주시겠어요? 쿠폰에 최소 두 개의 식사를 주문하면 무료 음료를 받을 수 있다고 나와 있는데요.
M : 죄송합니다만, 그 쿠폰은 점심식사에만 사용하실 수 있습니다.
W : 정말요? 저는 이 쿠폰을 사용할 수 있을 줄 알았어요. 아쉽네요.
M : 하지만 아직 실망하지 마십시오. 오늘 저희는 특가 판매가 있어서, 어떤 식사든 20퍼센트 할인을 받으실 수 있습니다.

**표현 정리** meal 식사 print out 출력하다, 인쇄하다 indicate 나타내다 disappoint 실망하다 special offer 특가 할인

**1.** 여자는 어디에서 쿠폰을 얻었는가?

(A) 책
(B) 잡지
(C) 신문
(D) 홈페이지

정답 **(D)**

**2.** 남자가 쿠폰에 대해 언급한 문제는 무엇인가?

(A) 점심식사만 가능하다.
(B) 주말에만 가능하다.
(C) 만료되었다.
(D) 다른 식당용이다.

정답 **(A)**

**3.** 남자는 지금 그들이 무엇을 하고 있다고 말하는가?

(A) 개업 기념 할인
(B) 재고 정리 할인
(C) 특별 할인 시간대
(D) 특별가 제공

정답 **(D)**

Questions 4–6 refer to the following conversation.
문제 4–6번은 다음 대화를 참조하시오.

M : Hi. My name is Dean, and ⁴I'm calling to book a suite for my family vacation.
▶ 전화를 건 이유나 목적은 초반부 특히 'I'm calling ~.' 문장을 들어야 한다. (A)가 정답이다.

W : Thank you for calling the WD Hotel. ⁵For how long would you like to stay, sir?
M : ⁵For seven days. How much is the charge, including breakfast?
▶ 세부사항과 연관된 두 번째 문제로 중반부에 집중한다. 7 days를 1 week로 표현한 (A)가 정답이다.

W : It's $500, and breakfast is complimentary. ⁶Could you please give me your name and phone number?
▶ 유추가 포함된 next 문제로 마지막 대화에 집중한다. 여자가 연락처를 달라고 했으므로 남자가 이에 응할 것을 예상하면 (D)가 정답이다.

--------------------------------------------------------

M : 안녕하세요, 제 이름은 Dean이며, 가족여행을 위해 스위트룸을 예약하려고 전화했습니다.
W : 저희 WD호텔에 전화 주셔서 감사합니다. 얼마나 머무르실 예정이십니까?
M : 7일입니다. 아침식사를 포함한 요금이 얼마죠?
W : 500달러이며, 아침식사는 무료입니다. 그럼, 성함과 전화번호를 주시겠습니까?

**표현 정리** book 예약하다 family vacation 가족여행 stay 머무르다, 지내다 charge 요금, 경비 complimentary 무료의

**4.** 남자는 왜 전화를 하는가?

(A) 예약을 하기 위해
(B) 잃어버린 소지품을 찾기 위해
(C) 예약을 취소하기 위해
(D) 지불하기 위해

정답 (A)

**5.** 남자는 호텔에서 얼마나 지낼 것인가?

　(A) 1주일
　(B) 2주일
　(C) 3일
　(D) 5일

정답 (A)

**6.** 남자는 다음에 무엇을 할 것 같은가?

　(A) 예약에 대해 메일을 보낸다.
　(B) 호텔의 프런트 데스크에 간다.
　(C) 그의 신용카드 정보를 준다.
　(D) 그의 연락처를 말한다.

정답 (D)

**Questions 7–9 refer to the following conversation.**

**문제 7–9번은 다음 대화를 참조하시오.**

W : Excuse me. ⁷Where can I get information about the tourist attractions around your hotel?
M : ⁷/⁸You could go to the concierge near the main entrance. He can give you a travel map.
▶ 직업, 회사 등의 정보는 초반부에 등장한다. 여자가 관광명소에 대한 정보를 찾고 있는데 이러한 종류의 질문에 답변이 가능한 사람은 호텔 직원임을 추론할 수 있다. 따라서 7번 문제는 (C)가 정답이다. 장소 및 위치에 대한 단서는 전반부에 등장하는데, 세 문제 중 두 번째 문제가 장소 문제이므로 대화 중반부에 단서가 나올 것이라는 것을 예상해야 한다. concierge는 안내인을 뜻하는 단어로 정문 근처에 있는 것을 알 수 있다. (D)가 정답이다.

W : How about transportation? Do you provide any transportation services?
M : Yes. ⁹You can get a timetable for the shuttle bus from the concierge as well. It runs from our hotel to the downtown area.
▶ 미래에 대한 계획(next, after)은 후반부 특히 마지막 대화를 잘 들어야 한다. 남자가 시간표를 안내인에게 얻을 수 있다고 했으므로 여자가 안내인에게 갈 것이라고 추측할 수 있다. (A)가 정답이다.

----------------------------------------

W : 실례합니다. 당신 호텔 근처의 관광명소에 대한 정보를 어디서 얻을 수 있을까요?
M : 정문 근처의 안내인에게 가시면 됩니다. 여행 지도를 드릴 겁니다.
W : 교통편은요? 교통편도 제공하나요?
M : 네, 저희 호텔에서 도심지역을 운행하는 셔틀버스의 시간표도 안내인에게 받으실 수 있습니다.

표현 정리 **tourist attraction** 관광명소 **main entrance** 정문 **timetable** 시간표, 일정표 **run** 운행하다

**7.** 남자는 누구인 것 같은가?

　(A) 판매원
　(B) 사무실 직원
　(C) 호텔 직원
　(D) 호텔 손님

정답 (C)

**8.** 대화에 따르면, 안내인은 어디에 있는가?

　(A) 수영장 주변
　(B) 안내 데스크 옆
　(C) 남자의 방 근처
　(D) 입구 근처

정답 (D)

**9.** 대화가 끝난 후 여자는 무엇을 할 것인가?

　(A) 안내인에게 간다.
　(B) 운전기사를 찾는다.
　(C) 여행사에 전화한다.
　(D) 다른 손님과 이야기한다.

정답 (A)

**Questions 10–12 refer to the following conversation.**

**문제 10–12번은 다음 대화를 참조하시오.**

M : Hello. ¹⁰/¹¹The fridge in my room is making a strange noise. I can't put up with the noise. I think it's broken.
▶ 대화 장소의 근거는 첫 대화에 주로 나온다. in my room(내가 묵고 있는 방)이라는 남자의 말을 통해 호텔에서 발생하는 대화임을 알 수 있으므로 (B)가 정답이다.

W : I'm very sorry about inconvenience. I'll send one of our maintenance workers to check it out. Is there anything else I can do for you?
▶ 대화 초반부의 내용을 통해 남자가 냉장고에서 발생하는 소음을 참을 수 없어 한다는 것을 알 수 있으므로 해당 문장은 냉장고가 신속하게 수리되기를 바라는 의도로 한 말임을 알 수 있다. 따라서 (A)가 정답이다.

M : ¹²Can you bring me a bottle of ice water? All the water in the fridge is getting warm.
W : ¹²Of course. I'll get that for you right away.
▶ 다음에 할 일을 묻는 마지막 문제의 단서는 대화의 후반부에 등장한다. 차가운 물 한 병을 가져다 달라는 남자의 요청에 여자는 바로 가져다 주겠다고 답하고 있으므로 (C)가 정답이다.

----------------------------------------

M : 제가 묵고 있는 방의 냉장고에서 이상한 소리가 들려요. 소음을 참을 수가 없어요. 냉장고가 고장 난 것 같아요.
W : 불편을 드려 정말 죄송합니다. 확인 차 관리직원을 보내드리겠습니다. 그 외 더 필요한 것이 있으신가요?
M : 차가운 물 한 병을 좀 갖다 주시겠어요? 냉장고 안에 있는 모든 물이 미지근해지고 있습니다.

W : 물론입니다. 바로 가져다 드릴게요.

**표현 정리** fridge 냉장고 **make a noise** 소음을 내다 **put up with** 참다, 인내하다 **broken** 고장 난 **inconvenience** 불편 **maintenance** 유지, 보수, 관리 **check out** 확인하다 **bring** 가져다 주다, 가지고 오다 **right away** 바로, 즉시 **electronics** 전자제품 **fix** 고치다 **immediately** 바로, 즉시 **for long** 오랫동안 **be satisfied with** ~로 만족하다 **reservation** 예약

**10.** 화자들이 있는 장소는?

    (A) 식당
    (B) 호텔
    (C) 사무실
    (D) 전자제품 매장

정답 **(B)**

**11.** 남자가 "소음을 참을 수가 없어요"라고 말한 의도는?

    (A) 냉장고가 바로 수리되기를 바란다.
    (B) 여성과 오랫동안 대화할 수 없다.
    (C) 룸 서비스에 만족한다.
    (D) 호텔 예약을 취소할 것이다.

정답 **(A)**

**12.** 여자가 다음에 할 일로 가장 적절한 것은?

    (A) 디저트를 제공한다.
    (B) 주문을 취소한다.
    (C) 물을 가져다 준다.
    (D) 일정을 확인한다.

정답 **(C)**

## 받아쓰기 훈련

### Unit 20 식당

M: Excuse me. Do you have any special spaces for large groups? I want to bring about 10 clients who are visiting my company this weekend here for dinner.

W: Yes, we have a private dining area that seats up to 20 people.

M: That's great. But before I make a reservation, I need to check the prices first.

W: Then you should consider getting our course menu for groups. It's limited in its selection, but the price is affordable.

### Unit 21 호텔

W: Our overseas clients are here next week. I'd like to book some rooms in the Manchester Hotel for them. What do you think about that hotel?

M: I like it, but I want to know about the facilities at the hotel.

W: We can check them online to find out about them. We can use the computer in my office if you don't mind.

### Review Test

**Q1-3.** W : Hi. Before we order our meal, could you please check this coupon that I printed out from the website? It indicates that if we order at least two meals, we can get some free drinks.

M : I'm so sorry, but that coupon is only good during lunch.

W : Really? I thought I can use this coupon. That's a shame.

M : But don't be disappointed. We are having a special offer today, so you can get 20% off any meal.

**Q4-6.** M : Hi. My name is Dean, and I'm calling to book a suite for my family vacation.

W : Thank you for calling the WD Hotel. For how long would you like to stay, sir?

M : For seven days. How much is the charge, including breakfast?

W : It's $500, and breakfast is complimentary. Could you please give me your name and phone number?

**Q7-9.** W : Excuse me. Where can I get information about the tourist attractions around your hotel?

M : You could go to the concierge near the main entrance. He can give you a travel map.

W : How about transportation? Do you provide any transportation services?

M : Yes. You can get a timetable for the shuttle bus from the concierge as well. It runs from our hotel to the downtown area.

**Q10-12.** M: Hello. The fridge in my room is making a strange noise. I can't put up with the noise. I think it's broken.

W: I am very sorry about the inconvenience. I'll send one of our maintenance workers to check it out. Is there anything else I can do for you?

M: Can you bring me a bottle of ice water? All the water in the fridge is getting warm.

W: Of course. I'll get that for you right away.

## 유형 분석 9  주제별 공략 – 쇼핑
### Unit 22  상품 구매

**Step 3 실전 문제**

Questions 1-3 refer to the following conversation.

문제 1-3번은 다음 대화를 참조하시오.

---

W : I am looking for a new digital camera. ¹Can you tell me what kind of battery this one uses?

▶ 여자가 카메라에 대해 알고 싶어하는 것을 묻고 있는 세부사항 문제로 초반 여자 대화를 들어야 한다. '여자는 배터리 종류'를 알고 싶어하므로 (B)가 정답이다.

M : It use a rechargeable battery. And the battery is free with the purchase of any digital camera.

W : Wow, that's what I want. Do you have any special events that are going on now?

M : Yes, ²we are giving away camera cases in various colors for free.

▶ 여자가 카메라 구입 시 받을 수 있는 것을 묻고 있고 남자가 '무료로 주는 카메라 케이스를 가지고 있다.'고 말하고 있으므로 (D)가 정답이다.

³They are displayed at the front of the store. Let me show you where they are.

▶ next 문제이므로 마지막 대화를 집중해서 들어야 한다. 남자가 여자에게 '다양한 색의 카메라 케이스가 가게 앞쪽에 진열되어 있는데 그것을 보여드리겠다.'고 제안하므로 (B)가 정답이다.

---

W : 새로운 디지털 카메라를 찾고 있습니다. 어떤 건전지를 쓰는지 말해 주시겠어요?
M : 충전지를 사용합니다. 그리고 건전지는 디지털카메라를 구매하시면 무료로 드립니다.
W : 와, 제가 원하던 일이네요. 그럼, 지금 어떤 특별한 행사가 진행되고 있나요?
M : 네, 다양한 색상의 카메라 케이스가 있는데 무료로 드리고 있습니다. 가게 앞쪽에 진열되어 있습니다. 어디 있는지 보여드리죠.

**표현 정리** rechargeable 재충전되는 purchase 구매 various 여러 가지의, 다양한 display 진열하다

**1.** 여자는 카메라에 대해 무엇을 알고 싶어 하는가?

(A) 얼마인지
(B) 어떤 건전지를 사용하는지
(C) 무슨 색상인지
(D) 어디서 만들어 졌는지

정답 (B)

**2.** 여자가 카메라를 사면 무엇을 받을 수 있는가?

(A) 회원 카드
(B) 영화 티켓
(C) 할인권
(D) 무료 상품

정답 (D)

**3.** 여자는 다음에 무엇을 할 것 같은가?

(A) 카메라 값을 지불한다.
(B) 케이스를 본다.
(C) 친구에게 연락한다.
(D) 다른 상품을 쇼핑한다.

정답 (B)

---

### Unit 23  티켓 구매

**Step 3 실전 문제**

Questions 1-3 refer to the following conversation.

문제 1-3번은 다음 대화를 참조하시오.

---

W : Hello. ¹I'm calling to buy tickets for the concert tomorrow. Can I buy them over the phone?

▶ 'I'm calling ~.'으로 시작하는 대화는 늘 전화 건 목적이 등장하는 문장이므로 주의해서 들어야 한다. 여자는 티켓 구매를 원하고 있으므로 (D)가 정답이다.

M : I'm sorry, but ²we don't sell tickets over the phone. Why don't you come and buy them tomorrow?

▶ 이유를 묻는 문제는 처음 두 문장에 단서가 나온다. 남자는 '전화상으로는 표를 구매할 수 없으니 직접 와서 구매하라'고 말하고 있으므로 (B)가 정답이다.

W : Then can I get a discount on them?

M : Sure, but you had better come early tomorrow. ³The discounted tickets are limited in number.

▶ 남자에 대해 묻고 있으므로 이곳을 집중해서 듣는다. 할인 티켓의 수가 한정되어 있다고 말하고 있으므로 (B)가 정답이다.

---

W : 안녕하세요. 내일 연주회의 티켓을 사려고 전화했습니다. 전화상으로 구입할 수 있을까요?
M : 죄송합니다만, 저희는 전화상으로 티켓을 판매하지 않습니다. 내일 오셔서 구매하는 것은 어떠십니까?
W : 그럼, 할인 받을 수 있나요?
M : 물론이죠. 하지만 내일 일찍 오시는 것이 좋습니다. 할인티켓은 매 수가 한정되어 있거든요.

**표현 정리** concert 연주회 discount 할인 be limited in number 수가 한정되어 있다

**1.** 여자는 무엇을 하고 싶어 하는가?

(A) 예약하기
(B) 인터넷 쇼핑하기
(C) 티켓 취소하기
(D) 티켓 구매하기

정답 (D)

**2.** 남자는 왜 여자를 도울 수 없다고 말하는가?

(A) 그는 지난주부터 휴가 중이다.
(B) 그는 오직 티켓 판매소에서만 판매할 수 있다.

(C) 그는 티켓 판매 담당이 아니다.
(D) 그는 매니저로부터 승인을 받아야한다.

정답 (B)

**3.** 남자는 여자에게 무엇에 대해 상기시키는가?

(A) 한정된 좌석
(B) 한정된 티켓
(C) 예약 시스템
(D) 지불 방법

정답 (B)

## Review Test

Questions 1–3 refer to the following conversation.

문제 1–3번은 다음 대화를 참조하시오.

> W : Excuse me. ¹I'm looking for men's pants. Could you please help me to find a pair just like these?
>
> ▶ 대화 장소를 묻는 문제는 전반부에 등장한다. pants를 들었다면 (C)가 정답이다.
>
> M : ²Oh, all of the ones with that design are sold out. Do you want to see another design?
>
> ▶ 직업, 회사, 부서 등은 전반부에 등장한다. 남자의 직업을 묻고 있으므로 첫 번째 남자 대화에 집중한다. (D)가 정답이다.
>
> W : No, thanks. Is there any place where I can find these?
> M : Um… ³Why don't you visit our other store on Brit Street? Or if you can wait until next week, I can order them and have them delivered to your house.
>
> ▶ 요구, 제안은 후반부에 등장한다. 특히 제안 의문문 'Why don't ~?, Could/Would you ~?' 대화를 잘 들어야 한다. (B)가 정답이다.
>
> - - - - - - - - - - - - - - - - - - - - - - - - - - - - - -
> W : 실례합니다. 남성용 바지를 찾고 있습니다. 이것과 같은 것으로 찾아주실 수 있나요?
> M : 아, 이 디자인은 모두 품절입니다. 다른 디자인으로 보시겠습니까?
> W : 아니오, 괜찮습니다. 어디든 이 바지를 찾을 수 있는 곳이 있나요?
> M : 음. Brit 가에 있는 다른 저희 상점을 가 보시는 건 어떠세요? 아니면 다음 주까지 기다리실 수 있으시다면, 제가 주문하여 댁으로 보내드리고요.

표현 정리 **pants** 바지 **like** ~같은 **sold out** 품절의, 매진된 **deliver** 배달하다

**1.** 화자들은 어디에 있는가?

(A) 식당
(B) 사무실
(C) 옷가게
(D) 호텔

정답 (C)

**2.** 남자의 직업은 무엇인가?

(A) 비서
(B) 사서
(C) 사무실 직원
(D) 판매원

정답 (D)

**3.** 남자는 무엇을 제안하는가?

(A) 다른 직원에게 말하기
(B) 다른 가게 방문하기
(C) 온라인상점에서 구매하기
(D) 양식 작성하기

정답 (B)

Questions 4–6 refer to the following conversation.

문제 4–6번은 다음 대화를 참조하시오.

> M : Hello. ⁴I'm calling to book a ticket to go to Chicago on October 1.
>
> ▶ 전화를 건 이유는 전화를 건 사람의 첫 번째 대화에 답이 나온다. 특히 I'm calling ~, I hope/wish ~ 문장을 잘 듣는다. (A)가 정답이다.
>
> W : Okay, let me check to see if any seats are available. Sometimes it's full because of groups of tourists.
> M : Oh, and ⁵could you please check whether a window seat is available or not?
>
> ▶ 요청, 제안 문제는 후반부에 등장한다. 특히 Could you ~?, Why don't you ~? 문장을 잘 듣는다. 창가쪽 좌석이 있는지 묻고 있으므로 (B)가 정답이다.
>
> W : Sure. But before I do that, ⁶ could you please give me your full name, passport number, and phone number?
>
> ▶ 다음에 할 일(next) 문제는 후반부 마지막 대화를 잘 들어야 한다. 여자가 인적 정보를 요청하고 있으므로 남자가 이에 응할 것이다. (A)가 정답이다.
>
> - - - - - - - - - - - - - - - - - - - - - - - - - - - - - -
> M : 안녕하세요. 10월 1일 Chicago로 가는 티켓을 예약하려고 전화했습니다.
> W : 네, 좌석이 있는지 알아보겠습니다. 가끔 단체 관광객으로 인해 만석이거든요.
> M : 아, 그리고 창가좌석이 아직 남아있는지 확인해 주시겠습니까?
> W : 물론이죠. 그 전에 이름, 여권 번호, 그리고 전화번호를 알려주시겠습니까?

표현 정리 **book a ticket** 표를 예약하다 **seat** 좌석 **available** 구할 수 있는, 이용할 수 있는 **passport number** 여권 번호

**4.** 남자는 왜 전화를 하는가?

(A) 예약하기 위해
(B) 좌석을 변경하기 위해
(C) 예약을 확정하기 위해
(D) 지불하기 위해

정답 **(A)**

**5.** 남자는 무엇을 요청하는가?

    (A) 할인

    (B) 창가 좌석

    (C) 통로 쪽 좌석

    (D) 채식주의 식사

정답 **(B)**

**6.** 대화에 따르면, 남자는 다음에 무엇을 할 것 같은가?

    (A) 개인정보를 준다.

    (B) 비행기 표 값을 지불한다.

    (C) 공항으로 간다.

    (D) 다른 항공사에 전화한다.

정답 **(A)**

Questions 7–9 refer to the following conversation.

문제 7–9번은 다음 대화를 참조하시오.

> W : Hi. ⁷I need to get a new laptop for my daughter, and my friend recommended your store.
>
> ▶ 대화 장소는 전반부에 특정 장소 어휘가 제시된다. laptop을 들었다면 (C)가 정답임을 알 수 있다.
>
> M : You are lucky ⁸because a special promotion just started yesterday. You can get 30% off everything.
>
> ▶ 구체적인 정보는 중반부에 등장하는데 남자에 대해서 묻고 있으므로 남자의 대화인 이곳을 집중해서 들어야 한다. 어제부터 행사가 진행되고 있어서 할인을 받을 수 있다고 말하고 있으므로 (D)가 정답이다.
>
> W : Wow, that sounds great! So ⁹could you recommend the newest product?
>
> ▶ 요구, 제안 문제는 후반부에 등장하는 제안의문문을 들어야 한다. 여자는 최신 상품을 요구하고 있으므로 (A)가 정답이다.
>
> M : Sure. Let me show you the laptop that just arrived. I'm sure you'll love it.
>
> --------------------------------------------
>
> W : 안녕하세요, 제 딸을 위해 새로운 노트북이 필요한데, 제 친구가 당신의 가게를 추천해 주었어요.
>
> M : 운이 좋으시네요, 저희 특별행사가 어제 막 시작되었거든요. 어떤 제품이든 30퍼센트 할인을 받으실 수 있습니다.
>
> W : 와, 잘 됐네요. 그럼 최신 상품으로 추천해 주시겠어요?
>
> M : 물론이죠, 막 도착한 노트북들을 보여드리겠습니다. 분명 좋아하실 겁니다.

표현 정리 **laptop** 노트북 **recommend** 추천하다 **special promotion** 특별행사 **newest** 최신의

**7.** 대화가 일어나고 있는 장소는 어디인가?

    (A) 슈퍼마켓

    (B) 가구점

    (C) 전자매장

    (D) 옷가게

정답 **(C)**

**8.** 남자는 무엇을 한다고 하는가?

    (A) 보수공사

    (B) 개업 기념 세일

    (C) 재고 정리 세일

    (D) 특별 행사

정답 **(D)**

**9.** 여자는 노트북에 대해 무엇을 요구하는가?

    (A) 최신 상품

    (B) 저렴한 상품

    (C) 가벼운 상품

    (D) 작은 사이즈의 상품

정답 **(A)**

Questions 10–12 refer to the following conversation and coupon.

문제 10–12번은 다음 대화와 쿠폰을 참조하시오.

> W : ¹⁰Hi. I'm going to redecorate my apartment. And I'd like to buy a sofa by using this coupon that I saw in your catalog.
>
> ▶ 여자의 계획이므로 여자의 대화에 힌트가 나온다. 여자는 자신의 아파트를 개조할 계획이라고 이야기하고 있다. redecorate my apartment를 패러프레이징한 표현인 (A)가 정답이다.
>
> M : What price range do you have in mind?
>
> W : I am planning to spend no more than $600. And I need to make sure the furniture goes well with my green wallpaper.
>
> M : I think white or beige will suit the color of the wall. ¹¹The model in the window display is $570. It comes in three colors, white, beige, and brown. It has been very popular since last year.
>
> W : ¹¹I like the design and the size. And I'll choose beige color. When should I expect delivery?
>
> ▶ 쿠폰의 중반부에는 소비 총액에 대한 할인율이 명시되어 있다. 점원인 남자가 추천한 570달러 소파에 대해 여자가 마음에 들어 하면서 베이지 색상으로 하겠다는 이야기를 하고 있다. 이를 통해 여자가 570달러를 지불하게 될 것임을 짐작할 수 있다. 표를 보면 500 초과 600달러 이하는 15%의 할인을 받을 수 있음을 알 수 있으므로 (C)가 정답이다.
>
> M : One moment, please. ¹²Let me check the computer to see the exact delivery date.
>
> ▶ 다음에 할 일을 묻는 마지막 문제의 단서는 대화의 후반부에 등장한다. 남자가 정확한 배송 날짜를 컴퓨터로 확인해 보겠다고 말하고 있는 것으로 보아 (B)가 정답이다.

W : 안녕하세요, 아파트 내부를 개조할 예정입니다. 카탈로그에서 보았던 쿠폰을 이용해서 소파를 사려고 하는데요.

M : 얼마의 가격대를 생각하고 계신가요?

W : 600달러 이하면 좋겠습니다. 그리고 소파가 녹색 벽지와 어울렸으면 합니다.

M : 화이트나 베이지 색상이 녹색 벽지와 어울릴 거예요. 윈도에 전시되어 있는 모델이 570달러인데요. 화이트, 베이지, 브라운 세가지 색상으로 입고되어 있습니다. 작년부터 계속해서 매우 인기 있는 제품입니다.

W : 디자인과 사이즈가 마음에 듭니다. 베이지 컬러로 할게요. 언제쯤 배송 가능한가요?

M : 잠시만요. 정확한 배송 날짜를 컴퓨터로 확인해볼게요.

**표현 정리** **redecorate** 새 단장하다 **price range** 가격대 **have** 명사 **in mind** ~를 염두에 두다 **make sure** 꼭 ~하다 **go well with** ~와 잘 어울리다 **wallpaper** 벽지 **delivery** 배송 **renovate** 개조하다 **own** ~소유의 **request** 요청하다 **demonstration** 시연, 설명

**10.** 여자가 계획하고 있는 것은?

    (A) 집을 개조하는 것
    (B) 새 집으로 이사하는 것
    (C) 사업을 시작하는 것
    (D) 가구를 디자인 하는 것

정답 **(A)**

**11.** 도표에서 여자가 받게 될 할인율은?

    (A) 5% 할인
    (B) 10% 할인
    (C) 15% 할인
    (D) 20% 할인

정답 **(C)**

**12.** 남자가 다음에 할 일로 가장 적절한 것은?

    (A) 매니저와 이야기 나눈다
    (B) 배송날짜를 확인한다
    (C) 서류를 요청한다
    (D) 제품 시연을 한다

정답 **(B)**

## 받아쓰기 훈련

### Unit 22 상품 구매

W: I am looking for a new digital camera. Can you tell me what kind of battery this one uses?

M: It use a rechargeable battery. And the battery is free with the purchase of any digital camera.

W: Wow, that's what I want. Do you have any special events that are going on now?

M: Yes, we are giving away camera cases in various colors for free. They are displayed at the front of the store. Let me show you where they are.

### Unit 23 티켓 구매

W: Hello. I'm calling to buy tickets for the concert tomorrow. Can I buy them over the phone?

M: I'm sorry, but we don't sell tickets over the phone. Why don't you come and buy them tomorrow?

W: Then can I get a discount on them?

M: Sure, but you had better come early tomorrow. The discounted tickets are limited in number.

### Review Test

**Q1-3.** W: Excuse me. I'm looking for men's pants. Could you please help me to find a pair just like these?

M: Oh, all of the ones with that design are sold out. Do you want to see another design?

W: No, thanks. Is there any place where I can find these?

M: Um... Why don't you visit our other store on Brit Street? Or if you can wait until next week, I can order them and have them delivered to your house.

**Q4-6.** M: Hello. I'm calling to book a ticket to go to Chicago on October 1.

W: Okay, let me check to see if any seats are available. Sometimes it's full because of groups of tourists.

M: Oh, and could you please check whether a window seat is available or not?

W: Sure. But before I do that, could you please give me your full name, passport number, and phone number?

**Q7-9.** W: Hi. I need to get a new laptop for my daughter, and my friend recommended your store.

M: You are lucky because a special promotion just started yesterday. You can get 30% off everything.

W: Wow, that sounds great! So could you recommend the newest product?

M: Sure. Let me show you the laptop that just arrived. I'm sure you'll love it.

**Q10-12.**

W: Hi. I'm going to redecorate my apartment. And I'd like to buy a sofa by using this coupon that I saw in your catalog.

M: What price range do you have in mind?

W: I am planning to spend no more than $600. And I need to make sure the furniture goes well with my green wallpaper.

M: I think white or beige will suit the color of the wall. The model in the window display costs $570. It comes in three colors, white, beige, and brown. It has been very popular since last year.

W: I'll go with the model in beige. When should I expect delivery?

M: Let me check the computer to see the exact delivery date.

## 유형 분석 10 주제별 공략 – 회사
### Unit 24 채용, 퇴직

**Step 3 실전 문제**

Questions 1–3 refer to the following conversation.

문제 1–3번은 다음 대화를 참조하시오.

---

M : Hello. My name is Jason, and ¹I'm calling about the sales position you advertised on your website.

▶ 주제 문제이므로 첫 번째 대화를 잘 들어야 한다. 첫 번째 남자의 대화 'I'm calling about the sales position you advertised on your website'에서 '구인 광고'를 보고 전화를 걸었으므로 (D)가 정답이다.

W : Thank you for calling. As you read in the advertisement, ²we're looking for someone with experience selling computers.

▶ 장소 문제이므로 장소 어휘를 집중해서 들어야 한다. 여자의 대화 'we're looking for someone with experience selling computers'에서 '컴퓨터 판매 경력자'를 모집하고 있다는 것을 알 수 있으므로 '전자매장'에서 근무한다는 것을 알 수 있다. 따라서 (C)가 정답이다.

M : Don't worry about that. I've worked at a computer shop as a salesman for 3 years.

W : That's really good news! ³Why don't you send us your resume?

▶ 제안/요청 문제이므로 제안의문문이 등장하는 대화에 집중해야 한다. 제안의문문은 대부분 후반부에 등장한다. 마지막 대화 'Why don't you send us your resume?'에서 '이력서를 보내 달라.'고 요청하고 있으므로 (D)가 정답이다.

---

M : 안녕하십니까. 저는 제이슨이라고 하는데요, 홈페이지에 광고하신 판매직을 보고 전화 드렸습니다.

W : 전화 주셔서 감사합니다. 광고에서 보셨듯이, 우리는 컴퓨터 판매에 경력이 있는 사람을 찾고 있습니다.

M : 그거라면 걱정 안하셔도 됩니다. 판매원으로 3년 동안 컴퓨터 매장에서 근무했었습니다.

W : 정말 좋은 소식이군요! 이력서를 보내주시겠습니까?

표현 정리  **call about** ~일로 전화를 걸다  **look for** 찾다  **resume** 이력서

---

**1.** 화자들은 주로 무엇에 대해 논의하고 있는가?
 (A) 컴퓨터 문의
 (B) 직원에 대한 항의
 (C) 컴퓨터 구매
 (D) 일자리 지원

정답 (D)

**2.** 여자는 어디서 일하는 것 같은가?
 (A) 슈퍼마켓
 (B) 사무실
 (C) 전자제품 매장
 (D) 컴퓨터 공장

정답 (C)

**3.** 여자는 남자에게 무엇을 하라고 요청하는가?
 (A) 매장을 방문하라고
 (B) 다른 날 전화하라고
 (C) 면접을 보러 오라고
 (D) 서류를 제출하라고

정답 (D)

## Unit 25 교육, 홍보

**Step 3 실전 문제**

Questions 1–3 refer to the following conversation.

문제 1–3번은 다음 대화를 참조하시오.

---

W : This is Susanna from the AA Advertising Company. ¹I'm calling about an idea I have to promote your restaurant.

▶ 여자가 남자의 식당을 홍보할 전략에 대해 논의하기 위해 전화했다고 했으므로 정답은 (D)가 된다.

M : Oh, that's interesting! Because we recently remodeled the restaurant, I want you to see it. ²Can you come by to see it?

▶ 남자가 최근 자신의 식당을 보수했다고 하면서 여자에게 한 번 들러 살펴볼 것을 제안하고 있다. 답은 (A)가 된다.

W : Sure, I'll go there tomorrow, and, while I'm there, ³we can discuss the script for the advertisement.

▶ 다음에 할 일 문제는 마지막에 힌트가 제시된다. 두 사람이 광고 내용에 대해 논의할 수 있다고 했으므로 정답은 (D)가 된다.

---

W : 저는 AA 광고회사의 수잔나입니다. 고객님의 식당을 홍보하기 위한 아이디어가 있어서 연락드렸습니다.

M : 아, 흥미롭네요! 왜냐하면 저희가 최근에 식당을 개조했거든요, 보여드리고 싶네요. 와서 한번 보시겠어요?

W : 물론이죠, 내일 가겠습니다, 그동안 광고의 대본을 상의하죠.

표현 정리 **promote** 홍보하다 **remodel** 개조하다, 리모델링하다 **script** 대본 **advertisement** 광고

**1.** 화자들은 주로 무엇에 대해 논의하고 있는가?

    (A) 개조된 식당
    (B) 광고회사
    (C) 새로운 식당
    (D) 광고 전략

정답 **(D)**

**2.** 남자는 무엇을 제안하는가?

    (A) 레스토랑을 둘러보는 것
    (B) 그녀를 광고회사로 초대하는 것
    (C) 다음 주에 대본을 상의하는 것
    (D) 그녀의 식당에서 저녁식사를 하는 것

정답 **(A)**

**3.** 화자들은 다음에 무엇을 할 것인가?

    (A) 지불액을 협상한다.
    (B) 경쟁 식당을 방문한다.
    (C) 식당을 개조한다.
    (D) 광고에 대해 이야기한다.

정답 **(D)**

## Unit 26 시설, 네트워크 관리

**Step 3** 실전 문제

Questions 1-3 refer to the following conversation.
문제 1-3번은 다음 대화를 참조하시오.

> M : Do you know ¹when the mechanic will come to fix the air conditioner?
>
> ▶ 남자의 요청사항에 대해 묻고 있으므로 남자의 대화를 잘 듣는다. 남자는 '에어컨 수리 문제 건'에 대해 말하고 있으므로 (C)가 정답이다.
>
> W : Tomorrow afternoon, I guess. Is there a problem?
> M : I'm concerned about my meeting. ²If it isn't working by today, I'll have to reschedule my meeting. I'd rather postpone it.
>
> ▶ 남자가 무엇을 미루는지를 묻고 있다. 남자는 회의를 미루겠다고 말하고 있으므로 (D)가 정답이다.
>
> W : Don't worry about it. ³I can call someone else and check whether he can fix it by this afternoon or not.
>
> ▶ 다음에 할 일을 묻고 있으므로 마지막 대화를 잘 들어야 한다. '다른 정비사에게 전화할 수 있다.'고 말하고 있으므로 (B)가 정답이다.
>
> - - - - - - - - - - - - - - - - - - - - - - - - - - - - - - -
>
> M : 정비사가 언제 에어컨을 수리하러 오는지 알고 있나요?
> W : 제가 알기로는 내일 오후입니다. 무슨 문제 있으십니까?

M : 회의 때문에요. 오늘까지 작동되지 않는다면, 미팅일정을 다시 잡아야 해요. 차라리 미뤄야겠네요.
W : 걱정하지 마세요. 제가 다른 정비사에게 전화해서 오늘 오후까지 고칠 수 있는지 없는지 확인해 보겠습니다.

표현 정리 **be concerned about** ~가 걱정이다 **fix** 수리하다 **guess** 추측하다, 알아맞히다 **reschedule** 일정을 다시 세우다 **postpone** 미루다, 연기하다

**1.** 남자는 무엇을 요청하는가?

    (A) 직원회의
    (B) 새로운 비서
    (C) 수리 문제
    (D) 국제회의

정답 **(C)**

**2.** 남자는 무엇을 미루겠다고 말하는가?

    (A) 예약
    (B) 교육
    (C) 출장
    (D) 회의

정답 **(D)**

**3.** 여자는 다음에 무엇을 할 것인가?

    (A) 보고서를 제출한다.
    (B) 관리부 직원에게 전화한다.
    (C) 회의를 준비한다.
    (D) 창문을 연다.

정답 **(B)**

## Unit 27 회계, 예산

**Step 3** 실전 문제

Questions 1-3 refer to the following conversation.
문제 1-3번은 다음 대화를 참조하시오.

> M : Tracy, I just heard that we have to ¹reduce our expenses by 20 percent. How do you think we can do that?
>
> ▶ 주제를 묻고 있으므로 첫 대화에 집중한다. 대화 내용이 주로 '경비 삭감'에 관한 것이므로 (B)가 정답이다.
>
> W : Really? I haven't heard that yet. How are we going to pay for the dinner for our department?
> M : Hmm, ²I think we need to reconsider the budget for it again. We have to look for another supplier.
>
> ▶ 제안 문제이므로 제안 문장(We need to)이 언급된 곳을 집중해서 들어야 한다. '예산을 다시 짜야 할 것 같다.'고 말하고 있으므로 (B)가 정답이다.
>
> W : ³I should call the supplier as soon as possible to notify them that we have to break the contract.

▶ next 문제이므로 마지막 대화에 집중한다. '저녁 공급업체에 전화를 하겠다.'고 말하고 있으므로 (A)가 정답이다.

M : 트레이시, 방금 우리 경비를 20퍼센트까지 줄여야 한다는 소식을 들었어요. 우리가 할 수 있을 거라고 생각하나요?
W : 정말요? 전 아직 못 들었어요. 그럼, 우리 부서를 위한 저녁을 어떻게 마련하죠?
M : 흠, 내 생각에는 우리가 예산을 다시 짤 필요가 있을 것 같아요. 다른 공급처를 찾아봐야겠어요.
W : 제가 그 공급업체에 전화해서 최대한 빨리 우리가 계약을 파기해야 할 것 같다고 알려줘야겠어요.

표현 정리 reduce 줄이다, 축소하다 expense 비용, 경비 reconsider 재고하다, 다시 생각하다 budget 예산 notify 알리다, 통보하다 break 깨다, 파기하다 contract 계약

**1.** 화자들은 무엇을 논의하는가?

(A) 예약하기
(B) 저녁 비용 절감
(C) 저녁 시간 변경
(D) 식당 보수

정답 **(B)**

**2.** 남자는 무엇을 제안하는가?

(A) 다른 회의장 예약하기
(B) 다시 예산 세우기
(C) 기부 요청하기
(D) 저녁 취소하기

정답 **(B)**

**3.** 여자는 다음에 무엇을 할 것인가?

(A) 식당에 연락한다.
(B) 직원들에게 알린다.
(C) 다른 부서를 방문한다.
(D) 예약을 취소한다.

정답 **(A)**

## Unit 28 사업 계획

**Step 3** 실전 문제

Questions 1-3 refer to the following conversation.
문제 1-3번은 다음 대화를 참조하시오.

W : Did you already sign the contract with the agent for your new restaurant?
M : Well, I sent an email to the agent yesterday ¹to get some information about the renovations. But I still haven't got a response.

---

▶ 남자가 요청한 것을 묻고 있으므로 남자 대화에 집중한다. 남자는 보수에 대한 정보를 얻고자 이메일을 발송 했으므로 (A)가 정답이다.

W : ²I think you should give her a call.
▶ 요청 문제이므로 제안(you should) 문장에서 단서를 찾는다. 전화를 걸어 보도록 제안하고 있으므로 (C)가 정답이다.

Anyway, ³I'm worried that buying it is going to be complicated.
▶ 여자가 걱정하고 있는 것을 묻고 있으므로 감정 어휘, 부정 뉘앙스 어휘가 등장하는 곳에 단서가 나온다. 여자는 '식당을 사는데 많은 복잡한 일들이 있을 것 같아 걱정이 된다.'고 말하고 있으므로 (B)가 정답이다.

W : 그 중개인과는 새로운 식당에 대해 이미 계약했나요?
M : 수리와 관련해 정보를 얻으려고 어제 중개인에게 이메일을 보냈는데 아직 연락을 못받았어요.
W : 그녀에게 전화를 해야 할 것 같네요. 그건 그렇고, 식당을 매입하는데 많은 복잡한 일들이 있을 것 같아 걱정이 되네요.

표현 정리 renovations 개조, 보수 still 아직 anyway 그런데, 그건 그렇고 complicated 복잡한

**1.** 남자는 무엇을 요청했는가?

(A) 보수 정보
(B) 주인 연락처
(C) 식당 위치
(D) 건물 가격

정답 **(A)**

**2.** 여자는 남자에게 무엇을 제안하는가?

(A) 영업시간을 바꾸라고
(B) 초대장을 만들라고
(C) 부동산에 연락하라고
(D) 내일까지 중개인을 방문하라고

정답 **(C)**

**3.** 여자는 무엇에 대해 걱정하는가?

(A) 실내 장식가를 찾는 것
(B) 식당을 구매하는 것
(C) 오래된 가구를 버리는 것
(D) 새로운 직원을 고용하는 것

정답 **(B)**

## Review Test

Questions 1-3 refer to the following conversation.
문제 1-3번은 다음 대화를 참조하시오.

M : ¹Hi. This is Martin from the technical support team. ²I got a call from someone in your staff that a computer isn't working.

▶ 직업, 회사, 부서 등은 초반부에 등장한다. 기술 지원팀 사람이라고 했으므로 (D)가 정답이다.

W : Thanks for coming. ²Suddenly, the computer shut down when I was about to complete my project. After that, I couldn't turn it back on.

▶ 문제점, 불평 사항 등은 초반부에 등장한다. 남자 대화와 여자 대화를 종합해 보면 컴퓨터가 고장이 난 것이므로 (B)가 정답이다.

M : I think I should take your computer to my office to check it out.

W : Okay. ³But can you fix it by tomorrow? I have to finish my work before this weekend.

▶ 요구나 제안은 제안(can you, could you, why don't you~) 문장을 들어야 한다. (D)가 정답이다.

--------------------------------------------------

M : 안녕하세요, 저는 기술지원팀의 Martin입니다. 컴퓨터가 작동하지 않는다고 직원에게 연락을 받았습니다.
W : 와 주셔서 감사합니다. 제가 프로젝트를 완성할 때쯤 갑자기 꺼졌습니다. 그 뒤에는 컴퓨터를 켤 수 없어요.
M : 제 생각에는 컴퓨터를 제 사무실로 가져가서 확인해야 할 것 같네요.
W : 알겠습니다. 하지만 내일까지 고쳐주실 수 있나요? 제 일을 이번 주말까지 끝내야 하거든요.

**표현 정리** technical support team 기술지원팀 suddenly 갑자기 shut down (컴퓨터를) 끄다, 꺼지다 complete 완성하다, 끝마치다 fix 고치다, 수리하다

**1.** 남자는 누구인 것 같은가?

(A) 회계사
(B) 건축가
(C) 은행원
(D) 기술자

정답 (D)

**2.** 여자의 문제는 무엇인가?

(A) 그녀는 최근 직장동료와 다퉜다.
(B) 그녀는 컴퓨터가 고장이 났다.
(C) 그녀는 프로젝트를 끝내기 위해 참고자료가 필요하다.
(D) 그녀는 기술지원팀 때문에 서류를 잃어버렸다.

정답 (B)

**3.** 여자는 무엇을 요청하는가?

(A) 새로운 프로그램을 설치해 달라고
(B) 국제 세미나에 그녀를 초대해 달라고
(C) 회의에 그녀를 대신하여 참석해 달라고
(D) 내일까지 컴퓨터를 수리해 달라고

정답 (D)

Questions 4–6 refer to the following conversation.

문제 4-6번은 다음 대화를 참조하시오.

M : Hello, Ms. Vera. ⁵I'm John from the Human Resources Department at TACC.

▶ 직업, 회사, 부서 등은 초반부에 등장한다. 인사부 직원이라고 했으므로 회사원임을 알 수 있다. (B)가 정답이다.

I was very impressed with your resume, ⁴and I want you to come in for an interview on Friday.

▶ 인터뷰에 대해 얘기하고 있다. (C)가 정답이다.

W : Thank you. I was waiting for your call. Do I need to bring anything for the interview?

M : ⁶You need to come with a printed copy of your resume.

▶ 세부사항 문제로 남자가 이력서가 필요하다고 했으므로 여자는 이력서를 가져가야 한다. (A)가 정답이다.

--------------------------------------------------

M : 안녕하세요, Ms. Vera. 저는 TACC 인사부의 John이라고 합니다. 당신의 이력서가 굉장히 인상 깊어서 금요일 면접에 와 주셨으면 합니다.
W : 감사합니다. 연락을 기다리고 있었어요. 그럼, 면접에 가져가야 할 것이 있습니까?
M : 출력한 이력서를 가지고 오시면 됩니다.

**표현 정리** Human Resources Department 인사부 impressed 인상 깊게 생각하는, 감명을 받은 interview 면접 printed 인쇄된, 출력한

**4.** 화자들은 주로 무엇에 대한 이야기를 하는가?

(A) 연례 파티
(B) 특별 행사
(C) 면접
(D) 강연

정답 (C)

**5.** 남자의 직업은 무엇인가?

(A) 변호사
(B) 사무실 직원
(C) 판매원
(D) 강사

정답 (B)

**6.** 여자는 무엇을 가져가야 하는가?

(A) 이력서
(B) 사무실 용품
(C) 추천서
(D) 사진

정답 (A)

Questions 7–9 refer to the following conversation with three speakers. 문제 7–9번은 다음 3자 대화를 참조하시오.

W : ⁷Our magazine is planning a special feature on newly listed companies in the state next month. Are you interested in this assignment?

▶ 대화의 주제를 묻는 문제로, 초반부에서 단서를 잡아야 하는데, 특집 기사 취재에 대한 대화임을 알 수 있다. 다음 달에 있을 특집 기사, 즉, 다가오는 프로젝트에 대해 이야기하므로 정답은 (C)이다.

M1 : Yes, I am. ⁸I want to write about the IT firm Stargate. It won the new company of the year award at last year's industry conference.

▶ Stargate에 대한 어떤 언급이 있었는지 묻는 세부사항 문제다. 키워드인 Stargate라는 회사 명칭이 들리는 부분에 주목해야 한다. 남자가 작년 산업 회의에서 상을 탄 Stargate를 취재하고 싶다고 말하고 있다. 정답은 (B)다

W : Okay, Ken. That sounds great. ⁹And, Andrew, why don't you go along and take some photos for the article?

▶ Andrew가 요청 받은 것을 묻는 세번째 문제로 대화 후반부 Andrew의 상대방이 하는 말에 주목하다. 여자가 기사 쓰는 직원과 함께 가서 사진을 찍어 오라고 시키고 있으므로 정답은 (D)이다.

M2 : Sure, I'd be glad to. When are you planning to visit the company, Ken?

M1 : I'll check my schedule and get back to you right away.

- - - - - - - - - - - - - - - - - - - - - - - - - - - - - - - - -

W : 우리 잡지사는 이 주에서 새롭게 상장한 회사들에 대한 특별 기사를 다음 달에 계획 중이에요. 이 과제에 관심 있으신가요?
M1 : 네, 있습니다. 저는 Stargate라는 IT 회사에 대해 쓰고 싶어요. 그들은 작년 산업 회의에서 올해의 회사 상을 탔어요.
W : 좋아요, Ken. 그리고, Andrew, 같이 가서 기사를 위한 사진을 좀 찍어 오는 게 어때요?
M2 : 네, 기꺼이. 회사에 언제 방문할 계획인가요, Ken?
M1 : 제 스케줄을 확인해보고 바로 연락 드릴게요.

**표현 정리** feature 특집 listed company 상장 회사 assignment 과제

**7.** 화자들은 무엇에 대해 이야기하는가?

(A) 새로운 출판 회사
(B) 사진 상
(C) 다가오는 프로젝트
(D) 최근에 있었던 산업 회의

정답 (C)

**8.** Stargate에 대해 언급된 것은 무엇인가?

(A) 구조조정을 겪었다.
(B) 최근에 상을 받았다.
(C) 새로운 직원들을 고용했다.
(D) 다가오는 회의에 참석할 것이다.

정답 (B)

**9.** Andrew는 무슨 요청을 받았는가?

(A) 기사를 쓰라고
(B) IT 회사에 전화를 하라고
(C) 점심을 사라고
(D) 사진을 찍으라고

정답 (D)

Questions 10–12 refer to the following conversation and chart. 문제 10–12번은 다음 대화와 차트를 참조하시오.

W : Hi, Steve. Sorry to interrupt. ¹⁰I just got out of a budget meeting. I heard that we would scale down our corporate fitness programs due to the recent budget cuts.

▶ 행사의 종류와 주제는 대화의 초반부에 힌트가 나온다. 여자가 방금 예산 회의에 다녀왔다고 말하고 있으므로 (C)가 정답이다.

M : I also heard that. ¹¹Mr. Olson said we are going to cut the most expensive class to operate.

W : That doesn't make sense. ¹¹According to the survey we took last month, that is the most popular class with employees.

▶ Mr. Olson씨로부터 운영비가 가장 많이 드는 수업을 중단할 거라는 말을 전해 들었다는 남자의 말에 대해 여자는 조사결과를 보면 그 수업이 직원들 사이에서 가장 인기가 많다고 응답하고 있다. 표를 통해 직원들 사이에서 가장 인기가 많은 프로그램은 라틴댄스임을 알 수 있으므로 (B)가 정답이다.

M : I know what you're saying. ¹²Many employees will be disappointed to learn that we are not going to offer the program anymore.

▶ 남자는 회사측에서 라틴댄스를 제공하지 않으면 많은 직원이 실망할 것을 걱정하고 있으므로 (D)가 정답이다.

- - - - - - - - - - - - - - - - - - - - - - - - - - - - - - - - -

W : Steve, 안녕하세요? 잠깐 실례할게요. 방금 예산회의에 다녀왔는데요. 최근 예산삭감으로 인해 사내 운동 프로그램 규모를 축소할 예정이라고 들었어요.
M : 저도 들었어요. Olson 씨께서 말씀하시길 운영비가 가장 많이 드는 수업을 중단할 거라고 하더군요.
W : 말도 안돼요. 지난달에 실시했던 조사에 따르면 그 수업이 직원들에게 가장 인기 있는 수업이었어요.
M : 그러게 말이에요. 회사에서 그 프로그램을 더 이상 제공하지 않을 계획이라는 것을 알게 되면 많은 직원들이 실망할 거예요.

**표현 정리** interrupt 방해하다 budget 예산 scale down 규모를 축소하다 corporate 기업의 fitness 신체단련, 건강 due to ~ 때문에 recent 최근의 budget cut 예산 삭감 operate 운영하다, 작동하다 make sense 이치에 맞다, 일리가 있다 according to ~에 따르면 survey 조사 be disappointed 실망하다 trade fair 무역박람회 award 상 ceremony 의식, 격식 be concerned 걱정하다 behind schedule 일정에 뒤처진 upcoming 곧 있을 be ready for ~를 위한 준비를 하다 let down 실망시키다

**10.** 여자가 방금 참석했던 행사는?

(A) 세미나
(B) 무역 박람회
(C) 회의

(D) 시상식

정답 **(C)**

**11.** 도표를 보시오. 어떤 수업이 중단될 예정인가?

    (A) 요가
    (B) 라틴 댄스
    (C) 에어로빅
    (D) 발레

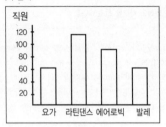

정답 **(B)**

**12.** 남자가 걱정하는 것은?

    (A) 조사가 많이 지연되었다.
    (B) 그는 곧 있을 회의에 늦을 것이다.
    (C) 그는 발표준비가 되어 있지 않다.
    (D) 최근의 결정이 일부 직원들을 실망시킬 것이다.

정답 **(D)**

## 받아쓰기 훈련

### Unit 24 채용, 퇴직

M: Hello. My name is Jason, and I'm calling about the sales position you advertised on your website.

W: Thank you for calling. As you read in the advertisement, we're looking for someone with experience selling computers.

M: Don't worry about that. I've worked at a computer shop as a salesman for 3 years.

W: That's really good news! Why don't you send us your resume?

### Unit 25 교육, 홍보

W: This is Susanna from the AA Advertising Company. I'm calling about an idea I have to promote your restaurant.

M: Oh, that's interesting! Because we recently remodeled the restaurant, I want you to see it. Can you come by to see it?

W: Sure, I'll go there tomorrow, and, while I'm there, we can discuss the script for the advertisement.

### Unit 26 시설, 네트워크 관리

M: Do you know when the mechanic will come to fix the air conditioner?

W: Tomorrow afternoon, I guess. Is there a problem?

M: I'm concerned about my meeting. If it isn't working by today, I'll have to reschedule my meeting. I'd rather postpone it.

W: Don't worry about it. I can call someone else and check whether he can fix it by this afternoon or not.

### Unit 27 회계, 예산

M: Tracy, I just heard that we have to reduce our expenses by 20 percent. How do you think we can do that?

W: Really? I haven't heard that yet. How are we going to pay for the dinner for our department?

M: Hmm, I think we need to reconsider the budget for it again. We have to look for another supplier.

W: I should call the supplier as soon as possible to notify them that we have to break the contract.

### Unit 28 사업 계획

W: Did you already sign the contract with the agent for your new restaurant?

M: Well, I sent an email to the agent yesterday to get some information about the renovations. But I still haven't got a response.

W: I think you should give her a call. Anyway, I'm worried that buying it is going to be complicated.

### Review Test

**Q1-3.** M: Hi. This is Martin from the technical support team. I got a call from someone in your staff that a computer isn't working.

W: Thanks for coming. Suddenly, the computer shut down when I was about to complete my project. After that, I couldn't turn it back on.

M: I think I should take your computer to my office to check it out.

W: Okay. But can you fix it by tomorrow? I have to finish my work before this weekend.

**Q4-6** M : Hello, Ms. Vera. I'm John from the Human Resources Department at TACC. I was very impressed with your resume, and I want you to come in for an interview on Friday.

W: Thank you. I was waiting for your call. Do I need to bring anything for the interview?

M: You need to come with a printed copy of your resume.

**Q7-9** W: Our magazine is planning a special feature on newly listed companies in the state next month. Are you interested in this assignment?

M1: Yes, I am. I want to write about the IT firm Stargate. It won the new company of the year award at last year's industry conference.

W: Okay, Ken. That sounds great. And, Andrew, why don't you go along and take some photos for the article?

M2: Sure, I'd be glad to. When are you planning to visit the company, Ken?

M1: I'll check my schedule and get back to you right away.

**Q10-12** W: Hi, Steve. Sorry to interrupt. I just got out of a budget meeting. I heard that we would scale down our corporate fitness programs due to the recent budget cuts.

M: I also heard that. Mr. Olson said we are going to cut the most expensive class to operate.

W: That doesn't make sense. According to the survey we took last month, that is the most popular class with employees.

M: I know what you're saying. Many employees will be disappointed to learn that we are not going to offer the program anymore.

## PART 3 FINAL TEST - 1

Questions 32-34 refer to the following conversation.
문제 32-34번은 다음 대화를 참조하시오.

M : Excuse me. ³²How much will it cost to send this package to Washington? I want it to arrive there by tomorrow.
▶ 주제를 묻는 문제는 초반부 대화를 잘 들어야 한다. (C)가 정답이다.

W : $20, but to get it there by tomorrow, ³³I suggest using express delivery service. But that will be an additional $10.
▶ 제안 문제는 주로 후반부에 등장하지만 세 문제 중 두 번째 문제로 등장할 경우 대화 중반부에 나올 수 있다는 것을 기억한다. 빠른 배송을 제안한다고 했으므로 (A)가 정답이다.

M : Oh, that's quite expensive. ³⁴I'd rather not use express delivery.
▶ 미래에 대한 행동은 후반부를 잘 들어야 한다. 제안한 빠른 배송은 비싸서 더 저렴한 서비스를 이용하려고 하므로 (B)가 정답이다.

W : Then please write your name, address, and phone number on the package.

-------------------------------------------------------

M : 실례합니다, 이 소포를 워싱턴까지 보내는데 얼마인가요? 내일까지

도착했으면 합니다.
W : 20달러입니다만, 내일까지 도착하려면 빠른우편 서비스를 제안합니다. 하지만 10달러의 추가 요금이 있습니다.
M : 아, 꽤 비싸네요. 차라리 빠른우편 서비스를 이용하지 않는 것이 좋겠어요.
W : 그럼 소포에 이름, 주소, 그리고 전화번호를 적어주세요.

표현 정리 package 소포 suggest 추천하다 express delivery 빠른우편 additional 추가의, 부가의 rather 오히려, 차라리

**32.** 화자들은 주로 무엇에 관한 이야기를 하는가?
(A) 편지 보내는 것
(B) 워싱턴으로 가는 것
(C) 소포 보내는 것
(D) 선물 사는 것

정답 **(C)**

**33.** 여자는 무엇을 하라고 제안하는가?
(A) 빠른 배송을 이용하라고
(B) 다음 주까지 보내라고
(C) 다른 상자에 포장하라고
(D) 다른 사람에게 물어보라고

정답 **(A)**

**34.** 남자는 무엇을 하기로 결정했나?
(A) 빠른 배송을 통해 소포를 보낸다.
(B) 저렴한 서비스를 선택한다.
(C) 집으로 가져간다.
(D) 다른 서비스를 예약한다.

정답 **(B)**

Questions 35-37 refer to the following conversation with three speakers. 문제 35-37번은 다음 세 명의 대화를 참조하시오.

W : Hi, Tom. ³⁵How's the design work for our new brochure going?
▶ 대화의 화제나 주제에 대한 단서는 지문의 초반부에 등장한다. 여자의 첫 대화를 통해 세 사람이 새로운 브로셔의 디자인 작업을 진행하고 있음을 알 수 있으므로 (B)가 정답이다.

M1 : I've completed most of it. I can e-mail you the final design within a couple of hours.
W : Sounds good. Then we can send it to the printing office tomorrow at the latest. ³⁶Come to think of it, we should put some customer reviews on the last page.
▶ 여자는 새로운 브로셔에 고객 후기를 첨가할 것을 제안하고 있으므로 put some customer reviews를 패러프레이징한 표현인 (B)가 정답이다.

M1 : That makes sense. I'll add some testimonials from our

satisfied customers on the back page.

W : ³⁷Daniell, please contact B&M Printers and find out how long the printing will take and how much it will cost. I have always been happy with its high-quality work.

▶ 여자는 B&M 인쇄소에 연락을 할 것을 부탁하면서 해당 인쇄소의 품질 높은 서비스에 만족하고 있다고 덧붙였다. 따라서 (A)가 정답이다.

M2 : Okay, I'll call the store right away.

--------------------------------------------------

W : Tom, 안녕하세요? 우리 회사의 새 책자 디자인 작업은 어떻게 진행되고 있어요?
M1 : 거의 다 끝나갑니다. 한 두 시간 내에 최종 디자인을 이메일로 보내드릴 수 있어요.
W : 잘 됐군요. 그러면 늦어도 내일은 인쇄소에 보낼 수 있겠네요. 생각해보니 고객후기를 마지막 장에 추가해야 할 것 같아요.
M1 : 맞는 말씀인 것 같아요. 만족도가 높은 고객의 후기를 마지막 장에 첨가할게요.
W : Daniell, B & M 인쇄소에 연락해서 인쇄가 얼마나 걸릴지 그리고 비용이 얼마나 들지 알아봐주겠어요? 저는 그 인쇄소의 품질 높은 서비스에 항상 만족하고 있어요.
M2 : 네, 지금 바로 인쇄소에 연락하겠습니다.

**표현 정리** brochure 소책자, 브로셔  complete 끝마치다  most 대부분  final 최종적인  within ~이내에  printing office 인쇄소  at the latest 늦어도  come to think of it 생각해보니  review 후기  make sense 이치에 맞다  add 추가하다  testimonial 후기  satisfied 만족한  contact 연락하다  find out 알아내다  cost 비용이 들다  high-quality 고급의, 고품질의  right away 즉시, 당장  clothing 의류  create 만들다  advertising 광고  budget 예산  safety 안전  manual 설명서  reservation 예약  add 추가하다  content 내용  conduct 하다, 실시하다  customer survey 고객 설문 조사  edit 편집하다  entire 전체의  report 보고(서), 보고하다  positive 긍정적인  result 결과  upward 상승하는  sales 매출

**35.** 화자들이 진행하고 있는 업무는?

    (A) 의류 디자인
    (B) 브로셔 제작
    (C) 광고 예산
    (D) 안전 설명서

정답 **(B)**

**36.** 여자가 제안하는 것은?

    (A) 예약 취소
    (B) 새로운 내용 추가
    (C) 고객 조사 실시
    (D) 보고서 전체 편집

정답 **(B)**

**37.** 여자는 무엇에 대해 기뻐하는가?

    (A) 업체의 품질 높은 서비스
    (B) 긍정적인 고객 후기

    (C) 고객 조사 결과
    (D) 매출 상승

정답 **(A)**

---

**Questions 38-40 refer to the following conversation.**
**문제 38-40번은 다음 대화를 참조하시오.**

W : David, ³⁸I've been trying to access my email, but when I enter my password, I get a message that it's invalid.

▶ 문제점(trouble)을 묻는 문제는 부정뉘앙스(damage, wrong, problem, invalid) 단어가 언급된 대화가 정답일 가능성이 아주 높기 때문에 이들 어휘가 들릴 수 있도록 집중하고 문제점은 초반부에 자주 등장한다는 것을 기억한다. '비밀번호를 입력하면, 없는 비밀번호'라고 뜬다고 했으므로 문제점은 '비밀번호 입력'이다. 따라서 (B)가 정답이다.

M : Did you ask the technician about that?
W : ³⁹I already tried calling technical support, but it appears that no one is working there now.

▶ 구체적인 정보는 주로 대화 중반부에 등장하므로 이곳을 잘 들어야 한다. 이미 기술지원팀에 전화를 했다고 말하고 있으므로 (A)가 정답이다.

M : ⁴⁰There is a 24-hour technical service you can call. I can look up the phone number for you.

▶ 제안 문제는 후반부에 등장한다. 제안 문제에 대한 단서는 'I can~.'으로 시작하는 문장이 정답의 단서이다. 남자의 두 번째 대화에서 '아마도 24시간 운영하는 곳의 전화번호가 있을 테니 찾아주겠다.'고 했으므로 (D)가 정답이다.

W : 데이빗 씨, 제가 이메일에 접속하려고 비밀번호를 입력하면, 없는 비밀번호라고 메시지가 뜹니다.
M : 그것에 대해 기술자에게 물어봤어요?
W : 기술지원 팀에 이미 전화를 했지만, 이미 업무 시간이 지난 것 같아요.
M : 아마도 24시간 운영하는 곳의 전화번호가 있을 겁니다. 제가 찾아드릴게요.

**표현 정리** access 접속, 접근  password 비밀번호  invalid 효력 없는, 무효한  technical support 기술지원팀  appear ~인 것처럼 보이다

**38.** 여자가 겪고 있는 문제는 무엇인가?

    (A) 새로운 시스템을 실행하는 것
    (B) 비밀번호를 입력하는 것
    (C) 이메일을 보내는 것
    (D) 전자기기를 이용하는 것

정답 **(B)**

**39.** 여자는 누구에게 연락하려고 했는가?

    (A) 기술지원팀
    (B) 배관공
    (C) 접수 담당자
    (D) 보수 팀

정답 **(A)**

**40.** 남자는 무엇을 하라고 제안하는가?

    (A) 내일까지 기다리라고

    (B) 다른 지원팀에게 전화하라고

    (C) 비밀번호 찾는 것을 도와주라고

    (D) 전화번호를 찾아 보겠다고

정답 **(D)**

Questions 41–43 refer to the following conversation.

문제 41-43번은 다음 대화를 참조하시오.

---

M : Nancy, <sup>41</sup>I lost my mobile phone at the restaurant last night, and I need to get a new one. Could you recommend a good store?

▶ 주제를 묻는 문제는 대화 초반부에 등장한다. 휴대전화에 대해 얘기하고 있으므로 (B)가 정답이다.

W : <sup>42</sup>Why don't you try the New Electronics Store? It has very affordable prices.

▶ 요청, 제안 문제는 제안 문장(why don't you?, you could ~) 등의 문장을 잘 듣는다. 그 매장의 가격이 합리적이라고 했으므로 (A)가 정답이다.

M : <sup>43</sup>I don't remember where the store is though. Could you tell me where it is located?

▶ 남자가 잊어버린 것이 무엇인지를 묻고 있으므로 남자 대화에 집중한다. 남자의 대화에서 '그 매장이 어디인지 생각이 안 난다.'고 했으므로 (A)가 정답이다.

W : Sure, I can take you there if you want.

- - - - - - - - - - - - - - - - - - - - - - - - - - - - -

M : 낸시, 내가 어젯밤 식당에서 휴대전화를 잃어 버려서 새로 사야 해요. 어떤 매장이든 추천해 줄 수 있어요?

W : New Electronics 매장에 가 보는 것이 어때요? 굉장히 저렴한 가격으로 팔아요.

M : 그렇지만, 그 매장이 어디인지 잊어버렸어요. 어디에 위치해 있는지 알려줄 수 있나요?

W : 물론이죠, 원하시면 제가 모셔다 드릴 수도 있어요.

---

표현 정리 recommend 추천하다, 제안하다 affordable price 합리적인 가격 though ~이긴 하지만

**41.** 화자들은 주로 무엇에 관해 이야기를 하는가?

    (A) 전자사전

    (B) 휴대전화

    (C) 노트북

    (D) MP3 플레이어

정답 **(B)**

**42.** 왜 여자는 New Electronics 매장을 추천하는가?

    (A) 가격이 저렴하다.

    (B) 매장이 가깝다.

    (C) 매장이 세일중이다.

    (D) 사장이 그녀의 친구이다.

정답 **(A)**

**43.** 남자는 무엇을 잊어버렸는가?

    (A) 매장의 위치

    (B) 휴대전화의 가격

    (C) 휴대전화를 잃어버린 장소

    (D) 매장 이름

정답 **(A)**

Questions 44–46 refer to the following conversation.

문제 44-46번은 다음 대화를 참조하시오.

---

W : <sup>44</sup>It looks like we are almost at the art gallery. We should start to look for a place to park.

▶ 'What+명사' 문제는 명사(event)에 해당하는 대화를 잘 들어야 한다. 첫 번째 여자 대화에서 미술관에 거의 다 온 것 같다고 말하고 있으므로 화자들은 미술 전시회에 참석할 계획임을 알 수 있으므로 (D)가 정답이다.

M : Okay. I'm really looking forward to seeing the art exhibit. <sup>45</sup>I've wanted to see it since I saw the advertisement on TV.

▶ 첫 번째 남자의 대화에서 'TV 광고를 본 후부터 관람하고 싶었다.'고 말했으므로 (C)가 정답이다.

W : I guess the advertisement succeeded. I don't see any available parking spaces on the street.

M : I think <sup>46</sup>there's a parking lot beside that building. Why don't we try parking there?

▶ 제안 문제이므로 'Why don't ~?'가 언급된 대화에 집중해서 들어야 한다. 남자의 두 번째 대화에서 '건물 옆에 주차장이 있을 것 같으니 그쪽에 주차하는 것이 어때?'라고 제안하고 있으므로 (C)가 정답이다.

- - - - - - - - - - - - - - - - - - - - - - - - - - - - -

W : 미술관에 거의 다 온 것 같아. 슬슬 주차할 곳을 찾아야 할 거야.

M : 그래, 난 이 미술 전시회를 정말 기다려왔어. TV 광고를 본 후부터 관람하고 싶었어.

W : 그 광고가 성공한 것 같아. 이 거리에는 주차할 공간이 전혀 없는 것 같은데.

M : 내 생각에는 저 건물 옆에 주차장이 있을 거야. 거기에 주차하는 것이 어때?

---

표현 정리 almost 거의 art gallery 미술관 park 주차하다 exhibit 전시품, 전시회 advertisement 광고 succeed 성공하다

**44.** 화자들은 어떤 행사에 참석할 계획인가?

    (A) 미팅

    (B) 미술 수업

    (C) 자동차 전시회

    (D) 미술 전시회

정답 **(D)**

**45.** 남자는 행사에 대해 어떻게 알게 되었는가?

    (A) 미술잡지를 통해

    (B) 기사를 통해

    (C) TV 광고를 통해

(D) 그의 친구를 통해

정답 (C)

**46.** 남자는 무엇을 제안하는가?

(A) 전시회에 입장하라고
(B) 전시회 관람을 포기하라고
(C) 주차장에 주차하라고
(D) 다른 전시회를 찾아가라고

정답 (C)

Questions 47-49 refer to the following conversation with three speakers. 문제 47-49번은 다음 세 명의 대화를 참조하시오.

M1 : Hey, Donna! ⁴⁷David and I are on our way to Salero to have lunch together. Would you like to join us?

▶ 대화의 주제에 대한 단서는 대화문의 초반부에 등장한다. 초반부에서 남자는 여자에게 Salero라는 식당에 함께 갈 것을 제안하고 있고 지문의 전반에 걸쳐 식당과 관련된 내용이 언급되고 있으므로 (C)가 정답이다.

W : Do you mean the seafood restaurant near city hall? ⁴⁸It's too far from our office.

M1 : Jane told me that a second restaurant opened in Grand Plaza yesterday.

W : That sounds great. ⁴⁸But I'm afraid the food is way too expensive there.

▶ 여자는 식당이 회사에서 멀리 위치해 있는 것과 식당의 음식이 너무 비싸다는 것을 걱정하고 있으므로 (D)가 정답이다.

M1 : No worries. ⁴⁹It is offering a generous discount during its opening week. David, did you bring the discount coupon?

▶ 남자가 개점 첫 주 동안 해당 식당이 후한 할인을 제공한다고 말하고 있는 것으로 보아 (B)가 정답이다.

M2 : Of course. I downloaded a 30-percent-off coupon from its Web site.

---------------------------------------------------

M1 : Donna! David와 나는 점심 먹으러 Salero로 가는 길이에요. 같이 갈래요?

W : 시청 옆에 있는 해산물 식당 말하는 건가요? 우리 사무실에서 너무 멀잖아요.

M1 : Jane이 그러는데 Salero가 어제 Grand Plaza에 또 다른 매장을 열었다고 합니다.

W : 잘 됐네요. 하지만 거기 음식이 너무 비싸요.

M1 : 걱정 말아요. Salero에서 이번 개점 첫 주 동안에 할인을 후하게 해준다고 합니다. David, 할인쿠폰 가져왔나요?

M2 : 물론입니다. 식당 웹 사이트에서 30% 할인 쿠폰을 다운받았어요.

**표현 정리** on one's way to ~로 가는 도중인 join 함께하다, 합류하다 seafood 해산물 generous 후한, 넉넉한 discount 할인 during ~동안에 bring 가지고 오다 department store 백화점 local 지역의 grocery 식료품 nearby 근처의 poor 형편없는, 열악한 waiting time 대기 시간 lack 부족 delivery 배달 catering 음식 제공, 출장뷔페

**47.** 대화의 주제는?

(A) 백화점
(B) 동네 식료품점
(C) 근처 식당
(D) 새로운 웹 사이트

정답 (C)

**48.** 여자가 걱정하는 것은?

(A) 형편없는 서비스
(B) 오랜 대기 시간
(C) 주차장 부족
(D) 높은 가격

정답 (D)

**49.** 이번 주에 이용할 수 있는 것은?

(A) 무료 배송
(B) 가격 할인
(C) 새로운 메뉴
(D) 출장 뷔페 서비스

정답 (B)

Questions 50-52 refer to the following conversation. 문제 50-52번은 다음 대화를 참조하시오.

W : Hello. ⁵⁰/⁵¹I'm calling to ask if there are any rental cars available this Friday morning.

▶ 주제 문제이므로 첫 대화를 집중해서 잘 들어야 한다. 여자의 첫 대화에서 '렌터카 이용여부'에 대해 문의하고 있는 대화이므로 (C)가 정답이다.

M : Sure. ⁵¹We'll have several cars available on Friday. Will you be returning the car on the same day?

▶ 직업 문제이므로 전반부를 잘 들어야 하는데 남자의 직업을 묻고 있으므로 남자의 대화에서 직업 관련 어휘 등을 집중해서 들어야 한다. 여자의 첫 대화에서 '차량대여에 대해 문의'하고 있고 대화 중간 중간에 언급되는 'rental cars, cars available, return the vehicle' 등을 고려해 볼 때 남자가 일하는 곳은 '자동차대여 회사'라는 것을 알 수 있다. 따라서 (A)가 정답이다.

W : No. I'll be using it for 2 weeks as I travel, so can I drop the car off at the airport?

M : That's no problem. However, ⁵²if you return the vehicle to a different location, we charge a $50 fee.

▶ 남자에 대해 묻고 있으므로 남자의 대화에 집중해야 한다. 남자의 두 번째 대화에서 '50달러는 차량을 다른 곳에 반납할 경우에 발생되는 지불요금'이라는 것을 알 수 있다. 따라서 (D)가 정답이다.

---------------------------------------------------

W : 안녕하세요. 이번 주 금요일 오전에 렌터카를 이용할 수 있는지 알아보려고 전화했습니다.

66

M : 물론, 금요일에 렌트하실 수 있는 차가 몇 대 있습니다. 같은 날에 차를 반납하시겠습니까?

W : 아니오, 여행 2주 동안 사용할거라서 공항에 차를 반납해도 될까요?

M : 문제없습니다. 하지만, 빌린 장소가 아닌 다른 곳에 반납하려면 50 달러를 더 내셔야 합니다.

**표현 정리** rental 임대, 대여  available 이용할 수 있는  several 몇몇의  drop off at ~에 갖다 놓다  airport 공항  vehicle 차량, 탈것  charge 청구하다

**50.** 화자들은 무엇에 대해 논의하고 있는가?

　　(A) 공항 주차장
　　(B) 비행기 표
　　(C) 차량 대여
　　(D) 여행 패키지

정답 (C)

**51.** 남자는 어디에서 일하는 것 같은가?

　　(A) 자동차대여 회사
　　(B) 공항
　　(C) 여행사
　　(D) 자동차 판매 대리업

정답 (A)

**52.** 남자에 따르면, 50달러의 요금은 무엇을 위한 것인가?

　　(A) 돌아오는 티켓을 사기 위한 것
　　(B) 장기로 임대하는 것
　　(C) 픽업 서비스를 제공하는 것
　　(D) 자동차를 다른 도시에 반납하는 것

정답 (D)

Questions 53–55 refer to the following conversation.

문제 53-55번은 다음 대화를 참조하시오.

M : Hi, Rhonda. I just heard from Jordan Mitts, one of the speakers. ⁵³ He said that he cannot make it to the training session for our new employees.

▶ 대화의 초반부에서 남자는 신입사원 교육 프로그램의 연설자 중에 한 명이 연설을 취소했다는 문제점을 언급하고 있고 이후에 문제점을 해결하는 내용이 뒤따르고 있다. (B)가 정답이다.

W : Oh, that's really short notice. We only have ten days left before the training session. What should we do?

M : Well, why don't we ask Andrew Ling in the Marketing Department? He gave a speech about time management last year. ⁵⁴ The audience response was very positive. I also thought it was a very good speech.

▶ 남자는 Andrew Ling을 대체 연설자로 추천하면서 이유를 지난해 그의 연설에 대해 청중의 반응이 좋았다고 덧붙였다. 따라서 남자가 해당 문장을 언급한 의도는 Andrew Ling이 연설을 할 수 있는 충분한 자격이 있음을 알리기 위해서 이므로 (D)가 정답이다.

W : That's a great idea. ⁵⁵ I'll give him a call right now.

▶ 다음에 할 일을 묻는 마지막 문제의 단서는 대화의 후반부에 등장한다. 마지막 문장을 통해 여자는 Andrew Ling에게 전화를 할 것임을 알 수 있다. (C)가 정답이다.

-----

M : Rhonda 씨, 안녕하세요? 연설자 중에 한 분인 Jordan Mitts 씨께서 방금 연락하셨는데 신입사원 훈련 프로그램에 참석할 수 없다고 말씀하셨어요.

W : 아, 너무 임박하게 알려주셨네요. 신입사원 교육까지 열흘 밖에 남지 않았어요. 어떻게 해야 할까요?

M : 글쎄요, 마케팅 부서에 Andrew Ling에게 부탁해보는 것은 어떨까요? 지난해에 그는 시간관리에 대해 연설을 했었어요. 청중의 반응이 매우 호의적이었어요. 저 또한 매우 좋은 연설이었다고 생각했어요.

W : 좋은 생각이에요. 지금 당장 그에게 연락 할게요.

**표현 정리** make it 약속을 지키다, 시간 내에 오다  notice 통지, 통보  give a speech 연설하다  management 관리  audience 청중  response 반응  positive 긍정적인  anniversary 기념일  launch 시작, 출시, 착수  board 중역  feedback 피드백  qualified 자격을 갖춘  report 보고하다, 보고서  make a phone call 전화를 걸다

**53.** 화자들이 준비하고 있는 것은?

　　(A) 기념일 행사
　　(B) 교육 프로그램
　　(C) 신제품 출시
　　(D) 이사회 회의

정답 (B)

**54.** 남자가 "청중의 반응이 매우 호의적이었어요"라고 말한 의도는?

　　(A) 청중이 피드백을 주기를 바란다.
　　(B) 회의 일정이 변경되어야 한다는데 동의한다.
　　(C) 모든 직원들이 행사에 참석하기를 바란다.
　　(D) Mr. Ling이 그 일을 하는데 꽤 자격을 갖추고 있다고 생각한다.

정답 (D)

**55.** 여자가 다음에 할 일은?

　　(A) 매니저에게 보고
　　(B) 연설
　　(C) 전화 연락
　　(D) 회의

정답 (C)

M : Crystal, ⁵⁶ I hear your design company just won an award for being the best new business.

▶ 여자의 직업을 묻고 있으므로 직업 관련 어휘들에 집중해야 한다. '디자인 회사가 최고의 신생기업 상을 받았다.'고 말하고 있다. 이 대화로 볼 때 여자는 디자인 회사의 디자이너임을 유추해 볼 수 있다. 따라서 (C)가 정답이다.

W : Yes, and since we won the award, I have gotten much busier, ⁵⁷ so I'm planning to hire an assistant.

▶ 주제 문제이지만 세 문제 중 두 번째 문제가 주제 문제인 경우 중반부에 단서가 나온다. 첫 대화만 듣고 (A)를 선택할 가능성도 있는데 궁극적으로 바빠서 사람을 더 구한다고 했으므로 (B)가 정답이다.

M : I know someone, Kenny. He just graduated from university, and he is looking for a job. If you want to interview him, I can introduce you.
W : That's good news! ⁵⁸ Could you ask him to send his resume to me?

▶ 제안/요청 문제이므로 후반부 제안 표현에 집중해야 한다. '이력서를 보내라고 부탁해 보라'고 요청하고 있으므로 (C)가 정답이다.

-----

M : 크리스털, 당신의 디자인 회사가 최고의 신생기업 상을 받았다면서요.
W : 네. 상을 받은 이후로 점점 더 많이 바빠지고 있어서, 조수를 구할 생각이에요.
M : 케니라는 사람을 아는데, 이제 막 대학을 졸업하고 직업을 찾고 있어요. 만약 그와 인터뷰하고 싶다면 소개해 줄 수 있어요.
W : 정말 좋은 소식이네요! 제게 이력서를 보내보라고 해 주시겠어요?

**표현 정리** award 상 hire 고용하다 assistant 조수, 보조 introduce 소개하다 resume 이력서

**56.** 여자의 직업은 무엇인가?

(A) 판매원
(B) 회계사
(C) 디자이너
(D) 예술가

정답 (C)

**57.** 화자들은 주로 무엇에 대해 논의하고 있는가?

(A) 상
(B) 구인
(C) 사업
(D) 뉴스기사

정답 (B)

**58.** 여자는 케니에게 무엇을 보내라고 요청하는가?

(A) 경품
(B) 지원서
(C) 이력서
(D) 편지

정답 (C)

W : Hello. This is Sonya Roberts. ⁵⁹ I ordered an ink cartridge on your online shopping mall a few days ago. ⁶⁰ And I got an e-mail from your store last night. It said that my order would arrive sometime this morning. But it hasn't arrived yet.

▶ 대화의 초반부에서 여자는 남자가 일하는 쇼핑몰에서 잉크 카트리지를 구입했다고 말하고 있으므로 (A)가 정답이다.

▶ 여자는 업체로부터 오늘 오전 중으로 택배가 도착할 예정이라는 이메일을 받았지만 아직 물건이 도착하지 않았다는 문제를 언급 했으므로 (C)가 정답이다.

M : Sorry for the inconvenience. Delivery has been backed up lately due to the holiday season. Do you have an order number?
W : My order number is 29390.
M : The deliveryman is on the way, and your order will arrive within hours.
W : Can you tell me the deliveryman's phone number? ⁶¹ I'm a bit worried because I have to prepare some materials for tomorrow's meeting.

▶ 대화의 초반부에서 여자는 주문한 잉크 카트리지가 도착하지 않았다고 언급했고 해당문장에서 회의에 쓸 자료를 준비해야 하므로 걱정이 된다고 덧붙였다. 이를 통해 여자가 곧 복사기를 사용해야 하는 상황임을 짐작할 수 있으므로 (B)가 정답이다.

M : Of course. His number is 086-555-3848.

-----

W : 안녕하세요? 저는 Sonya Roberts입니다. 며칠 전에 귀하의 온라인 쇼핑몰에서 잉크 카트리지를 주문했고 지난밤에 귀하의 업체에서 보낸 이메일을 받았습니다. 거기에 제가 주문한 물건이 오늘 오전 중으로 도착할 예정이라고 적혀있었는데 아직 도착하지 않았어요.
M : 불편을 드려 죄송합니다. 최근 연휴로 인해 배송이 지연되고 있습니다. 주문 번호를 알고 계시나요?
W : 주문번호는 29390입니다.
M : 택배기사가 지금 계신 곳으로 가고 있는 중이라서 주문하신 물건이 몇 시간 후면 도착할 겁니다.
W : 택배 기사의 전화번호를 좀 알려주시겠어요? 내일 회의에서 쓸 자료를 준비해야 되기 때문에 조금 걱정이 됩니다.
M : 물론입니다. 기사 전화번호는 086-555-3848입니다.

**표현 정리** order 주문하다 arrive 도착하다 yet 아직 inconvenience 불편 delivery 배달 be backed up 밀려있다 lately 최근에 due to ~때문에 the holiday season 휴가철 on the way 도중에, 가는(오는) 중인 within ~내에 deliveryman 택배 기사 prepare 준비하다 material 자료, 재료 stationery 문구류 catering 음식 공급, 출장 뷔페 grocery 식료품 item 물품 damaged 파손된 apply 적용하다 on sick leave 병가중인 copier 복사기 material 자제, 재료, 자료

**59.** 남자가 일하는 곳으로 가장 적절한 것은?

(A) 문방구
(B) 출장 뷔페 회사
(C) 식료품점
(D) 이삿짐 회사

정답 (A)

**60.** 여자가 언급한 문제는?

(A) 물건이 파손된 채로 도착했다.
(B) 매장 내 제품이 너무 비싸다.
(C) 배송이 늦었다.
(D) 할인이 적용되지 않았다.

정답 (C)

**61.** 여자가 "내일 회의에서 쓸 자료를 준비해야 되기 때문에 조금 걱정이 됩니다"라고 말한 의도는?

(A) 그녀는 며칠 정도 병가를 낼 것이다.
(B) 그녀는 곧 복사기를 사용해야 한다.
(C) 예약이 누락되었다.
(D) 일부 자재가 배송되지 않았다.

정답 (B)

Questions 62–64 refer to the following conversation and list.
문제 62–64번은 다음 대화와 리스트를 참조하시오.

---

W : Hello. <sup>62</sup>I'd like to reserve a conference room at your hotel to hold an annual training seminar for our new employees. It'll be a full-day event.

▶ 대화문의 초반부에서 여자가 일하는 회사에서 신입사원 교육 세미나를 개최할 예정이라는 단서를 찾을 수 있으므로 (C)가 정답이다.

M : Thank you for choosing our hotel. When will the seminar take place, and how many people will attend it?

W : The event will be held on March 23, and we need a large space which can accommodate up to 150 people. <sup>63</sup>We are also going to have more than 4 presentations, so we need a projector and microphones.

▶ 여자가 요청한 것을 묻는 문제이므로 여자의 대화문에서 단서를 찾는다. 여자는 곧 있을 행사에서 4회 이상의 발표가 있을 예정이므로 프로젝터와 마이크가 필요하다는 이야기를 하고 있으므로 이를 패러프레이징한 (B)가 정답이다.

M : <sup>64</sup>We recently had our largest conference room remodeled. I recommend that room. The rate is $75 per person, and the room has audiovisual equipment.

W : 30 Great. I'll go with the room.

▶ 가장 큰 회의실을 이용할 것을 추천하는 남자의 제안에 여자는 동의를 하고 있다. 표를 통해 가장 많은 인원을 수용할 수 있는 회의실은 Agora임을 알 수 있으므로 (A)가 정답이다.

---

W : 안녕하세요. 연례 신입사원 교육 세미나를 개최하려고 하는데 귀하의 호텔 회의실을 예약하려고 합니다. 행사는 하루 종일 열릴 예정입니다.
M : 저희 호텔을 선택해 주셔서 감사합니다. 세미나는 언제 개최되며 몇 명이 참가할 예정인가요?
W : 행사는 3월 23일에 열리며 최대 150명을 수용할 수 있는 넓은 공간이 필요합니다. 또한, 최소 네 회의 발표가 예정되어 있는 관계로 프로젝터와 마이크가 필요합니다.
M : 최근에 저희 호텔은 가장 큰 회의실을 개조했습니다. 그 회의실을 추천 드립니다. 1인당 75달러의 비용이 들고 시청각 장비를 갖춘 방입니다.
W : 좋군요. 그 회의실을 선택하겠습니다.

**표현 정리** reserve 예약하다 conference room 회의실 hold 열다. 개최하다 annual 연례의 training 교육, 훈련 seminar 세미나 full–day 하루 꼬박 걸리는 event 행사 take place 일어나다, 발생하다 attend 참석하다 space 공간 accommodate 수용하다 up to ~까지 presentation 발표 projector 프로젝터 microphone 마이크 recently 최근에 remodel 개조하다 recommend 추천하다 per person 1인당 audiovisual 시청각의 equipment 장비 go with (계획·제의 등을) 받아들이다 shareholder 주주 press conference 기자회견 new recruit 신입사원 award 상 ceremony 의식 direction 위치 sample 견본 facility 시설

**62.** 어떤 행사가 열릴 예정인가?

(A) 주주 회의
(B) 기자회견
(C) 신입사원을 위한 세미나
(D) 시상식

정답 (C)

**63.** 여성이 요청한 것은?

(A) 호텔 위치
(B) 발표 장비
(C) 제품 샘플
(D) 시설 견학

정답 (B)

**64.** 도표를 보시오. 여자가 선택할 회의실로 가장 적절한 것은?

(A) Agora
(B) Gold
(C) Silver
(D) Business

| 회의실 종류 | 좌석 |
|---|---|
| Agora | 180 |
| Gold | 100 |
| Silver | 70 |
| Business | 30 |

정답 (A)

Questions 65–67 refer to the following conversation and floor plan. 문제 65–67번은 다음 대화와 평면도를 참조하시오.

M : Hello. This is Brian Thompson. ⁶⁵ I'm going to deliver your printer to your office today.

▶ 화자의 직업을 묻는 문제로 대화문의 초반부에서 단서를 찾는다. 오늘 사무실로 프린터를 배달하려 한다는 남자의 말을 통해 (C)가 정답임을 알 수 있다.

W : Oh, yes. Can you tell me what time you are arriving?
M : I'll be there around 2 P.M.
W : Hmm. ⁶⁶ I won't be in my office between 1 and 3 P.M. since I have an important meeting with a client. Besides, my office will be locked while I am out.

▶ 여자가 할 일을 묻는 질문이므로 여자의 대화문에서 단서를 찾는다. 여자는 오후 1시에서 3시사이에 중요한 회의가 있다고 언급했으므로 (A)가 정답이다.

M : I see. Then where should I leave your item?
W : Can you leave it with my colleague Walter Cayman? ⁶⁷ His office is located right next to the meeting room. If you enter, you can see the meeting room in front of you.

▶ 여자는 남자에게 자신이 부재중이므로 동료의 사무실에 택배를 맡겨달라고 부탁한다. 동료인 Walter Cayman의 사무실은 회의실 바로 옆에 위치하고 있다고 했으므로 표를 통해 남자가 사무실 B를 방문하게 될 것임을 알 수 있다. 따라서 (C)가 정답이다.

M : Okay. That shouldn't be a problem.

- - - - - - - - - - - - - - - - - - - - - - - - - - - - - - - -

M : 안녕하세요. 저는 Brian Thomson입니다. 오늘 사무실로 프린터를 배달하려고 하는데요.
W : 아, 네. 언제쯤 도착하시는지 알려주시겠어요?
M : 오후 2시경에 도착할 예정입니다.
W : 음, 제가 고객과 중요한 회의가 있어서 오후 1시에서 3시 사이에는 부재중일 겁니다. 그리고 부재중에는 제 사무실 문이 잠겨있을 거예요.
M : 그렇군요. 그러면 주문하신 물건을 어디에 맡겨둘까요?
W : 제 동료인 Walter Cayman에게 맡겨주시겠어요? 그의 사무실은 회의실 바로 옆에 위치해있습니다. 들어오시면 정면에 회의실이 보일 거예요.
M : 네, 그렇게 하겠습니다.

표현 정리 deliver 배달하다 arrive 도착하다 since ~때문에, ~이래로 besides 게다가 lock 잠그다 leave 두다, 맡겨두다 item 물건 colleague 동료 located 위치하고 있는 right 바로 next to ~의 옆에 in front of 의 앞에, ~의 정면에 sales 판매, 영업 representative 대표, 직원 janitor 수위 train 교육하다 conduct 실시하다, 하다 survey 조사 drop by 들르다, 방문하다

**65.** 남자의 직업은?

(A) 영업사원
(B) 회사원
(C) 택배기사
(D) 건물 관리인

정답 (C)

**66.** 여자가 오늘 오후에 할 일은?

(A) 회의 참석

(B) 신입사원 교육
(C) 복사
(D) 조사

정답 (A)

**67.** 도표를 보시오. 남자가 방문할 곳으로 가장 적절한 것은?

(A) 회의실
(B) 사무실 A
(C) 사무실 B
(D) 사무실 C

| 사무실 C | 입구 | 사무실 A |
|---|---|---|
| | 회의실 | 사무실 B |

정답 (C)

Questions 68–70 refer to the following conversation and schedule. 문제 68–70번은 다음 대화와 일정표를 참조하시오.

M : ⁶⁸ I'm scheduled to give a presentation here at 11 A.M. I just came by to check out the video and audio facilities.
W : ⁶⁹ I'm going to make a presentation right before you. And I just finished rehearsing my presentation. ⁶⁹ Well, there is a little problem though. The microphone is making some buzzing noises.

▶ 도표를 활용해서 풀어야 하는 문제는 대화를 듣기 전에 도표를 미리 살펴보아야 한다. 오전 11시에 발표를 할 예정이라는 남자의 말에 대해 여자는 바로 직전이 자신이 발표를 할 차례라고 덧붙이고 있다. 표를 통해 11시에 시작하는 발표 바로 전의 발표는 오전 10시에 시작한다는 것과 발표의 해당 발표의 주제는 환자 간호에 대한 것임을 알 수 있으므로 (B)가 정답이다.

▶ 문제가 있다는 여자의 대화 다음에 언급된 문장에서 마이크에서 소음이 발생한다는 정보를 얻는다. 이를 패러프레이징한 표현인 (C)가 정답이다.

M : That's terrible. It might bother the audience. I think we'd better have it replaced.
W : We haven't got much time left before the workshop starts. Do we have a spare microphone?
M : ⁷⁰ Let me go downstairs and check if there's another microphone in the equipment locker.

▶ 남자가 다음에 할 일을 묻는 마지막 질문이므로 후반부의 내용에서 단서를 찾는다. 아래층에 내려가서 다른 마이크가 있는지 확인해보겠다는 남자의 말을 통해 (D)가 정답임을 알 수 있다.

- - - - - - - - - - - - - - - - - - - - - - - - - - - - - - - -

M : 제가 오전 11시에 여기서 발표하기로 되어 있는데요. 시청각 시설 점검 차 잠깐 들렀습니다.
W : 제가 당신 바로 전에 발표를 할 예정이에요. 방금 발표 리허설을 마쳤어요. 그런데 문제가 좀 있어요. 마이크에서 소음이 들립니다.
M : 큰일이네요. 청중들이 발표를 듣는데 방해가 될 것 같은데요. 마이

> 크를 교체하는 게 좋겠어요.
>
> **W** : 워크숍 시작까지 시간이 얼마 남지 않았어요. 여분의 마이크가 있나요?
>
> **M** : 아래층에 내려가서 장비 사물함에 다른 마이크가 있는지 확인해 볼게요.

**표현 정리** be scheduled to 동사 ~하기로 되어 있다 give a presentation 발표하다 come by 들르다 check out 확인하다 facility 시설 right before ~의 직전에 rehearse 예행연습을 하다 microphone 마이크 make a noise 소음을 내다 buzzing 윙윙거리는 terrible 끔찍한, 나쁜 bother 신경 쓰이게 하다, 괴롭히다 audience 청중 replace 교체하다 spare 여분의 downstairs 아래층으로 another 또 다른 equipment 장비 patient 환자 safety 안전 care 보살핌, 간호 mental 정신의 diet 식이요법 nutrition 영양 unavailable 시간이 없는, 재고가 없는 out of stock 재고가 소진된 device 장비, 기구 properly 제대로 satisfied 만족한 report to ~에게 보고하다 submit 제출하다 document 서류

**68.** 도표를 보시오. 여자가 발표할 주제는?

　(A) 환자의 안전
　(B) 환자 간호
　(C) 정신 건강
　(D) 식이요법과 영양

| 일정 | 주제 |
|---|---|
| 오전 9:00 – 오전 9:50 | 환자의 안전 |
| 오전 10:00 –오전 10:50 | 환자 간호 |
| 오전 11:00 – 오전 11:50 | 정신 건강 |
| 오후 1:00 – 오후 1:50 | 식이요법과 영양 |

**정답** (B)

**69.** 여자가 언급한 문제는?

　(A) 일부 직원들이 시간이 없다.
　(B) 물건이 매진된다.
　(C) 장비가 제대로 작동하지 않는다.
　(D) 고객이 만족하지 않았다.

**정답** (C)

**70.** 남자가 다음으로 할 일은?

　(A) 웹 사이트 방문
　(B) 매니저에게 보고
　(C) 서류 제출
　(D) 아래층으로 가기

**정답** (D)

---

**PART 3 FINAL TEST – 2**

Questions 32–34 refer to the following conversation.

문제 32-34번은 다음 대화를 참조하시오.

> **W** : Did you hear that Mary is leaving the company? I'm so sad because ³²she's been doing such a great job in our Sales Department.
>
> ▶ 제3자의 직업을 묻고 있으므로 제3자가 등장하는 곳을 잘 들어야 한다. 여기서 등장하는 메리는 제3의 인물이다. 따라서 she로 대체한 문장이 메리에 관한 대화라는 것을 기억하면 좀 더 쉽게 문제에 접근할 수 있다. 여자의 첫 대화에서 그녀는 영업부 직원이고, 다음 남자의 대화에서 manager라고 언급했으므로 (A)가 정답이다.
>
> **M** : ³²/³³Because she's such an efficient manager, I'm sure she'll be missed.
>
> ▶ 이유 문제는 대부분 두 번째나 세 번째 대화에 단서가 언급된다. 남자의 대화에서 메리가 그리운 이유는 '유능한 매니저'였기 때문이라고 했으므로 (D)가 정답이다.
>
> **W** : In fact, we need someone to replace her. ³⁴Could you take over her position?
>
> ▶ 제안 문제이므로 후반부 언급된 곳에서 단서를 찾는다. 마지막 대화 제안이 언급된 'Could you take over her position?'에서 '그녀의 자리를 맡아 달라.'고 요청하고 있으므로 (C)가 정답이다.

- - - - - - - - - - - - - - - - - - - - - - - - - - - - - - -

> **W** : 메리가 회사를 떠난다는 소식을 들었어요? 그녀가 우리 영업부에서 일을 잘 해 왔기 때문에 너무 아쉬워요.
>
> **M** : 그녀는 정말 유능한 매니저에요. 그녀가 그리울 거예요.
>
> **W** : 사실, 그녀를 대신할 누군가가 필요해요. 그녀의 자리를 맡아 주시겠어요?

**32.** 메리 씨는 누구인가?

　(A) 영업 매니저
　(B) 영업 직원
　(C) 인사과 매니저
　(D) 비서

**정답** (A)

**33.** 화자들에 따르면, 왜 메리 씨를 그리워할 것인가?

　(A) 그녀는 손님들에게 높이 평가된다.
　(B) 그녀는 최고의 판매사원이다.
　(C) 그녀는 오랜 시간 회사에서 일했다.
　(D) 그녀는 그녀의 일을 능률적으로 한다.

**정답** (D)

**34.** 여자는 남자에게 무엇을 하라고 요청하는가?

　(A) 면접을 실시하라고
　(B) 지원자를 찾으라고
　(C) 매니저 직을 맡아달라고

(D) 취업 지원자를 면접하라고

정답 (C)

<br>

## Questions 35-37 refer to the following conversation.

**문제 35-37번은 다음 대화를 참조하시오.**

W : Excuse me. <sup>35/36</sup> I'm writing an article about the opening of the new park. Would you like to comment?

▶ 직업을 묻는 문제이므로 초반부를 잘 들어야 한다. 여자의 첫 대화에서 '여자는 기사를 쓰고 있다.'고 말하고 있으므로 선택지 중 '기자'라는 것을 추론해 볼 수 있다. 따라서 35번 문제는 (C)가 정답이다. '쓰고 있는 기사 내용이 신축 공원 개장(the opening of the new park)'에 관한 것이라고 했으므로 36번 문제는 (C)가 정답이다.

M : Sure, I'm really happy about it. My family has been waiting for it to open for a long time.
W : What impresses you the most about it?
M : <sup>37</sup> I really like the small pond in the park, and I heard that there will be a fountain show in summer.

▶ 남자에 대해 묻고 있으므로 남자 대화를 집중해서 들어야 한다. 여자가 '무엇이 가장 인상적인가?'라고 묻자, 남자가 '연못을 좋아한다.'고 했으므로 (D)가 정답이다.

W : 실례합니다. 저는 새로운 공원의 개장에 관한 기사를 쓰고 있습니다. 의견을 말씀해 주시겠어요?
M : 물론이죠. 저는 그 소식을 들어 정말 기쁩니다. 우리 가족은 오래전부터 개장을 기다리고 있었어요.
W : 그런데 무엇이 가장 인상적인가요?
M : 공원의 작은 연못이 정말 좋은데 여름에는 분수 쇼가 열린다는 소식을 들었습니다.

표현 정리 **article** 기사 **park** 공원 **comment** 언급, 논평 **impress** 인상; 감명을 주다 **pond** 연못 **fountain** 분수

**35.** 여자는 누구인 것 같은가?

(A) 음식 공급업자
(B) 건축가
(C) 기자
(D) 판매원

정답 (C)

<br>

**36.** 공원에 대해 무엇이라고 말하는가?

(A) 폐지되었다.
(B) 개조되었다.
(C) 개장되었다.
(D) 이전되었다.

정답 (C)

<br>

**37.** 남자에게 인상을 준 것은?

(A) 화장실
(B) 놀이터

(C) 수영장
(D) 연못

정답 (D)

<br>

## Questions 38-40 refer to the following conversation.

**문제 38-40번은 다음 대화를 참조하시오.**

W : Hi. <sup>38</sup> Where can I get on a bus to go to the airport? I need to be on the next bus.

▶ 장소를 묻는 문제는 초반부에 등장한다. (A)가 정답이다.

M : <sup>39</sup> You have to take the number 90 bus. Go across the road, and you will see a bus station with a red roof.

▶ 버스를 타기 위해서는 길을 건너라고 했다. (D)가 정답이다.

W : Do I have to buy a ticket there?
M : No. <sup>40</sup> You can buy one from the bus driver when you get on the bus.

▶ 미래에 대한 문제는 대화 후반부 마지막 부분을 잘 들어야 한다. (C)가 정답이다.

- - - - - - - - - - - - - - - - - - - - - - - - - -

W : 안녕하세요. 공항으로 가는 버스를 어디서 탈 수 있나요? 다음 버스를 타야 하거든요.
M : 90번 버스를 타셔야 합니다. 길을 건너면 빨간 지붕의 버스 정류장이 보이실 거예요.
W : 그럼, 티켓은 거기서 사야 하나요?
M : 아니오, 티켓은 버스에 타셔서 버스기사에게서 구입하시면 됩니다.

표현 정리 **get on a bus** 버스에 타다 **go across the road** 도로를 횡단하다 **bus station** 버스 정류장

**38.** 여자는 어디를 가고자 하는가?

(A) 공항
(B) 버스 정류장
(C) 기차역
(D) 매표소

정답 (A)

<br>

**39.** 여자는 왜 도로를 건너야 하는가?

(A) 회의에 참석하기 위해
(B) 가게를 방문하기 위해
(C) 누군가를 만나기 위해
(D) 버스 정류장에 가기 위해

정답 (D)

<br>

**40.** 누가 티켓을 판매하는가?

(A) 판매원
(B) 승무원
(C) 버스기사
(D) 기술자

정답 (C)

Questions 41-43 refer to the following conversation with three speakers. 문제 41-43번은 다음 대화를 참조하시오.

M1 : ⁴¹Did you guys see the memo about the company contest? The owner wants suggestions for a theme for the new advertising campaign.

▶ 경연의 목적을 묻는 문제로, 경연(contest)이 언급되는 부분에서 단서를 찾을 수 있다. 대표가 새 광고캠페인 테마에 대한 제안들을 원하고 있다고 했고 이를 To create a themed campaign으로 바꿔 표현한 (A)가 정답이다.

W : Yes, I saw it. I presume the advertising agency hasn't thought of anything suitable.

M2 : Yeah. We need to come up with something more attractive to customers. Why don't you try, Linda?

W : Well, ⁴²I have to finish these sales figures before the audit, so I don't think I will have time to enter.

▶ 여자가 참가하지 못하는 이유를 묻는 질문이므로 여자의 말에서 단서를 찾는다. 앞서 여자는 자신이 감사 전에 매출액 업무를 끝내야 해서, 참가할 시간이 없을 것 같다고 했으므로 (D)가 정답이다. 이 문제의 단서와 같이 To be honest나 Actually, In fact 등의 표현은 자신의 솔직한 의견을 드러내기 전에 쓰이는 표현들이므로 이 표현들 뒤에 나오는 대화는 정답의 단서라고 생각하고 반드시 집중해서 듣자.

M1 : That's too bad because ⁴³you made a lot of great suggestions for our last campaign.

M2 : ⁴³I agree. You have a very creative mind, and the prize is a trip to France, so perhaps you should find time to come up with something.

▶ 추론(암시) 유형의 문제. 남자의 대화에서 여자에 대해 암시하는 내용을 찾는다. 여자가 대회에 참여할 시간이 없다고 하자, 첫 번째 남자는 지난 캠페인에 여자가 좋은 아이디어를 많이 냈다는 내용을 얘기했고, 두 번째 남자도 여자가 매우 창의적인 사고를 한다고 했으므로, 두 사람이 공통적으로 나타내고 있는 내용은 여자가 좋은 아이디어를 많이 냈다는 내용이다. 정답은 (C)다.

--------------------------------------

M1 : 사내 경연에 관한 회람 봤니? 대표님이 새 광고 캠페인을 위한 테마에 대한 제안들을 원하고 있어.

W: 응 봤어. 광고 대행사가 적절한 걸 생각해내지 못했나 봐.

M2 : 맞아. 고객들의 마음을 더 끌 수 있는 것이 필요해. 네가 한 번 해 보는 게 어때, 린다?

W: 음, 나는 감사 전에 매출액 업무를 끝내야 해서, 참 여할 시간이 없을 것 같아.

M1 : 그거 안타깝다. 지난 캠페인 때 네가 좋은 제안들을 많이 했잖아. 나는 너의 독창성에 매우 감명 받았는데 말이지.

M2 : 나도 동의해. 넌 매우 창의적인 사고를 가졌어. 그리고 상품이 프랑스를 여행하는 거니까, 시간을 내서 무언가를 생각해보는 게 좋을 것 같아.

표현 정리 contest 대회, 시합, 경연 theme 주제, 테마 presume 가정하다, 추측하다 suitable 적절한 to be honest 솔직히 말해서 sales figures 매출액 audit 감사 come up with 생각해내다, 떠올리다; 제안하다 themed 특정한 테마를 가진(살린) customer base 고객층 unsure 확신하지 못하는, 의심스러워하는 deadline 기한, 마감시간(일자) voucher 상품권

**41.** 경연의 목적은 무엇인가?

(A) 특정한 테마의 캠페인을 만드는 것
(B) 비용을 줄이는 것
(C) 고객층을 넓히는 것
(D) 직원들을 추가로 채용하는 것

정답 (A)

**42.** 참가에 관하여 여자가 확신하지 못하는 이유는?

(A) 휴가를 갈 것이다.
(B) 직업을 바꿀 것이다.
(C) 관련 경력이 없다.
(D) 업무 마감일을 맞춰야 한다.

정답 (D)

**43.** 남자들이 여자에 대해 암시하는 것은 무엇인가?

(A) 그녀는 회사에서 유일한 마케팅 전문가이다.
(B) 그녀는 이전에 상을 받은 적이 있다.
(C) 그녀는 많은 혁신적인 아이디어들을 고안해냈었다.
(D) 그녀는 유럽으로 여행하는 것을 좋아한다.

정답 (C)

Questions 44-46 refer to the following conversation.
문제 44-46번은 다음 대화를 참조하시오.

M : Hi. my name is Omar Khan. I have an appointment with Dr. Smith tomorrow at 2 p.m., but ⁴⁴I have to reschedule it due to my work. Is it possible to change my appointment to Friday at 2 p.m.?

▶ 주제나 목적을 묻는 문제는 초반부를 잘 들어야 한다. (D)가 정답이다.

W : ⁴⁵I'm sorry. Dr. Smith's schedule is already full on Friday. How about coming on Thursday? She can see you on that day.

▶ 직업, 회사 등에 대한 문제는 초반부에 등장한다. 세 문제 중 직업 문제가 두 번째 등장하는 경우 단서는 중반부에 있는 것을 예상해야 한다. 예약 접수를 하고 있으므로 (C)가 정답이다.

M : Oh, that'll be great. ⁴⁶Then I'll be there on Thursday at 2 p.m.

▶ 미래에 대한 계획 및 일정은 마지막 대화를 잘 들어야 한다. 목요일에 간다고 했으므로 (C)가 정답이다.

--------------------------------------

M : 안녕하세요, 저는 Omar Khan입니다. 내일 오후 2시에 Dr. Smith와 약속이 되어있는데요, 일 때문에 약속을 변경해야 할 것 같습니다. 금요일 오후 2시로 변경 가능할까요?

W : 죄송합니다. 금요일은 Dr. Smith의 일정이 다른 환자들로 이미 꽉 차 있습니다. 목요일은 어떠세요? 그날은 가능합니다.

M : 아, 좋네요. 그럼, 목요일 오후 2시에 가겠습니다.

표현 정리 appointment 약속 reschedule 일정을 변경하다 due to ~때문에

**44.** 전화를 건 목적은 무엇인가?

(A) 지불하기 위해
(B) 의사와 이야기하기 위해
(C) 약속을 잡기 위해
(D) 예약날짜를 조정하기 위해

정답 **(D)**

**45.** 남자가 이야기하고 있는 사람은 누구인 것 같은가?

(A) 비서
(B) 판매원
(C) 접수 담당자
(D) 환자

정답 **(C)**

**46.** 남자는 언제 Dr. Smith를 만날 계획인가?

(A) 화요일
(B) 수요일
(C) 목요일
(D) 금요일

정답 **(C)**

Questions 47–49 refer to the following conversation.
문제 47–49번은 다음 대화를 참조하시오.

M : Hello. This is Rick Glenshaw. ⁴⁷I'm calling to schedule an appointment with the dentist. Either next Tuesday or next Friday would be the best day for me.
▶ 전화를 건 목적에 대한 단서는 대화의 초반부 I'm calling 다음에 등장한다. 남자는 치과의사와의 예약을 잡기 위해 전화를 걸었다고 언급하고 있으므로 (D)가 정답이다.

W : Okay, I can assist you with that. There are spots next Tuesday between 4 and 6 P.M., but I am afraid we are fully booked next Friday.
M : ⁴⁸Tuesday at 4 P.M. fits my schedule.
▶ 남자는 화요일 오후 4시 스케줄이면 적당하다고 말하고 있으므로 (B)가 정답이다.

W : Then I'll schedule you for then. ⁴⁹Starting next week, you'll be able to make an appointment on our Web site. Would you like me to tell you how?
M : I have an emergency meeting soon. Can you e-mail me the instructions?
▶ 웹 사이트를 통해 예약할 수 있는 방법을 알려주겠다는 여자의 제안에 남자는 급하게 회의가 있다고 답했다. 이를 통해 남자는 곧 전화를 끊어야 한다는 것을 알 수 있으므로 (C)가 정답이다.
W : Certainly. I'll send them to you by e-mail.

M : 안녕하세요? 저는 Rick Glenshaw입니다. 치과의사와의 다음 진료를 예약하려고 전화 드렸는데요. 저는 다음 주 화요일이나 다음 주 금요일이 좋습니다.
W : 네, 제가 해드릴게요. 다음 주 화요일은 오후 4시에서 6시 사이에 예약 가능합니다만 다음 주 금요일은 예약이 모두 찼습니다.
M : 화요일 4시면 좋습니다.
W : 그러면 그때로 예약해 드릴게요. 다음 주부터 저희 웹 사이트를 통해서 예약이 가능해집니다. 방법을 알려드릴까요?
M : 곧 급하게 회의가 있어서요. 설명서를 이메일로 보내주시겠어요?
W : 물론입니다. 이메일로 보내드릴게요.

표현 정리 **schedule** 일정을 잡다 **appointment** 약속 **dentist** 치과의사 **either A or B** A 또는 B 중에 하나 **assist** 돕다 **spot** 자리, 장소 **between A and B** A와 B 사이에 **fully** 완전히 **booked** 예약된 **fit** 맞다, 적합하다 **starting** ~부터 **emergency** 비상 **instruction** 설명서 **sign up for** 신청하다 **membership** 회원권 **arrange** 마련하다, 준비하다 **right away** 바로, 즉시 **any longer** 더 이상

**47.** 남자가 전화 건 목적은?

(A) 가격에 대해 문의하기 위해
(B) 호텔 예약을 하기 위해
(C) 회원 신청을 위해
(D) 예약을 하기 위해

정답 **(D)**

**48.** 남성이 방문할 요일로 가장 적절한 것은?

(A) 다음 주 월요일
(B) 다음 주 화요일
(C) 다음 주 목요일
(D) 다음 주 금요일

정답 **(B)**

**49.** 남자가 "곧 급하게 회의가 있어서요"라고 말한 의도는?

(A) 지금 당장 의사를 만나고 싶어 한다.
(B) 더 많은 정보를 듣고 싶다.
(C) 더 이상 대화를 나눌 수 없다.
(D) 일정을 변경하는 것이 어렵다고 생각한다.

정답 **(C)**

Questions 50–52 refer to the following conversation.
문제 50–52 번은 다음 대화를 참조하시오.

W : Hi. ⁵⁰/⁵¹I bought this shirt here yesterday, but I just found out that one of the buttons has broken.
▶ 장소를 묻고 있으므로 초반부를 잘 들어야 한다. 셔츠를 샀다고 얘기했으므로 50번 문제는 (B)가 정답이다. 과거와 관련된 질문은 초반부를 들어야 한다. 51번 문제는 (D)가 정답이다.

M : I apologize for the inconvenience. Would you like to exchange it for something else?

W : No, I want to exchange it for the same item.

M : Unfortunately, we don't have the same product at the moment. In that case, ⁵²why don't you visit our online store?

▶ 제안 문제이므로 제안 표현(why don't you~?, you could/you should~)을 잘 듣는다. 온라인 상점을 방문하라는 (C)가 정답이다.

----

W : 안녕하세요, 어제 이곳에서 이 셔츠를 구매했는데, 방금 단추 한 개가 망가졌다는 것을 알았습니다.

M : 불편을 드려 죄송합니다. 다른 것으로 교환하시겠습니까?

W : 아니오, 이것과 같은 것으로 바꾸고 싶습니다.

M : 안타깝게도, 지금은 같은 제품이 없습니다. 그럼, 저희 인터넷 상점을 방문해 보시는 것은 어떠십니까?

----

표현 정리  find out 발견하다, 알게 되다  button 단추  inconvenience 불편  exchange 교환하다, 맞바꾸다  unfortunately 불행하고도, 안타깝게도  at the moment 지금, 마침

**50.** 대화는 어디에서 일어나고 있는가?

　　(A) 전자제품 가게
　　(B) 옷 가게
　　(C) 슈퍼마켓
　　(D) 사무실

정답 (B)

**51.** 여자는 어제 무엇을 했는가?

　　(A) 친구를 방문했다.
　　(B) 다른 직원과 이야기했다.
　　(C) 박물관에 갔었다.
　　(D) 셔츠를 구매했다.

정답 (D)

**52.** 대화에 따르면, 남자는 여자에게 무엇을 제안하는가?

　　(A) 본사에 전화하라고
　　(B) 다른 날에 오라고
　　(C) 인터넷 상점을 방문하라고
　　(D) 다른 가게로 가라고

정답 (C)

**Questions 53–55 refer to the following conversation.**
문제 53–55번은 다음 대화를 참조하시오.

----

M : Hi. My name is Steve Harper. ⁵³I am here to interview for the technical support position.

▶ 방문목적에 대한 단서는 대화의 초반부에서 찾을 수 있다. 남자는 구직 면접을 보기 위해 방문했다고 말하고 있으므로 (C)가 정답이다.

W : Let me check. Mr. Harper, interviews are going on in the

----

order that the applications were received. ⁵⁴You will have your turn in a few minutes.

▶ 대화문의 초반부에서 남자의 방문 목적이 면접을 보기 위해서라고 하고 있다. 해당 문장은 남자의 인터뷰가 곧 시작된다는 것을 알려주기 위해서다. (B)가 정답이다.

M : I am supposed to meet with Ms. Packer in meeting room 5. Is that right?

W : ⁵⁵Oh, Ms. Packer is on a trip to conduct some urgent business. Ms. Summers will be meeting you. Please take the elevator to the fifth floor. The meeting room is at the end of the corridor on the right.

▶ 여자는 남자에게 Ms. Packer이 급한 용무로 출장 중이므로 Ms. Summers가 면접을 담당할 것이라는 정보를 주고 있으므로 (D)가 정답이다.

----

M : 안녕하세요, 제 이름은 Steve Harper입니다. 저는 기술 지원직 면접을 보기 위해 왔습니다.

W : 확인해볼게요. Harper 씨, 면접은 지원서가 접수된 순서대로 진행됩니다. 곧 Harper 씨의 차례예요.

M : 저는 5번 회의실에서 Packer 씨와 면접을 보기로 되어있죠? 맞습니까?

W : 아, Packer 씨는 급한 용무로 출장 중입니다. Summers 씨가 면접을 담당하게 될 거예요. 엘리베이터를 타고 5층으로 가세요. 회의실은 복도 끝 오른쪽에 있습니다.

----

표현 정리  technical 기술적인  support 지원, 돕다  position 직책  order 순서  application 지원서  turn 차례, 순번  be supposed to 동사 ~하기로 되어 있다  on a trip 여행을 떠난, 출장을 간  conduct 하다, 실시하다  urgent 긴급한, 시급한  at the end of ~의 끝에  corridor 복도  reschedule 일정을 변경하다  repairperson 수리공  arrange 마련하다  transportation 교통수단  product 제품  out of stock 재고가 소진된  celebration 축하행사  at the moment 현재  be transferred 전근 가다  on sick leave 병가 중인  for a while 잠시 동안  currently 현재  away 부재중, 멀리 떨어져

**53.** 남자가 업체를 방문한 목적은?

　　(A) 회의 일정을 변경하기 위해
　　(B) 수리공에게 이야기하기 위해
　　(C) 면접을 보기 위해
　　(D) 교통편을 마련하기 위해

정답 (C)

**54.** 여자가 "곧 Harper 씨의 차례예요"라고 말한 의도는?

　　(A) 제품의 재고가 소진될 것 같다.
　　(B) 곧 남자의 인터뷰가 시작될 것이다.
　　(C) 축하행사가 곧 개최될 것이다.
　　(D) 중요한 고객이 그를 기다리고 있다.

정답 (B)

**55.** 여자가 Packer 씨에 대해 한 말은?

　　(A) 현재 회의 중이다.

(B) 다른 지사로 전근 갔다.
(C) 한동안 병가를 낼 것이다.
(D) 현재 출장으로 부재중이다.

정답 (D)

Questions 56–58 refer to the following conversation.
문제 56–58번은 다음 대화를 참조하시오.

> M : Hi. ⁵⁶ I'm calling to see if you can help me to find my mobile phone. I was in your restaurant yesterday, and I think I left it there.
> ▶ 전화를 건 목적이나 이유는 초반부를 잘 들어야 한다. 휴대전화를 찾고있다며 전화했으므로 (B)가 정답이다.
>
> W : ⁵⁷ Is it black in color? One of our staff members found a black phone.
> ▶ 검은색인지 묻고 있고 다음 대화에서 Yes라고 했다. 정답은 (A)다.
>
> M : Yes, I think that is mine. Can I go to your restaurant to get it later?
> W : ⁵⁸ Since our restaurant is about to close, why don't you come tomorrow?
> ▶ 요청 문제이므로 제안 표현을(why don't you~?, You could~) 집중해서 들어야 한다. 내일 오라고 요청하기 전에 식당이 거의 끝나간다고 말하고 있다.
>
> - - - - - - - - - - - - - - - - - - - - - - - - - - - - - - - - - -
> M : 안녕하세요, 제 휴대전화를 찾아주실 수 있을지 알아보려고 전화 드렸습니다. 어제 당신의 식당에 갔었는데, 그곳에 두고 온 것 같습니다.
> W : 검정 색인가요? 저희 직원 중 한 명이 찾았습니다.
> M : 네, 아무래도 제 것인 것 같네요. 그럼, 이따 식당으로 가지러 가도 될까요?
> W : 아, 저희 식당이 마감시간에 임박해서, 내일 오시는 것은 어떠세요?

**표현 정리** mobile phone 휴대전화 in color ~한 색으로 be about to ~하려고 하다

**56.** 남자는 왜 전화를 했는가?

(A) 영업시간에 대해 문의하기 위해
(B) 잃어버린 물건에 대해 물어보기 위해
(C) 매니저와 이야기하기 위해
(D) 환불을 요청하기 위해

정답 (B)

**57.** 휴대전화에 대해 언급된 것은 무엇인가?

(A) 검정색이다.
(B) 흠집이 있다.
(C) 테이블 위에 있다.
(D) 흰 색이다.

정답 (A)

**58.** 여자는 왜 남자에게 내일 오라고 요청하는가?

(A) 직원들이 휴가 중이다.
(B) 식당이 공사 중이다.
(C) 저녁식사가 아직 준비되지 않았다.
(D) 마감시간이 가까워졌다.

정답 (D)

Questions 59–61 refer to the following conversation with three speakers.
문제 59–61번은 다음 세 명의 대화를 참조하시오.

> W : ⁵⁹ Our magazine is planning a special feature on newly listed companies in the state next month. Are you interested in this assignment?
> ▶ 대화의 주제를 묻는 문제로, 초반부에서 단서를 잡아야 한다. 다음 달에 있을 특집 기사, 즉, 다가오는 프로젝트에 대해 이야기하므로 정답은 (C)이다.
>
> M1 : Yes, I am. I want to write about the IT firm Stargate. ⁶⁰ It won the new company of the year award at last year's industry conference.
> ▶ Stargate라는 회사 명칭이 들리는 부분에 주목해야 한다. 남자가 Stargate를 취재하고 싶다고 말하며 작년 산업 회의에서 상을 탔다고 하므로 정답은 (B)이다. (D)는 작년이 아닌 앞으로 있을 회의이므로 답이 될 수 없다.
>
> W : Okay, Ken. That sounds great. ⁶¹ And, Andrew, why don't you go along and take some photos for the article?
> ▶ 문제에 Andrew라는 이름이 언급 되었으므로, 이름이 나올 때 주목해야 한다. 여자의 대화에서 기사 쓰는 직원과 함께 가서 사진을 찍어오라고 시키고 있으므로 정답은 (D)이다.
>
> M2 : Sure, I'd be glad to. When are you planning to visit the company, Ken?
> M1 : I'll check my schedule and get back to you right away.
>
> - - - - - - - - - - - - - - - - - - - - - - - - - - - - - - - - - -
> W : 우리 잡지사는 이 주에서 새롭게 상장한 회사들에 대한 특별 기사를 다음 달에 계획 중이에요. 이 과제에 관심 있으신가요?
> M1 : 네, 있습니다. 저는 Stargate라는 IT 회사에 대해 쓰고 싶어요. 그들은 작년 산업 회의에서 올해의 회사 상을 탔어요.
> W : 좋아요, Ken. 그리고, Andrew, 같이 가서 기사를 위한 사진을 좀 찍어 오는 게 어때요?
> M2 : 네, 기꺼이. 회사에 언제 방문할 계획인가요, Ken?
> M1 : 제 스케줄을 확인해보고 바로 연락 드릴게요.

**표현 정리** feature 특집 listed company 상장 회사 be interested in ~에 관심이 있다 assignment 과제 award 상 right away 즉시

**59.** 화자들은 무엇에 대해 이야기하는가?

(A) 새로운 출판 회사
(B) 사진 상
(C) 다가오는 프로젝트
(D) 최근에 있었던 산업 회의

정답 (C)

**60.** Stargate에 대해 언급된 것은 무엇인가?

(A) 구조조정을 겪었다.
(B) 최근에 상을 받았다.
(C) 새로운 직원들을 고용했다.
(D) 다가오는 회의에 참석할 것이다.

정답 (B)

**61.** Andrew는 무슨 요청을 받았는가?

(A) 기사를 쓰라고
(B) IT 회사에 전화를 하라고
(C) 점심을 사라고
(D) 사진을 찍으라고

정답 (D)

Questions 62–64 refer to the following conversation.

문제 62–64번은 다음 대화를 참조하시오.

---

M : Hi, Rebecca. ⁶²Do you want to join me to go to an art gallery this coming Saturday? The admission is half price on Saturday this month only.

▶ 주제 문제이므로 초반부를 잘 들어야 한다. 다가오는 미술관에 대해 이야기하고 있으므로 (C)가 정답이다.

W : Really? I want to go, ⁶³but I can't. I have an appointment with a client.

▶ 이유를 묻는 문제는 주로 중/후반부에 단서가 등장한다. 특히 반전을 기하는 대조(but) 다음에는 단서가 자주 언급된다. (D)가 정답이다.

M : Oh, that's a pity. ⁶⁴I'll bring some brochures and a schedule of the exhibition so that you can go on another day.

▶ 미래에 대한 계획은 후반부 마지막 대화에 집중한다. 안내 책자를 가져오겠다는 (C)가 정답이다.

---

M : 안녕, Rebecca. 오는 토요일에 나와 함께 미술관에 가겠어요? 이번 달 동안만 토요일은 입장료가 반값이에요.
W : 정말요? 가고 싶지만, 고객과 약속이 있어요.
M : 아, 안됐네요. 내가 전시회의 안내책자와 일정을 가지고 올게요. 그럼 다른 날에 갈 수 있을 거예요.

---

**표현 정리** art gallery 미술관 admission 입장, 입장료 half price 반값 appointment 약속 brochure 안내책자 schedule 일정, 시간표 exhibition 전시회

**62.** 화자들은 주로 무엇에 대해 이야기하고 있는가?

(A) 교육
(B) 개업 기념 세일
(C) 전시회
(D) 국제 세미나

정답 (C)

**63.** 여자는 왜 이번 토요일에 갈 수 없다고 하였는가?

(A) 출장을 갈 것이다.
(B) 다른 사무실로 옮길 것이다.
(C) 프로젝트를 끝내야한다.
(D) 다른 약속이 있다.

정답 (D)

**64.** 남자는 무엇을 하겠다고 말하는가?

(A) 그녀를 위해 좌석을 예약한다.
(B) 그녀를 위해 티켓을 구매한다.
(C) 화랑에서 안내책자를 가져온다.
(D) 같이 가기 위해 다음 주까지 기다린다.

정답 (C)

Questions 65–67 refer to the following conversation and price list.

문제 65–67번은 다음 대화와 가격표를 참조하시오.

---

M : Hello. ⁶⁵I came to have the sleeves on this jacket shortened.

▶ 표를 활용해서 풀어야 하는 문제다. 남자는 재킷 소매를 줄이기 위해 업체를 방문했다. 표를 통해 재킷 소매 수선 비용이 20달러임을 알 수 있다. (D)가 정답이다.

W : Let me take a look... You can pick it up this Friday. I'm way behind in my work these days.
M : Hmm... ⁶⁶I have a job interview the day after tomorrow, so I hope the jacket will be ready as soon as possible. I mean... by tomorrow evening at the latest.

▶ 남자의 대화문을 통해 남자가 모레 취업 면접에 갈 예정임을 알 수 있으므로 (C)가 정답이다.

W : Oh, I see. Then I'll get it done by tomorrow evening. Here's the receipt.
M : Thank you. ⁶⁷Can you tell me when you close in the evening?

▶ 남자가 문의하는 것을 묻는 문제이므로 남자의 대화에서 단서를 찾는다. 남자는 수선 업체가 문닫는 시간을 알고 싶어하므로 (B)가 정답이다.

W : We close at 9 P.M. every day. I'll see you then.

---

M : 안녕하세요. 재킷의 길이를 줄이러 왔습니다.
W : 잠시 좀 살펴볼게요. 이번 주 금요일에 찾아가시면 됩니다. 요즘 일이 좀 밀려 있어서요.
M : 음... 저는 모레 취업면접이 있어서 가능하면 빨리 재킷이 준비되면 좋겠습니다. 그러니까... 늦어도 내일 저녁까지요.
W : 아, 그렇군요. 그러면 내일 저녁까지 수선해 놓겠습니다. 여기 수선증이 있습니다.
M : 감사합니다. 내일 저녁 몇 시에 문을 닫나요?
W : 저희는 매일 오후 9시에 문을 닫습니다. 내일 저녁에 뵐게요.

---

**표현 정리** sleeve 소매 shorten 길이를 줄이다 pick up 찾아가다, 집어 들다 behind 뒤처진 these days 요즘 the day after tomorrow 모레 be ready 준비되다 as soon as possible 가능하면

정답 및 해설 **77**

빨리 **at the latest** 늦어도 **receipt** 영수증 **close** (문을) 닫다 **apply for** ~를 지원하다, 신청하다 **attend** 참석하다 **conference** 회의 **inquire** 문의하다 **laundry** 세탁

**65.** 표를 보시오. 남자가 지불할 금액은?

   (A) 15달러
   (B) 16달러
   (C) 18달러
   (D) 20달러

| 수선의 종류 | 가격 |
|---|---|
| 기장 수선 – 바지 | 15달러 |
| 기장 수선 – 치마 | 18달러 |
| 소매 수선 – 재킷 | 20달러 |
| 지퍼 교체 – 바지/치마 | 16달러 |

정답 **(D)**

**66.** 남자가 모레 할 일은?

   (A) 취업 지원
   (B) 회의 참석
   (C) 면접
   (D) 고객과의 회의

정답 **(C)**

**67.** 남자는 무엇에 대해 문의하는가?

   (A) 세탁 비용
   (B) 문 닫는 시간
   (C) 할인
   (D) 세제 용품

정답 **(B)**

Questions 68-70 refer to the following conversation and list.
문제 68-70번은 다음 대화와 리스트를 참조하시오.

M : Good afternoon. ⁶⁸I'd like to book some tickets for Blue Moon starting at 7 tonight. The movie guide said the film is getting glowing reviews.

W : ⁶⁹How many tickets would you like?

▶ 여자의 직업을 묻는 문제로 대화의 초반부에서 단서를 찾을 수 있다. 영화 티켓을 예매하고 싶다는 남자의 말에 대해 여자는 몇 장의 티켓이 필요한지를 묻고 있으므로 여자가 매표소 직원임을 알 수 있다. (B)가 정답이다.

M : Five, please. I'm going to see a movie with my coworkers tonight, and we all want to see it together.

W : Hmm... Let me see. I am sorry, but we only have three seats left for the movie.

M : Oh, I see. ⁷⁰Then can you recommend a popular one?

▶ 보려던 영화를 볼 수 없게 되자 남자는 인기 있는 영화를 추천해달라고 여자에게 부탁하고 있다. 여기서 one은 movie를 지칭하고 있다. (A)가 정답이다.

W : How about the movie which Jewel Austin is starring in?

It is one of the hottest movies these days. ⁷⁰Fortunately, there are 6 seats left for it.

▶ 여자는 남자에게 Jewel Austin이 출연한 영화를 추천하면서 여섯 좌석이 남아 있다고 덧붙였다. 도표에서 여섯 좌석이 남아 있는 영화는 In Paris이므로 (C)가 정답이다.

---

M : 안녕하세요. 오늘 저녁 7시에 시작하는 Blue Moon의 티켓을 몇 장 예매하고 싶은데요. 영화 가이드에서 그 영화가 호평을 받고 있다고 하더군요.
W : 몇 장이 필요하세요?
M : 다섯 장이요. 오늘 저녁에 동료들과 함께 영화를 볼 예정인데 모두 같이 보려고 합니다.
W : 음... 잠시만요. 죄송합니다만, 그 영화는 현재 세 개의 좌석밖에 남아있지 않습니다.
M : 아, 그렇군요. 그러면 인기 있는 영화를 하나 추천해 주시겠어요?
W : Jewel Austin이 주연한 영화는 어떠세요? 요즘 인기 있는 영화예요. 다행히도 현재 여섯 석이 남아있습니다.
M : 아, Jewel Austin은 제가 가장 좋아하는 영화배우예요. 그 영화로 하겠습니다.

표현 정리 **book** 예약하다 **starting** ~에 시작하는 **glowing** 극찬하는 **review** 후기 **coworker** 동료 **together** 함께 **recommend** 추천하다 **how about** 명사 ~하는 건 어때? **star in** 출연하다 **hot** 인기 있는 **these days** 요즘 **fortunately** 다행히도 **favorite** 가장 좋아하는 **actress** 영화배우 **box office** 매표소 **director** 감독 **critic** 비평가

**68.** 여자의 직업은?

   (A) 영화배우
   (B) 매표소 직원
   (C) 영화 감독
   (D) 영화 비평가

정답 **(B)**

**69.** 남자는 여자에게 무엇을 문의하는가?

   (A) 인기 있는 영화
   (B) 다음 주 영화 상영 일정
   (C) TV 프로그램
   (D) 영화배우

정답 **(A)**

**70.** 표를 보시오. 남자가 볼 영화로 가장 적절한 것은?

   (A) Blue Moon
   (B) The Hunter
   (C) In Paris
   (D) The Queens

| 영화 제목 | 잔여 좌석 |
|---|---|
| Blue Moon | 3 |
| The Hunters | 4 |
| In Paris | 6 |
| The Queens | 5 |

정답 **(C)**

# PART 4

## 유형 분석 11 공지
## Unit 29 사내 공지

**Step 3 실전 문제**

Questions 4–6 refer to the following announcement.
문제 4–6번은 다음 공지를 참조하시오.

Attention, all employees. ⁴/⁵ I'd like to remind you that some of the printers in our department will be replaced with new ones this afternoon.

▶ 인사, 장소, 공지의 목적은 초반부에 등장한다. 따라서 인사말(Attention, all employees.) 다음을 집중해서 듣는다. '프린터가 새 것으로 교체될 예정'임을 공지하고 있으므로 장소는 사무실임을 알 수 있다. 따라서 4번 문제는 (A)가 정답이다.

▶ 장소가 언급된 곳에 청자가 누구인지를 알려주기도 한다. 따라서 장소와 대상 문제는 한데 묶어서 풀어야 한다는 것도 기억하자. 대화의 정황상 사무실 직원들의 대화임을 알 수 있다. (C)가 정답이다.

⁶ A maintenance man will come to replace them this afternoon.

▶ 일정 및 변경사항은 중반에 등장한다. 시점(this afternoon)을 묻는 문제는 시점이 언급된 곳을 잘 들어야 한다. 오후에는 프린터 교체가 있다고 공지하고 있으므로 (B)가 정답이다.

All employees should step out of the office while the replacement work is going on. If you have any further questions, please call the Maintenance Department.

----

직원 여러분께 알려드립니다. 우리 부서의 일부 프린터가 오늘 오후에 최신 제품으로 교체될 예정입니다. 기술자가 오늘 오후에 프린터 교체를 위해 올 것입니다. 모든 직원들은 오후에 있을 이 교체 작업을 위해 잠시 사무실을 비워 주셔야 합니다. 질문이 있으시면 관리팀으로 연락 바랍니다.

----

**표현 정리** **attention** 주의, 주목 **remind** 상기시키다 **replace** 교체하다 **step out** (잠깐) 나가다 **Maintenance Department** (유지, 보수) 관리부

**4.** 청자들은 어디에 있는가?

(A) 사무실
(B) 공항
(C) 슈퍼마켓
(D) 박물관

정답 **(A)**

**5.** 누구에게 공지하는 것인가?

(A) 기술자들
(B) 고객들

(C) 사무실 직원들
(D) 상점 매니저들

정답 **(C)**

**6.** 공지에 따르면, 오늘 오후에 무엇이 시작되는가?

(A) 개조
(B) 물품 교체
(C) 점검
(D) 수리

정답 **(B)**

## Unit 30 공공장소 공지

**Step 3 실전 문제**

Questions 4–6 refer to the following announcement.
문제 4–6번은 다음 공지를 참조하시오.

⁵ Attention, visitors.

▶ 인사말을 통해서 공지 대상이 방문객들, 즉 고객들이라는 것을 알 수 있으므로 (A)가 정답이다.

⁴ Our gallery will be closing in 1 hour.

▶ 시점을 묻는 문제는 초반부나 후반부에 등장하는데 세 문제 중 첫 번째 문제이므로 초반부에 나올 것으로 추정해야 한다. 매장 폐점 시간은 한 시간 후이므로 (C)가 정답이다.

The coffee shop and restaurant will remain open until 8 p.m. for your convenience. Once again, since the gallery will be closing in 1 hour, ⁶ all visitors are asked to leave the main lobby.

▶ 요청 문제이므로 후반부에서 단서를 찾아야 하는데 '모든 방문객 여러분은 메인 로비에서 나가 달라.'고 요청하고 있으므로 (A)가 정답이다.

If you checked your personal belongings at the information counter, do not forget to get them back. We hope to see all of you again soon.

----

방문객들께 안내 말씀 드립니다. 저희 화랑은 1시간 후에 문을 닫을 예정입니다. 여러분의 편의를 위해 카페와 식당은 8시까지 영업할 예정입니다. 다시 한 번 알려드립니다, 저희 화랑은 1시간 후에 문을 닫기 때문에 모든 방문객들은 메인 로비에서 나가주시기 바랍니다. 입장하실 때 안내 창구에 맡긴 개인 소지품이 있으시다면 잊지 마시고 찾아가시기 바랍니다. 조만간 다시 뵙기를 바랍니다.

----

**표현 정리** **gallery** 화랑 **convenience** 편의, 편리 **belongings** 소지품, 개인물품

**4.** 화랑은 언제 문을 닫을 것인가?

(A) 10분 후에
(B) 30분 후에
(C) 1시간 후에
(D) 2시간 후에

정답 (C)

**5.** 누구에게 이야기하고 있는가?

   (A) 고객
   (B) 직원
   (C) 사서
   (D) 화가

정답 (A)

**6.** 청자들은 무엇을 하도록 요청 받는가?

   (A) 로비에서 나가도록
   (B) 카페로 이동하도록
   (C) 식당에서 나가도록
   (D) 상점에서 선물을 사도록

정답 (A)

## Review Test

Questions 1–3 refer to the following announcement.

문제 1–3번은 다음 공지를 참조하시오.

Good morning, employees. I'd like to announce that we're going to move to our company's new building next Monday. [1] I'm sure that everyone is expecting to see a pleasant environment to work in. [2] The movers will be transporting everything this Friday.

▶ 일정 및 변경 공지 사항에 대한 문제는 초반부나 중반부를 잘 듣는다. 쾌적한 환경이라고 언급하므로 1번 문제는 (B)가 정답이고, 2번 문제는 이전하는 날짜는 월요일이라고 하므로 (D)가 정답이다.

It's a good opportunity for us to throw away unnecessary office supplies. [3] Please make sure you have done this by Thursday.

▶ 요청에 대한 문제는 후반부 'Please ~.' 문장을 잘 들어야 한다. 물건을 치워달라고 하고 있으므로 (C)가 정답이다.

--------------------------------------

직원 여러분 안녕하십니까? 다음 주 월요일 우리 회사가 새 건물로 이전하는 것에 대해 알려드리고자 합니다. 모든 분들이 사무실의 쾌적한 분위기에 대해 기대하고 계실 겁니다. 이삿짐 직원들이 금요일에 모든 짐을 옮길 예정입니다. 이번이 불필요한 사무용품을 치우기에 좋은 기회이므로 목요일까지 이것을 마무리해 주시기 바랍니다.

표현 정리 **expect to** ~하기를 기대하다 **a pleasant environment** 쾌적한 환경 **opportunity** 기회 **throw away** 치우다, 버리다 **unnecessary** 불필요한

**1.** 화자에 따르면, 새 사무실은 어떠한가?

   (A) 갖춰진 회의 공간
   (B) 쾌적한 환경
   (C) 아름다운 전망

   (D) 넓은 회의실

정답 (B)

**2.** 회사는 언제 새 건물로 이사하는가?

   (A) 금요일
   (B) 토요일
   (C) 일요일
   (D) 월요일

정답 (D)

**3.** 청자들은 무엇을 하도록 요청받는가?

   (A) 사무용품을 주문하도록
   (B) 오래된 가구를 없애도록
   (C) 서류를 정리하도록
   (D) 자신들의 서류를 옮기도록

정답 (C)

Questions 4–6 refer to the following announcement.

문제 4–6번은 다음 공지를 참조하시오.

Attention, [4] all passengers on Sky Airlines' Flight 302 to Paris.

▶ 인사, 장소, 소개에 대한 문제는 초반부에 등장한다. Sky Airlines' Flight을 참고하면 (D)가 정답이다.

[5] Due to unexpected bad weather conditions, all flights have been delayed.

▶ 공지의 목적은 인사, 장소, 소개 뒤에 등장한다. 악천후로 비행기가 연기되었으므로 (A)가 정답이다.

[6] This flight was originally scheduled to depart at 7 a.m., but it has been rescheduled and will now leave at 11 a.m., so it will be delayed by four hours.

▶ 공지의 목적 다음에는 안내사항이 등장한다. 비행기 출발 시간이 뒤로 밀렸으므로 (B)가 정답이다.

Thank you for your understanding. We sincerely apologize for this inconvenience. We will provide all passengers with meal coupons which you can use at any of the restaurants at the airport.

--------------------------------------

Paris 행 Sky 에어라인 302편 승객 여러분들께 알립니다! 예상치 못한 악천후로 인하여 모든 항공기들이 지연되었습니다. 이 항공편은 원래 아침 7시에 출발 예정이었지만 일정이 조정되어 4시간 후인 오전 11시에 이륙할 예정입니다. 양해해 주셔서 감사드리며, 불편을 드려 진심으로 사과드립니다. 대신 저희는 공항 내 모든 식당에서 사용할 수 있는 식사 쿠폰을 제공할 것입니다.

표현 정리 **passenger** 승객 **originally** 원래 **departure** 출발 **delay** 지연, 지체 **inconvenience** 불편 **meal coupon** 식권

**4.** 이 안내방송은 어디에서 이루어지고 있나?

   (A) 비행기

(B) 버스 정류장
(C) 유람선
(D) 공항

정답 (D)

**5.** 문제의 원인은 무엇인가?

(A) 악천후
(B) 기계 결함
(C) 이전 항공기의 지연
(D) 활주로 보수

정답 (A)

**6.** 안내방송에 따르면, 무엇이 바뀌었는가?

(A) 도착 시간
(B) 출발 시간
(C) 여행 일정
(D) 식권

정답 (B)

**7.** 연례 파티에 대해 변경된 것은 무엇인가?

(A) 하객
(B) 날짜
(C) 가격
(D) 장소

정답 (D)

**8.** 파티는 언제 시작하는가?

(A) 오후 6시
(B) 오후 7시
(C) 오후 8시
(D) 오후 9시

정답 (B)

**9.** 직원들은 왜 Jeremy 씨에게 연락해야 하는가?

(A) 차량을 얻기 위해
(B) 방향을 알기 위해
(C) 티켓을 사기 위해
(D) 좌석을 예약하기 위해

정답 (A)

Questions 7–9 refer to the following announcement.
문제 7–9번은 다음 공지를 참조하시오.

Good morning. I want to make an announcement before we start. As you all know, our annual party is tomorrow, [7] but we moved the event to the Upper Star Resort.

▶ 일정 및 변경사항에 대한 문제는 초반부나 중반부를 잘 듣는다. 장소를 변경했으므로 (D)가 정답이다.

[8] We did that due to a problem with our reservation. However, it will be at the same time from 7 p.m. to 9 p.m.

▶ 장소는 변경되었지만 파티는 예정대로 7시~9시까지 한다고 한다. (B)가 정답이다.

You can check out a rough map of how to get to the new location on our website. I believe many of you have already seen it on the notice board in the lobby.
[9] If you have any questions or need transportation, please contact Jeremy at 234-4257.

▶ 문의 및 연락처에 대한 문제는 후반부를 잘 듣는다. 추가 문의나 차량에 대해 전화로 물어보라고 했으므로 (A)가 정답이다.

- - - - - - - - - - - - - - - - - - - - - - - - - - - - - - - -

안녕하세요. 시작하기 전에 알려드릴 것이 있습니다. 모두들 아시다시피, 우리 연례 파티가 내일입니다만 이번 행사 장소를 Upper Star 리조트로 옮겼습니다. 예약 문제 때문이며, 시간은 저녁 7시부터 9시까지 동일합니다. 새로운 장소로 가는 약도는 홈페이지에서 확인 가능합니다. 모두들 로비에 있는 게시판에서 확인한 것으로 압니다. 궁금한 것이 있거나 차량이 필요하시면, Jeremy 씨에게 234-4257로 연락 주십시오.

**표현 정리  make an announcement** 발표하다, 공표하다 **annual** 연례의 **reservation** 예약 **rough map** 약도 **notice board** 게시판

Questions 10–12 refer to the following announcement.
문제 10–12번은 다음 공지를 참조하시오.

[10] I want to inform you all about a change in policy regarding working hours.

▶ 안내문의 주제를 묻는 문제로 초반에 단서가 나온다. 화자는 처음에 뭔가를 알리고 싶다고 하면서 그것이 근무시간에 관한 정책 변경이라고 했다. a change in policy regarding working hours를 a new working arrangement로 바꿔 표현한 (B)가 정답이다.

You recently completed a questionnaire on efficient practices in the office, and the consensus is that you would be more productive if you took a shorter lunchbreak and left earlier in the day. So, umm… [11] Here's the deal. [12] We will try out this suggestion starting next week, when your lunchbreak will be reduced by one hour.

▶ 화자의 숨은 의도를 묻는 문제로, 본문에 언급된 "here's the deal"이라는 표현이 왜 사용되었는지를 문장의 흐름 속에서 파악해야 한다. 직원들이 점심시간을 더 짧게 하고 퇴근을 일찍 하는 게 더욱 생산적일 것 같다는 의견을 냈다는 얘기를 하면서, "here's the deal"이라고 한 후, 다음 주부터 이 정책을 실행할 것이라고 알려주고 있다. 문맥상 직원들에게 제안을 하는 의미로 한 얘기임을 알 수 있다. Here's the deal이라는 표현은 어떠한 사실이나 의견을 알려줄 때 '자, 이렇게 합시다'라는 의미로 앞에 붙이는 표현이다.

Employees will then be able to leave the office half an hour earlier than previously. [12] Please note that these adjustments will come into effect following the weekend.

▶ 중반부에서 "We will try out this suggestion starting next week"라며 다음주부터 시행된다고 했다. 또한 후반부에서 한 번 더 이 조정사항은 주말

이 지나고 시행될 것이라고 다시 언급했다. following the weekend는 next week(다음주)를 의미한다.

---

근무시간에 관한 정책상의 변경에 관하여 여러분 모두에게 알려드리고 자 합니다. 여러분은 최근에 사무실에서의 효과적인 관행에 대해 설문을 작성하셨고, 점심시간을 더 짧게 하고 퇴근을 더 일찍 한다면 더 생산적일 것이라는 합의에 이르렀습니다. 그래서 음.. 이렇게 합시다. 우리는 이 제안을 다음 주부터 시범적으로 시행할 것이며, 점심시간은 한 시간으로 줄어들 것입니다. 그렇게 되면, 직원들은 이전보다 30분 일찍 퇴근할 수 있게 될 것입니다. 이 조정 사항은 주말 이후부터 시행되는 것을 알아두세요.

**표현 정리** **policy** 정책, 방침 **regarding** ～에 관하여 **questionnaire** 설문지 **practice** 관례, 관행 **consensus** 의견의 일치, 하의 **try out** 시험적으로 해보다 **adjustment** 조정, 수정 **come into effect** 시행하다, 발효되다 **following** ～이후에 **enhance** 향상시키다 **attract** 끌어들이다, 모으다 **qualified** 자격을 갖춘, 우수한 **take effect** 실시되다, 발효하다

**10.** 안내되고 있는 것은?

    (A) 회의일정
    (B) 새로운 근무제도
    (C) 사무실 이전
    (D) 급여의 증가

정답 **(B)**

**11.** 여자가 'Here's the deal'라고 말함으로써 의미하는 것은 무엇인가?

    (A) 제안을 하려고 하고 있다.
    (B) 청자들에게 뭔가를 나누어주고 싶어 한다.
    (C) 몇몇 직원들의 의견에 반대한다.
    (D) 청자들에게 감사를 표현하고 있다.

정답 **(A)**

**12.** 화자는 변경이 언제 시행될 것이라고 말하는가?

    (A) 즉시
    (B) 다음날
    (C) 다음달
    (D) 다음주

정답 **(D)**

## 받아쓰기 훈련

### Unit 29 사내 공지

**Q4-6.** Attention, all employees. I'd like to remind you that some of the printers in our department will be replaced with new ones this afternoon. A maintenance man will come to replace them this afternoon. All employees should step out of the office while the replacement work is going on. If you

---

have any further questions, please call the Maintenance Department.

### Unit 30 공공장소 공지

**Q4-6.** Attention, visitors. Our gallery will be closing in 1 hour. The coffee shop and restaurant will remain open until 8 p.m. for your convenience. Once again, since the gallery will be closing in 1 hour, all visitors are asked to leave the main lobby. If you checked your personal belongings at the information counter, do not forget to get them back. We hope to see all of you again soon.

### Review Test

**Q1-3.** Good morning, employees. I'd like to announce that we're going to move to our company's new building next Monday. I'm sure that everyone is expecting to see a pleasant environment to work in. The movers will be transporting everything this Friday. It's a good opportunity for us to throw away unnecessary office supplies. Please make sure you have done this by Thursday.

**Q4-6.** Attention, all passengers on Sky Airlines' Flight 302 to Paris. Due to unexpected bad weather conditions, all flights have been delayed. This flight was originally scheduled to depart at 7 a.m., but it has been rescheduled and will now leave at 11 a.m., so it will be delayed by four hours.

**Q7-9.** Good morning. I want to make an announcement before we start. As you all know, our annual party is tomorrow, but we moved the event to the Upper Star Resort. We did that due to a problem with our reservation. However, it will be at the same time from 7 p.m. to 9 p.m. You can check out a rough map of how to get to the new location on our website. I believe many of you have already seen it on the notice board in the lobby. If you have any questions or need transportation, please contact Jeremy at 234-4257.

**Q10-12.** I want to inform you all about a change in policy regarding working hours. You recently completed a questionnaire on efficient practices in the office, and the consensus is that you would be more productive if you took a shorter lunchbreak and left earlier in the day. So, umm… Here's the deal. We will try out this suggestion starting next week, when your lunchbreak will be reduced by one hour. Employees will then be able to leave the office half an hour earlier than previously. Please note that these adjustments will come into effect following the weekend.

**Step 3 실전 문제**

Questions 4-6 refer to the following telephone message.

문제 4-6번은 다음 전화메시지를 참조하시오.

---

Hello. ⁴/⁵ This is Mary Johnson, the sales manager at the Star Dress Boutique.

▶ 전화를 건 사람에 대한 정보는 메시지 맨 처음에 나오므로 이름, 부서, 회사의 종류에 대해 잘 들어야 한다. 4번, 5번 문제 모두 이곳에서 단서를 찾아야 하는데 4번은 (A), 5번은 (B)가 정답임을 알 수 있다.

I'm calling because you sent me the wrong products instead of what I ordered. The shipment you sent me contained shirts, not skirts. I'd appreciate it if you could send the correct order as soon as possible, and I don't want you to make a mistake again. ⁶ We're having a special promotion next weekend.

▶ 미래에 대한 일정은 후반부에 등장한다. 다음 주에는 홍보행사가 있다고 했으므로 (C)가 정답이다.

As for the wrong shipment, I will send it back to you by this weekend.

---

안녕하세요. Star Dress Boutique의 판매 매니저 Mary Johnson입니다. 제가 주문한 제품과 다른 제품을 보내셔서 전화 드렸습니다. 보내주신 배송품은 모두 치마가 아닌 셔츠였습니다. 시간이 촉박하니 가능한 빨리 맞는 제품을 보내주신다면 감사하겠고, 다시는 이런 실수를 하지 않으셨으면 합니다. 저희는 다음 주말에 특별 프로모션이 있습니다. 잘못 배송된 물품은 이번 주말에 반송하도록 하겠습니다.

---

**표현 정리** instead of ~대신에 order 주문하다 shipment 수송품, 적하물 contain 포함하다 correct 올바른 as soon as possible 되도록(가능한) 빨리 make a mistake 실수하다

**4.** 전화를 건 사람은 누구인가?

(A) 판매직원
(B) 기술자
(C) 부동산 중개업자
(D) 납품업자

정답 (A)

**5.** 화자는 어디에서 근무하는가?

(A) 우체국
(B) 옷가게
(C) 은행
(D) 식당

정답 (B)

**6.** 홍보는 언제 시작되는가?

(A) 주말마다

(B) 다음 주
(C) 다음 주말
(D) 다음 주 월요일

정답 (C)

---

## Unit 32 ARS

**Step 3 실전 문제**

Questions 4-6 refer to the following recorded message.

문제 4-6번은 다음 녹음 메시지를 참조하시오.

---

Thank you for calling the Victory Zoo. ⁴ Our zoo is internationally famous for our wide variety of animals.

▶ 메시지 초반부는 회사 소개가 언급된 곳으로 다양한 동물을 보유하고 있다고 한다. (B)가 정답이다.

We're open every day from 10 a.m. to 5 p.m. Entrance tickets can only be booked by phone. ⁵ If you want to make a reservation now, press 1.

▶ 서비스 안내 번호는 'press+번호'에 단서가 등장한다. 예매, 등록을 원하면 1번을 누르라고 했으므로 (A)가 정답이다.

Cash and credit cards are accepted, and you can pay at the ticket booth near the entrance. ⁶ For more information, please call one of our customer service representatives at 999-6738.

▶ 요청 및 당부사항은 후반부에 나오는데 추가 정보를 원하면 전화를 달라고 했다. (C)가 정답이다.

---

Victory 동물원에 전화 주셔서 감사합니다. 저희 동물원은 다양한 동물들로 세계적으로 유명합니다. 저희는 오전 10시부터 오후 5시까지 매일 문을 엽니다. 입장권은 전화로만 예매하실 수 있습니다. 지금 예매를 원하시면 1번을 눌러주십시오. 현금과 신용카드로 결제가 가능하며, 입구 근처에 있는 티켓 창구에서 지불할 수 있습니다. 자세한 사항은 999-6738번으로 전화해 고객서비스 직원에 문의 바랍니다.

---

**표현 정리** internationally 국제적으로, 세계적으로 famous 유명한 variety 다양성, 여러 가지 book 예약하다 reservation 예약 credit card 신용카드 accept 받다

**4.** 메시지에 의하면, Victory 동물원은 무엇으로 유명한가?

(A) 맛있는 음식
(B) 다양한 동물
(C) 다양한 곤충
(D) 희귀식물

정답 (B)

**5.** 왜 청자들은 1번을 눌러야 하는가?

(A) 티켓 예매를 위해
(B) 티켓을 구매하기 위해
(C) 예약을 취소하기 위해
(D) 정보를 물어보기 위해

정답 (A)

**6.** 청자들은 어떻게 더 많은 정보를 얻을 수 있는가?

(A) 1번을 누른다.
(B) 홈페이지를 방문한다.
(C) 주어진 번호로 전화한다.
(D) 안내책자를 요청한다.

정답 (C)

## Review Test

Questions 1–3 refer to the following telephone message.
문제 1–3번은 다음 전화 메시지를 참조하시오.

---

Good morning. ¹This is Linda Rey from Star Realty.

▶ 발신자, 수신자, 직업, 업종, 회사 정보에 대한 문제는 초반부 인사말에 나온다. Realty를 들었다면 부동산임을 알 수 있다. (C)가 정답이다.

²I'm calling to let you know that an office which you might be interested in has become available.

▶ 목적, 문제점, 상황에 대한 문제는 'I'm calling ~.'으로 시작되는 문장을 잘 들어야 한다. 관심있어 할 만한 사무실이 있다고 했으므로 (B)가 정답이다.

It's near the bus station, bank, and post office. The rent is $1,000 per month. I'm sure you must be interested in seeing the office. ³Please get in touch with me as soon as possible, and I'll ask the owner of the building whether you can have a look at it tomorrow or not. ³You can call me on my mobile phone. Thanks, Mr. Anderson.

▶ next에 대한 문제는 후반부에 등장한다. 문의사항은 전화달라고 했으므로 청자가 곧 전화할 것이라 추측가능하다. (C)가 정답이다. Linda Rey는 부동산 중개인이지 건물주가 아니므로 (D)는 오답이다.

I hope to hear from you soon.

---

안녕하세요. 저는 스타 부동산의 Linda Rey입니다. 당신이 찾고 있던 사무실이 나왔다는 것을 알려드리기 위해 전화 드립니다. 그곳은 버스정류장, 은행, 그리고 우체국에 가깝습니다. 임대료는 한 달에 1,000달러입니다. 분명 당신이 관심 있을 것이라고 생각합니다. 가능한 빨리 저에게 알려주시면, 내일 볼 수 있을지 없을지 건물 주인에게 물어보겠습니다. 제 휴대전화로 연락 주십시오. 감사합니다. Anderson 씨. 연락 기다리겠습니다.

---

**표현 정리** available 구할 수 있는, 이용할 수 있는 bus station 버스 정류장 get in touch with ~와 연락하다 owner 주인, 소유주 whether ~인지 mobile phone 휴대전화

**1.** 전화를 건 사람은 누구인가?

(A) 아파트 세입자
(B) 정비사
(C) 부동산 중개인
(D) 집주인

정답 (C)

**2.** 이 메시지의 목적은 무엇인가?

(A) 사무실의 위치를 제공하기 위해
(B) 사무실이 임대 가능하다는 것을 알려주기 위해
(C) 건설 공사를 알리기 위해
(D) 새로운 건물을 광고하기 위해

정답 (B)

**3.** 청자는 다음에 무엇을 할 것인가?

(A) 계약서에 서명한다.
(B) 새 사무실로 옮긴다.
(C) Linda Rey에게 연락한다.
(D) 건물주에게 전화한다.

정답 (C)

Questions 4–6 refer to the following recorded message.
문제 4–6번은 다음 녹음 메시지를 참조하시오.

---

Thank you for calling the Blackberry Online Store, the best online shopping mall in the U.K.
⁴/⁵Blackberry is known for selling unique designs of clothes and accessories.

▶ 회사소개는 'Thank you for calling ~.' 문장 또는 그 다음 문장에 등장한다. 옷과 액세서리를 언급하는 것으로 보아 4번 문제는 (B)가 정답이고, 독특한 디자인이 유명하다고 했으므로 5번 문제는 (B)가 정답이다.

Please listen carefully to the following options. ⁶Please press 1 to check the current status of a delivery. Press 2 to check the status of an order.

▶ 서비스 안내에 대한 문제는 'Press+번호'에 등장한다. 1번으로 배송 정보를 알 수 있다고 했으므로 (A)가 정답이다.

For all other inquiries, please press 0, and one of our customer service representatives will help you soon.

---

UK에서 최고의 온라인 쇼핑몰인 Blackberry 인터넷 매장에 전화 주셔서 감사합니다. Blackberry는 독특한 디자인의 옷과 액세서리를 판매하는 것으로 유명합니다. 다음의 선택 사항들을 주의 깊게 들어주시기 바랍니다. 배송 현황을 확인하시려면 1번을 누르십시오. 주문 상황을 확인하시려면 2번을 누르십시오. 모든 다른 문의 사항은 0번을 누르신 후 전화를 끊지 말고 기다려 주시면 고객 서비스 직원이 곧 도와드릴 것입니다.

---

**표현 정리** known for ~로 알려진 unique 독특한 option 선택, 옵션 current status 현재 상황 customer service representative 고객 서비스 직원 soon 곧

**4.** 청자는 어떤 종류의 회사에 전화를 걸었는가?

(A) 가구점
(B) 옷가게
(C) 컴퓨터 가게
(D) 문구점

정답 (B)

**5.** 이 온라인 매장은 무엇으로 유명한가?

(A) 튼튼한 가구
(B) 특이한 옷
(C) 현대적인 디자인
(D) 쉬운 지불 시스템

정답 (B)

**6.** 청자들은 왜 1번을 눌러야 하는가?

(A) 배송 확인을 위해
(B) 위치를 알기 위해
(C) 제품을 주문하기 위해
(D) 직원과 이야기하기 위해

정답 (A)

Questions 7–9 refer to the following telephone message.
문제 7–9번은 다음 전화 메시지를 참조하시오.

Hello. <sup>7</sup>This is Joy from Joy's Computer Store.
▶ 직업 및 회사에 대한 문제는 인사말 바로 뒤에 나온다. (A)가 정답이다.

<sup>8</sup>I'm calling to see if you mind answering some questions regarding our products and services.
▶ 목적, 이유, 문제점에 대한 문제는 주로 'I'm calling ~.'으로 시작되는 문장을 잘 들어야 한다. 설문 조사를 요청하고 있으므로 (A)가 정답이다.

If you answer this questionnaire, we'll send you a discount coupon which will give you 30% off any future purchase at our store. But you should make haste as you must call us within two days to receive the discount coupon. <sup>9</sup>Just call us at 695-4215 so that we can send you a questionnaire.
▶ 요청이나 제안에 대한 문제는 후반부에 if절이나 명령문(please ~)을 잘 듣는다. 설문지를 원하면 전화달라고 했다. 설문지와 지원서는 다르므로 (A)는 오답이다.

---

안녕하세요. Joy 컴퓨터 매장의 Joy입니다. 귀하께서 저희 상품과 서비스에 대해 몇 가지 질문에 응답해 주실 수 있는지 알아보기 위해 전화 드렸습니다. 귀하께서 저희 조사에 참여해 주신다면, 후에 저희 상점에서 구매하는 제품에 대해 30퍼센트 할인받으실 수 있는 할인 쿠폰을 보내드립니다. 그러나 할인 쿠폰을 받기 위해서는 2일 이내에 저희에게 전화 주셔야 하므로 서두르셔야 합니다. 695-4215로 바로 전화주시면 귀하께 설문지를 보내드리겠습니다.

**표현 정리** **regarding** ~에 관하여 **questionnaire** 설문지 **purchase** 구매하다 **make haste** 바삐 서두르다, 빨리하다

**7.** 상점은 무엇을 파는가?

(A) 전자기기
(B) 가구
(C) 문구류

(D) 책

정답 (A)

**8.** Joy가 전화를 건 이유는 무엇인가?

(A) 설문조사를 요청하기 위해
(B) 경품을 주기 위해
(C) 회비에 대해 상의하기 위해
(D) 일자리를 제공하기 위해

정답 (A)

**9.** 청자는 무엇을 하도록 요청받는가?

(A) 지원서를 보내라고
(B) 이틀 안에 상점을 방문하라고
(C) 회원을 갱신하라고
(D) 상점에 전화하라고

정답 (D)

Questions 10–12 refer to the following telephone message.
문제 10–12번은 다음 전화 메시지를 참조하시오.

Hello, Mr. Conner. I'm Karen Riley from Apartment B6. I'm calling to let you know that I will be managing the Boston branch starting next month. <sup>10</sup>So I have to move out of this place a few months ahead of schedule. I've arranged for a moving company to pick up my furniture on July 26, and I'll be sure to have the apartment cleaned afterward.
▶ 전화 메시지의 대상을 묻는 문제로, 지문 초반에서 단서를 찾을 수 있다. 화자가 예정보다 먼저 나가야 한다고 말하며, 이어지는 내용에서도 보증금 환급에 대해 문의하므로 대상은 건물주임을 알 수 있다. 정답은 (C)이다.

But... <sup>11</sup>here's the thing. Um... When I signed the contract two years ago, I think there was a clause about a penalty related to the early reimbursement of the security deposit.
▶ 의도를 파악하는 문제는 대화의 흐름을 전반적으로 파악하고 있어야 한다. 'Here's the thing'은 어떠한 문제나 제안을 말할 때 서두에 붙이는 표현으로, 여자가 "Here's the thing"이라고 말한 후, 보증금에 대한 항목이 기억나지 않는다고 말하고 있으므로 여자는 문제를 설명하려 하고 있다는 것을 알 수 있다. 정답은 (D)이다.

I don't remember the exact terms, <sup>12</sup>so can you please return my call and explain them to me? Thanks a lot.
▶ 화자의 요청 사항을 묻는 문제로 주로 지문 마지막 부분에 could you(can you, would you~?) 등의 문장에서 단서가 나온다. 지문 후반 화자가 보증금 환급에 대해 잘 모르겠다고 이야기하며 말미에 전화로 설명해 줄 것을 요청하고 있다. 정답은 explain을 give her information으로 바꾸어 표현한 (B)임을 알 수 있다.

---

안녕하세요. 코너 씨. 저는 아파트 B6에 있는 캐런 라일리입니다. 제가 다음 달부터 보스턴 지사를 관리하게 됐음을 알려드리려고 전화했어요.

그래서… 예정보다 몇 달 일찍 이 집에서 나가야 할 것 같습니다. 7월 26일에 이사 업체가 와서 제 가구를 가져가도록 일정을 잡아 뒀고요, 그 후에 확실하게 아파트 다 청소해 놓도록 하겠습니다. 그런데.. 문제는 이겁니다. 음… 제가 2년 전에 계약했을 때, 보증금의 이른 환급과 관련한 벌금 조항이 있었던 것 같은데요. 정확한 내용이 생각이 잘 안 나네요. 그러니 제게 다시 전화 주셔서 설명 좀 해주시겠어요? 감사합니다.

**표현 정리** promotion 승진 ahead of schedule 예정보다 먼저 clause 조항 penalty 벌금 reimbursement 상환 security deposit 임대 보증금

**10.** 이 메시지는 누구를 위한 것인가?

(A) 건축가
(B) 인사부 관리자
(C) 건물주
(D) 이사업체 직원

정답 (C)

**11.** 여자가 "Here's the thing"이라고 말한 내용의 의미는 무엇인가?

(A) 계약을 취소하게 되어 유감스럽다.
(B) 찾고 있던 것을 찾았다.
(C) 남자에게 무언가를 주고 싶어 한다.
(D) 문제를 설명하고 싶어 한다.

정답 (D)

**12.** 화자는 청자에게 무엇을 요청하는가?

(A) 벌금을 환급하라고
(B) 정보를 주라고
(C) 아파트 청소를 도와주라고
(D) 새로운 계약서를 작성하라고

정답 (B)

### 받아쓰기 훈련

#### Unit 31 음성 메시지

**Q4-6.** Hello. This is Mary Johnson, the sales manager at the Star Dress Boutique. I'm calling because you sent me the wrong products instead of what I ordered. The shipment you sent me contained shirts, not skirts. I'd appreciate it if you could send the correct order as soon as possible, and I don't want you to make a mistake again. We're having a special promotion next weekend. As for the wrong shipment, I will send it back to you by this weekend.

#### Unit 32 ARS

**Q4-6.** Thank you for calling the Victory Zoo. Our zoo is internationally famous for our wide variety of animals.

We're open every day from 10 a.m. to 5 p.m. Entrance tickets can only be booked by phone. If you want to make a reservation now, press 1. Cash and credit cards are accepted, and you can pay at the ticket booth near the entrance. For more information, please call one of our customer service representatives at 999-6738.

### Review Test

**Q1-3.** Good morning. This is Linda Rey from Star Realty. I'm calling to let you know that an office which you might be interested in has become available. It's near the bus station, bank, and post office. The rent is $1,000 per month. I'm sure you must be interested in seeing the office. Please get in touch with me as soon as possible, and I'll ask the owner of the building whether you can have a look at it tomorrow or not. You can call me on my mobile phone. Thanks, Mr. Anderson. I hope to hear from you soon.

**Q4-6.** Thank you for calling the Blackberry Online Store, the best online shopping mall in the U.K. Blackberry is known for selling unique designs of clothes and accessories. Please listen carefully to the following options. Please press 1 to check the current status of a delivery. Press 2 to check the status of an order. For all other inquiries, please press 0, and one of our customer service representatives will help you soon.

**Q7-9.** Hello. This is Joy from Joy's Computer Store. I'm calling to see if you mind answering some questions regarding our products and services. If you answer this questionnaire, we'll send you a discount coupon which will give you 30% off any future purchase at our store. But you should make haste as you must call us within two days to receive the discount coupon. Just call us at 695-4215 so that we can send you a questionnaire.

**Q10-12.** Hello, Mr. Conner. I'm Karen Riley from Apartment B6. I'm calling to let you know that I will be managing the Boston branch starting next month. So I have to move out of this place a few months ahead of schedule. I've arranged for a moving company to pick up my furniture on July 26, and I'll be sure to have the apartment cleaned afterward. But… here's the thing. Um… When I signed the contract two years ago, I think there was a clause about a penalty related to the early reimbursement of the security deposit. I don't remember the exact terms, so can you please return my call and explain them to me? Thanks a lot.

Questions 4–6 refer to the following radio broadcast.

**문제 4–6번은 다음 라디오 방송을 참조하시오.**

---

Good morning. There will be no rain for a few days. Through the morning, [4]the temperature will increase rapidly, there will be scorching hot weather along with humid air.

▶ 현재 날씨는 인사 및 프로그램 소개 후 전반부에 등장한다는 것을 기억한다. 오전 내내 찜통더위가 있을 거라고 예보하고 있으므로 (C)가 정답이다.

However, I have some good news for you. The wind will blow on Saturday, and it will be a perfect day for surfing. [5]But it looks like a big typhoon is coming our way on Sunday. We'll keep you posted.

▶ 미래의 날씨는 But, However 뒤에 자주 언급된다. 태풍이 불 것이라고 예보하고 있으므로 (B)가 정답이다.

[6]Now, let's go to Jane Watson for an update on today's top sports news.

▶ next 문제는 후반부를 잘 들어야 한다. 뉴스가 끝난 직후 스포츠 뉴스가 진행될 예정이므로 (C)가 정답이다.

---

좋은 아침입니다. 앞으로 며칠 동안은 다시 비가 오지 않을 것입니다. 오전 내내, 온도가 급격히 올라가서 찜통더위와 함께 습한 공기가 있을 것입니다. 하지만 여러분들에게 좋은 소식이 있습니다. 토요일에 바람이 불어 서핑을 하기에 좋은 날이 될 것입니다. 하지만 일요일에는 큰 태풍이 다가올 것 같습니다. 계속해서 여러분께 공지해 드리겠습니다. 다음은 Jane Watson의 오늘의 톱 스포츠 소식이 있겠습니다.

---

**표현 정리**  temperature 온도  rapidly 급격히  scorching 맹렬한, 태워버릴 듯이 더운  humid air 습한 공기  surfe 서핑을 하다  typhoon 태풍

**4.** 오늘 날씨는 어떻게 될 것인가?

(A) 눈이 내릴 것이다.
(B) 추워질 것이다.
(C) 더워질 것이다.
(D) 안개가 낄 것이다.

정답 **(C)**

**5.** 일요일에는 무슨 일이 일어날 것인가?

(A) 기온이 올라갈 것이다.
(B) 거센 바람이 불 것이다.
(C) 눈이 올 것으로 예상된다.
(D) 현재 기온을 유지할 것이다.

정답 **(B)**

**6.** 청취자들은 다음에 무엇을 들을 것인가?

(A) 교통 소식
(B) 광고
(C) 스포츠 보도
(D) 경제뉴스

정답 **(C)**

---

## Unit 34  교통 방송

Questions 4–6 refer to the following radio broadcast.

**문제 4–6번은 다음 라디오 방송을 참조하시오.**

---

Good evening. This is Mary Cooper with your PPB traffic report. [4/5]Many cars are stuck in a traffic jam around the shopping mall and in the downtown area. Even the outer road is full of cars due to people celebrating Christmas Eve.

▶ 정체 이유는 인사 후 초반부를 잘 들어야 한다. 정체 이유와 정체 경로를 이야기하고 있다. 4번 문제는 (A)가 정답이고, 5번 문제는 (B)가 정답이다.

Drivers may need 30 minutes to go from the outer road to the downtown area. [6]We recommend avoiding the outer road and taking Highway 22 since traffic is clear on this road.

▶ recommend가 등장하는 곳이 대안 제시 문장이다. 6번 문제는 (C)가 정답이다.

Stay tuned for Minn's international business news today.

---

좋은 저녁입니다. 여러분의 PPB 교통방송의 Mary Cooper입니다. 대부분의 자동차들이 쇼핑몰과 도심지역 근처의 교통체증에 갇혀 있습니다. 외곽도로 마저도 크리스마스이브를 기념하기 위한 차들로 가득 차 있습니다. 운전자들은 외곽도로에서 도심 지역까지 오는데 30분 정도 걸릴 것입니다. 22번 도로는 교통체증이 풀렸으므로 이 고속도로를 이용하시기를 권합니다. Minn의 오늘의 국제 경제 뉴스를 위해 채널 고정하세요.

---

**표현 정리**  stuck in 막히다, 갇혀 있다  downtown area 도심지역  outer road 외곽도로  celebrate 기념하다, 축하하다  avoid 피하다

**4.** 청취자들은 어디서 정체를 예상할 수 있는가?

(A) 외곽도로
(B) 22번 고속도로
(C) 역 근처
(D) 교외지역

정답 **(A)**

**5.** 정체 원인은 무엇인가?

(A) 교통사고
(B) 크리스마스이브 축하행사
(C) 많은 교통량
(D) 출구폐쇄

정답 (B)

**6.** 화자가 제안하는 것은 무엇인가?

(A) 감속하여 운전하라고
(B) 뉴스 속보를 청취하라고
(C) 다른 도로를 이용하라고
(D) 경찰에게 전화하라고

정답 (C)

## Unit 35  뉴스

Questions 4–6 refer to the following news report.

문제 4–6번은 다음 뉴스 보도를 참조하시오.

---

Thanks for listening to VNC's morning business report. Early this morning, Vivian Nelson, the president of Design Boutique, ⁴announced that her company has launched a new wedding dress with a simple design.

▶ 뉴스의 주제를 묻고 있으므로 'announced that/said that' 문장을 잘 들어야 한다. 주제 문장이기 때문이다. (C)가 정답이다.

⁵Nelson said that the public will be able to purchase this dress at an affordable price.

▶ 사람에 대해서 묻고 있으므로 문제에서 나온 사람의 이름이 나오는 문장을 잘 들어야 한다. 넬슨씨는 회사 사장으로 다양한 드레스를 합리적인 가격에 살 수 있다고 했다. (B)가 정답이다.

The dress is expected to be sold at many boutiques soon. ⁶Ms. Nelson also announced that at the end of the year, 20% of the company's total sales will be donated to charity. And now for an update on the morning weather forecast.

▶ next 문제이므로 후반부 끝 문장 중심으로 들어야 한다. (B)가 정답이다.

---

VNC의 아침 비즈니스 리포트를 청취해 주셔서 감사합니다. 오늘 이른 아침, Design Boutique의 사장인 Vivian Nelson 씨가 그녀의 회사가 새롭고 소박한 디자인의 웨딩드레스를 출시했다고 발표했습니다. Nelson 씨는 대중이 이 드레스를 저렴한 가격에 구매할 수 있을 것이라고 말했습니다. 그들의 드레스는 곧 모든 부티크에서 볼 수 있는 것으로 예상됩니다. 그리고 Nelson은 또한 연말에 총 판매액의 20퍼센트를 자선단체에 기부할 것이라고 발표했습니다. 다음은 아침 날씨 예보입니다.

**표현 정리** **president** 회장, 사장 **announce** 공표(발표)하다 **launch** 출시하다 **at an affordable price** 저렴한 가격에 **public** 대중의, 일반의 **charity** 자선단체

**4.** 뉴스 보도는 주로 무엇에 관한 것인가?

(A) 신규 사업 시작
(B) 자선 행사 주최
(C) 신제품 소개
(D) 두 회사 간의 합병

정답 (C)

**5.** Nelson 씨는 무엇에 대해 언급하는가?

(A) 다양한 종류의 드레스가 진열될 것이다.
(B) 모든 사람들이 값싸게 드레스를 살 수 있다.
(C) 드레스는 수가 한정되어 있다.
(D) 상류층만을 위한 것이다.

정답 (B)

**6.** 넬슨 씨에 의하면 연말에는 무슨 일이 있을 것인가?

(A) 회사는 새 지사들을 오픈할 것이다.
(B) 회사는 자선단체에 기부를 할 것이다.
(C) 드레스의 판매가 증가할 것이다.
(D) 추가 직원이 고용될 것이다.

정답 (B)

## Review Test

Questions 1–3 refer to the following news report.

문제 1–3번은 다음 뉴스 보도를 참조하시오.

---

In local news, ¹the North American Water Resources Corporation is asking area residents to conserve water.

▶ 뉴스 초반부에는 화자가 누구인지, 주제, 목적이 밝혀지는 곳이다. 물 절약에 대해 말하고 있으므로 (C)가 정답이다.

²The corporation said that our state may have a water shortage soon.

▶ 인사 및 화자를 밝힌 후에는 문제점이나 화제를 구체적인 이유와 함께 설명한다. (A)가 정답이다.

³Therefore, the corporation is requesting that people take some easy water-saving steps like taking short showers and turning off the faucet while brushing their teeth.

▶ 당부 및 다음 방송 순서는 후반부에 등장한다. 물을 절약하라고 촉구하고 있으므로 (D)가 정답이다.

More information can be found on the North American Water Resources Corporation's website.

---

지역 뉴스를 말씀드리겠습니다. North American 수자원공사는 지역주민들에게 물을 아껴 쓰라고 요청하고 있습니다. 수자원공사는 우리 주가 곧 물 부족을 겪을지도 모른다고 말했습니다. 그러므로 샤워를 짧게 하고, 이를 닦는 동안 수도를 잠그는 등, 물을 절약할 수 있는 조치를 취해 달라고 요청하고 있습니다. 더 많은 정보는 North American 수자원공사 홈페이지에서 찾아보실 수 있습니다.

**표현 정리** **Water Resources Corporation** 수자원공사 **area resident** 지역주민 **conserve** 아끼다, 아껴 쓰다 **state** 말하다, 진술하다 **water shortage** 물 부족 **turn off the faucet** 수도를 잠그다

**1.** 보도의 주된 목적은 무엇인가?

    (A) 신상품을 광고하기 위해
    (B) 직원을 찾기 위해
    (C) 사람들에게 물을 아껴 쓸 것을 요청하기 위해
    (D) 새로운 사업을 소개하기 위해

정답 **(C)**

**2.** 보도에 따르면, 곧 무슨 일이 발생할 것인가?

    (A) 물 부족
    (B) 물난리
    (C) 전력부족
    (D) 재정난

정답 **(A)**

**3.** 청자는 다음에 무엇을 할 것인가?

    (A) 회사를 방문한다.
    (B) 서비스 문제를 보고한다.
    (C) 기업에 연락한다.
    (D) 물 소비량을 줄인다.

정답 **(D)**

**Questions 4–6 refer to the following broadcast.**
문제 4-6번은 다음 방송을 참조하시오.

> [4] Unseasonably cold and dry weather will continue through this coming weekend.
>
> ▶ 일기예보 초반부에는 인사, 방송시간, 프로그램 소개 등이 나온다. 이 방송은 일기예보로 (B)가 정답이다.
>
> [5] So let us make some important recommendations. The most important thing is to keep your body warm by drinking hot tea.
>
> ▶ 현재 날씨와 조언은 프로그램이 소개된 후에 등장한다. 건조하므로 따뜻한 물을 많이 마시라고 하고 있다. (A)가 정답이다.
>
> That is especially important in extremely cold weather like we are having this weekend. [6] For more information on how to stay healthy in winter, check out our website at www.weatherforecast.com.
>
> ▶ 다음 날씨에 대한 정보, 기타 정보 및 방송 안내 등은 후반부에 등장한다. 홈페이지에 건강 관리법이 나와있다고 한다. (C)가 정답이다.
>
> ----
>
> 때 아닌 춥고 건조한 날씨가 오는 주말 내내 계속되겠습니다. 따라서 여러분에게 몇 가지 주요 사항을 제안합니다. 제일 중요한 것은 뜨거운 차를 마셔서 몸을 따뜻하게 유지하는 것입니다. 이번 주말과 같은 날씨에는 특히 중요합니다. 어떻게 겨울철 건강을 유지하는지에 관한 더 많은 정보는 www.weatherforecast.com에서 확인하시기 바랍니다.

**표현 정리** **unseasonably** 때 아닌 **suggest** 제안하다 **recommendation** 추천, 권고 **extremely** 극도로, 몹시 **stay healthy** 건강을 지키다

**4.** 방송의 목적은 무엇인가?

    (A) 영화배우를 소개하려고
    (B) 날씨를 보도하려고
    (C) 건설작업을 공지하려고
    (D) 병원을 광고하려고

정답 **(B)**

**5.** 화자는 청자들에게 무엇을 제안하고 있는가?

    (A) 뜨거운 차를 마시라고
    (B) 따뜻한 재킷을 입으라고
    (C) 우산을 챙기라고
    (D) 다음 날씨 정보를 기다리라고

정답 **(A)**

**6.** 화자에 따르면, 청자들은 홈페이지에서 무엇을 확인할 수 있는가?

    (A) 지역 뉴스 기사
    (B) 기상 상태
    (C) 건강 정보
    (D) 교통 정보

정답 **(C)**

**Questions 7–9 refer to the following broadcast.**
문제 7-9번은 다음 방송을 참조하시오.

> Good morning. This is Caroline Mack at WABC. [7] Starting next Monday, Highway 10 will be closed due to road repairs.
>
> ▶ 교통방송의 초반부에 인사 및 프로그램명이 나온 후 교통상황과 정체 이유가 등장한다. (C)가 정답이다.
>
> Traffic jams around the airport area will become unavoidable when the roadwork starts.
>
> [8] It is recommended that drivers take Route 27 until the roadwork is completed next month.
>
> ▶ 요구사항은 recommend로 시작되는 문장을 잘 들어야 한다. 교통 체증으로 우회로로 갈 것을 권유하고 있다. (D)가 정답이다.
>
> [9] Please visit our website at www.abcstation.com to check out the news about the construction.
>
> ▶ 대안 제시 및 다음 방송 안내는 후반부에 등장한다. 홈페이지에서 추가로 공사 상황을 확인하라고 했다. (C)가 정답이다.
>
> ----
>
> 안녕하십니까, 저는 ABC 방송국의 Caroline Mack입니다. 다음 주 월요일을 시작으로, 10번 고속도로는 도로공사로 인해 폐쇄될 것입니다. 도로공사가 시작되면, 공항지역은 교통체증을 피할 수 없을 것 같습니다. 다음 달 공사가 마무리될 때까지 운전자들은 27번 도로를 이용하시기를 권장합니다. 저희 웹사이트 www.abcstation.com으로 방문하여 공사에 대한 소식을 확인하시기 바랍니다.

표현 정리 **road repairs** 도로공사(= roadwork) **traffic jam** 교통체증 **unavoidable** 불가피한, 어쩔 수 없는 **roadwork** 도로 보수작업

**7.** 보도의 주요 목적은 무엇인가?

    (A) 날씨 정보를 제공하려고
    (B) 시 축제에 대해 알리려고
    (C) 공사에 관한 정보를 제공하려고
    (D) 새로운 자동차를 광고하려고

정답 **(C)**

**8.** 화자는 무엇을 권장하는가?

    (A) 뉴스 속보를 듣는 것
    (B) 주의하여 운전하는 것
    (C) 대중교통을 이용하는 것
    (D) 다른 도로를 이용하는 것

정답 **(D)**

**9.** 청자들은 어떻게 최신 정보를 얻을 수 있는가?

    (A) 라디오 청취를 통해서
    (B) TV 시청을 통해서
    (C) 홈페이지를 방문함으로써
    (D) 특정 번호로 전화함으로써

정답 **(C)**

**Question 10-12 refers to the following broadcast and chart.**
**문제 10-12번은 다음 방송과 도표를 참조하시오.**

For people living in and around the Southeast Coastal areas, ¹⁰,¹¹ thunderstorms are starting to form in the region.

▶ 공지가 나오고 있는 요일을 그림과 연결시켜 고르는 문제인데, 초반에 번개를 언급했으므로 기상예보에서 해당하는 요일을 고르면 목요일이다. 정답은 (C)다.

¹⁰ Some of them are expected to be severe during the afternoon, bringing very heavy rainfall that may cause localized flash flooding.

▶ 공지의 목적을 묻는 문제로 첫 번째 문장 "thunderstorms are starting to form in the region"에서 날씨에 대한 이야기를 하는 것을 알 수 있다. 특히 홍수(flash flooding)에 대해 경고하고 있다. 정답은 (C)다.

The State Emergency Service advises that people in the areas should seek shelter, preferably indoors and never under trees. Try to avoid using cell phones in the thunderstorm. Be ware of fallen trees and power lines, and ¹² avoid driving, walking, or riding through floodwaters.

▶ 조언, 요청하는 내용은 주로 공지 마지막에 나온다. 해당 지역 사람들에게 여러 조언을 했는데 선택지와 일치하는 것은 운전을 하지 말라는 내용이다. 정답은 (D)다.

For more updated weather forecasts, please continue to tune in to FM 107.7.

---

남동쪽 해안 지역에 사는 주민들에게 알립니다. 이 지역에서 천둥 번개가 치기 시작하고 있습니다. 일부 지역에서는 오후에 극심한 폭우를 동반하여 국지적으로 갑작스런 홍수가 발생할 수도 있습니다. 주 비상센터는 지역 주민들은 가급적이면 실내의 대피처를 찾고 나무 밑을 피해야 한다고 조언했습니다. 뇌우 속에 서는 휴대폰을 사용하는 것을 피해야 합니다. 넘어진 나무와 전선을 경계하고, 홍수 속에서 차를 몰거나, 걷거나, 자전거를 타는 것은 피해야 합니다. 최신 일기 예보를 위해서 FM107.7을 계속해서 열심히 들어 주시기 바랍니다.

표현 정리 **thunderstorm** 뇌우 **be expected to** ~할 예정이다 **severe** 극심한, 심각한 **rainfall** 강우 **localized** 국지적인 **flash flooding** 돌발 홍수 **shelter** 대피처, 피신처 **beware of** ~에 주의하다 **floodwaters** 홍수로 인한 물

**10.** 공지의 목적은 무엇인가?

    (A) 토네이도에 대해 경고하기 위해
    (B) 주민들에게 눈이 내릴 때 외출하지 말라고 경고하기 위해
    (C) 사람들에게 홍수에 대한 주의를 주기 위해
    (D) 주말의 날씨를 알려주려고

정답 **(C)**

**11.** 도표에 보시오. 이 공지가 나오는 요일은 언제인가?

    (A) 월요일
    (B) 화요일
    (C) 수요일
    (D) 목요일

정답 **(D)**

**12.** 해당 지역의 사람들은 무엇을 하지 말라고 조언 받는가?

    (A) 실내에 머무는 것
    (B) 911에 신고하는 것
    (C) 차량을 은폐하는 것
    (D) 홍수 속에 운전하는 것

정답 **(D)**

## 받아쓰기 훈련

### Unit 33 일기예보

**Q4-6.** Good morning. There will be no rain for a few days. Through the morning, the temperature will increase rapidly, there will be scorching hot weather along with humid air. However, I have some good news for you. The wind will blow on Saturday, and it will be a perfect day for surfing. But it looks like a big typhoon is coming our way on Sunday. We'll keep you posted. Now, let's go to Jane Watson for an update on today's top sports news.

## Unit 34 교통 방송

**Q4-6.** Good evening. This is Mary Cooper with your PPB traffic report. Many cars are stuck in a traffic jam around the shopping mall and in the downtown area. Even the outer road is full of cars due to people celebrating Christmas Eve. Drivers may need 30 minutes to go from the outer road to the downtown area. We recommend avoiding the outer road and taking Highway 22 since traffic is clear on this road. Stay tuned for Minn's international business news today.

## Unit 35 뉴스

**Q4-6.** Thanks for listening to VNC's morning business report. Early this morning, Vivian Nelson, the president of Design Boutique, announced that her company has launched a new wedding dress with a simple design. Nelson said that the public will be able to purchase this dress at an affordable price. The dress is expected to be sold at many boutiques soon. Ms. Nelson also announced that at the end of the year, 20% of the company's total sales will be donated to charity. And now for an update on the morning weather forecast.

## Review Test

**Q1-3.** In local news, the North American Water Resources Corporation is asking area residents to conserve water. The corporation said that our state may have a water shortage soon. Therefore, the corporation is requesting that people take some easy water-saving steps like taking short showers and turning off the faucet while brushing their teeth. More information can be found on the North American Water Resources Corporation's website.

**Q4-6.** Unseasonably cold and dry weather will continue through this coming weekend. So let us make some important recommendations. The most important thing is to keep your body warm by drinking hot tea. That is especially important in extremely cold weather like we are having this weekend. For more information on how to stay healthy in winter, check out our website at www. weatherforecast. com.

**Q7-9.** Good morning. This is Caroline Mack at WABC. Starting next Monday, Highway 10 will be closed due to road repairs. Traffic jams around the airport area will become unavoidable when the roadwork starts. It is recommended that drivers take Route 27 until the roadwork is completed next month. Please visit our website at www.abcstation.com to check out the news about the construction.

**Q10-12.** For people living in and around the Southeast Coastal areas, thunderstorms are starting to form in the region. Some of them are expected to be severe during the afternoon, bringing very heavy rainfall that may cause localized flash flooding. The State Emergency Service advises that people in the areas should seek shelter, preferably indoors and never under trees. Try to avoid using cell phones in the thunderstorm. Put vehicles under cover, beware of fallen trees and power lines, and avoid driving, walking, or riding through floodwaters.

For more updated weather forecasts, please continue to tune in to FM 107.7.

### 유형 분석 14 주제별 공략 – 소개, 안내
### Unit 36 사람 소개

**Step 3** 실전 문제

Questions 4–6 refer to the following instruction.

문제 4-6번은 다음 소개를 참조하시오.

---

Thank you for coming to our annual awards ceremony. ⁴I'm pleased to announce this year's best salesperson is Jinny.

▶ 초반부는 '인사말, 자기소개, 모임의 목적'이 등장하는 곳이다. 최우수 판매직원을 소개하려 한다. 따라서 (C)가 정답이다.

⁵She joined the Sales Department nearly three years ago.

▶ 목적 뒤에 이어지는 문장이 수상자를 구체적으로 소개하는 곳이다. 그녀는 판매부에서 3년간 일해왔다. (D)가 정답이다.

⁶She has worked on many projects, and they were all very successful. Our sales have also increased dramatically.

▶ 수상자의 업적은 중후반부에 등장한다. 많은 프로젝트를 수행했다고 하고 있다. 직접적인 판매를 했다고는 언급하지 않았으므로 (C)는 정답이 아니고 (B)가 정답이다.

And now I would like to invite Jinny to come onto the stage to receive her award. Let's give a big hand for Jinny, who has worked tirelessly to contribute to our company.

---

연례 수상식에 참석해 주셔서 감사드립니다. 올해의 최우수 판매직원인 Jinny를 소개하게 되어 기쁩니다. 그녀는 거의 3년 전에 판매부에 합류했습니다. 그녀는 많은 프로젝트를 해 왔고, 그 프로젝트들은 매우 성공적이었으며, 우리의 판매는 극적으로 증가해 왔습니다. 자, 이제 저는 수상을 위해 Jinny를 무대 위로 초대하고자 합니다. 지칠 줄 모르고 우리 회사에 공헌한 Jinny에게 큰 박수를 보내주시기 바랍니다.

**표현 정리** award ceremony 시상식 announce 발표하다 dramatically 극적으로 invite 초대하다 stage 무대 give a big hand 큰 박수를 보내다 tirelessly 지칠 줄 모르고, 끊임없이 contribute to ~에 대한 기여

**4.** 이 연설의 주목적은 무엇인가?

　　(A) 프로젝트를 제안하려고

　　(B) 직원회의를 공지하려고

(C) 직원의 성과를 인정하려고

(D) 보너스를 지급하려고

정답 (C)

**5.** Ms. Jinny는 영업부에서 얼마나 일해 왔는가?

(A) 반년

(B) 1년

(C) 2년

(D) 3년

정답 (D)

**6.** 화자에 따르면, Ms. Jinny는 무엇을 했는가?

(A) 많은 나라를 방문했다.

(B) 많은 프로젝트를 끝냈다.

(C) 많은 제품을 판매했다.

(D) 계약을 성사시켰다.

정답 (B)

## Unit 37 가이드

**Step 3 실전 문제**

Questions 4–6 refer to the following instruction.

문제 4–6번은 다음 소개를 참조하시오.

---

All right, everyone, now we are at the most remarkable and attractive cathedral in Europe. ⁴ This cathedral was built nearly a century ago.

▶ 인사, 주제, 장소에 대한 단서는 초반부에 등장한다. 대성당이 1세기(100년) 전에 지어졌다고 하고 있다. (B)가 정답이다.

In addition, this place is well-known for being the most beautiful cathedral in the world. ⁵ You have three hours to have lunch and to enjoy looking around the cathedral.

▶ 특징, 장점, 절차 등의 세부사항은 중반에 등장한다. 밥 먹고 성당 근처를 둘러보는데 3시간을 준다고 했다. (D)가 정답이다.

Remember that our tour bus will be waiting for you right here, and ⁶ you must return to the airport by this bus. You must be at the airport on time.

▶ 당부/요청 사항은 후반부 'Please ~, ll절, must+동사원형'을 잘 들어야 한다. 버스를 타고 공항으로 오라고 당부하고 있다. (C)가 정답이다.

----

여러분, 우리는 지금 유럽에서 가장 주목할 만하고 매력적인 대성당에 도착했습니다. 이 성당은 거의 1세기 전에 지어진 것입니다. 또한 이곳은 세계에서 가장 아름다운 성당으로 잘 알려져 있습니다. 여러분은 3시간 동안 점심식사를 하고 대성당을 둘러보실 수 있습니다. 저희 관광버스가 이곳에서 여러분을 기다리고 있음을 기억하시고, 꼭 이 버스를 타고 공항으로 돌아오셔야 합니다. 공항에 제 시간에 오셔야합니다.

---

**표현 정리** remarkable 주목할 만한, 눈에 띄는 attractive 매력적인 cathedral 대성당 century 세기, 100년 well-known 유명한, 잘 알려진

**4.** 대성당에 대해 뭐라고 말하는가?

(A) 박물관 중의 하나이다.

(B) 약 100년 전에 지어졌다.

(C) 세계에서 가장 역사적인 건물이다.

(D) 동남아시아에 위치해 있다.

정답 (B)

**5.** 관광객들은 대성당 주변에 얼마나 있을 것인가?

(A) 30분

(B) 1시간

(C) 2시간

(D) 3시간

정답 (D)

**6.** 사람들은 어디로 돌아오라고 요청 받는가?

(A) 대성당

(B) 기차

(C) 공항

(D) 호텔

정답 (C)

## Review Test

Questions 1–3 refer to the following instruction.

문제 1–3번은 다음 소개를 참조하시오.

---

Ladies and gentlemen, ¹ welcome to the Hospitality Management Conference.

▶ 소개가 이루어진 장소는 초반부에 등장한다. conference가 나왔으므로 (A)가 정답이다.

²/³ I'd like to introduce our special guest, the general manger of the Brington Hotel, Michael Rupin.

▶ 초반부 인사말, 목적이 끝난 후 게스트가 소개된다. 게스트의 이름과 신분/직책 등은 항상 붙어 다닌다는 것을 기억한다. 새로운 호텔 지배인인 Michael Rupin을 소개하고 있다. 2번 문제는 (C)가 정답이고, 3번 문제 역시 (C)가 정답이다.

I'm sure all of you know his recent book on hospitality management, which has sold more than two million copies. Many people are eager to hear about his experiences in the hospitality industry because of his good reputation. Now, everyone, please welcome Mr. Michael Rupin.

----

신사, 숙녀 여러분, 저희 호텔경영 회의에 오신 것을 환영합니다. 저희 특별 손님이신, Brington 호텔의 총 지배인이신 Michael Rupin을 소개합니다. 여러분은 호텔경영에 관한 그의 최근 책이 2백만 부 이상 팔렸다

는 것을 아실 것이라 생각합니다. 그의 명성에 따라, 서비스업에서의 그의 경험에 대해 듣고 싶어 하는 사람들이 많습니다. 자 여러분, Rupin 씨를 환영해 주시기 바랍니다.

**표현 정리** hospitality management 호텔경영  conference 회의  reputation 명성, 평판  hospitality industry 서비스업

**1.** 이 소개는 어디에서 이루어지고 있는가?
 (A) 회의
 (B) 시상식
 (C) 직원 교육
 (D) 지방 방송국

정답 **(A)**

**2.** 이 담화의 목적은 무엇인가?
 (A) 직원회의를 알리기 위해
 (B) 새로운 책을 광고하기 위해
 (C) 초청연사를 소개하기 위해
 (D) 새로운 매니저를 선발하기 위해

정답 **(C)**

**3.** Michael Rupin은 누구인가?
 (A) 판매원
 (B) 회의 기획자
 (C) 호텔 총지배인
 (D) 회계사

정답 **(C)**

Questions 4–6 refer to the following instruction.
문제 4–6번은 다음 소개를 참조하시오.

Good morning. [4] I'll be your guide today. First, we will start our tour by looking at some mosques.
▶ 인사말, 자기소개는 초반부에 등장한다. 가이드라고 밝히고 있으므로 (D)가 정답이다.

Please look to the right. You can see a mosque that looks quite different than the other mosques. It is called the B.P. Mosque. It was built by the famous architect Bryan Peter.
[5] He always sought to make a unique design for each of his structures. If anyone wants to know more about this mosque, we will come back here and look around tomorrow.
▶ 관광지 소개 및 방문 일정 안내는 중반부에 등장한다. B.P. 사원의 독특한 디자인에 대해 설명하고 있다. 따라서 5번 문제는 (D)가 정답이다.

[6] After that, our next stop on the tour will be another one of Mr. Peter's unique designs.
▶ next 문제는 후반부 마지막 문장에 등장한다. (B)가 정답이다.

안녕하세요, 저는 오늘 여러분의 가이드 역할을 하게 될 겁니다. 먼저, 사원을 둘러보면서 우리의 여행을 시작하겠습니다. 오른쪽을 보시면 다른 사원들과는 상당히 다르게 보이는 사원이 있습니다. 이것은 B.P. 사원으로 불립니다. 이것은 유명한 건축가 Bryan Peter가 지은 것입니다. 그는 항상 그의 모든 건축물에 독특한 디자인을 추구해 왔습니다. 누구든 이 사원에 대해 더 알고 싶으시다면, 우리는 내일 다시 이곳으로 와서 둘러볼 것입니다. 이제, 이 관광의 다음 목적지는 Mr. Peter의 독특한 디자인이 반영된 다른 건물입니다.

**표현 정리** mosque (이슬람) 사원  architect 건축가  structure 구조물, 건축물  unique 독특한

**4.** 화자는 누구인가?
 (A) 사진작가
 (B) 기술자
 (C) 건축가
 (D) 관광가이드

정답 **(D)**

**5.** 담화에 따르면, B.P. 사원은 다른 사원들과 어떻게 다른가?
 (A) 다른 사원과는 다른 색상이다.
 (B) 다른 사원들보다 오래 되었다.
 (C) 다른 사원들보다 크다.
 (D) 다른 사원들과는 다른 디자인이다.

정답 **(D)**

**6.** 청자들은 다음에 무엇을 할 것인가?
 (A) 다른 사원을 보러간다.
 (B) Mr. Peter의 다른 건축물을 둘러본다.
 (C) 사원에서 짧은 휴식을 취한다.
 (D) 관광버스를 타고 호텔로 돌아간다.

정답 **(B)**

Questions 7–9 refer to the following instruction.
문제 7–9번은 다음 소개를 참조하시오.

Welcome to our 5th annual employee awards ceremony. [7] I'm very pleased to announce this year's salesperson of the year, Ms. Stephanie Johns.
▶ 초반부에 인사말과 모임의 목적이 등장한다. 판매상 수상자를 소개하려 한다. 따라서 (D)가 정답이다.

Thanks to her efforts, [8] our new laptop's total sales increased by 20% this year compared to last year.
▶ 수상자 소개 후에는 수상 이유, 업적, 수상자의 직위, 정보 등이 등장한다. 노트북을 언급하는 것으로 보아 전자 회사다. 따라서 8번 문제는 (A)가 정답이다.

Ms. Johns, would you please come forward to receive your

award? ⁹We'd also like you to share your success story with us.

▶ next 문제는 후반부 마지막 문장을 잘 들어야 한다. John씨가 곧 연설을 할 것이다. 따라서 (B)가 정답이다.

Would all of you join me in congratulating Ms. Johns?

--------------------------------------------

제5회 연례 직원시상식에 오신 걸 환영합니다. 올해의 판매원 수상자인 Stephanie Johns 씨를 소개하게 되어 대단히 기쁩니다. 그녀의 노력으로, 우리의 새로운 노트북의 올해 총 매출액이 작년에 비해 20퍼센트 증가하였습니다. Johns 씨에게 감사드리며, 이제 앞으로 나오셔서 상을 받아주시기 바랍니다. 또한 우리에게 당신의 성공담을 이야기해 주기를 바랍니다. 여러분 저와 함께 Ms. Johns를 축하해 주시겠습니까?

**표현 정리** salesperson 판매원 award 상 total sales 총 매출액 compared to ~와 비교해 success story 성공담

**7.** 담화의 목적은 무엇인가?

(A) 새로운 직원을 환영하기 위해
(B) 신제품을 출시하기 위해
(C) 새로운 노트북을 광고하기 위해
(D) 수상자를 소개하기 위해

정답 (D)

**8.** 그들은 어떤 업종에서 일하는가?

(A) 전자회사
(B) 건축회사
(C) 택배회사
(D) 사무용품 판매점

정답 (A)

**9.** 청자들은 다음에 무엇을 할 것인가?

(A) 다음 게스트를 위해 기다릴 것이다.
(B) Ms. Johns의 연설을 들을 것이다.
(C) 직원회의에 참석할 것이다.
(D) Ms. Johns와 함께 점심을 먹을 것이다.

정답 (B)

Questions 10–12 refer to the following speech and schedule.
문제 10–12 번은 다음 연설과 일정을 참조하시오.

Good afternoon and welcome to the 3rd annual press commission awards ceremony. Before the events get underway, I would like to remind you of a slight change in the schedule. ¹⁰Due to a catering problem, our dinner, which was scheduled to be served with the distribution of awards, is now scheduled for right after the special performance. You will be able to enjoy a delicious meal while listening to the chairman's speech.

▶ 저녁식사 시간을 묻고 있는데, 원래는 상 수여식과 함께 제공될 예정이었는데, 바뀌어서 특별 공연 후 회장의 연설과 함께 제공된다고 알려주고 있다. 따라서 표에서 보이는 Chairman's speech 시간인 (C) 7:30P,M.이 정답이다.

We are very sorry for those of you who are hungry right now. Um... ¹¹Now, let's move on to our first award of the day which goes to Mary-Kate Thomas, whose journal article on the homeless on our city streets has won a number of awards.

▶ 질문의 키워드는 Mary-Kate Thomas로 두번째 문제로 출제되었다. 이 사람이 무엇으로 수상했는지를 묻는 질문인데, Mary-Kate Thomas가 나오는 부분에 집중하자. 노숙자들에 대한 신문기사가 많은 상을 받았다고 언급하고 있으므로 그녀가 신문기사로 상을 받게 되었음을 알 수 있다. 따라서 journal article을 newspaper article로 바꿔 쓴 (B)가 정답이다.

¹²I would now like to award Mary-Kate with her financial prize, which she has very kindly agreed to donate to a homeless charity. Let's have a round of applause for Mary-Kate Thomas.

▶ 연설 후반부에서 메리-케이트에게 상금을 수여하겠다고 하면서, 이 상금을 노숙자 자선단체에 기부하기로 했다고도 얘기하고 있다. financial prize를 money로 바꿔 쓴 (A)가 정답이다.

--------------------------------------------

안녕하세요, 세 번째 연례 언론위원회 시상식에 오신 것을 환영합니다. 행사를 시작하기 전에, 약간의 스케줄 변동을 알려드리겠습니다. 케이터링 문제로, 상 수여식과 함께 제공될 예정이었던 우리의 저녁식사가 이제 특별 공연 직후로 예정되었습니다. 의장의 연설을 들으시면서 맛있는 식사를 즐기실 수 있을 겁니다. 지금 배가 고프신 분들에게는 매우 죄송합니다. 음.. 이제 오늘의 첫 번째 수상자로 넘어가보죠... 그분은 바로 메리-케이트 토마스입니다. 거리의 노숙자들에 대한 그녀의 신문기사는 많은 상을 받았죠. 이제 메리-케이트에게 상금을 수여하고자 합니다. 그녀는 이 상금을 노숙자 자선단체에 흔쾌히 기부하기로 했습니다. 메리-케이트 토마스를 큰 박수로 맞이합시다.

**표현 정리** press commission 언론위원회 get underway ~을 시작하다, 진행시키다 sponsor 후원자, 후원업체 journal article 신문기사 homeless 노숙자 instrument in ~에 있어서 중요한 subsequently 상당히 awareness 인식 financial prize 상금 a round of applause 한차례의 박수갈채 homeless shelter 노숙자들의 임시숙소 raise funds 기금을 모으다 publishing house 출판사

**10.** 표를 보시오. 저녁 식사는 몇 시에 제공될 것인가?

(A) 오후 6시
(B) 오후 7시
(C) 오후 7시 30분
(D) 오후 8시

| 행사 | 시간 |
|------|------|
| 상 수여식 | 오후 6시 |
| 특별 공연 | 오후 7시 |
| 회장 연설 | 오후 7시 30분 |
| 내년 계획 | 오후 8시 |

정답 (C)

**11.** 메리-케이트 토마스는 무엇에 대해 상을 받을 것인가?

(A) 지역 주민센터에 자원한 일
(B) 신문기사를 쓴 일
(C) 노숙자보호소를 위한 기금을 조성한 일
(D) 지역출판사들을 홍보한 일

정답 (B)

**12.** 메리-케이트 토마스는 무엇을 받을 것인가?

(A) 돈
(B) 극장표
(C) 그림
(D) 트로피

정답 (A)

### Unit 36 사람 소개

**Q4-6.** Thank you for coming to our annual awards ceremony. I'm pleased to announce this year's best salesperson is Jinny. She joined the Sales Department nearly three years ago. She has worked on many projects, and they were all very successful. Our sales have also increased dramatically. And now I would like to invite Jinny to come onto the stage to receive her award. Let's give a big hand for Jinny, who has worked tirelessly to contribute to our company.

### Unit 37 가이드

**Q4-6.** All right, everyone, now we are at the most remarkable and attractive cathedral in Europe. This cathedral was built nearly a century ago. In addition, this place is well-known for being the most beautiful cathedral in the world. You have three hours to have lunch and to enjoy looking around the cathedral. Remember that our tour bus will be waiting for you right here, and you must return to the airport by this bus. You must be at the airport on time.

### Review Test

**Q1-3.** Ladies and gentlemen, welcome to the Hospitality Management Conference. I'd like to introduce our special guest, the general manager of the Brington Hotel, Michael Rupin. I'm sure all of you know his recent book on hospitality management, which has sold more than two million copies. Many people are eager to hear about his experiences in the hospitality industry because of his good reputation. Now, everyone, please welcome Mr. Michael Rupin.

**Q4-6.** Good morning. I'll be your guide today. First, we will start our tour by looking at some mosques. Please look to the right. You can see a mosque that looks quite different than the other mosques. It is called the B.P. Mosque. It was built by the famous architect Bryan Peter. He always sought to make a unique design for each of his structures. If anyone wants to know more about this mosque, we will come back here and look around tomorrow. After that, our next stop on the tour will be another one of Mr. Peter's unique designs.

**Q7-9.** Welcome to our 5th annual employee awards ceremony. I'm very pleased to announce this year's salesperson of the year, Ms. Stephanie Johns. Thanks to her efforts, our new laptop's total sales increased by 20% this year compared to last year. Ms. Johns, would you please come forward to receive your award? We'd also like you to share your success story with us. Would all of you join me in congratulating Ms. Johns?

**Q10-12.** Good afternoon and welcome to the 3rd annual press commission awards ceremony. Before the events get underway, I would like to remind you of a slight change in the schedule. Due to a catering problem, our dinner, which was scheduled to be served simultaneously with the distribution of awards, is now scheduled for right after the special performance. You will be able to enjoy a delicious meal while listening to the chairman's speech. We are very sorry for those of you who are hungry right now. Um... Now, let's move on to our first award of the day which goes to Mary-Kate Thomas, whose journal article on the homeless on our city streets has won a number of awards.

I would now like to award Mary-Kate with her financial prize, which she has very kindly agreed to donate to a homeless charity. Let's have a round of applause for Mary-Kate Thomas.

### 유형 분석 15  주제별 공략 - 광고
### Unit 38  제품 광고

**Step 3** 실전 문제

Questions 4–6 refer to the following advertisement.

문제 4–6번은 다음 광고를 참조하시오.

⁴ The UCA Company's new digital camera looks very cute, and it has many functions.

▶ 광고하는 제품이나 서비스 관련 문제는 초반부에 등장한다. 카메라는 전자기기의 일종으로 (C)가 정답이다.

⁵ First, it's easy to use. It has an auto-system, so you only have to set up the camera the way you like it once.

▶ 초반부에 광고 대상 및 광고 제품이 나온 후 제품의 특징과 장점이 등장한다. 사용이 쉽다고 했으므로 (A)가 정답이다.

It uses Wi-Fi as well, and it can be connected to a personal computer without any wires. This adorble camera is easy for anyone to use.

⁶For more information, visit our website at www. ucaelectronics.com.

▶ 추가 정보에 관한 문제는 마지막 문장을 잘 들어야 한다. 홈페이지를 방문해 정보를 얻으라고 했으므로 (D)가 정답이다.

---

우리 UCA 회사의 새로운 디지털 카메라는 귀엽게 보이지만, 많은 기능이 있습니다. 첫째, 사용하기 쉽습니다. 자동시스템이 있어, 사람들은 처음에만 필요한 설정을 하고 매번 다시 하지 않아도 됩니다. 무선 인터넷 기능도 갖고 있어 개인용 컴퓨터에 케이블 없이 연결할 수 있습니다. 이 사랑스런 카메라는 어떤 사람이든 쉽게 사용할 수 있습니다. 추가 정보는 저희 홈페이지 www.ucaelectronics.com 로 방문하세요.

표현 정리 function 기능 set up 설정하다 connect 연결하다, 잇다 personal computer 개인용 컴퓨터 without ~없이 wire 전선 adorble 사랑스런

**4.** 무엇을 위한 광고인가?

(A) 네트워크 시스템
(B) 가구
(C) 전자기기
(D) 주방용품

정답 (C)

**5.** 새로운 디지털 카메라의 장점으로 언급된 것은 무엇인가?

(A) 사용하기 아주 쉽다.
(B) 작년 모델보다 더 저렴하다.
(C) 세계에서 가장 작은 카메라이다.
(D) 색상이 다양하다.

정답 (A)

**6.** 화자들은 어떻게 더 많은 정보를 얻을 수 있는가?

(A) 매장을 방문해서
(B) 이메일을 보내서
(C) 특별한 번호로 전화해서
(D) 홈페이지를 방문해서

정답 (D)

### Unit 39 할인 광고

**Step 3 실전 문제**

Questions 4–6 refer to the following advertisement.
문제 4–6번은 다음 광고를 참조하시오.

Winter is just around the corner. ⁴The summer season has ended, so we are having a summer clearance sale in preparation for the winter season. ⁵We have everything from swimming suits to short-sleeved shirts.

▶ 광고하는 물건이나 서비스는 초반부에 등장한다. 여름옷 재고 정리 세일을

---

하는데 특히 수영복과 반팔을 구비하고 있다고 한다. 따라서 4번 문제는 (C)가 정답이고, 5번 문제는 (D)가 정답이다.

We are offering up to 50% off summer items. Furthermore, ⁶if you spend more than $200, we'll give you a free beach bag.

▶ 사은품, 할인 혜택을 받기 위해서 할 일은 후반부에 등장한다. 200달러 이상을 구매하면 비치백을 준다고 했다. 따라서 (B)가 정답이다.

Don't hesitate. This offer will only last for a week. Start saving now!

---

겨울이 다가왔습니다. 여름시즌이 끝나고, 우리는 겨울시장 준비를 위한 여름 재고정리 세일을 실시할 예정입니다. 수영복부터 반팔까지 모든 제품을 취급합니다. 여름 상품은 50퍼센트까지 할인을 제공합니다. 뿐만 아니라 200달러 이상 구매 시, 무료로 비치백을 제공합니다. 망설이지 마세요. 이 혜택은 이번 주까지만 제공됩니다. 지금부터 할인을 받으세요!

표현 정리 swimming suit 수영복 short-sleeved 반팔 furthermore 더욱이, 게다가

**4.** 무슨 제품이 할인 중인가?

(A) 신상품
(B) 겨울 옷
(C) 여름 옷
(D) 여름 신발

정답 (C)

**5.** 광고에 따르면, 어떤 제품이 할인되는가?

(A) 속옷
(B) 스키복
(C) 스웨터
(D) 수영복

정답 (D)

**6.** 손님들은 어떻게 무료 비치백을 받을 수 있는가?

(A) 적어도 5개 제품을 구매함으로써
(B) 200달러 이상 구매함으로써
(C) 현금으로 지불함으로써
(D) 쿠폰을 지참함으로써

정답 (B)

### Review Test

Questions 1–3 refer to the following advertisement.
문제 1–3번은 다음 광고를 참조하시오.

¹/²Luxury Apartments will be available to rent next month.

▶ 광고하는 제품은 초반부에 등장한다. Apartment가 등장하는 것으로 보아 부동산 광고다. 1번 정답은 (A)가 정답이며, 세일/판매 시작일은 초반부나 후

반부에 등장하는데 다음 달부터 진행한다고 했으므로 2번 정답은 (A)이다.

This is an eco-friendly apartment complex. The property is located in the city center, and there are several restaurants nearby.

³ All residents of Luxury Apartments will be able to enjoy free facilities such as a gym, a swimming pool, and a tennis court 24 hours a day.

▶ 제품의 특징과 장점은 중반/후반부에 등장한다. 체육관, 수영장, 테니스장이 무료라고 했다. (B)가 정답이다.

To look around Luxury Apartments, please call 3451-1156.

-------

럭셔리 아파트가 다음 달부터 임대가 가능해졌습니다. 이 아파트는 친환경적으로 건축되었습니다. 이 아파트 단지는 시내 중심가에 위치해 있으며, 주변에는 식당들도 있습니다. 럭셔리 아파트의 모든 입주자들은 체육관, 수영장, 테니스 코트와 같은 무료 시설을 24시간 즐기실 수 있습니다. 럭셔리 아파트를 둘러보기를 원하시면, 3451-1156으로 전화주세요.

**표현 정리** eco-friendly 친환경적인  property 재산, 토지  resident 거주자, 입주자  facility 시설  such as ~와 같은  gym 체육관  look around ~을 둘러보다

**1.** 무엇이 광고되는가?

(A) 부동산
(B) 스포츠 용품점
(C) 가구 공장
(D) 페인트 가게

정답 (A)

**2.** 아파트는 언제 임대가 가능한가?

(A) 다음 달
(B) 내년
(C) 다음 주 금요일
(D) 연말에

정답 (A)

**3.** 럭셔리 아파트의 입주자 전원에게 무료인 것은 무엇인가?

(A) 슈퍼마켓　　(B) 헬스 시설
(C) 놀이터　　　(D) 주차장

정답 (B)

Questions 4–6 refer to the following advertisement.
문제 4–6번은 다음 광고를 참조하시오.

⁴ Are you planning to buy some furniture for the new year? Then TNT Furniture is offering a great chance for you.

▶ 광고하는 물건이나 서비스는 초반부에 등장한다. funiture가 언급되므로 (D)가 정답이다.

We will be having our grand opening sale soon. The newest styles of furniture will be arriving at our store soon, and we will also provide huge discounts on old styles. ⁵ But you should come to our store this Saturday to take advantage of the discounts.

▶ 할인 방법, 구매 가격 및 방법, 연락 정보 등은 중후반부에 등장한다. 토요일에 매장을 방문하면 할인을 받을 수 있다. (B)가 정답이다.

You'd better come early since the discounted furniture is limited in number. ⁶ This sale will only be held on Saturday.

▶ 세일 기간은 초반부나 후반부에 등장하는데, 마지막 문제이므로 후반부에 나올 것으로 예상해야 한다. 토요일만 가능하다고 해서 (C)가 정답이다.

-------

새해를 위해 가구를 구매하실 계획이십니까? 그렇다면 TNT Furniture가 당신을 위해 훌륭한 기회를 제공합니다. 저희는 곧 개업기념 특별세일에 들어갑니다. 가장 최신 디자인의 가구들이 곧 저희 매장에 도착할 예정이며, 구식 모델에 대해서는 대폭적인 할인이 있습니다. 하지만 할인율을 알기 위해서는 이번 토요일에 저희 상점으로 오셔야 합니다. 할인된 가구들은 한정되어 있으므로 서두르셔야 합니다. 토요일에만 이 세일이 있습니다.

**표현 정리** plan to ~할 계획이다  furniture 가구  grand opening sale 개업 기념 특별 세일  huge 많은, 엄청난  take advantage of ~을 이용하다  be held 열리다, 진행되다

**4.** 어떤 종류의 상점인가?

(A) 식품점　　　(B) 서점
(C) 전자 제품점　(D) 가구점

정답 (D)

**5.** 광고에 따르면, 고객들은 왜 매장을 방문해야 하는가?

(A) 무료제품을 받기 위해
(B) 할인을 받기 위해
(C) 직원과 이야기하기 위해
(D) 오래된 가구를 수리하기 위해

정답 (B)

**6.** 세일은 언제 실시되는가?

(A) 월요일　　　(B) 일요일
(C) 토요일　　　(D) 금요일

정답 (C)

Questions 7–9 refer to the following advertisement.
문제 7–9번은 다음 광고를 참조하시오.

⁷ Olive Bookstore is pleased to announce that we are having a special promotion.

▶ 광고하는 상품 및 회사는 초반부에 등장한다. (C)가 정답이다.

This event is being held to celebrate our ten-year anniversary and also to thank our customers. [8] If you buy a bestseller, you will get a 10% discount on it.

▶ 할인 및 구매 혜택 등은 중/후반부에 등장한다. (D)가 정답이다.

[9] To find a list of all the bestsellers we have in our store, please visit our website at www.olivebooks.com. We hope to see you at Olive Bookstore.

▶ 구매 방법, 구매 수단, 구매처 연락 정보 등은 후반부에 등장한다. 홈페이지를 방문하라고 했으므로 (A)가 정답이다.

--------------------------------------------------

Olive 서점이 특별 행사를 실시하게 되었음을 알리게 되어 기쁘게 생각합니다. 이 행사는 10주년을 기념하고, 저희 고객들에게 감사의 뜻을 전하기 위한 것입니다. 따라서 베스트셀러를 구매하시면 10퍼센트를 할인해 드립니다. 저희 상점의 모든 베스트셀러를 찾고 싶으시면 저희 홈페이지 www.olivebooks.com로 방문해 주세요. 당신의 방문을 기다립니다.

표현 정리 be pleased to ~하게 돼 기쁘다 announce 발표하다 special promotion 특별 행사 anniversary 기념일

**7.** 광고되고 있는 상점은?

(A) 문구점      (B) 전자매장
(C) 서점      (D) 사무용품점

정답 (C)

**8.** 베스트셀러를 구매한 고객들은 무엇을 받게 되는가?

(A) 문구류      (B) 상품권
(C) 무료 책      (D) 할인

정답 (D)

**9.** 광고에 따르면, 고객은 어떻게 베스트셀러 목록을 찾을 수 있는가?

(A) 홈페이지를 방문함으로써
(B) 특별한 번호로 전화함으로써
(C) 상점을 방문함으로써
(D) 이메일을 보냄으로써

정답 (A)

Questions 10-12 refer to the following advertisement and price table.

문제 10~12번은 다음 광고와 요금표를 참조하시오.

[10] It's the most special peak season here at Raymond Hotel London!

▶ 광고 대상을 묻는 문제로 담화 초반에 힌트를 찾을 수 있다. 호텔의 성수기 시즌임을 알리고 있다. 뒤에는 할인된 호텔 객실 가격을 홍보하는 내용을 광고하는 것을 보아 광고의 대상은 호텔에서 묵을 투숙객들이다. 따라서 보기 중에서는 여행객들이 가장 적합하다. 정답 (C)

[11] To celebrate our renovation, we are providing our guests with all-time special deals.

▶ 특별 할인 가격을 제공하는 이유를 묻는 문제로, Renovation(개조, 수리)을 기념하기 위해서 역대 최고 가격을 제공한다고 말하고 있으므로, 정답은 remodeling(리모델링)을 기념하기 위해서인 (D)다.

Spend your holidays in our newly remodeled suite rooms at a discounted price. This month only, our Executive Suite will be available for the price of the Executive Standard room, and [12] the Luxury Suite room will be available for the price of our Executive Suite.

▶ 럭셔리 특실이 이그제큐티브 특실 가격으로 제공된다고 했으므로, 표에서 이그제큐티브 특실 가격을 찾으면 된다. 정답은 (C)의 245 유로다.

Hurry up and make your booking, to take advantage of these special rates!

--------------------------------------------------

여기 레이몬드 호텔 런던의 가장 특별한 성수기 시즌입니다! 저희의 개조를 기념하기 위해, 역대 최고 가격을 게스트들에게 제공하려고 합니다. 할인된 가격으로 저희의 새롭게 리모델링된 스위트룸에서 휴가를 보내십시오. 이번 달만, 저희의 이그제큐티브 특실은 이그제큐티브 일반실 가격으로, 그리고 럭셔리 특실은 이그제큐티브 특실 가격으로 이용 가능하십니다. 이 특별 가격 혜택을 보시려면 서둘러 예약하십시오!

표현 정리 peak season 성수기 renovation 개조 special deal 특별한 혜택 discounted price 할인된 가격 Suite 스위트룸 Standard room 스탠다드룸 available 이용 가능한 early sell-out 조기 마감 take advantage of ~의 혜택을 보다

**10.** 누구를 의도한 광고인가?

(A) 회사 중역들 (B) 수리업체 직원들
(C) 여행객들 (D) 호텔 직원들

정답 (C)

**11.** 왜 이 사업체는 특별 가격을 제공하는가?

(A) 그들의 기념일을 축하하기 위해
(B) 사업체의 개업을 홍보하기 위해
(C) 개조를 위한 기금을 모으기 위해
(D) 리모델링을 기념하기 위해

정답 (D)

**12.** 표를 보시오. 럭셔리 특실은 이번 달에 얼마에 제공되는가?

(A) 190 유로
(B) 215 유로
(C) 245 유로
(D) 270 유로

| 방 유형 | 가격표 |
| --- | --- |
| 슈페리어 객실 | 190 유로 |
| 이그제큐티브 일반실 | 215 유로 |
| 이그제큐티브 특실 | 245 유로 |
| 럭셔리 특실 | 270 유로 |

정답 (C)

## Unit 38 제품 광고

**Q4-6.** The UCA Company's new digital camera looks very cute, and it has many functions. First, it's easy to use. It has an auto-system, so you only have to set up the camera the way you like it once. It uses Wi-Fi as well, and it can be connected to a personal computer without any wires. This adorable camera is easy for anyone to use. For more information, visit our website at www.ucaelectronics.com.

## Unit 39 할인 광고

**Q4-6.** Winter is just around the corner. The summer season has ended, so we are having a summer clearance sale in preparation for the winter season. We have everything from swimming suits to short-sleeved shirts. We are offering up to 50% off summer items. Furthermore, if you spend more than $200, we'll give you a free beach bag. Don't hesitate. This offer will only last for a week. Start saving now!

### Review Test

**Q1-3.** Luxury Apartments will be available to rent next month. This is an eco-friendly apartment complex. The property is located in the city center, and there are several restaurants nearby. All residents of Luxury Apartments will be able to enjoy free facilities such as a gym, a swimming pool, and a tennis court 24 hours a day. To look around Luxury Apartments, please call 3451-1156.

**Q4-6.** Are you planning to buy some furniture for the new year? Then TNT Furniture is offering a great chance for you. We will be having our grand opening sale soon. The newest styles of furniture will be arriving at our store soon, and we will also provide huge discounts on old styles. But you should come to our store this Saturday to take advantage of the discounts. You'd better come early since the discounted furniture is limited in number. This sale will only be held on Saturday.

**Q7-9.** Olive Bookstore is pleased to announce that we are having a special promotion. This event is being held to celebrate our ten-year anniversary and also to thank our customers. If you buy a bestseller, you will get a 10% discount on it. To find a list of all the bestsellers we have in our store, please visit our website at www.olivebooks.com. We hope to see you at Olive Bookstore.

**Q10-12.** It's the most special peak season here at Raymond Hotel London! To celebrate our renovation, we are providing our guests with all-time special deals. Spend your holidays in our newly remodeled suite rooms at a discounted price. This month only, our Executive Suite will be available for the price of the Executive Standard room, and the Luxury Suite room will be available for the price of our Executive Suite. Hurry up and make your booking, to take advantage of these special rates!

## PART 4 FINAL TEST – 1

Questions 71–73 refer to the following instruction.

문제 71–73번은 다음 소개를 참조하시오.

---

Good morning, everyone. Welcome to our seminar on the international fashion industry. ⁷¹ I'm very pleased to introduce our guest speaker today.

▶ 초반부 I'm pleased to ~, Welcome, everyone, to ~, Let me introduce ~ 등으로 시작되는 부분이 인사말, 모임의 목적과 배경 등이 등장하는 곳이다. (B)가 정답이다.

I'm sure all of you know ⁷² that Ms. Melissa Rin is one of the most famous fashion designers in the global fashion industry. ⁷³ She has worked in the fashion industry for 30 years ever since she became a fashion designer.

▶ 연설자의 경력은 주인공 소개 뒤에 등장한다. 따라서 72번 문제는 (A)가 정답이고, 73번 문제 역시 (A)가 정답이다.

Ms. Rin's speech today is entitled "International Fashion Design." She will be sharing some of her experiences with us. Everyone, let's give a big hand for Ms. Melissa Rin.

---

여러분 안녕하십니까? 국제 패션산업 세미나에 오신 것을 환영합니다. 오늘의 초청 연사를 소개하게 되어 기쁩니다. Ms. Melissa Rin이 세계 패션산업에서 가장 유명한 패션 디자이너 중의 한 사람이라는 것을 여러분 모두 알고 계시리라 생각합니다. 그녀는 패션디자이너가 된 후로 패션산업에서 30년 동안 종사해 왔습니다. 오늘 Ms. Rin의 연설 제목은 "국제적인 패션 디자인"입니다. 그녀는 그녀의 경험을 우리와 공유할 것입니다. 여러분, Ms. Melissa Rin에게 큰 박수를 보내주십시오.

---

표현 정리 **guest speaker** 초청 연사 **fashion industry** 패션산업 **global** 세계적인 **share** 공유하다, 나누다

**71.** 연설의 목적은 무엇인가?

　(A) 새로운 직원을 소개하기 위해
　(B) 초청 연사를 소개하기 위해
　(C) 상을 수여하기 위해
　(D) 교수를 지명하기 위해

정답 **(B)**

**72.** Melissa Rin은 누구인가?

　(A) 디자이너
　(B) 회계사

(C) 전기기사
(D) 총지배인

정답 (A)

**73.** Ms. Rin는 패션업계에서 얼마 동안 일했는가?

(A) 30년
(B) 30년 미만
(C) 30년 이상
(D) 35년

정답 (A)

Questions 74-76 refer to the following announcement.

문제 74-76번은 다음 공지를 참조하시오.

> Good morning. <sup>74</sup>I want to make an announcement about our new regulations regarding business trips.
>
> ▶ 공지의 초반부는 인사, 장소, 공지의 목적이 등장하는 곳이다. (C)가 정답이다.
>
> All employees are required to get approval from their supervisors before they plan their business trips. <sup>75</sup>To get approval, employees must send an email with a form that can be downloaded from the company's website.
>
> ▶ 일정 및 (변경)공지 사항은 중반에 등장한다. (A)가 정답이다.
>
> It is also important to note that <sup>76</sup>employees are required to get approval at least a week before going on business trips.
>
> ▶ 당부, 요구 사항, 문의, 연락 정보 등은 후반부에 등장한다. 출장 7일 전에는 승인을 받으라고 했으므로 (A)가 정답이다.
>
> ---
>
> 좋은 아침입니다. 출장에 관한 새로운 정책에 대해 알려드리고자 합니다. 모든 직원들은 출장을 계획하기 전에 상관에게 서면허가를 받아야 합니다. 승인을 받기 위해 직원들은 회사 웹사이트에서 정해진 양식을 다운받아 작성한 후에 이메일로 보내 주셔야 합니다. 또한 직원들은 출장을 떠나기 적어도 일주일 전에 허가를 받아야 한다는 것을 꼭 명심해 주십시오.

표현 정리 **policy** 정책 **regarding** ~에 관하여 **leave of absence** 휴가 **require** 요구하다 **approval** 승인, 허가 **supervisor** 관리자, 상사 **get approval from** ~로부터 승인을 얻다

**74.** 공지의 목적은 무엇인가?

(A) 직원훈련에 관한 정보를 주기 위해
(B) 새로운 직원을 소개하기 위해
(C) 새로운 정책을 알리기 위해
(D) 기부를 요청하기 위해

정답 (C)

**75.** 직원들은 어디에서 정해진 양식을 받을 수 있는가?

(A) 회사 홈페이지

(B) 인사부
(C) 도서관
(D) 안내데스크

정답 (A)

**76.** 직원은 언제 상사에게 승인을 받아야 하는가?

(A) 여행 7일 전
(B) 여행 6일 전
(C) 여행 5일 전
(D) 여행 4일 전

정답 (A)

Questions 77-79 refer to the following instruction.

문제 77-79번은 다음 소개를 참조하시오.

> Thanks for attending the meeting. I'd like to talk to you today about our vision. You all know that our CEO thinks very highly of preserving the environment, <sup>77</sup>so we're once again implementing a recycling system.
>
> ▶ 지문 초반 친환경적인 회사가 되려는 회사의 비전을 소개하며 재활용 시스템을 실행할 것이라고 이야기하므로 (C)가 정답임을 알 수 있다.
>
> Please recycle not only documents and trash from the office but all your personal garbage as well. <sup>78</sup>Now, I know what you guys are probably thinking. We've done this before, and it didn't last long. But this time, I think it'll be different.
>
> ▶ 재활용 제도를 실시할 것이라고 이야기하다가 지문 중반 "Now, I know what you guys are probably thinking."이라고 이야기 한 후 이전에 시도한 정책이고 오래 가지 않았지만 이번엔 다를 것이라며 청자를 설득시키고 있다. 따라서 청자가 재활용 정책에 대해 부정적으로 생각하고 있을 수 있다는 사실을 인정함을 알 수 있으므로 (A)가 정답이다.
>
> <sup>79</sup>If we manage to maintain a high recycling rate until the end of the year, you will all receive a special bonus. I hope this gives you some motivation.
>
> ▶ 재활용 정책 실행에 대해 설명하며 지문 후반 연말까지 높은 재활용률을 유지할 시 특별 보너스를 받게 된다고 했으므로 bonus를 incentive로 바꾸어 표현한 (B)가 정답이다.
>
> ---
>
> 회의에 참석해주셔서 감사합니다. 저는 오늘 우리의 비전에 대해 얘기하고 싶습니다. 여러분 모두 우리 CEO가 환경을 보존하는 것을 매우 중요하게 생각한다는 것을 알고 계실 거고, 따라서 한 번 더 재활용 제도를 실행하려고 합니다. 사무실에서 생기는 문서나 쓰레기 뿐만 아니라, 모든 개인 쓰레기도 재활용 해주세요. 음, 여러분들이 무슨 생각을 하는지 압니다. 우리가 전에도 이를 시도해 봤고, 오래 가지 않았죠. 하지만 이번은 다를 겁니다. 만약 연말까지 높은 재활용률을 유지한다면, 모두 특별 보너스를 받으실 거예요. 여러분에게 동기 부여가 되기를 바랍니다.

표현 정리 **ecofriendly** 친환경적인 **preserve** 보존하다 **implement** 시행하다 **maintain** 유지하다 **motivation** 동기 부여 **document** 서류 **personal** 개인적인 **garbage** 쓰레기

**77.** 회사는 무엇을 하려고 하는가?

(A) 환경 세미나에 참석하기
(B) 전기 절약하기
(C) 친환경 프로그램 실행하기
(D) 다른 주로 이전하기

정답 (C)

**78.** 화자가 "I know what you guys are probably thinking"이라고 말한 내용의 의미는 무엇인가?

(A) 청자들의 의심을 이해하고 있다.
(B) 청자들의 말에 동의한다.
(C) 회의 전에 청자들과 이야기를 나누었다.
(D) 회사가 어려움에 직면할 것이라고 예상한다.

정답 (A)

**79.** 만일 계획이 성공적이면 청자들이 받게 되는 것은 무엇인가?

(A) 특별 저녁식사
(B) 성과급
(C) 추가 휴가일
(D) 동기부여 연설

정답 (B)

Questions 80–82 refer to the following advertisement.

문제 80–82번은 다음 광고를 참조하시오.

---

<sup>80</sup>Are you looking for tasty food in your neighborhood? <sup>81</sup>Then you will love Green House, which is located on Manchester Street near the Bolt Cathedral.

▶ 광고하는 물건이나 서비스, 업체 정보는 초반부에 등장한다. 따라서 80번 문제는 (A)가 정답이다. Green House는 Cathedral(성당) 근처에 있다고 했으므로 이고, 81번 문제는 (D)가 정답이다.

We're open daily for lunch and dinner from 12 p.m. to 9 p.m. We have various kinds of food, including international food, that you can't find at other restaurants. And this month only, we are offering a 20% discount on every item on the menu. Please come and enjoy delicious food at affordable prices! <sup>82</sup>For more information, please call 4132-4546.

▶ 구매처나 연락 정보는 후반부에 등장한다. 전화하라고 했으므로 (D)가 정답이다.

---

당신의 거주 지역 주변에서 맛있는 음식을 찾고 있나요? 그렇다면 당신은 Bolt 성당 근처의 Manchester 가에 있는 Green House를 좋아하시게 될 겁니다. 저희는 매일 점심과 저녁을 12시부터 9시까지 제공합니다. 특히 저희는 다른 식당에서는 찾을 수 없는 국제적인 다양한 음식을 제공합니다. 그리고 지금, 이번 달만, 저희는 모든 메뉴에 20퍼센트 할인을 제공합니다. 부디 오셔서 맛있는 음식을 즐기시기 바랍니다. 더 많은 정보는 4132-4546으로 전화 주세요.

---

표현 정리 **various** 다양한, 여러 가지의 **delicious food** 맛있는 음식 **at an affordable price** 저렴한 가격에

**80.** 어떤 종류의 업종이 광고되고 있는가?

(A) 식당
(B) 서점
(C) 전자매장
(D) 식품점

정답 (A)

**81.** Green House는 어디에 위치해 있는가?

(A) 시청 근처
(B) 쇼핑센터 근처
(C) 우체국 근처
(D) 성당 근처

정답 (D)

**82.** 광고에 따르면, 고객들은 어떻게 더 상세한 정보를 얻을 수 있는가?

(A) 홈페이지를 방문해서
(B) 이메일을 보내서
(C) 식당을 방문해서
(D) 전화로

정답 (D)

Questions 83–85 refer to the following radio broadcast.

문제 83–85번은 다음 라디오 방송을 참조하시오.

---

<sup>83</sup>This is the morning weather report.

▶ 초반부에는 인사말, 프로그램이 소개된다. 날씨 보도이므로 (C)가 정답이다.

Today's weather calls for partly cloudy skies and occasional rain. The temperature will decrease to ten degrees by this afternoon. <sup>84</sup>We're also expecting heavy rain this weekend.

▶ 현재 날씨와 조언이 끝난 후 미래의 날씨가 등장한다. 호우가 예상된다고 했으므로 (B)가 정답이다.

There's a 70% chance of rain throughout next week. So you should carry an umbrella until next week. <sup>85</sup>Now stay tuned for today's World Baseball Classic!

▶ 다음 방송 안내는 후반부 마지막 문장에 등장한다. 야구가 나올 예정이므로 (D)가 정답이다.

---

아침 일기예보입니다. 오늘은 곳에 따라 흐리고 간간이 비가 내리겠습니다. 오늘 오후에는 기온이 10도까지 떨어질 것입니다. 또한 이번 주말에는 호우가 예상됩니다. 또한 다음 주 내내 비가 올 확률이 70퍼센트입니다. 따라서 다음 주까지 우산을 준비하셔야 하겠습니다. 이제 오늘의 월드 베이스볼 클래식 순서입니다.

---

표현 정리 **weather report** 일기예보 **partly cloudy** 부분 흐림

occasional 가끔의 heavy rain 호우 throughout ~동안 죽, 내내
stay tuned 채널을 고정하다

**83.** 무엇에 관한 보도인가?

　　(A) 경제
　　(B) 건강
　　(C) 날씨
　　(D) 스포츠

정답 (C)

**84.** 주말에는 무엇이 예상되는가?

　　(A) 눈
　　(B) 비
　　(C) 맑음
　　(D) 안개

정답 (B)

**85.** 청자들은 다음에 무엇을 듣게 될 것인가?

　　(A) 음악
　　(B) 일기예보
　　(C) 경제뉴스
　　(D) 스포츠뉴스

정답 (D)

Questions 86–88 refer to the following announcement.
문제 86–88번은 다음 안내문을 참조하시오.

⁸⁶ Thank you for visiting the Vermont Museum of Art. I'm Jenny Lee and I'll be your guide today.
▶ 화자의 직업을 묻는 문제의 단서는 주로 지문의 초반부에 등장한다. Vermont Museum of Art와 I'll be your guide를 통해 화자는 미술관에서 일하는 가이드임을 알 수 있다. (A)가 정답이다.

During our tour, we are going to explore more than 500 works of modern art. And here's some good news for you. ⁸⁷ At 4 P.M. today, our museum is going to put on a free performance on the first floor of the main building. Seating is limited!
▶ 화자의 의도를 파악하는 문제는 해당 문장의 전후에 등장하는 표현에 집중해야 한다. 미술관이 무료 공연을 제공한다는 정보를 제공한 후 "Seating is limited"라고 하고 있다. 좌석이 한정되어 있으니 미리(빨리) 공연장에 도착하라는 의도로 한 말임을 알 수 있으므로 (D)가 정답이다.

Come and enjoy music by singer-songwriter Ian Leighton. ⁸⁸ Lastly, please do not take any pictures of the exhibits.
▶ 모든 전시회장에서는 사진촬영을 자제해달라는 내용이 명시되어 있으므로 이를 패러프레이징한 표현인 (B)가 정답이다.

------------------------------------------------

Vermont 미술관에 방문해 주셔서 감사합니다. 저는 오늘 여러분의 가이

드를 맡게 된 Jenny Lee입니다. 투어 동안 우리는 500여점의 현대 미술작품을 살펴보게 될 것입니다. 그리고 여러분을 위한 좋은 소식이 있는데요. 저희 미술관은 오늘 오후 4시에 본관 1층에서 여러분께 무료 공연을 제공해드릴 예정입니다. 좌석이 한정되어 있습니다! 오셔서 싱어송라이터인 Ian Leighton의 음악을 감상하세요. 마지막으로, 모든 전시회장에서는 사진촬영을 자제해주십시오.

**표현 정리** museum 박물관, 미술관 during ~동안에 explore 살펴보다, 탐험하다 modern 현대의 put on 상영하다 performance 공연 main building 본관 건물 seating 좌석 limited 한정된 take a picture 사진 찍다 exhibit 전시회장 imply 의도하다, 암시하다 present 제시하다 ID card 신분증 prepare for ~를 준비하다 expansion 확장 underway 진행 중인 venue 장소 beforehand 미리 photography 사진촬영 permitted 허용되는 allowed 허용되는 join 함께하다, 합류하다

**86.** 화자는 누구인가?

　　(A) 미술관 가이드
　　(B) 가수
　　(C) 예술가
　　(D) 영화감독

정답 (A)

**87.** 여자가 "좌석이 한정되어 있습니다"라고 말한 의도는 무엇인가?

　　(A) 사람들은 사진이 부착된 신분증을 제시해야 한다.
　　(B) 행사를 준비하는 데 1주일 이상이 걸릴 것이다.
　　(C) 미술관 확장 공사가 진행 중이다.
　　(D) 사람들은 행사장에 미리 도착해야 한다.

정답 (D)

**88.** 화자가 투어에 대해 언급한 것은?

　　(A) 10명 이상의 단체 관람객들은 할인을 받는다.
　　(B) 사진촬영이 금지된다.
　　(C) 아동은 참여할 수 없다.
　　(D) 큰 가방을 휴대할 수 없다.

정답 (B)

Questions 89–91 refer to the following telephone message.
문제 89–91번은 다음 전화 메시지를 참조하시오.

Hello. This message is for Mr. Victor. ⁸⁹ I'm calling from the Marine Resort to confirm your reservation for three nights from September 11 to 13.
▶ 목적, 문제점 등은 'I'm calling ~.'으로 시작되는 곳에 단서가 있다. (A)가 정답이다.

The total amount for this reservation is $400, and ⁹⁰ you are required to pay $200 as a deposit.

▶ 구체적인 정보는 중반에 등장한다. 200달러의 보증금이 필요하다고 했으므로 (D)가 정답이다.

For your convenience, ⁹¹ we will provide transportation for you from the airport to our resort.

▶ 미래에 대한 일정은 후반부에 등장한다. 교통수단을 제공한다고 했다. (D)가 정답이다.

If you need more details about your reservation, please call our reservation desk at 5324-4126.

------

안녕하십니까, 이 메시지는 Victor 씨를 위한 것입니다. Marine 리조트에서 귀하의 9월 11일부터 13일까지의 3박 예약을 확인하기 위해 전화 드렸습니다. 이 예약의 총액은 400달러이며, 보증금으로 200달러를 지불하셔야 합니다. 귀하의 편의를 위해, 저희는 공항에서부터 리조트까지 교통수단을 마련할 것입니다. 귀하의 예약에 대한 좀더 자세한 정보가 필요하시다면, 저희 예약부 5324-4126으로 전화 주십시오.

**표현 정리** confirm 확정하다 total amount 총액, 총합계 require 요구하다, 필요로 하다 deposit 착수금, 보증금 convenience 편의, 편리 transportation 교통편

**89.** 이 메시지의 주목적은 무엇인가?

(A) 예약을 확정하기 위해
(B) 리조트를 광고하기 위해
(C) 교통수단을 마련하기 위해
(D) 예약을 취소하기 위해

정답 (A)

**90.** Mr. Victor는 보증금으로 얼마를 지불해야 하는가?

(A) 400달러
(B) 200달러 이상
(C) 200달러 미만
(D) 200달러

정답 (D)

**91.** 메시지에 따르면, 화자는 청자에게 무엇을 제공하는가?

(A) 할인
(B) 음료
(C) 무료 식사
(D) 교통수단

정답 (D)

Questions 92-94 refer to the following news report.
문제 92-94번은 다음 뉴스보도를 참조하시오.

------

This is Allen Scott from WTT Broadcasting, your station for the latest in local news. ⁹² Construction on the new public museum on Brington Street was completed yesterday.

▶ 뉴스의 주제는 초반에 나온다. 공공 박물관에 대해 말하고 있으므로 (C)가 정답이다.

It was expected to be completed last month, but ⁹³ construction was delayed for a month due to the tremendous amount of snow that fell.

▶ 인사 및 화자 소개 후에는 주제 및 세부사항 등이 등장한다. 폭설로 공사가 지연됐으므로 (A)가 정답이다.

⁹⁴ So the opening ceremony for the new public museum has been delayed until this Friday.

▶ 미래에 대한 예측은 후반부에 등장한다. 금요일까지 연기되었다는 뜻은 금요일에 개관식을 한다는 것이다. (B)가 정답이다.

And now for an update on the weather.

------

최신 지역뉴스를 전해 드리는 WTT 방송의 Ellen Scott입니다. Brington 가의 새로운 공립 박물관이 어제 완공되었습니다. 이곳은 지난달에 완공될 것으로 예상됐지만, 폭설로 인해 한 달이 지연되었습니다. 따라서 새로운 공립 박물관의 개관식도 이번 주 금요일까지 연기될 예정입니다. 다음은 날씨 예보입니다.

**표현 정리** latest 최근의, 최신의 construction 공사 public museum 공립 박물관 complete 완료하다, 끝마치다 tremendous 엄청난 opening ceremony 개관식

**92.** 보도는 주로 무엇에 관한 것인가?

(A) 쇼핑센터
(B) 도시공원
(C) 공립 박물관
(D) 공립 도서관

정답 (C)

**93.** 무엇이 공사를 지연시켰나?

(A) 폭설
(B) 폭우
(C) 예산 부족
(D) 인부 부족

정답 (A)

**94.** 보도에 따르면, 금요일에는 무슨 일이 있을 것인가?

(A) 특별 할인
(B) 개관식
(C) 축제
(D) 보수공사

정답 (B)

Questions 95–97 refer to the following broadcast and map.
문제 95–97번은 다음 방송과 지도를 참조하시오.

Good afternoon. ⁹⁵ This is Dave Voyles with a local traffic update at Perth News.

▶ 주제를 묻는 문제의 단서는 지문의 초반부에서 단서를 찾는다. 화자는 지역 교통방송에 자신을 소개하고 있으므로 (C)가 정답이다.

⁹⁶ There is a delay on Santa Rica Road as a truck turned over in the middle of the road.

▶ 표를 활용해서 풀어야 하는 문제다. 지문을 통해 Santa Rica Road에 차량이 전복되는 사고가 있었다는 내용을 확인할 수 있고 표를 통해 해당 도로에 위치하고 있는 건물은 도서관이다. (D)가 정답이다.

It will take about one or two hours to remove the truck from Santa Rica Road, so the road is temporarily closed. ⁹⁷ To avoid any delays, we advise you to take an alternative route. I'll be back after the break with today's weather forecast.

▶ 교통안내 방송에서 초반부에 문제점이 언급되면 후반부에서 해결책이나 제안 등이 등장한다. 후반부에서 화자는 Santa Rica Road가 막히므로 우회로를 이용하라고 조언하고 있으므로 이를 패러프레이징한 (A)가 정답이다.

────────────────────

안녕하세요. Perth 뉴스 지역 교통방송에 David Voyles입니다. 트럭이 도로 한가운데에 전복됨으로 인해 Santa Rica Road가 막히고 있습니다. 트럭 제거 작업에 한, 두 시간 정도가 소요될 것으로 보이며 해당 도로는 일시적으로 폐쇄될 예정입니다. 지연을 피하기 위해서 우회로를 이용하실 것을 권장합니다. 잠시 후에 일기예보를 전해드리겠습니다.

표현 정리 local 지역의 traffic 교통의 update 최신 소식 delay 지연 turned over 전복되다 in the middle of ~의 한 가운데 remove 제거하다 temporarily 일시적으로 closed 폐쇄된 avoid 피하다 advise 조언하다 alternative 다른, 대안의 route 길 break 휴식 weather forecast 일기 예보 public 대중의, 공공의 hearing 공청회 annual 연례의 condition 조건 financial 재정적인 affected 영향을 받는 accident 사고 community center 주민 센터 city hall 시청 detour 우회로 public transportation 대중 교통 participate in ~에 참석하다

**95.** 라디오 방송의 주제는?
(A) 공청회
(B) 연례 행사
(C) 지역 교통상황
(D) 재정 보고서

정답 (C)

**96.** 도표를 보시오. 사고로 인해 영향 받을 건물로 가장 적절한 것은?
(A) 주민 센터
(B) 은행
(C) 시청
(D) 도서관

정답 (D)

**97.** 화자가 추천하는 것은?
(A) 우회로 이용
(B) 대중교통 이용
(C) 웹사이트 방문
(D) 행사 참가

정답 (A)

Questions 98–100 refer to the following excerpt from a meeting and chart. 문제 98–100번은 다음 회의 발췌록과 차트를 참조하시오.

I called this meeting to review the results of the customer satisfaction survey we recently conducted. ⁹⁸/⁹⁹ We surveyed customers who visited our car rental business during the last 6 months.

▶ 화자가 일하는 회사를 묻는 문제로 지문의 초반부에서 단서를 찾는다. 화자는 자신의 회사인 렌터카 업체를 방문한 고객을 대상으로 설문조사를 실시했다고 말하고 있으므로 (C)가 정답이다.

▶ 화자가 일하는 렌터카 회사는 지난 6개월 동안 고객을 대상으로 설문조사를 실시했으므로 (D)가 정답이다.

And now the results are in. According to the results, we are doing much better than I expected except in one area. As you may know, a competitor is going to move into the neighborhood next month. We should not let them take our clients away from us. ¹⁰⁰ For this reason, I'd like to discuss how to improve the weakest area with you.

▶ 화자는 설문조사의 결과를 설명한 후 지문의 후반부에서 청자들에게 가장 취약한 분야를 향상시킬 수 있는 방안에 대해 이야기했으면 좋겠다고 언급하고 있다. 도표를 통해 회사의 가장 취약한 분야는 가격부문임을 알 수 있으므로 (C)가 정답이다.

────────────────────

최근에 실시했던 고객만족도 조사의 결과를 검토하기 위해 이번 회의를 소집했습니다. 지난 6개월간 우리 렌터카 업체를 방문했던 고객들을 대상으로 설문조사를 실시했습니다. 지금 조사 결과가 나왔습니다. 조사 결과에 따르면, 우리는 한 분야를 제외하고는 제가 예상했던 것 보다 훨씬 더 잘해오고 있습니다. 아시다시피, 다음 달에 한 경쟁업체가 이 동네에 개점합니다. 그들이 우리의 고객을 빼앗아 가도록 놓아두어서는 안 됩니다. 이러한 이유로, 저는 우리의 가장 취약한 분야를 향상시킬 수 있는 방법을 여러분과 함께 논의하고 싶습니다.

표현 정리 call (회의를) 소집하다 review 검토하다 result 결과 satisfaction 만족 survey 조사, 조사하다 recently 최근에 conduct 실시하다 car rental 렌터카 according to ~에 따르면 expect 예상하다 except ~를 제외하고 area 영역, 분야 competitor 경쟁자, 경쟁업체 neighborhood 동네 take A away form B B에게서 A를 빼앗아 가다 reason 이유 discuss 논의하다 improve 향상시키다 weak 취약한 recently 최근에 survey 조사 location 위치, 지점 knowledgeable 많이 아는 location 위치 quality 질, 품질 vehicle 차량

**98.** 남자가 일하는 회사는?
(A) 호텔
(B) 여행사
(C) 렌터카

(D) 여행사

정답 (C)

**99.** 업체가 최근에 한 일은?

(A) 주문
(B) 새로운 사무실로 이전
(C) 새 지점 개점
(D) 조사

정답 (D)

**100.** 도표를 보시오. 화자가 청자들이 논의하기를 바라는 분야는?

(A) 직원의 지식
(B) 위치
(C) 가격
(D) 차량의 품질

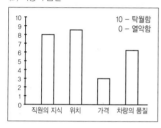

정답 (C)

## PART 4 FINAL TEST – 2

Questions 71–73 refer to the following announcement.

문제 71–73번은 다음 공지를 참조하시오.

---

⁷¹Attention, all passengers on Pacific Airlines Flight 070 bound for Washington.

▶ 공공장소 안내 공지는 초반부에 인사, 장소, 소개가 등장하는 곳이다. 비행기를 근거로 공항임을 알 수 있다. (A)가 정답이다.

⁷²Your departure time has been delayed due to fog.

▶ 공지의 목적은 인사, 장소, 소개 후에 등장한다. 공지의 목적은 비행기가 지연된 원인을 안내하고 있는 것으로 안개 때문이다. 안개를 기상 악화로 표현한 (D)가 정답이다.

Flight 070 is now scheduled to leave at 2 p.m. We apologize for the inconvenience, and we are offering everyone a free meal voucher that can be used at any restaurant or cafe in the airport.

⁷³Please come to Gate 13 to receive a voucher.

▶ 다음에 해야 할 일은 후반부에 등장한다. 13번 게이트로 가라고 했으므로 (C)가 정답이다.

Again, Pacific Airlines Flight 070 bound for Washington is now scheduled to depart at 2 p.m.

---

워싱턴 행 Pacific 항공의 070편 탑승객 여러분은 주목해 주십시오. 짙은 안개로 인해 출발시간이 지연되었습니다. 070편은 일정이 변경되어 오후 2시에 출발합니다. 불편을 드려 죄송하며, 공항 내 식당이나 카페에서 사용하실 수 있는 식사 쿠폰을 제공해 드립니다. 13번 게이트로 오셔서 쿠폰을 받아 가시기 바랍니다. 다시 한 번 말씀드립니다, 워싱턴 행 Pacific 항공의 070편이 오후 2시로 출발 일정이 변경되었습니다.

**표현 정리** passenger 승객  departure time 출발시간  delay 지연시키다, 연기하다  fog 짙은 안개  inconvenience 불편  voucher 쿠폰, 상품권

**71.** 청자들은 어디에 있는가?

(A) 공항　　　　　　　(B) 기차역
(C) 버스 정류장　　　　(D) 항구

정답 (A)

**72.** 비행기가 지연된 이유는 무엇인가?

(A) 항공기 정비　　　　(B) 활주로 보수
(C) 사고　　　　　　　(D) 기상 악화

정답 (D)

**73.** 청자들은 다음에 무엇을 할 것인가?

(A) 탑승권을 제시한다.
(B) 비행기에 탑승한다.
(C) 13번 게이트로 간다.
(D) 안전벨트를 맨다.

정답 (C)

Questions 74–76 refer to the following advertisement.

문제 74–76번은 다음 광고를 참조하시오.

---

Are you looking for a company to remodel your house? ⁷⁴Bigston Interior Design on Golden Street can help you do that.

▶ 광고하는 물건, 서비스, 회사 등은 초반부에 등장한다. 광고의 목적은 회사를 소개하기 위한 것이므로 (B)가 정답이다.

⁷⁵Bigston is well-known for its experienced interior designers who can satisfy your needs.

▶ 회사에 대한 설명은 중반에 등장한다. 경력 있는 디자이너를 자랑하고 있으므로 (A)가 정답이다.

We also have a variety of floor tiles and wallpaper and a diverse amount of furniture and lamps to fill your home. ⁷⁶For more information, or if you want to speak with one of our designers, please call 3695-4254.

▶ 구매처나 연락정보는 후반부에 등장한다. 전화해서 직원과 얘기하라고 했으므로 (D)가 정답이다.

---

당신의 집을 개조할 회사를 찾고 있습니까? Golden 가에 있는 Bigston 실내 디자인 회사가 당신을 도와드리겠습니다. Bigston은 당신의 욕구를 충족시켜줄 수 있는 경험이 풍부한 실내 디자이너 회사로 잘 알려져 있습니다. 또한 저희는 당신의 훌륭한 공간을 채워줄 다양한 바닥타일과 벽지부터 여러 가지 가구와 조명까지 갖추고 있습니다. 더 많은 정보나 저희 디자이너 중 한 명과 이야기하고 싶으시다면, 3695-4254로 전화주세요.

**표현 정리** remodel 개조하다, 보수하다  interior design 실내디자인  be well-known for ~로 잘 알려지다  need 필요, 욕구  a variety of 다양한  wallpaper 벽지  diverse 다양한

**74.** 광고의 목적은 무엇인가?

(A) 연례 할인을 알리기 위해
(B) 회사를 소개하기 위해
(C) 고객을 초대하기 위해
(D) 새 사업을 알리기 위해

정답 (B)

**75.** 화자에 따르면, 회사는 무엇으로 알려져 있는가?

(A) 경험이 풍부한 직원
(B) 고품질의 상품
(C) 비싸지 않은 가격
(D) 제일 오래된 디자인 회사

정답 (A)

**76.** 광고에 따르면, 청자들은 왜 회사로 전화해야 하는가?

(A) 약속을 잡기 위해
(B) 책자를 받기 위해
(C) 예약을 하기 위해
(D) 직원과 이야기하기 위해

정답 (D)

**Questions 77-79 refer to the following announcement.**
**문제 77-79번은 다음 공지를 참조하시오.**

Good morning, everyone. ⁷⁷ I'm Sarah from the Human Resources Department.
▶ 공지 대상은 초반부에 등장한다. 인사부에서 사무실 직원들에게 얘기하고 있으므로 (A)가 정답이다.

Since you are now a member of our staff, ⁷⁸ we will go on a tour around our headquarters today.
▶ 공지 대상 뿐만 아니라 목적, 일정, 장소 등은 초반부에 등장한다. (C)가 정답이다.

⁷⁹ If you have any question during the tour, don't hesitate to ask me.
▶ 당부 및 요청 사항은 후반부 if절, 명령문에 단서가 등장한다. 질문을 권장하고 있으므로 (C)가 정답이다.

Now, I'm going to show you the Sales Department, where all of you will be working soon. After that, we will go to the main lobby to take a short break. So all of you, please follow me.

여러분, 안녕하세요. 저는 인사부의 Sarah입니다. 저희 직원 중 한 명이 되셨으니, 오늘 우리는 본사를 둘러보기 위한 투어를 시작하겠습니다. 만약 투어 도중, 질문이 있으시다면 망설이지 말고 저에게 물어보십시오. 이제 여러분이 곧 근무하게 될 영업부를 안내해 드리겠습니다. 그 이후에, 메인 로비로 가서 잠시 휴식을 취할 것입니다. 자, 모두들 저를 따라오십시오.

**표현 정리** Human Resources Department 인사부  headquarters 본사  during ~동안  hesitate 망설이다  Sales Department 영업부

**77.** 화자는 누구인가?

(A) 사무실 직원
(C) 판매원
(C) 변호사
(D) 외국인 관광객

정답 (A)

**78.** 담화가 이루어지고 있는 장소는 어디인가?

(A) 식당
(C) 공항
(C) 회사
(D) 쇼핑몰

정답 (C)

**79.** 질문이 있으면 청자들은 무엇을 해야 하는가?

(A) 이메일을 보낸다.
(C) 안내데스크를 방문한다.
(C) 직원과 이야기한다.
(D) 투어가 끝날 때까지 기다린다.

정답 (C)

**Questions 80-82 refer to the following announcement.**
**문제 80-82번은 다음 안내문을 참조하시오.**

⁸⁰ Attention, Grand Department Store shoppers.
▶ 안내방송이 나오는 장소를 묻는 문제는 지문의 초반부에서 단서를 찾는다. Grand Department Store shoppers라고 하는 명확한 단서가 있으므로 (C)가 정답이다.

We are having our big anniversary sale this Friday, March 7, through Sunday, March 9. On Friday, you will enjoy steep discounts on spring clothing. On Saturday, bring your used pots and pans, and you will receive various discounts on cooking utensils. Lastly, on Sunday, you will get a wide variety of famous electronic products at a reduced price. [81] We also remind that we will be closing 1 hour late at 9 P.M. during our anniversary sale.

▶ 세일기간 동안에는 평소보다 1시간 늦은 시간인 저녁 9시에 폐점할 예정이라고 명시되어 있으므로 (B)가 정답이다.

Thank you for shopping at Grand Department Store. [82] This could be the best chance you ever had.

▶ 화자의 의도를 파악하는 문제는 특히 해당 문장의 전후에 등장하는 표현에 집중하자. 지문 전반에 걸쳐 할인행사에 대한 내용이 주를 이루고 있으므로 this는 the anniversary sale이다. 해당문장은 이제껏 경험했던 할인행사 중 최고의 기회가 될 것이라는 의미이므로 이번 할인행사가 최대 규모가 될 것임을 짐작할 수 있다. 따라서 (D)가 정답이다.

---

Grand Department Store의 고객들께 알려드립니다. 저희는 이번 주 금요일인 3월 7일부터 3월 9일 일요일까지 기념일 맞이 대 바겐 세일을 할 예정입니다. 금요일에는 대규모 봄 옷 할인혜택을 받으실 수 있습니다. 토요일에는 여러분께서 사용하시던 조리 도구를 가지고 오시면 다양한 할인가로 주방기구를 구입하실 수 있습니다. 마지막으로 일요일에는 다양한 유명 전자제품을 할인된 가격으로 만나보실 수 있습니다. 또한 기념일 맞이 할인행사 동안에는 평소보다 1시간 늦은 시간인 저녁 9시에 폐점할 예정임을 알려드립니다. Grand Department Store에서 쇼핑해 주셔서 감사 드립니다. 이번 할인행사는 여러분께 최고의 기회가 될 것입니다. 놓치지 마세요.

**표현 정리** attention 집중 anniversary 기념일 sale 할인, 판매 through ~를 통해, ~까지 steep 가파른, 급격한 clothing 의류 bring 가지고 오다 pots and pans 취사 도구 various 다양한 cooking utensils 조리도구 lastly 마지막으로 a wide variety of 다양한 electronic 전자의 reduced 할인된 remind 알려주다, 상기시키다 during ~동안에 throw away 버리다 bulk 큰 규모 purchase 구입 applicable to ~에 적용할 수 있는 performance 공연

**80.** 안내방송이 나오고 있는 장소는?

(A) 선물가게
(B) 서점
(C) 쇼핑몰
(D) 슈퍼마켓

정답 **(C)**

**81.** 세일기간 동안 상점이 문 닫는 시간은?

(A) 오후 8시 30분
(B) 오후 9시
(C) 오후 9시 30분
(D) 오후 10시

정답 **(B)**

**82.** 화자가 "이번 할인행사는 여러분께 최고의 기회가 될 것입니다"라고 말한 의도는?

(A) 사람들은 대량 구매에 대해 할인을 받게 될 것이다.
(B) 가구류에 할인이 적용될 것이다.
(C) 사람들은 무료로 공연을 관람할 수 있다.
(D) 곧 최대 할인행사가 있을 예정이다.

정답 **(D)**

---

**Questions 83–85 refer to the following advertisement.**
**문제 83–85번은 다음 광고문을 참조하시오.**

Are you planning to upgrade your air-conditioning system for summer? Then Richmond Air Conditioning is for you. [83] We take pride in our professional and friendly staff, and they are ready to help you.

▶ 업체를 선택해야 하는 이유를 묻는 질문이므로 업체의 장점이 언급된 부분에서 단서를 찾는다. 전문적이고 친절한 직원에 대한 내용이 언급되어 있으므로 (B)가 정답이다.

[84] To make sure your air conditioner is working properly, call us at 555-3949 and arrange for a free consultation offered only this month. Our experts will visit your home to inspect your system and will explain what needs to be done.

▶ 이번 달에 한해 가정 내 에어컨 점검을 위해 무료 방문상담 서비스를 이용할 수 있다는 내용이 명시되어 있으므로 (A)가 정답이다.

[85] Are you still hesitating?

▶ 화자의 의도를 파악하는 문제는 해당 문장의 전후 맥락을 파악해야 한다. 지문의 중반부에서 무료상담을 위해 업체에 연락하라는 내용이 언급되어 있으므로 'Are you still hesitating?'은 '아직 연락을 망설이십니까?'라는 의미이다. 따라서 해당 문장은 청자들에게 업체에 연락할 것을 권장하기 위한 의도로 한 말임을 알 수 있으므로 (C)가 정답이다.

Then just visit our Web site to check out some comments from our many satisfied users.

---

여름을 대비하여 냉난방 장치를 업그레이드할 계획이신가요? 그러면 Richmond Air Conditioning을 이용하세요. 전문적이고 친절한 직원은 저희 회사의 자랑이며 그들은 여러분을 도와드릴 준비가 되어 있습니다. 여러분의 냉난방 기기가 제대로 작동하는지 확인하시려면 555-3949으로 연락하셔서 이번 달에 한해 제공되는 무료 상담서비스를 예약하세요. 저희 전문요원이 여러분의 댁을 방문하여 에어컨을 점검해드리고 필요한 조치에 대해 설명드릴 것입니다. 여전히 망설이고 계신가요? 그렇다면 저희 웹사이트를 방문하셔서 서비스에 만족하신 많은 고객들께서 남기신 후기를 확인해보세요.

**표현 정리** upgrade 개선하다 air-conditioning system 냉난방 장치 take pride in ~를 자랑스러워 하다 professional 전문적인 friendly 다정한, 친절한 ready 준비된 make sure 확실하게 하다 work 작동하다 properly 제대로 arrange 마련하다, 약속을 잡다 consultation 상담 expert 전문가 inspect 점검하다 explain 설명하다 hesitate 망설이다 check out 확인하다 location 지점 around the clock 24시간 region 지역 checkup 점검 next-day 익일의 generous 후한, 관대한 complimentary 무료의 installation 설치 ask for 요청하다 technical 기술적인 benefit

혜택 encourage 권장하다 contact 연락하다 audience 청중, 관중 patronage 후원, 애용

**83.** 화자의 말에 의하면 청자들이 해당업체를 선택해야 하는 이유는?

(A) 많은 지점을 보유하고 있다.
(B) 전문 직원들을 보유하고 있다.
(C) 24시간 문을 연다.
(D) 지역 내에서 가장 낮은 가격을 제공한다.

정답 (B)

**84.** 이번 달에 어떤 혜택이 제공되는가?

(A) 무료 점검 서비스
(B) 익일 배달 서비스
(C) 대폭적인 할인
(D) 무료 설치

정답 (A)

**85.** 화자가 "여전히 망설이고 계신가요"라고 말한 의도는?

(A) 청자들에게 기술적인 지원을 요청하기 위해
(B) 더 많은 할인과 혜택을 제공하기 위해
(C) 청자들이 업체에 연락할 것을 권장하기 위해
(D) 청자들의 후원에 감사를 표하기 위해

정답 (C)

Questions 86–88 refer to the following telephone message.
문제 86–88번은 다음 전화 메시지를 참조하시오.

---

Hello, Ms. Rilly. 86 This is Kenny from technical support.
▶ 인사말, 발신자, 수신자, 업종, 직업, 회사 등의 정보는 초반부에 등장한다. 기술 지원팀에서 전화했으므로 (A)가 정답이다.

I just received your email about your computer problems. Actually, several employees in your department have already inquired about a similar problem.
I think 87 there must be something wrong with the new program which I installed.
▶ 문제점, 상황 등은 메시지 초/중반에 등장한다. 세 문제 중 두 번째 문제이므로 중반에 나올 것으로 예상해야 한다. 지난 밤 프로그램에 오류가 있다고 했다. (D)가 정답이다.

But you don't have to worry about it. I'll be in your office in twenty minutes. 88 Please be sure you reboot your computer before I reach your office.
▶ 요청문제는 후반부 if절, 또는 명령문에 단서가 등장한다. 리부팅을 하라고 했으므로 (D)가 정답이다.

---

안녕하세요, Rilly 씨. 저는 기술지원부의 Kenny입니다. 저는 방금 컴퓨터 문제에 관한 당신의 메일을 받았습니다. 사실, 당신 부서 직원들 역시 당신과 비슷한 문제로 이미 문의를 했습니다. 제 생각에는, 새로 설치한 프로그램에 문제가 있는 것 같습니다. 하지만 걱정하실 필요는 없

---

습니다. 20분 이내에 당신의 부서로 갈 예정이니, 제가 사무실에 도착하기 전에 컴퓨터를 재부팅해 주시기 바랍니다.

---

표현 정리 technical support 기술지원 several 몇몇의 inquire 문의하다 similar 비슷한, 유사한 install 설치하다 reboot 재시동하다, 재시작하다

**86.** 화자는 어느 부서에서 일하는가?

(A) 기술 지원팀
(B) 인사부
(C) 영업부
(D) 마케팅부

정답 (A)

**87.** 지난밤에 무슨 일이 있었는가?

(A) 새로운 직원이 왔다.
(B) 서류를 도난당했다.
(C) 오래된 가구들을 치웠다.
(D) 프로그램에 오류가 발생했다.

정답 (D)

**88.** Ms. Rilly는 무엇을 하도록 요청 받는가?

(A) 다른 직원에게 말하라고
(B) 계약서에 서명하라고
(C) 서류를 복사하라고
(D) 컴퓨터를 재시작하라고

정답 (D)

Questions 89–91 refer to the following instruction.
문제 89–91번은 다음 소개를 참조하시오.

---

89/90 I'm very pleased to introduce Mr. James, the new chef at our restaurant.
▶ 환영인사 및 주인공 소개는 초반부에 있고 이 초반부가 목적 문장이다. 새로운 요리사 James를 소개한다고 했다. 89번 문제는 (C)가 정답이고, 90번 문제는 (B)가 정답이다.

Most recently, he worked for 10 years at a five-star hotel in New York, and before that, he studied for five years in Paris to learn about international food. I believe that his experience will help us to attract a wide range of customers.
91 We will be having a party to welcome him on Friday. Everyone on the staff is required to attend the party.
▶ 부탁이나 당부는 후반부에 등장한다. 금요일에 환영회에 와달라고 했으므로 (A)가 정답이다.

---

우리 식당의 새로운 주방장인 Mr. James를 소개하게 되어 기쁩니다. 그는 가장 최근에 뉴욕에 있는 5성급 호텔에서 10년간 일했으며, 그 전에는 파리에서 국제 음식에 대해 배우기 위해 5년간 공부했습니다. 그의

경험은 우리가 다양한 고객을 끌어들이는데 있어 도움이 될 것입니다. 또한, 우리는 금요일에 그를 환영하는 파티를 열 것입니다. 모든 직원들은 파티에 참석해 주시기 바랍니다.

**표현 정리** chef 주방장, 요리사 five-star hotel 5성급 호텔 experience 경험, 경력 attract 끌어들이다 a wide range of 광범위한, 다양한

**89.** 담화의 목적은 무엇인가?

(A) 상을 수여하기 위해
(B) 식당을 홍보하기 위해
(C) 새로운 직원을 소개하기 위해
(D) 새로운 정책을 논의하기 위해

정답 (C)

**90.** Mr. James는 누구인가?

(A) 학생
(B) 요리사
(C) 건축가
(D) 기술자

정답 (B)

**91.** 금요일에는 무엇이 열릴 것인가?

(A) 환영회
(B) 은퇴기념 파티
(C) 창립 기념식
(D) 개업식

정답 (A)

**Questions 92–94 refer to the following excerpt from a meeting and ratings. 92–94은 다음 회의 발췌록과 평가서를 참조하시오.**

Welcome to our monthly staff meeting. Today, I'd like you to read the article in Fine Cuisine I just distributed. ⁹²You'll see that the article gave our restaurant five stars in two areas.

▶ 화자가 일하는 곳과 관련된 문제는 지문의 초반부에서 단서를 찾는다. our restaurant이라고 명시되어 있으므로 (C)가 정답이다.

It's not that surprising that we got a poor rating in the location area.

⁹³But I am very disappointed to see that we received a poor mark in the other area, where we got only 2 stars. In order to maintain our successful business, we are going to invest more in the area from now on.

▶ 화자는 별 두 개의 평가를 받은 분야에 더 많은 투자를 할 계획이라고 언급했다. 표에서 별 두 개의 평가를 받은 분야는 Atmosphere이므로 (D)가 정답이다.

⁹⁴So I want you to give some ideas on how to improve our sales in this meeting.

▶ 화자는 청자들에게 식당의 매출을 향상시킬 방안에 대한 의견을 요청하고 있다. give some ideas를 패러프레이징한 표현인 (A) make some suggestions이 정답이다.

---

월례 직원회의에 참석해주셔서 감사합니다. 우선, 방금 제가 배부해드린 Fine Cuisine지에 실린 기사를 읽어봐 주십시오. 기사문을 보면 저희 식당이 두 분야에서 별 다섯 개의 평가를 받았다는 것을 확인할 수 있을 겁니다. 우리가 위치 부문에서 낮은 점수를 받은 것은 놀랄만한 일이 아닙니다. 하지만 나머지 한 분야에서 별 두 개의 형편없는 점수를 받았다는 점은 매우 실망스럽습니다. 계속해서 식당을 성공적으로 운영하기 위해 지금부터 그 분야에 더 많이 투자할 예정입니다. 저는 이 회의를 통해 여러분께서 매출을 향상시킬 수 있는 방법에 대해 의견을 주시기를 부탁 드립니다.

**표현 정리** monthly 월례의 article 기사 distribute 배부하다 area 부문, 분야 surprising 놀라운 poor 형편없는, 저조한 rating 평가 location 위치 disappointed 실망한 mark 점수 the other 나머지의 in order to 동사 ~하기 위해 maintain 유지하다 successful 성공적인 invest 투자하다 from now on 지금부터 계속 improve 향상시키다 sales 매출 make a suggestion 제안하다 complete 완성하다, 완수하다 paperwork 서류작업 review 검토하다

**92.** 화자가 일하는 곳은?

(A) 박물관
(B) 미용실
(C) 식당
(D) 치과

정답 (C)

**93.** 도표를 보시오. 화자가 더 많은 투자를 하기를 원하는 분야는?

(A) 고객서비스
(B) 위생
(C) 위치
(D) 분위기

```
┌─────────────────────────────┐
│ 평가                        │
│                             │
│ 고객 서비스스  ★★★★★★      │
│ 청결도 ★★★★★               │
│ 위치 ★                      │
│ 분위기 ★★                   │
└─────────────────────────────┘
```

정답 (D)

**94.** 화자가 청자에게 요청하는 것은?

(A) 의견을 말하는 것
(B) 서류작업을 완수하는 것
(C) 발표를 듣는 것
(D) 서류를 검토하는 것

정답 (A)

Questions 95–97 refer to the following telephone message and seating chart. 95–97은 다음의 전화 메시지와 좌석표를 참조하시오.

Hi, Mr. Hiro. This is Roy Harper.
<sup>95</sup> I'm calling about our upcoming marketing seminar. I just booked a meeting room at the Ritz Hotel.

▶ 전화를 건 목적과 관련된 문제는 지문의 초반에서 단서를 찾는다. 초반부에 화자는 마케팅 세미나를 위해 회의실을 예약했다고 했으므로 (B)가 정답이다.

I reserved the business package, which includes a buffet lunch.
<sup>96</sup> It's 30 dollars per person, but they said they will give a 30% discount on rooms for all overnight guests who participate in the event.

▶ 호텔측이 제안한 사항을 묻는 문제다. 호텔측에서 행사에 참석하는 모든 호텔 투숙객에게 숙박료를 30% 할인해 줄 것이라 했으므로 (C)가 정답이다.

As you said, I asked them to set up a round table with 9 chairs put around it.
<sup>97</sup> In addition, they said they will prepare some free coffee and tea right next to the entrance.

▶ 질문에 언급된 refreshments(다과)는 지문의 coffee와 tea를 패러프레이징한 표현이다. 음료는 회의실 입구 바로 옆에 무료로 제공될 것이라는 단서가 언급되어 있고 표를 통해 Location A가 다과 테이블이 놓여질 장소임을 확인할 수 있다. 따라서 (A)가 정답이다.

Please let me know if there are any problems with this reservation.

---

안녕하세요, Hiro 씨. Roy Harper입니다. 곧 있을 마케팅 세미나 때문에 연락 드렸습니다. 방금 Ritz 호텔에 회의실을 예약했습니다. 뷔페 점심식사가 포함된 비즈니스 패키지를 예약했어요. 비용은 1인당 30달러인데 호텔에서 행사에 참석하는 모든 호텔 투숙객에게 숙박료를 30% 할인해 줄 것이라고 합니다. 말씀하신 대로 둥근 테이블과 9개의 의자를 설치해달라고 요청했어요. 덧붙여, 호텔측에서 입구 바로 옆에 커피와 차를 무료로 준비해주겠다고 합니다. 예약과 관련하여 문제가 있다면 알려주십시오.

**표현 정리** upcoming 곧 있을 book 예약하다 reserve 예약하다 per person 1인당 overnight 하룻밤의 participate in ~에 참가하다 set up 설치하다 in addition 덧붙여 prepare 준비하다 next to ~의 옆에 entrance 입구 reservation 예약 venue 장소 seating 좌석, 자리 arrangement 준비, 배치 refund 환불 penalty 위약금 valet 발레 주차 room rates 숙박료 reservation 예약 refreshments 다과 place 놓다, 두다

**95.** 화자는 무엇에 대해 전화를 걸었는가?

(A) 일정 변경
(B) 행사 장소
(C) 새로운 회사 정책
(D) 좌석 배치

**정답 (B)**

**96.** 호텔측에서 제안한 사항은?

(A) 위약금 없이 환불 제공
(B) 무료 발레 주차 서비스 제공
(C) 객실요금 할인 제공
(D) 객실 예약 업그레이드

**정답 (C)**

**97.** 도표를 보시오. 다과 테이블이 놓여질 위치는?

(A) 위치 A
(B) 위치 B
(C) 위치 C
(D) 위치 D

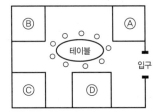

**정답 (A)**

---

Questions from 98–100 refer to the following telephone message and chart. 문제 98–100번은 다음 전화 메시지와 도표를 참조하시오.

Hello. This is Daphne Berliner from Politico magazine. <sup>98</sup> I'm calling to request an interview with Rebecca Lee.

▶ 전화 건 목적은 주로 초반부에 단서가 나온다. 인터뷰를 보기 위해 전화했다고 하므로 (C)가 정답이다.

I'm currently working on a story about <sup>99</sup> the new hydroelectric power station being built in the White Water River Valley basin.

▶ 화자는 최근 건설 프로젝트에 관련해 일했던 것을 알 수 있으므로 정답은 (D)다.

The project is rather controversial, so <sup>100</sup> I would like to ask the lead engineer a few questions and hear what she has to say about the situation.

▶ 도표를 보고 Ms. Lee가 일하는 장소를 찾는다. 화자는 Ms Lee에게 질문이 있어 전화했고, 수석 엔지니어에게 알고 싶다고 했으므로 Ms Lee가 일하는 부서가 Engineering임을 알 수 있다. 도표에서 Engineering은 3층이다. 정답 (B)다.

Could you have her call me at 555-9843? I would be grateful if she would agree to speak with me. Thank you.

---

안녕하세요. Politico 잡지의 Daphne Berliner입니다. Rebecca Lee 씨에게 인터뷰 요청을 하기 위해 전화 드렸습니다. 현재 저는 White Water River Valley 유역에 지어지는 새로운 수력 발전소에 관한 이야기를 다루고 있습니다. 이 프로젝트는 상당히 논란의 여지가 있고, 그래서 저는 수석 엔지니어에게 몇 가지 질문을 하고 그녀가 상황에 대해 이야기하는 것을 듣고 싶습니다. 그녀에게 555-9843으로 전화해 달라고 전해 주시겠어요? 만약 그녀가 저와 이야기하는 것에 동의한다면 너무 고맙겠습니다. 감사합니다.

표현 정리 **request an interview** 인터뷰를 요청하다 **hydroelectric power station** 수력 발전소 **basin** 유역, 분지 **controversial** 논란이 많은

**98.** 화자는 왜 전화를 했는가?

    (A) 문서를 요청하기 위해
    (B) 회의 계획을 세우기 위해
    (C) 인터뷰를 잡기 위해
    (D) 약속을 다시 잡기 위해

정답 **(C)**

**99.** 화자가 언급하고 있는 일은 무엇인가?

    (A) 곧 다가올 선거
    (B) 논란이 많은 신문 기사
    (C) 연례 총회
    (D) 건설 프로젝트

정답 **(D)**

**100.** 도표를 보시오. Ms. Lee는 어디에서 일하겠는가?

    (A) 2층
    (B) 3층
    (C) 4층
    (D) 5층

| 조직도 | |
| --- | --- |
| 부서 | 층 |
| 연구 개발 | 2층 |
| 공학 기술 | 3층 |
| 회계 | 4층 |
| 마케팅 | 5층 |

정답 **(B)**